東洋古典譯註叢書 8

# 譯註 莊子 1

安炳周 田好根 共譯

傳統文化研究會

## 國譯委員

譯　註　安炳周 田好根
潤　文　金炯錫
編　輯　趙洙翼
校　正　柳春基
出　版　權永順

# 刊 行 辭

우리의 古典國譯事業은 민족문화진흥의 기초사업으로 1960년대부터 政府 支援으로 古文獻 現代化 작업을 추진하여 많은 成果를 거두었다. 당시 이 사업 추진의 先行課題로 東洋古典이라 일컬어지는 중국의 基本古典을 먼저 飜譯하여야 한다는 學界의 주장이 있어 왔음에도 불구하고 우리 고전이 아니라는 일부의 偏狹한 視角과 財政 事情 등으로 인하여 배제되어 왔다.

전통적으로 중국의 기본고전은 우리 歷史와 함께 숨을 쉬어 각종 교육기관의 教科書로 활용됨은 물론이고 지식인들의 必讀書가 되어 왔으며, 우리 文化의 基底에 자리잡고 거의 모든 방면의 體系와 根幹을 형성하여 왔다. 그래서 학문연구의 기본서 역할을 해 왔을 뿐만 아니라 오늘날에도 우리의 國學徒 및 東洋學 研究者들에게 같은 역할을 하고 있음은 주지의 사실이다.

그럼에도 불구하고 中國古典은 우리 것이 아니라 하여 專門機關의 飜譯對象에 포함하지 않음으로써 대부분 原典아닌 重譯이나 拔萃譯이 教養水準으로 出版해 왔다.

오늘날 東洋三國 중에서 우리의 東洋學 연구가 가장 부진한 이유는 東洋基本古典에 대한 폭넓은 이해의 부족과 漢文古典 讀解力의 저하에 기인함을 우리는 솔직히 인정하여야 한다. 따라서 이들 중국고전에 대한 신뢰할 만한 國譯이 이루어지는 것이 한국학 연구를 촉진시키는 시급한 先行課題라 할 수 있다.

따라서 韓國學 및 東洋學의 연구와 古典現代化의 基盤構築을 위해서는 전문기관으로 하여금 동양고전을 단기간에 각 분야의 專門 研究者와 漢學者가 상호협동하여 연구번역하여 飜譯의 傳統性과 效率性, 研究의 專門性을 높일 수 있도록 政策的 配慮가 있어야 한다.

이에 本會에서는 元老 및 中堅 漢學者와 斯界의 專攻者로 하여금 協同研究飜譯하여 공부하는 사람들이 믿고 引用하거나 깊이 있는 註釋 등을 활용할 수 있게 하고, 知識人들의 教養을 증진시켜 줄 수 있는 東洋古典의 國譯 간행을 지속적으로 추진해 왔다. 근래에 다행히 이 사업에 대하여 각계 지도층의 폭넓은 이해와 지원에 힘입어 2001년도부터 國庫補助를 받아 東洋古典譯註叢書를 간행하게 되었다. 이를 계기로 우리 先學의 註釋과 見解를 반영하는 등 국역사업의 內實을 기하게 되었음을 이 자리를 빌어 衷心으로 감사드리며, 아울러 國譯에 參與하신 관계자 여러분의 勞苦에 깊은 謝意를 표한다.

끝으로 우리의 이러한 작업은 오랜 역사 위에 축적된 先賢들의 業績과 現代學問을 이어주는 튼튼한 架橋와 礎石이 되어 진정한 韓國學과 東洋學 발전에 기여할 것이며, 21세기를 우리 文化의 世紀로 열어 가는 밑거름이 될 것을 다짐한다.

2001. 12. 12

社團法人 傳統文化硏究會 會長 李 啓 晃

# 譯者 序文

停年이 되어 대학을 떠난 지도 벌써 여러 해의 세월이 흘렀다. 그러나 '책 사기'와 '책 읽기'를 삶의 보람으로 생각하는 천성 탓에 지금도 몇 곳에서 漢文古典을 강독하면서 지내고 있다. 그래서 대학에서 10년 정도 걸려 ≪莊子≫를 좀 자세히 읽어 <逍遙遊>편에서 <天下>편까지 33편을 완독하였던 것을 또 한바퀴 돌 수가 있었다. 사단법인 우리문화사랑의 작은 강의실에서 4년여의 세월을 보내면서 읽은 것이다. 內篇만은 따로 傳統文化硏究會에서도 完讀할 기회를 가졌고 民族文化推進會에서도 講讀의 시간을 보냈다.

그런데 ≪莊子≫는 글이 어렵다. 글만 어려운 것이 아니라 思想 자체가 어렵다. ≪장자≫의 無爲自然의 사상 속에는 세속의 累를 면하게 해 주고 亂世의 患亂을 막아 주는 '절대의 밝음[明]'과 좌절했을 때의 나를 다시 일으켜 세워 주는 福音이 있어 물론 좋기는 말할 수 없이 좋은 古典이다. 그러나 글은 확실히 어렵다.

無爲를 표방하면서도 그 無不爲의 현실적, 정치적 효과를 추구하기도 하고 이 세상 밖 無限世界로의 超出을 그리워하면서도 모순과 대립에 가득찬 이 세상을 버리지 않고 세속으로 더불어 사는 등 장자의 만만치 않고 강한 성격을 일관된 論理로 조리있게 설명하기란 쉬운 일이 아니다. 더구나 장자가 추구한 精神의 絶對者가, 權力의 절대자를 추구한 法家의 이론적 근거로 援用되기도 하고, 혹 개인적 隱逸思想의 지탱목이 되기도 하고, 南華眞人으로 존숭되면서 道敎의 敎理形成에 영향을 미치기도 하는 등 시대를 초월하고 洋의 東西를 막론하여 多大한 영향을 끼쳤음에랴.

그래서 나는 이 ≪장자≫의 공동譯註者로 四書五經에 정말 해박하고 특히 ≪孟子≫ 강의와 ≪周易≫ 강의가 많은 수강자로부터 사랑을 받고 있는 田好根박사를 맞이하여 독자들에게 字句 하나하나를 또박또박 이해하고 넘어가도록 하는 微視的인 주석에 보다 정력을 기울인 작업을 진행하였다.

≪老子≫에도 보이는 말이지만 ≪장자≫ 〈知北遊〉 편에는 '아는 사람은 말하지 아니하고 말하는 사람은 알지 못한다[知者不言 言者不知]'라는 말이 보인다. 그런데 ≪장자≫는 총 33편에 약 65,000여字나 되고 그것도 웬 假借字는 그렇게 많은가. 그래서 그런지 장자 자신도 '시험삼아 말해 보겠다[請嘗言之]' '시험삼아 말한다[嘗試言之]'는 말을 여러 차례 하였다.

그동안 10여년의, 60여 책에 달하는 安炳周의 譯註 노트가 있기는 하였으나 작업이 진행되는 동안 여러 차례 장자의 이 '知者不言 言者不知'에 마음이 자꾸 걸린 데다 안병주의 나태한 성격 때문에 그 일은 매우 지지부진하였다. 전호근의 豐贍한 漢文解讀力量과 희생적 努力이 없었더라면 이 역주서는 햇볕을 보지 못할 수도 있었다. 이 역주사업은 전통문화연구회에서 우리 두 역주자를 漢文古典 번역의 환상의 콤비로 묶어 주었기에 비로소 가능하게 된 것이다.

안병주의 제자로 郭象注와 林希逸注를 대비한 莊子硏究로 석사학위를 취득하고 현재 성균관대학교 大學院 박사과정에 재학중인 金烔錫君의 헌신적인 助力에 대해서도 고마움을 잊을 수 없고, 텍스트와 현토의 校正을 비롯한 편집과정의 궂은 일을 확실하게 모두 맡아준 趙洙翼선생과 權永順간사, 柳春基간사에게도 감사의 인사를 드린다.

끝으로 이 역주가 장자의 말투를 빌려 어디까지나 '嘗試譯之'임을 밝혀 후일의 補正을 약속드리며 讀者諸賢의 叱責을 기다린다.

2001년 12월 일

以健齋에서 安炳周 謹識

# 解　題

安炳周(成均館大學校 名譽敎授)

## 1. 莊子의 傳記

장자의 전기는 老子의 그것 만큼이나 분명치 않다. 그에 대한 가장 오래된 전기는 司馬遷의 ≪史記≫ <老子韓非列傳>이지만, <刺客列傳>에서 衛나라 출신의 칼잡이 荊軻에 대해 무려 3,212자를 할애한 사마천이 어떤 이유에서인지 장자에 대해서는 235자의 간단한 기록만 남기고 있을 뿐이다. 이 짧은 기록을 통해 알 수 있는 장자의 신상과 관련된 사실은 거의 없다. 그는 蒙땅 사람으로 이름은 周이고 字가 子休라는 것, 일찍이 漆園의 관리가 된 적이 있으며, 梁나라 惠王과 齊나라 宣王과 동시대의 인물이라는 것, 또 그의 주장은 노자의 주장과 같다는 것, 十餘萬言의 저서를 남겼고 내용의 대부분이 寓言이며 공자의 무리를 비판하고 노자의 학술을 밝혔다는 것이 신상과 관련된 기록의 전부이며, 楚나라 威王이 천금을 보내 재상으로 초빙하려 했지만 犧牲 소의 비유를 들어 거절했다는 ≪莊子≫ <列御寇>편에 기록된 것과 동일한 내용의 짤막한 일화가 말미에 붙어 있을 뿐이다.

또 그나마 기록된 내용도 어디까지가 사실인지 확인할 수 없는 부분이 많다. 출신지가 蒙이라고만 기록되어 있기 때문에 그가 宋나라 사람이라는 주장(≪漢書≫ <藝文志>, 成玄英, 林希逸 등의 ≪莊子≫), 梁나라 사람이라는 주장(陸德明 <經典釋文序錄>), 楚나라 사람이라는 주장(韓愈 <送孟東野序>) 등 이론이 분분하며, 학술 淵源에 대한 이해도 저마다 달라 노자의 제자라는 주장(焦竑), 列子의 제자라는 주장, 長桑公子의 제자로 그로부터 南華仙人이라는 호칭을 받았다는 주장(成玄英), 공자의 제자였던 顔回 계통의 儒者라는 주장(章太炎, 郭沫若), 본래 儒者로서 田子方의 문하에서 배웠다는 주장(韓愈), 장자를 공자사상의 二大支脈의 하나(또 하나의 큰 지맥은 孟子)로 보는 주장(譚嗣同) 등 이런저런 설이 분분하다.

다만 그가 활동했던 시대가 梁나라 惠王, 齊나라 宣王의 시대, 곧 맹자와 동시대의 인물이라고 기록한 점에 대해서는 제나라 愍王 때의 인물이라는 李頤의 다소 다른 견해가 있을 뿐 대부분의 학자들이 인정하고 있다.

따라서 장자의 신상과 관련된 사항은 도리어 ≪장자≫ 본문의 기록을 따르는 것이 현재로서는 가장 적절한 방법이라 할 수 있다. ≪장자≫ 본문에는 장자의 신상을 짐작할 수 있는 단서가 몇 가지 있기 때문이다. 우선 그가 梁나라의 재상을 지낸 적이 있는 惠施와 절친한 사이였다는 것만은 거의 분명한 것 같다. ≪장자≫ 內外篇 및 雜篇의 전편에 결쳐 혜시 만큼 장자와 가까운 인물로 나오는 사람이 없기 때문이다. 또 <至樂>편에는 장자의 아내가 죽었을 때 혜시가 조문간 내용이 나오는 것으로 보아 장자는 결혼해서 아내를 두고 있었음을 알 수 있으며, <山木>편이나 <列御寇>편의 내용으로 미루어 볼 때 여러 명의 제자를 두었다는 것도 알 수 있다. 또 그가 경제적으로 그다지 윤택하지 못하여 자주 곡식을 빌리러 다녔으며(<山木>편, <外物>편), 때로는 趙나라 太子 등과 같은 당시의 권력자에게 나아가 유세를 하기도 했지만(<說劍>편), 제후가 보낸 使臣을 물리치고, 天地를 棺槨으로 삼아 厚葬을 거부했던(<列御寇>편) 인물이라고 할 수 있다.

하지만 이와 같은 ≪장자≫ 본문의 내용 또한 대부분이 寓言이기 때문에 기록된 내용 모두를 사실로 받아들이기는 어렵다. 결국 장자의 신상과 관련된 자세한 사항은 현재로서는 알 길이 없으며, 다만 ≪장자≫ 본문 속의 기록을 통해서 그가 어떤 인물인지 이런저런 추측을 해 보는 것이 가능할 뿐이라는 결론을 내릴 수밖에 없다.

## 2. 莊子의 思想 — 自由意識과 因循主義

臺灣의 牟宗三 교수는 ≪중국철학의 특질≫에서 기독교의 原罪怖慄意識과 불교의 苦業無常意識에 대비하여 유교의 憂患意識을 말하고 있다. 그는 ≪論語≫ <述而>편의,

"德이 닦여지지 않는 것, 학문이 강론되지 않는 것, 義를 듣고 옮겨가지 못하는 것, 不善을 고치지 못하는 것이 바로 나의 근심이다."

고 한 孔子의 말에 근거하여 도덕적 측면에서 유교의 우환의식을 상세하게 설명하고 있다.

그러나 유교의 우환의식은 이와 같은 도덕적 측면을 넘어서는 정치적 우환의식이 보다 강렬하다. 정치적 우환의식의 근저에는 백성을 나라의 근본으로 생각하는 유교의 철학적 정치적 지향이 깔려 있으며 그 내용은 切於救民 심정의 소유자인 孟子의 民本主義와 王道政治思想으

로 나타난다.

도덕적 우환의식을 바탕으로 유교에서 제시하는 수양방법 가운데 가장 중요한 것으로 敬을 들 수 있다. 조선조의 李滉이 ≪聖學十圖≫에서 일관하고 있는 것도 바로 이 敬의 철학이다. 한편 이황보다 35세 연하이며 이황과 함께 조선조 유학의 쌍벽으로 일컬어지는 李珥의 ≪聖學輯要≫에서 드러나는 更張論의 根柢에는 민본사상과 유교의 정치적 우환의식이 깔려 있다. 이이는 개혁의 성공 여부를 판정하는 기준을 백성들에게 편리함[便於民]에 두었다.

이황의 경의 철학에 내재된 키워드가 인욕을 막고 천리를 보존하는 '遏人欲 存天理'의 여섯 글자라고 한다면 이이의 민본사상 속에 내재된 키워드는 '便於民'의 세 글자이다. 이와 같은 정치적 우환의식을 바탕에 두고 있는 유교의 민본사상은 당연한 결말로 위정자에게 '근심은 백성보다 먼저 하고 즐거움은 백성보다 뒤에 하는' 先憂後樂을 실천할 것을 요구한다.

그런데 이같은 유교적 우환의식을 근원적으로 비판하는 사상이 바로 道家의 사상이며 그 도가의 근저에 있는 것은 自由意識이라고 할 수 있다. 이 책 ≪장자≫는 바로 그 자유의식의 소유자인 장자의 저술이다. 장자는 이 책의 <大宗師>편에서 남의 苦役을 자기 일처럼 열심히 수고하고 남의 즐거움을 자기 즐거움처럼 만족하는 사람들, 즉 先憂後樂하는 유교적 우환의식의 소유자들을 자기 자신의 즐거움을 스스로 즐거워할 줄 모르는, 자유의식의 결여자라고 비판하고 있다. 그리하여 儒家의 '憂'를 비판한 자유의식의 소유자 장자가 내세운 중요한 思想槪念은 '遊'인데 이 遊는 차원 낮은 유흥의 遊는 물론 아니다. 無何有之鄕(<逍遙遊>편 · <應帝王>편)에 노니는 것과 같은 정신의 절대자유의 경지에서 노니는 것이다.

그는 大鵬의 이야기로 시작하는 첫 번째 편의 명칭을 逍遙遊라고 이름 붙였다. 장자는 여기서 상식을 뛰어넘은 무한의 시간과 무한의 공간으로 날아가는 붕새를 통해 絶對自由의 경지를 우리에게 제시한다. 물론 여기 등장하는 鯤이나 鵬도 결국은 변화되는 만물의 하나이고 만물이 모두 평등하다는 萬物齊同의 物 가운데의 하나임에 지나지 않는 것이기는 하지만, 이 상식을 초월한 鯤과 鵬을 통해 일단은 절대자유의 경지를 제시하고 있는 것이다. 소요유는 곧 무엇에도 구속되지 않는 자유로운 삶이라는 뜻으로 목적의식이 없는 無爲自然의 遊이고 人爲를 버리고 作爲를 잊는 遊이다.

이 遊와 함께 장자의 사상을 규정하는 가장 중요한 개념이 萬物齊同과 因循이다. 만물의 근본원리를 道라고 본 장자는, 이 道의 견지에서 보면 현실 세계의 모든 대립과 차별은 허망한 것이 되어 만물에는 아무런 구별도 없다고 규정한다. <齊物論>편의 '天鈞'과 '兩行'은 이와 같은 만물제동의 사상을 가장 잘 표현하고 있는 개념이다. 천균이란 세속의 시비와 편견을 넘어

是도 없고 非도 없는 一의 世界에 조화하고 心志의 분별을 放棄하는 절대의 一을 말하며, 양행이란 모든 모순과 대립을 동시에 성립시키는 混沌의 상태를 긍정하는 태도이다. 이것이 만물제동의 철학이다.

만물제동의 철학에서는 極小가 오히려 極大가 되고 큰 것이 오히려 작은 것이 된다. 천하에 가을 털끝보다도 큰 것이 없고 태산은 작다는 <齊物論>의 명제는 이러한 만물제동의 철학에서 가능해진다. 이 만물제동의 철학을 근거로 道와의 일체화를 이루는 과정에서 장자는 노자보다 한층 더 철저하다. 노자의 無爲나 장자의 무위가 人爲를 배척하는 점에서는 같지만 노자의 무위가 외향적인데 비해 장자의 무위는 더욱 내면화되어 無心에까지 이른다.

노자와 장자의 無爲自然의 근저에는 현실 세계의 대립과 차별상에 대한 철저한 비판의식이 깔려 있다. 동양사상 속에서 부정의 논리와 부정의 정신은 노자와 장자에서 비롯된다고 할 수 있다. 그러면서도 무심의 경지로까지 철저화된 장자의 무위는 도와 일체가 됨으로써 대립차별의 현실 세계를 있는 그대로 받아들인다. 이것이 바로 因循이다. <老子韓非列傳>에서는 道家의 사상을 '虛無를 本으로 삼고 因循을 用으로 삼았다.'고 했는데 因循은 말미암아[因] 따른다[循]는 뜻으로 무위자연의 또 다른 표현이며, 모든 대립상과 차별상을 있는 그대로 긍정하고 받아들이는 삶의 태도이다.

그렇게 함으로써 오히려 자유로운 삶을 획득할 수 있다고 장자는 말한다. 어쩔 수 없는 현실, 부득이한 현실을 그대로 수용함으로써 오히려 자유로운 삶을 획득할 수 있다고 말한 것이다. 이런 점 때문에 장자의 철학을 고답적 現實順應主義라고까지 평가절하하는 학자도 있지만, 장자의 인순주의는 단순한 현실순응의 논리는 아니다. 不自由한 현실로부터 절대자유로의 超越은 현실을 외면하는 것이 아니고 현실 속을 돌파해 나가는, 현실을 있는 그대로 안고 뛰어넘는 包越의 논리라고 해야 할 것이다.

장자가 추구하는 정신적 절대자유의 경지는 이와 같은 논리를 따를 때 그 모습이 드러난다. 이 논리를 따를 때 약자가 강자로 전환되고, 죽음이 삶으로 전환되고, 부자유가 자유로 전환된다. 이것이 바로 인순주의의 효용이다.

道와 일체가 되는, 無心의 경지에 들기 위한 수양의 방법으로 장자는 心齋(<人間世>편)와 坐忘(<大宗師>편)을 들고 있다. 심재는 마음의 虛無化를 의미하며, 좌망은 手足이나 신체의 作爲를 물리치고 耳目의 감각작용을 제거하여 육체를 떠나고 心志까지 버리고 모든 사물과 자유로이 소통하는 道와 일체가 되는 것을 말한다.

人爲를 배척하고 無爲自然을 말하는 점에서도 노자와 장자는 같다. 인위적인 관점에서 쓸모

없는 이른바 無用이 실은 有用한 것이라는 가치의 전환을 말하는 점에서도 노자와 장자는 같다. 그런데 이같은 무용의 가치에 대한 전환도 바로 인순주의의 효용임은 말할 것도 없다.

<소요유>편, <인간세>편, <山木>편에는 목재로서 쓸모가 없기 때문에 벌목될 염려 없이 도리어 天壽를 다하는 나무의 예를 들어 無用之用의 有用性을 말하고 있으며, <德充符>편에서는 세속의 사람들이 가장 醜하다고 하는 발 잘린 절름발이나, 꼽추, 언청이 같은 不具者를 들어 그들의 입을 빌어 道를 말한다. 그로테스크한 畸形不具의 인간들이야말로 道를 가장 잘 아는 사람이라는 역설적 寓言을 통해 莊子는 외형적인 모습에 구애받고 그것을 꾸미는데 집착하는 세속 人間들의 슬픈 어리석음을 크게 소리내어 웃고 있는 것이다. 그러나 그렇다고 해서 莊子에 있어 無用之用이, 궁극 절대의 가치가 아님을 우리는 또한 주목할 필요가 있다. 무용지용으로서의 가치의 절대화나 경직화는 당연히 경계의 대상이 되지 않을 수 없다. <山木>편에서는 쓸모없기에 오히려 長壽를 누리는 나무의 이야기에서 一轉하여 잘 울지 못하기 때문에 먼저 잡혀 먹히는 거위의 예를 들고 있다. 오히려 有·無用의 차원을 넘어 유전변화하는 만물의 변화와의 일체화 즉 體逝(변화와 한 몸이 됨)야말로 道와의 일체화라고 설명하고 있기도 한 것이다. 장자에 있어서의 '變化'와 '道'-여기에 우리는 보다 세밀한 주의를 하여 고찰할 필요가 있다. 또한 ≪장자≫의 無爲自然의 사상 속에는 세속의 累를 면하게 해 주고 亂世의 患難을 막아주는 '절대의 밝은 지혜'(<齊物論>)편에 보이는 莫若以明의 明)와 좌절한 사람이나 불행해진 사람을 다시 일으켜 세워 주는 福音이 있다. 福音이란 말은 유명한 ≪莊子≫ 注釋者인 晉의 郭象 때 쓰여진 말로 알고 있거니와 ≪장자≫의 무위자연의 사상과 그 속에 보이는 遊의 개념은 경우에 따라 讀者들에게 큰 위안이요, 복음이 아닐 수 없다.

## 3. ≪莊子≫書의 성립

≪장자≫서의 성립과 관련해서도 장자의 行狀만큼 분명치 않은 점이 많다. 현재 전해지는 ≪장자≫는 晉의 郭象이 주석을 붙여서 정리한 것으로 내편 7편, 외편 15편, 잡편 11편으로 구분되어 있으며 모두 합해 33권 33편이다.

그런데 司馬遷은 장자가 십여만 자의 저술을 남겼다고 하면서 <漁父>, <盜跖>, <胠篋>, <畏累虛>, <亢桑子>의 5편을 거론하고 있는데, 대부분의 학자들이 장자 자신이 직접 저술한 것으로 인정하고 있는 內篇의 7편이 거론되지 않은 것도 의문이거니와, 사마천이 언급한

5편 중 <畏累虛>편은 현재 전해지는 33편의 ≪장자≫에 없을 뿐만 아니라 현재의 ≪장자≫는 글자 수도 7만자를 넘지 않으므로, 사마천 당시에는 최소한 <畏累虛>편을 포함하여 3만자 이상 더 많은 내용의 ≪장자≫가 있었다고 추정할 수 있다.(물론 <老子韓非列傳>의 畏累虛, 亢桑子가 편명이 아니라 현재 전해지는 <庚桑楚>편에 나오는 庚桑楚와 畏壘山을 의미하는 것일 수도 있기 때문에 <畏累虛>편이 따로 있었다고 확신할 수는 없다.) 또 ≪漢書≫ <藝文志>에는 ≪莊子≫가 52편으로 기록되어 있으므로 역시 당시에는 현재 전해지는 ≪장자≫보다 방대한 양의 ≪장자≫가 있었다고 추정할 수 있다. 唐의 陸德明이 정리한 <經典釋文序錄>에는 당시까지 전해지던 장자의 주석본을 아래와 같이 소개하고 있다.

崔譔注 10권 27편
向秀注 20권 26편
司馬彪注 21권 52편
郭象注 33권 33편
李頤集解 30권 30편
孟氏注 18권 52편
王叔之義疏 3권
李軌音 1권
徐邈音 1권

육덕명은 이상과 같이 당시까지 전해지던 ≪장자≫의 주석본을 소개하고, 사마표와 맹씨가 주석한 판본이 바로 ≪漢書≫ <藝文志>에서 장자 52편이라고 언급한 ≪장자≫에 해당한다고 부연한 뒤, 오직 郭象이 주석한 것만이 장자의 뜻에 부합되었기 때문에 세상에서 중시되었으며, 徐邈과 李軌의 音도 모두 곽상본을 근간으로 삼았다고 설명하고 있다. 그러나 그의 ≪經典釋文≫에 실린 주석은 이들을 완전하게 전하고 있는 것이 아니라 산발적으로 소개하는데 그치고 있기 때문에 이들 주석의 전모를 살펴보기에는 부족하다. 따라서 현재까지 완전한 형태로 남아 있는 ≪장자≫ 주석본은 郭象注가 유일하며 이후의 주석도 대부분 이를 근간으로 삼아 저술한 것이다.

그런데 곽상의 주에 대해서는 아직 진위가 확인되지 않은 기록이 있다. 중국 후한에서부터 동진시대에 이르기까지 사대부들의 일화를 기록한 ≪世說新語≫(南朝 宋나라의 劉義慶 편찬, 南朝 梁나라의 劉孝標注) <文學>편에 다음과 같은 이야기가 전한다.

애초에 ≪장자≫를 주석한 이가 수십 명에 이르렀지만 아무도 그 뜻을 밝혀내지 못했다. 그러다 向秀가 解義를 저술, 기이한 뜻을 절묘하게 분석하여 크게 玄風을 진작시켰으며, 오직 <秋水>와 <至樂> 2편만은 끝마치지 못하고 세상을 떠났다. 그런데 곽상이 상수의 주석이 세상에 전해지지 않는 것을 알고 마침내 상수의 주석을 훔쳐서 자기 주석으로 삼고, 여기에 스스로 <秋水>와 <至樂>의 2편을 주석하고 또 <馬蹄>편만을 주를 바꿔 달고, 그 나머지 여러 편은 약간의 손질을 했을 뿐이었다.

곧 곽상은 상수의 주석을 표절하여 자신의 장자주를 완성했다는 것이다. 물론 이 이야기를 사실로 믿기는 곤란하다. 왜냐하면 육덕명의 ≪經典釋文≫에 전해지는 상수의 주석은 곽상의 주석과 서로 일치하는 부분이 없는 것은 아니지만, 상수가 주석을 붙인 부분에 대해 곽상이 주석을 붙이지 않은 곳이 많고, 내용면에서 두 사람의 주석이 많은 차이를 보이고 있기 때문에 곽상의 주석이 상수의 것이라는 주장은 신빙성이 없기 때문이다. 또 두 사람의 주석을 모두 본 육덕명이 만약 곽상의 주석이 상수주석의 표절이라고 할 정도로 유사성이 있었다면 그 사실을 밝히지 않고 도리어 "오직 곽상의 주석만이 장자의 뜻에 부합된다."고 말했을 리도 없다. 아마도 만년에 곽상이 권력자 司馬越의 太傅主簿가 되어 영화를 누렸기 때문에 당시 사대부들의 미움을 받았고, 그 때문에 그의 만절을 문제삼아 비방한 내용이 사실인 것처럼 전해진 것으로 추정된다.

곽상주 외에 거론할 만한 ≪장자≫의 주석으로는 唐代의 육덕명이 저술한 ≪經典釋文≫을 들 수 있는데, 여기에는 육덕명 자신의 주석은 물론 위에서 거론한 최선을 비롯한 7家의 주석과 徐邈과 李軌의 音義, 梁나라 簡文帝의 주석도 실려 있어 당대 이전까지의 주석을 살펴보는데 중요한 자료이다. 또 같은 시대의 道士 成玄英은 ≪莊子疏≫를 저술했는데 장자 원문과 함께 郭象注를 병기한 다음, 대체로 곽상의 견해를 해치지 않는 범위 내에서 자신의 소를 덧붙이고 있다.

宋代에 이르러 呂惠卿, 蘇軾, 陳景元, 林希逸, 褚伯秀, 羅勉道 등이 장자 주석을 저술했는데 그 중 가장 널리 읽힌 것이 林希逸의 ≪莊子口義≫이다. 특히 林希逸의 ≪莊子口義≫는 일찍이 우리나라에서도 출간되어 우리나라 학자들의 장자 이해에 절대적인 영향을 끼쳤다.

임희일은 字가 膚齋, 호가 竹溪로 南宋 福建路 福淸縣 漁溪사람이다. ≪考工記解≫ 2권과 ≪三子口義≫, ≪膚齋續集≫ 30권 등이 세상에 전한다. 그의 학문적 연원은 北宋의 程頤와 닿아 있는데 이 때문에 주자학 일변도의 학술 경향이 지속되었던 우리나라에서도 임희일의 ≪

莊子口義≫만은 널리 읽혔다.

이후 明代와 淸代의 ≪장자≫ 주석서는 일일이 거론하기 어려울 정도로 많기 때문에 소개를 생략하고, 여기서는 朝鮮 世宗朝 이후 우리나라에서 출간된 임희일의 ≪莊子口義≫와 우리나라 학자인 朴世堂과 韓元震의 주석을 소개하는 것으로 대신한다.

## 4. 우리나라에서 출간된 林希逸의 ≪莊子口義≫

우리나라에서 임희일의 ≪莊子鬳齋口義≫가 애독되었다는 것은 우리나라식의 토를 단 懸吐本이 있다는 사실에서도 알 수 있다. 우리나라에서는 임희일의 ≪莊子鬳齋口義≫를 여러 번 출판하였으며, 현재 남아 있는 가장 오래된 판본은 1425년(세종7)에 ≪莊子鬳齋口義≫라는 제목으로 출판된 庚子字本을 비롯하여 世宗年間의 금속활자본 등이다. 또 1427년 庚子字覆刻本과 木刻本이 남아 있다. 그리고 1518년 이전에 곽상의 주와 육덕명의 音義를 임희일 口義에 함께 병기한 ≪南華眞經≫ 乙亥字本과 1506~1567년 사이, 1546~1608년 사이의 乙亥字混入補字版, 乙亥字覆刻本 등이 있다. 또한 ≪句解南華眞經≫이라는 이름으로 明宗, 宣祖 무렵 임희일의 口義를 출판한 甲寅字本, 甲寅字覆刻本 등이 있고, 이 제목으로 戊申字覆刻混入補板과 戊申字覆刻本, 丁酉字本, 訓鍊都監字本, 訓鍊都監字覆刻本도 남아 있다. 또한 이 ≪句解南華眞經≫을 그냥 ≪莊子≫라는 제목으로 출판하기도 하였는데 戊申字(肅宗代, 英祖代), 甲寅字, 甲寅字(後鑄), 壬辰字 등의 판본이 전해지고 있다.

그러나 이들 판본의 출간 주체나 배경에 대해서는 아직 자세한 사항을 알 수 없다. 다만 李仁榮의 ≪淸芬室書目≫에는 임희일의 ≪莊子鬳齋口義≫를 소개하면서 金宗直의 발문을 요약하여 기술하고 있기 때문에 세종연간에 출간된 ≪莊子鬳齋口義≫의 말미에는 金宗直의 跋文이 있었을 것으로 추정할 수 있다. 하지만 현재 전해지는 1425년의 庚子字本(銅活字本)을 覆刻한 庚子字覆刻本의 木刻本은 일부만이 零本으로 전해지고 있기 때문에 발문의 전체 내용이나 출간 동기 등은 확인할 수 없다. 다만 이인영이 요약한 내용 중에 '鬳齋는 孔孟의 무리이다. 어찌 우리를 헐뜯었겠는가.'라는 내용이 있는 것으로 보아 김종직을 비롯한 당시 유학자들이 임희일을 유학자로 보고 그의 ≪莊子鬳齋口義≫에 대해서도 호의적인 태도를 지니고 있었음을 알 수 있다.(이상 崔在穆의 <林希逸 三子鬳齋口義の韓國版本調查>, 東京大學郭店楚簡硏究會編, ≪郭店楚簡の思想史的硏究≫ 第五卷, 2001 참조)

또 懸吐本 ≪莊子口義≫의 토를 누가 붙였는지 알 수 없지만 가장 이른 시기의 현토자는 조선 중기의 문인이었던 崔岦일 가능성이 많다. 왜냐하면 無求備齋莊子集成을 출간한 嚴靈峯의 ≪老列莊三子知見書目≫ 中篇에는 우리나라 현토본 句解南華眞經에 대해 "句解南華眞經 10卷 崔岦 朝鮮 通川人 字立之 號簡易 明萬曆乙卯 進士 李朝明宗辛酉 文科 壯元 官至刑曹參判 明宗22年卒, 年74 <現存> 依林希逸 <莊子口義>本 末附李士表≪莊子十論≫ 用高麗文句讀並音……無出版年代處所 朝鮮咸興活字排印本(無求備齋藏)"로 기록하고 있기 때문에, 이를 근거로 미루어보면 가장 이른 시기의 현토는 崔簡易의 것이라고 추정할 수 있다.

崔岦은 朝鮮 中期의 文人으로 본관은 通川이고 字는 立之, 號는 簡易이다. 1555년(명종10) 17세의 나이로 진사가 되고 1561년 식년문과에 장원으로 급제하였다. 1577년과 1594년 두 차례 명나라 다녀왔으며, 명나라에서 王世貞 등을 만나 문장을 논하였고, 그곳 학자들로부터 명문장가라는 격찬을 받았다고 한다. 詩賦가 유명하며, 易學에도 조예가 깊어 ≪周易本義口訣附說≫등 2권의 저서가 있다.(이상 한국정신문화연구원, ≪한국민족문화대백과사전≫, 22권 424쪽 참조)

## 5. 朴世堂의 ≪南華經註解刪補≫

조선 후기의 문신이었던 洪奭周의 ≪洪氏讀書錄≫에는 ≪장자≫ 주석서 가운데 郭象, 呂惠卿, 焦竑 등의 주석서가 세상에 전해졌지만, 林希逸의 ≪莊子口義≫와 朴世堂의 ≪南華經註解≫만이 성행하고 있다고 당시의 독서 경향을 언급하고 있다.(曺玟煥, ≪유학자들이 보는 노장철학≫, 예문서원, 1996 참조) 따라서 17세기 이후 ≪莊子≫에 대한 우리나라 학계의 경향은 林希逸의 ≪莊子口義≫와 함께 朴世堂의 ≪南華經註解刪補≫가 널리 읽혔다는 점에서 장자 이해가 한층 더 심화되었음을 알 수 있다.

朴世堂은 字가 季肯, 號가 西溪로 1703년에 저술한 ≪思辨錄≫은 주자학을 비판하는 내용이 있었는데 그로 인해 삭직되어 유배 도중 죽었다. ≪남화경주해산보≫외에 ≪新注道德經≫과 ≪西溪集≫ 등이 전한다. 그가 저술한 ≪南華經註解刪補≫는 6卷 6冊으로 肅宗 初에 출판되었다. 肅宗6年(1680)에 작성한 序가 맨 앞에 붙어 있고 顯宗實錄字로 출판하였는데, ≪장자≫ 본문을 모두 싣고 그 아래에 여러 주석가들의 견해를 붙이고, 맨 끝에 자신의 견해를 덧붙이는 식으로 구성되어 있다. 박세당은 이 책에서 向秀, 郭象, 支遁, 崔譔, 李頤, 簡文帝, 司馬彪 등 唐代 이전의 주석은 물론이고 宋代의 呂惠卿, 蘇軾, 陳景元, 林希逸, 褚伯秀, 羅勉道 등의 주석과 명대의 楊愼, 唐順之, 陸西星, 朱得之, 焦竑 등 모두 40家의 주석을 선별하여 싣고 있을 뿐만 아니라 종종 기존 주석가들의 오류를 밝혀내고 타당한 논리에 입각해서 자신의 독창적인 견해를 밝히고 있기 때문에 ≪장자≫에 대한 그의 학문적 깊이를 충분히 가늠할 수 있다.

宋恒龍은 ≪韓國道敎哲學史≫에서 西溪 朴世堂이 ≪노자≫와 ≪장자≫에 대한 주석 작업을 하게 된 동기는 도가철학과 유가철학이 근본에 있어 異質的이 아닌 것임을 밝히려는 데에 있다고 했는데, 곧 ≪노자≫와 ≪장자≫의 참뜻을 알고 나면 그것이 결코 異端思想이 아니요, 유가에서 추구되는 진리관과 다른 것이 아니라는 것이다. 또한 老莊을 儒家와 다르게 여기게 된 이유 중 하나로 魏晉 玄學이나 宋代의 林希逸 등 이전의 老莊주석가들의 주석에 오류가 많았기 때문이라고 보았다.(이상 宋恒龍, ≪韓國道敎哲學史≫, 대동문화연구원 참조)

그러나 박세당이 피력한 견해와는 달리 실질적으로 박세당이 주석한 ≪南華經註解刪補≫에는 의외로 林希逸의 주석이 많이 인용되고 있다는 점도 주목할 만하다. 박세당의 ≪장자≫ 주석에서 특기할 만한 것은 장자의 저술 동기가 본래 惠施 등의 논리학자와 변론하는데 있다고 주장한 점이다. 그는 ≪南華經註解刪補≫ 1권의 서문에 해당하는 글에서 이렇게 언급하고 있다.

장자가 비록 諸子를 배척하고 儒墨을 아울러 비판한 경우가 많지만 그 저술의 본래 의도는 惠施 부류의 학자들과 변론하기 위해서였다. 그 때문에 <逍遙遊>편과 <天下>편에서 모두 혜시를 비판한 내용으로 편을 마무리했으니 혜시를 비판하여 그 학술이 그릇됨을 밝힌 것이다. 이 책의 뜻은 首尾에 걸쳐 분명하게 드러나고 있으니 중간에 인용된 혜시와 관련된 내용 또한 모두 서로 반복해서 논란한 것으로 寓言과 비교할 것이 아닌데 세상에서 아직 말하는 자가 없기 때문에 지금 유독 드러내 밝혔다.

이처럼 ≪장자≫의 주요 내용이 유가 비판에 목적이 있는 것이 아니라 혜시 등의 논리학자를 비판하는 데 있었다는 주장은 유가 비판 일변도로만 보아서는 아니되는 장자의 사상을 이해하는 데에도 유용한 지적이라는 점에서 시사하는 바가 많다.

### 6. 韓元震의 ≪莊子辨解≫

韓元震은 字가 德昭, 號는 南塘, 權尙夏의 문인으로, 역시 권상하의 문인이었던 李柬과 논쟁한 人物性同異論爭에서 이간이 人物性同論을 주장한데 반대하여 人物性異論을 주장한 것으로 유명하다. 그가 저술한 ≪莊子辨解≫는 필사본 1책이 전해지고 있으며 序文의 내용을 미루어 볼 때 1716년(숙종 42)에 간행된 것으로 추정된다. 이 책은 박세당의 ≪南華經註解刪補≫가 內篇은 물론 外雜篇까지 포함하여 전체를 주석하면서 간간이 訓詁와 글자 풀이를 병행하고 있는 것과는 달리, 내편 7편의 大義를 해설하고 있는데 치중하고 있기 때문에 본격적인 주석서라기보다는 ≪장자≫ 내편에 대한 해설서라고 할 수 있다.

서문에는 그가 ≪장자변해≫를 저술하게 된 동기를 간단하게 밝히고 있는데, 友人 成君覺의 요청으로 ≪장자≫를 강해한 뒤에 대의를 기록해 두자는 성군각의 요청에 따른 것으로 기록되어 있다. 그 중 일부의 내용을 소개한다.

君覺이 講解한 내용을 기록해 두자고 요청하기에 내가 이렇게 말했다.

"내 비록 힘이 미약하여 ≪장자≫서를 불태워 없애지는 못하지만 어찌 차마 주석을 만들겠으며, 또 비록 내가 독실하지는 못하지만 또 어찌 莊周가 이른바 만세에 한번 만나는 성인이 되기를 달가워하겠는가."

그러자 군각이 이렇게 말했다.

"그렇지 않습니다. 이 책이 세상에서 읽힌 지 오래되었으니 지금 불태워 없앨 수 없습니다. 이미 불태워 없앨 수 없다면 차라리 그 책에 나아가 내용을 분명히 밝혀서 詖淫邪遁(詖辭, 淫辭, 邪辭, 遁辭)의 부정한 학설이 천하 후세에서 도망할 곳이 없게 해야 할 것이니 그 또한 우리 儒學의 一大快事가 아니겠습니까?"

내가 이렇게 말했다.

"옳은 말이다. 참으로 그대의 말과 같이 한다면 君子들의 비웃음을 면할 수 있겠다."

이 내용에 근거하면 한원진은 장자의 주장이 모두 맹자가 말한 詖辭, 淫辭, 邪辭, 遁辭임을 밝혀서 세상 사람들이 분명히 알 수 있게 하려는 의도에서 이 책을 저술한 것이라 할 수 있다. 하지만 그 또한 서문의 別文에 다음과 같은 견해를 덧붙이면서 장자의 학문이 심오한 경지에 이르렀음을 인정하고 있다.

장자는 六經의 뜻을 논의하면서 ≪詩≫로 뜻을 말하고 ≪書≫로 정사를 말하고 ≪禮≫로 행동을 말하고 ≪樂≫으로 和를 말하고 ≪易≫으로 陰陽을 말하고 ≪春秋≫로 名分을 말한다[詩

以道情性 書以道政事 禮以道行 樂以道和 易以道陰陽 春秋以道名分]고 했으니, 程子와 朱子가 세상에 나타나기 이전에 한 마디로 육경의 강령을 끌어 논의함이 이처럼 분명하고 극진한 경우가 없었다. 그렇다면 莊周의 학문이 깊지 않다고 말할 수 없으며 聖人의 뜻 또한 알지 못했다고 말할 수 없다.

또 ≪장자≫를 불태워 없애야 한다고 말하면서 스스로 南塘散人으로 자호하고 있는 점도 이채롭다. 散人 또한 ≪장자≫ <人間世>편의 散木에서 유래된 호칭이기 때문이다. 이것은 유학자인 한원진이 개인적으로 장자를 좋아하기는 하면서도, 그것이 천하 후세를 경영하는 유학의 이념과 부딪치는 경우에는 가차없이 비판하는 두 가지 측면을 동시에 지니고 있었다고 해석할 수 있을 것이다. 그의 이와 같은 莊子觀은 朱子의 그것과 一脈相通하며 실제 본문 속에서 그의 논의를 인용하거나 ≪中庸≫이나 張橫渠의 <西銘>과 비교하면서 道家에 대한 유가의 優位를 확인하는데서도 엿볼 수 있다.

### 7. 結 語 — 이 책에 대하여

이 譯書는 ≪莊子≫의 內篇 全7篇을 完譯한 것이다. 본문의 원뜻을 조금이라도 정확하게 이해하는데 도움이 되게 하고자, 郭象을 비롯한 諸家의 주석은 물론이고, 최근 우리나라에서 간행된 역서와 中國 및 臺灣, 日本의 번역본에서 참고할 만한 내용이 있으면 선별하여 譯註에 실었다. 諸家의 주석 중에서는 우리나라 학자들의 ≪장자≫ 이해에 결정적인 영향을 끼쳤던 林希逸의 주석을 비교적 많이 포함시켰으며 懸吐는 우리나라에서 간행된 懸吐本 ≪句解南華眞經≫의 현토를 따랐으나 역자의 견해와 다른 부분은 역자가 임의로 수정하였다. 특히 이 책에는 우리나라에서 간행된 박세당의 ≪南華經註解刪補≫와 한원진의 ≪莊子辨解≫ 중에서 기존의 주석에서 언급하지 않고 있는 내용을 선별하거나, 그들의 견해를 따라 번역한 부분도 있는데 역주자의 역량 부족으로 인하여 좀더 많은 내용을 반영하지 못한 것이 아쉬움으로 남으며, 先行의 주석서를 활용했을 경우 그것을 명확하게 밝히는 것을 원칙으로 하면서도 간혹 언급되지 않은 경우도 있을 것으로 생각되어 이 또한 하나의 아쉬움으로 남는다.

# 凡 例

1. 本書는 東洋古典譯註叢書 ≪莊子≫의 제1책이다.

2. 본서는 郭慶藩 ≪莊子集釋≫(無求備齋莊子集成續編 제38권, 藝文印書館, 臺灣)을 底本으로 삼고, 郭慶藩 ≪莊子集釋≫(新編諸子集成 제1집, 中華書局, 北京)을 참고하였다.

3. 飜譯은 原義에 充實하도록 노력하였다. 다만 難解한 부분은 意譯 또는 補充譯을 하였다.

4. 懸吐는 懸吐句解南華眞經(林希逸註, 驪江出版社 影印)을 참고하였으며, 어려운 古語套는 가급적 현대어로 바꾸었다.

5. 譯註는 중국과 일본 古今 諸家의 說과 朝鮮朝의 朴世堂 ≪南華經註解刪補≫와 韓元震 ≪莊子辨解≫를 참고하여 최대한 반영하고, 현대 학자들의 연구성과도 소개하였다.

6. 原文은 각 參考本과 校勘하여 譯註로 처리하였으며, 音이 여러 개인 漢字나 어려운 漢字에는 ( ) 안에 音을 달아 주었다.

7. 본서에 사용된 주요 符號와 略號는 다음과 같다.

   " " : 對話, 각종 引用
   
   ' ' : 再引用, 强調
   
   ( ) : 漢字의 音, 간단한 註釋, 原文의 誤字를 正字로 바꾼 경우
   
   ≪ ≫ : 書名, 出典
   
   < > : 篇章節名, 作品名, 補充譯, 原文의 補充字
   
   [ ] : 原文의 倂記, 衍文, 音이 다른 漢字

# 參考圖書


국내자료

林希逸注, 懸吐者未詳, ≪懸吐句解南華眞經≫

朴世堂, ≪南華經註解刪補≫

韓元震, ≪莊子辨解≫

安東林譯, ≪莊子≫, 현암사, 1998

오강남譯, ≪莊子≫, 현암사, 1999

李基東譯, ≪莊子≫, 동인서원, 2001

釋德淸著, 송찬우譯, ≪莊子禪解(莊子內篇注)≫, 세계사, 1991

중국자료

郭象, ≪莊子注≫

陸德明, ≪莊子音義(經典釋文)≫

成玄英, ≪莊子疏≫

呂惠卿, ≪莊子義≫

陳景元, ≪莊子闕誤≫

林希逸, ≪南華眞經口義≫

褚伯秀, ≪南華眞經義海纂微≫

羅勉道, ≪南華眞經循本≫

陳深, ≪莊子品節≫

楊愼, ≪莊子解≫

朱得之, ≪莊子通義≫

陸西星, ≪南華眞經副墨≫

焦竑, ≪莊子翼≫

釋德淸, ≪莊子內篇注≫

方以智, ≪藥地炮莊≫

王夫之, ≪莊子解≫

林雲銘, ≪莊子因≫

宣穎, ≪南華經解≫

屈復, ≪南華通≫

陸樹芝, ≪莊子雪≫

姚鼐, ≪莊子章義≫

王念孫, ≪莊子雜志≫

兪樾, ≪莊子平議≫

王闓運, ≪莊子內雜篇注≫

吳汝綸, ≪莊子点勘≫

陳壽昌, ≪南華眞經正義≫

王先謙, ≪莊子集解≫

郭慶藩, ≪莊子集釋≫

馬其昶, ≪莊子故≫

陶鴻慶, ≪讀莊子札記≫

章炳麟, ≪莊子解故≫

武延緖, ≪莊子札記≫

奚侗, ≪莊子補注≫
阮毓崧, ≪莊子集注≫
朱桂曜, ≪莊子內篇證補≫
馬敍倫, ≪莊子義證≫
蔣錫昌, ≪莊子哲學≫
王叔岷, ≪莊子校詮≫
楊樹達, ≪莊子拾遺≫
張之純, ≪莊子評注≫
聞一多, ≪莊子內篇校釋≫
曹受坤, ≪莊子哲學≫
張默生, ≪莊子新釋≫
劉武, ≪莊子集解內篇補正≫
錢穆, ≪莊子纂箋≫
陳啓天, ≪莊子淺說≫
陳鼓應, ≪莊子今注今譯≫
王孝魚, ≪莊子內篇新解≫
曹礎基, ≪莊子淺注≫
方勇・陸永品, ≪莊子詮評≫

일본자료

福永光司譯, 莊子(日本 朝日新聞社)
金谷治譯, 莊子(日本 岩波書店)
赤塚忠譯, 莊子(日本 集英社)
池田知久譯, 莊子(日本 學習硏究社)

# 目 次

莊子 內篇

# 第1篇 逍遙遊

【해설】

상식적인 생각과 세속적인 가치를 큰 소리로 비웃는 사상가가 있었다. 이 사상가의 책 ≪莊子≫의 첫머리는 이런 말로 시작된다.

"북쪽 바다에 물고기가 있으니 그 이름은 '鯤'이라고 한다."

이 세상 북쪽 끝 검푸른 물결 일렁이는 북극의 바다에 곤이라는 이름의 물고기가 있는데 이 곤의 크기는 몇천 리나 되는지 알지 못한다. 수천리나 되는 이 거대한 물고기 鯤이 어느 때이던가 크게 변신하여 그 등의 크기가 몇천 리나 되는지 알 수 없는 거대한 새로 변화[化]한다. 이 거대한 새, 그 이름은 '鵬'이라고 한다.

이 터무니없이 큰 붕새가 한 번 온몸의 힘을 떨쳐 하늘 위로 날으면 그 날개가 어찌나 큰지 하늘의 한쪽을 덮은 구름으로 착각할 정도이다. 이 붕새는 이제 남쪽 바다로 떠나가려 한다. 남쪽 바다란 다름아닌 하늘의 못, '天池'이다.

상식을 뛰어 넘은 무한의 시간과 무한의 공간으로 날아가는 붕새를 통해, 통쾌한 諧謔의 철학자 莊子는 그가 주장하는 絶對自由의 경지를 우리에게 제시한다. 물론 여기 등장하는 鯤이나 鵬도 결국은 변화되는 만물의 하나이고 만물이 모두 평등하다는 萬物齊同의 物 가운데의 하나임에 지나지 않는 것이기는 하지만, 이 상식을 초월한 鯤과 鵬을 통해 일단은 절대자유의 경지를 제시하고 있는 것이다. 소요유는 곧 무엇에도 구속되지 않는 자유로운 삶이라는 뜻이다.

≪장자≫ 전편을 통독하면 '遊'라는 글자를 자주 대하게 된다. 이 '遊'는 莊子 사상 가운데의 중요한 思想槪念인데 그것은 목적의식이 없는 無爲自然의 遊이고 人爲를 버리고[棄] 作爲를 잊은[忘] 遊이다. 소요유의 '遊'가 바로 그러한 遊이다.

"仁을 행하는 것은 나에게 말미암는 것이지, 남에게 말미암는 것은 아니다[爲仁由己 而由人

乎哉].”
라고 한 孔子의 말(≪論語≫ <顔淵>편)에서도 윤리 실천의 주체로서의 自我의 확립을 통한 自主・自律의 見地를 볼 수 있거니와, 이 자주・자율의 의식은 莊子에 와서는 더욱 철저해진다.

도덕과 학문의 未完成과 正義를 실천하지 못함과 不善을 고치지 못하는 것, 바로 이것을 나의 근심[憂]이라고 한 공자 사상의 근저에는 이른바 '憂患意識'이 있다. 그런데 ≪장자≫에서는 이 '憂'가 부정되고 그 대신 보이는 사상개념이 바로 '遊'인 것이다.

장자 사상의 근저에는 실로 이 철저화된 '自由意識'이 있는 것이다. 장자의 사상 가운데 또 하나의 중요한 사상개념이 있는데 그것은 변화를 의미하는 '化'이다. ≪장자≫ 33편, 총 65,000여 字의 첫머리 제1편의 제일 앞부분에 이 '化'자가 보이는 것으로도 그것은 분명하다. 제2편 <齊物論>의 제일 끝에는 '物化'가 보이고 <大宗師>편 제3장에는,

"쉿. 물러들 가라. 엄숙한 변화의 작용을 놀라게 하지 말라(방해하지 말라)[叱 避 無怛化]."
라는 말이 보이는 등 이 '化[변화]'의 사상은 ≪장자≫ 도처에서 발견된다.

## 第1章

北冥[1]有魚하니 其名爲鯤[2]이니 鯤之大는 不知其幾千里也[3]로다 化而爲鳥[4]하니 其名爲鵬[5]이니 鵬之背는 不知其幾千里也로다 怒[6]而飛에 其翼이 若垂天之雲[7]하니 是鳥也 海運[8]則將徙於南冥[9]하나니 南冥者는 天池[10]也라

북녘 검푸른 바다에 물고기가 있으니 그 이름을 鯤이라고 한다. 곤의 크기는 몇천 리가 되는지 알 수 없다. 어느 날 이 물고기가 변신을 해서 새가 되니 그 이름을 鵬이라고 한다. 이 붕새의 등 넓이는 이 또한 몇천 리가 되는지 알 수 없다. 온몸의 힘을 다해 날면 그 활짝 편 날개는 하늘 한쪽에 가득히 드리운 구름과 같다. 이 새는 바다가 움직이면 남쪽 끝의 검푸른 바다로 날아가려고 한다. 남쪽 바다란 하늘의 못, 天池이다.

【譯註】

1) 北冥 : 북쪽 바다, 곧 北海. 冥은 溟으로 된 판본도 있다(≪釋文≫). 東方朔의 ≪十洲記≫에는 "바닷물이 검푸른 것을 명해라 하니 바람이 없는데도 큰 파도가 백 길이나 인다[水黑色謂之冥海 無風洪波百丈]."고 했고, 嵇康은 '아득하여 끝이 없는 뜻을 취한 것[取其溟漠無涯也]'이라고 풀이했고, 梁의 簡文帝는 '멀어서 끝이 없기 때문에 冥이라 한 것[窅窅無極 故謂

之冥]'이라고 풀이했다. 이들 주석을 종합해 보면 北冥의 冥은 '暗黑色'의 뜻과 '아득하여 끝이 없다'는 뜻으로 풀이하는 것이 적절하다. 따라서 北溟은 저 북쪽 끝의 검푸른 바다를 가리킨다. 아래 문장에도 '窮髮之北有冥海者'라는 구절이 보인다. 東方朔은 前漢 武帝 때 사람으로 전설에 의하면 仙術에 능했다고 하며 西王母의 복숭아를 훔쳐 먹어 長壽를 누렸다고 한다. 嵇康은 魏・晉 때의 인물로 竹林七賢의 한 사람(223~262). 梁 簡文帝의 梁은 南北朝시대 南朝의 나라 이름. ≪釋文≫은 唐의 陸德明(육덕명, 556~627)의 ≪經典釋文≫을 말함.

2) 鯤(곤) : 물고기 이름. 淸 郭慶藩은 方以智의 견해를 따라 "곤은 본래 작은 물고기의 이름인데 장자는 큰 물고기의 이름으로 썼다[鯤本小魚之名 莊子用爲大魚之名]."고 풀이했다. 곧 알에서 막 자란 작은 물고기인 鯤을 더할 수 없이 큰 물고기의 이름으로 사용한 것에서 齊物의 뜻이 암시되어 있음을 알 수 있다. 여기의 鯤은 작은 것을 큰 것에 비유한 것이라면, <齊物論>편 제1장의 "天地도 한 개의 손가락이고, 萬物도 한 마리의 말이다[天地一指也 萬物一馬也]."라고 한 것은 큰 것을 작은 것에 비유한 표현이다. 李頤는 鯤을 '큰 물고기 이름[大魚名也]'이라고 풀이했다.

3) 鯤之大不知其幾千里也 : 곤의 크기는 몇천 리가 되는지 알 수 없음. 唐 成玄英은 ≪玄中記≫를 인용하여, "동방에 큰 물고기가 있는 데 지나가는 사람이 하루 종일 걸려서 魚頭를 통과하고 7일 걸려서 魚尾를 통과하며 또한 이 물고기가 出産하는 3일 동안은 푸른 바다가 이 때문에 붉게 변한다[東方有大魚焉 行者一日過魚頭 七日過魚尾 產三日 碧海爲之變紅]."고 풀이했다. 1里는 약 400미터. 韓元震은 "곤과 붕의 큼은 지인의 도가 큼을 비유한 것이고, 아래에서 또 야마와 진애, 조구와 척안 같은 작은 사물을 든 것은 곤과 붕이 지극히 큼을 드러내기 위한 것이다[鯤鵬之大 以喩至人之道大 其下又引野馬塵埃蜩鳩斥鷃之小 以見鯤鵬之至大也]."라고 풀이했다.

4) 化而爲鳥 : 변신을 해서 새가 됨. 化는 변화, 변신, 轉生의 뜻. ≪莊子(上・下)≫(日本, 學習硏究社)의 저자 池田知久는 化란 어떤 物이 그 物로서는 죽지만 그에 의해서 다른 物로 태어나는 것, 즉 轉生이라고 풀이했는데 적절한 견해이다. 轉生 사상은 ≪장자≫의 가장 중요한 사상 가운데 하나이며 여기서 붕새를 鯤(물고기)에서 鵬(새)로 변화한 것으로 표현한 것은 곤이나 붕이 아무리 거대한 존재일지라도 결국은, 만물을 化하게 하는 道일 수는 없고 化의 대상인 物에 불과함을 시사하기 위한 것이다(池田知久).

5) 其名爲鵬 : 그 이름을 鵬이라 함. 鵬은 전설상의 靈鳥. 崔譔은 '鵬은 鳳의 古字[鵬卽古鳳字]'라고 풀이했다.

6) 怒 : 온몸의 힘을 다함. 淸 林雲銘은 ≪莊子因≫에서 "온몸에 힘을 꽉 집어넣는다[用力之意]."는 뜻으로 풀이했고 民國 馬叙倫은 힘쓴다[勉]는 뜻으로 풀이했다. 여기의 怒와 유사한 용례는 <齊物論>편 제1장의 '怒者其誰邪'와 <人間世>편 제3장의 '汝不知夫螳螂乎 怒其臂當以車轍'에 보인다(池田知久).

7) 垂天之雲 : 하늘에 드리운 구름. 垂는 드리운다는 뜻으로 위에서부터 아래로 늘어뜨린 모습을 표현. 司馬彪는 "구름이 하늘 한 곁에 드리우고 있는 것 같다[若雲垂天旁]."고 풀이했다.

8) 海運 : 바다가 움직임. 육덕명, 성현영 등은 運을 轉으로 풀이했고, 곽경번은 ≪玉篇≫을 근거로 運을 行의 뜻으로 풀이했다. 우리나라에서도 조선시대 이래로 懸吐되어 읽혀 왔던 南宋 林希逸의 ≪莊子口義≫에서는 運을 動의 뜻으로 보고[海運者 海動也], "바다가 움직이면 반드시 大風이 있다[海動 必有大風]."고 풀이했는데 여기서는 임희일의 견해를 따랐다.

9) 南冥 : 남쪽 바다. 이 글 첫머리의 '北冥'과 여기의 南冥은 <應帝王>편 제7장의 '北海'·'南海'와 마찬가지로 物이 존재하는 無限한 空間의 이쪽 끝과 저쪽 끝을 가리키고 있는 것이기도 하다. 따라서 붕새가 북명으로부터 남명으로 옮겨 가려고 나는 것은 무한한 존재 공간에서의 자유로운 飛翔임을 암시한 것이다. 그러나 池田知久의 지적처럼, 붕새가 아무리 거대하다 하더라도 결국은 北에서 南으로 옮겨 가는, 곧 物이 존재하는 세계의 공간에서 벗어날 수 없는 物에 불과함을 미리 암시하고 있는 것으로도 해석할 수 있다.

10) 天池 : 하늘의 못. 성현영은 "큰 바다와 넓은 하천은 자연의 造化에 근본하여 이룩되는 것이지 인위적으로 만들어지는 것이 아니다. 그래서 天池라고 한 것이다[大海洪川 原夫造化 非人所作 故曰天池也]."라고 풀이했다. 따라서 北冥도 역시 天池임을 알 수 있다(安東林, ≪莊子≫, 현암사). 이는 아래 문장의 '窮髮之北有冥海者 天池也'에 의해서도 분명하다(池田知久).

齊諧[1)]者는 志怪者也라 諧之言에 曰 鵬之徙於南冥也에 水擊三千里하고 摶扶搖[2)]而上者九萬里하야 去以六月息者也[3)]라하니 野馬[4)]也와 塵埃[5)]也는 生物之以息으로 相吹也[6)7)]라 天之蒼蒼은 其正色邪[8)]아 其遠而無所至極邪아 其視下也에 亦若是則已矣[9)]니라

齊諧라고 하는 사람은 괴이한 일을 잘 알고 있는 사람이다. 齊諧는 이렇게 말하고 있다.

“鵬이 남쪽 바다로 날아 옮겨 갈 때에는 <그 큰 날개로> 바다의 水面을 3천 리나 치고서 회오리바람을 타고서 9만 리 꼭대기까지 올라간다. 그리하여 여기 북쪽 바다 상공을 떠나서 6개월을 계속 난 뒤에 비로소 한 번 크게 숨을 내쉬는 것이다.”

공중에 떠 있는 아지랑이와 티끌은 <천지 사이의> 살아 있는 생물들이 입김을 서로 내뿜는 데서 생겨나는 현상이다. 하늘이 푸르고 푸른 것은 그 본래의 제 빛깔인가. 아니면 끝없이 멀고 멀기 때문일까. 鵬이 <9만 리 꼭대기에서> 아래를 내려다볼 때에도 또한 이와 같을 것이다.

【역주】

1) 齊諧 : 人名. 또는 書名. 林希逸은 “제해는 책 이름이다. 여기에 記述되어 있는 내용은 모두 지금의 ≪山海經≫과 같은 유의 괴이하고 상식에 벗어난 일들이다[齊諧書名也 其所志述者 怪異非常之事 如今山海經之類].”라고 하고 있으나 여기서는 司馬彪, 崔譔, 成玄英, 池田知久 등의 견해를 따라 사람 이름으로 보았다. 齊가 姓, 諧가 이름. 그러나 여기의 齊는 내용으로 미루어볼 때 <齊物論>편의 ‘齊同’이나 ‘齊一’과는 무관하다. 오히려 齊나라 사람이란 뜻으로 齊를 성으로 하고, 諧讔(수수께끼, 우스갯소리)의 뜻을 따서 諧를 이름으로 삼은 것으로 추정된다(司馬彪, 崔譔, 成玄英 및 池田知久 등의 견해 참조). 志는 인명일 경우에는 記(기억한다)나 知(안다)의 뜻이고, 서명일 경우에는 記述의 뜻.

2) 摶(단)扶搖 : 회오리바람을 탐. 摶은 ‘바람 風’자와 합하여 摶風이라 할 때는 빙 돌며 날다, 새가 바람을 타고 날쌔게 날아오르다의 뜻. 王叔岷의 ≪莊子校詮≫에서는 “摶과 搏(박)은 글자 모양이 비슷해서 잘못 쓰여졌을 것이며, 搏은 拍(날개로 친다)과 같다.”고 풀이했다. 安東林도 같은 견해. 실제로 ≪老子≫에서도 摶과 搏이 판본에 따라 혼동되고 있는 예를 쉽게 발견할 수 있다(搏之不得 名曰微 ≪老子≫제14장). 扶搖(부요)는 회오리바람[旋風]. ≪爾雅≫ <釋天>의 郭璞(276~324) 註에는 “세찬 바람이 아래에서 위로 부는 것이다[暴風從下上也].”라 하였다.

3) 去以六月息者也 : 떠나서 6개월을 계속 난 뒤에 비로소 한 번 크게 숨을 내쉼. 以六月은 ‘6개월 동안 즉 반년을 난 뒤’라는 뜻이고 息은 숨쉰다는 뜻. 晉 郭象(?~312?)은 “큰 새는 한 번 떠나면 반년을 날아 천지에 이르러 쉬고, 작은 새는 한 번 날면 반나절을 날아 느릅나무나 박달나무에 이르러 그친다[夫大鳥一去半歲 至天池而息 小鳥一飛半朝 搶楡枋而止].”고 풀이했는데 小鳥 이하의 내용은 아래에 이어지는 장자의 본문에 보인다. 또 林希逸은 “이 새가 왕래할 때에는 <한 번 움직여 날아오른 뒤에> 반드시 반년 동안 휴식해야만 비로소 움직일 수 있다[此鳥之往來 必歇住半年 方可動也].”고 풀이했는데, 이 견해를 따르면 “鵬은

남쪽 바다로 날아간 뒤에 반년 동안의 휴식을 취한다."고 해석해야 한다(여기서는 不取). 한편 淸 宣穎은 息을 風으로 보고, 六月息을 6월의 大風으로 보고 있다. 이에 따르면 去以六月息者也는 6월의 태풍(큰 바람)을 타고 남쪽으로 날아가는 것이다. 安東林의 견해도 이와 유사하다. 그런데 ≪장자≫의 이 글이 인용된 ≪太平御覽≫에는 息 위에 '一'자가 있고, 李白의 <大鵬賦>도 마찬가지이기 때문에(王叔岷), 六月息을 六月의 息(대풍)으로 읽는 것은 옳지 않다는 반론 또한 만만치 않다(池田知久).

4) 野馬 : 아지랑이. 郭象은 '野馬는 일렁거리는 기[野馬者 游氣也]'라고 풀이했는데, 원래는 말[馬]의 일종이다. ≪爾雅≫ <釋畜>의 郭璞 註에는 "말과 같은 생김새이지만 말보다 작고 변방지역 밖에서 난다[如馬而小 出塞外]."고 풀이했고, ≪穆天子傳≫에도 "야마는 오백 리를 달린다[野馬走五百里]."고 한 기록이 있는데, 郭璞은 역시 "야마는 또한 말과 같지만 그보다 작다[野馬亦如馬而小]."고 풀이했다. 池田知久는 崔譔의 註에서 알 수 있는 것처럼 아지랑이가 피어오르는 모습이 野馬의 재빠른 내달림과 비슷해서 이렇게 불렀을 것이라고 풀이했다.

5) 塵埃 : 티끌. 野馬와 塵埃를 동일시하여 野馬를 塵埃로 풀이하는 견해도 있다. 그러나 굳이 池田知久가 인용한 北宋 沈括(1030~1094)의 ≪夢溪筆談≫을 끌어대지 않더라도 野馬와 塵埃는 별개의 것으로 '野馬와 塵埃'로 읽는 것이 옳다.

6) 生物之以息相吹也 : 살아 있는 생물들이 입김을 서로 내뿜는 데서 생겨남. 生物은 <人間世> 편 제3장에서도 살아 있는 생물의 뜻으로 쓰였기 때문에(池田知久), 살아 있는 생물로 번역하였다. 한편 우리나라 朴世堂(1629~1703)의 경우는 ≪南華經註解刪補≫에서 대붕은 <크기 때문에> 큰 바람을 타야 날 수 있지만 아지랑이나 티끌 따위는 <작기 때문에> 생물체가 내뿜는 숨에 의해서도 움직인다는 뜻으로 보았다. 崔譔 등이 吹를 動으로 풀이하고 있고, 또 아래의 문장에 "바람이 두터이 쌓이지 않으면 큰 날개를 띄울 힘이 없다[風之積也不厚則其負大翼也無力]."는 내용이 있기 때문에 박세당의 이 견해는 대단히 유력한 견해라 할 수 있다. 이 견해를 따르면 이 구절은 "생물체가 숨쉬는 대로 따라 움직인다."로 번역해야 한다.

7) 野馬也 塵埃也 生物之以息相吹也 : 이 세 구절은 'A와 B는 C이다'로 보는 것이 통설이지만 古來로 이설이 분분하다. "아지랑이인가[野馬也], 티끌 먼지인가[塵埃也], 살아 있는 생물들이 내뿜는 입김이던가[生物之以息相吹也]."로도 읽을 수 있지만 우선 통설을 따라 번역하였다. 安東林이 Burton Watson의 英譯을 소개하고 있는 것도 참조할 만하다.

8) 天之蒼蒼 其正色邪 : 하늘이 푸르고 푸른 것은 그 본래의 제 빛깔인가. 邪는 의문형 종결사. 이 구절은 <齊物論>편 제3장의 '正處', '正味', '天下之正色'의 논의와 연결시켜 이해하는 것이 적절하다.

9) 則已矣 : 단정의 뜻을 타나내는 종결사. 則은 而와 통용, 곧 而已矣와 같다.

且夫水之積也不厚면 則其負大舟也無力하니 覆杯水於坳堂[1]之上 則芥爲之舟하나 置杯焉則膠하나니 水淺而舟大也일새니라 風之積也不厚면 則其負大翼也無力하니 故로 九萬里則風斯在下矣[2]라 而後에야 乃今培風[3]하고 背負靑天而莫之夭閼[4]者한 而後에야 乃今將圖南[5]하나니라

그런데 물이 괴어 쌓인 것이 깊지 않으면 큰 배를 띄울 만한 힘이 없다. 그러니 한 잔의 물을 마루의 움푹 패인 자리 위에 엎지르면 기껏 티끌 정도가 그 위에 떠서 배가 되지만 거기에 잔을 놓으면 뜨지 못하고 바닥에 닿고 만다. 물은 얕고 배는 크기 때문이다. 바람이 두터이 쌓이지 않으면 큰 날개를 짊어져 띄울 만한 힘이 없다. 그러므로 9만 리의 높이까지 올라가야만 <붕의 큰 날개를 지탱할 만한> 바람이 비로소 아래에 쌓이게 된다. 그런 뒤에 이제서야 붕은 바람을 타고 푸른 하늘을 등에 진 채 갈 길을 막는 障碍가 하나도 없게 된 뒤에 비로소 남쪽으로 날아가는 것을 도모하려고 한다.

【역주】

1) 坳堂(요당) : 마루의 움푹 패인 자리. 坳는 깊이 패인 곳 [陷也 凹也]. 林希逸은 '坳堂 堂上坳深處也'라 주해하고 있다.

2) 九萬里則風斯在下矣 : 9만 리의 높이까지 올라가야만 바람이 비로소 아래에 쌓이게 됨. 이 부분은 바람을 타고 날아다니며 步行의 번거로움을 초월한 列子라 하더라도, 그것이 바람[風]이라고 하는 그 무엇엔가에 의지하고 있기 때문에 완전한 초연(超然)이라고 볼 수 없다는 아래 문장의 표현과 연결되는 대목이다. 그러나 여기서는 일단 상식을 뛰어 넘은 9만 리의 높이에서 태풍과 같은 엄청난 큰 바람에 날개 치며 天空을 나는 雄渾壯大한 大鵬의 飛翔에 대한 찬탄으로 이해하는 것이 적절하다. 福永光司는 이 부분을 두고 "이 경우 이 大鵬이 일체의 땅 위에서의 꿈틀거림과 인간적인 卑小함을 超克하여 커다란 세상을 활보하는 至大한 人間, 즉 絶對者를 象徵하는 것임은 말할 것도 없다. 莊子에 있어서의 절대자는 超越者

이다."라고 설명하고 있다(福永光司, ≪莊子≫, 日本, 朝日新聞社).

3) 培風 : 바람을 탐. 林希逸은 培를 두터울 厚의 뜻으로 보고 "培는 厚이다. 9만 리의 바람이라야 비로소 두터운 바람이라고 일컬을 만하다. 이처럼 두터운 바람이라야 비로소 붕새의 날개를 실을 수 있다[培厚也 九萬里之風 乃可謂之厚風 如此厚風 方能負載鵬翼]."고 풀이했다. 그 때문에 우리나라 재래의 현토본에서도 培를 厚라는 뜻의 관형사로 보기 때문에 '乃今培風이며'로 현토하고 있으나 이 해석은 취하지 않는다. 郭慶藩은 淸 王念孫(1744~1832)의 ≪讀書雜志≫(莊子雜志)를 인용하여 培를 馮의 假借字로 보고 乘의 뜻으로 읽었는데, 여기서는 이 견해를 따라 培를 乘이라는 뜻의 동사로 보고 '乃今培風하고'로 현토했다.

4) 莫之夭閼(알) : 障碍가 하나도 없음. 성현영은 夭는 '꺾어짐[折也]', 閼은 '막힘[塞也]'으로 풀이했다. 林希逸도 '장애가 없는 것[莫之夭閼 無障礙也]'으로 풀이했는데 같은 견해이다.

5) 圖南 : 남쪽으로 가는 것을 도모함. 林希逸은 "도남은 북해에서 남쪽으로 옮겨갈 것을 도모함이다. 도는 모이다[圖南 自北海而謀南徙也 圖謀也]."라고 풀이했다.

蜩與學鳩1)笑之하야 曰 我는 決起2)而飛하야 槍(搶)楡枋3)호대 時則不至而控於地4)而已矣로니 奚以之九萬里而南爲5)오 適莽蒼6)者는 三飡7)而反하야도 腹猶果然8)하고 適百里者는 宿舂糧9)하고 適千里者는 三月聚糧하나니 之二蟲이 又何知10)리오

매미나 작은 비둘기가 이것을 비웃으며 이렇게 말한다.

"우리는 후닥닥 있는 힘을 다해 날아올라 느릅나무나 다목나무 가지 위에 머무르되, 때로는 혹 거기에도 이르지 못하고 땅바닥에 동댕이쳐지는 경우도 있을 따름이다. 그러니 무엇 때문에 붕새는 9만 리 꼭대기까지 올라가 남쪽으로 갈 필요가 있겠는가."

가까운 郊外의 들판에 나가는 사람은 세 끼니의 밥만 먹고 돌아와도 배가 아직 부르고, 백 리 길을 가는 사람은 전날 밤에 식량을 방아 찧어 준비해야 하고, 천 리 길을 가는 사람은 3개월 전부터 식량을 모아 준비해야 한다. 그러니 이 두 벌레가 <이처럼 큰 일에는 큰 준비가 필요한 이치를> 또 어찌 알 수 있겠는가.

【역주】

1) 蜩與學鳩 : 매미와 작은 비둘기. 蜩(조)는 매미로 ≪說文解字≫에서는 蟬으로 풀이하고 있다

(林希逸). 學은 鷽(학, 小鳩, 작은 비둘기)과 같다(≪釋文≫). 그래서 學鳩는 통상 小鳩, 곧 작은 비둘기로 풀이하는 것이 일반적이다. 그러나 ≪禮記≫ <月令>편에 "새매가 비로소 날개짓을 배운다[鷹乃學習]."는 내용이 있고, <王制>편에 "새끼 새가 매가 된 뒤에 그물을 친다[鳩化爲鷹然後設罻羅]."고 한 내용이 있는 것으로 보아 學에 날개짓을 배운다는 뜻이 있고 鳩에 새끼 새라는 의미가 있으므로 여기의 學鳩는 막 날개짓을 배우기 시작한 어린 새의 뜻으로 보는 것이 옳을 것도 같다. 蜩與學鳩는 스스로의 無知와 無力을 알지 못하고 도리어 위대한 자를 비웃는 무리를 상징한다. 三國時代 魏나라의 竹林七賢 중의 한 사람이었던 阮籍(210~263)의 <詠懷詩>에서 "작은 비둘기는 뽕나무나 느릅나무까지 날고 해조는 천지까지 날아간다[鷽鳩飛桑楡 海鳥運天池]."고 한 구절은 바로 ≪장자≫의 이 글에 근거한 것이며(王叔岷), 이 책 <庚桑楚>편 제7장에 보이는 '蜩與學鳩'도 이 편의 글을 답습한 것이다(池田知久). <경상초>편에는 다음과 같은 글이 있다. "이 같은 자들은 세상에서 쓰여짐을 知라 하고, 세상에 쓰여지지 않음을 愚라 하며, 세상에서 떠들썩하게 떠들어 주는 것을 명예로 생각하고, 세상에 쓰여지지 않아 곤궁한 것을 치욕이라 한다. 是非를 내세워 대립하는 자들이 오늘날 사람들이다. 이들은 매미나 작은 비둘기들이 大鵬을 비웃는 것과 같은 자들이다[若然者 以用爲知 以不用爲愚 以徹爲名 以窮爲辱 移是 今之人也 是蜩與學鳩同於同也]." 이 문장은 또 아래의 '夫知效一官' 이하의 내용과 연결시켜 이해하는 것이 적절하다.

2) 決起 : 있는 힘을 다해 날아오름. 林希逸은 '분기하여 나는 것[奮起而飛也]'으로 풀이했다.

3) 槍(搶)楡枋 : 느릅나무나 다목나무에 날아가 머묾. 대본의 槍은 搶과 통하여 이르다, 도달하다, 머물다의 뜻. 林希逸은 搶을 突(부딪치다, 돌진한다)의 뜻으로 풀이했는데 모두 날아가서 머문다는 의미이기 때문에 큰 차이는 없다.

4) 時則不至而控於地 : 때로는 혹 거기에도 이르지 못하고 땅바닥에 동댕이쳐짐. 王念孫은 則을 或으로 풀이했는데 이 견해를 따랐다. 林希逸은 "때로 그것조차도 이르지 못하는 경우가 있다[有時猶不能至]."로 풀이했는데 같은 뜻이다. 控은 떨어진다[投]는 뜻(林希逸, 安東林).

5) 奚以之九萬里而南爲 : 무엇 때문에 9만 리 꼭대기까지 올라가 남쪽으로 가는가. 之는 가다는 뜻의 동사. '奚以…爲'는 '무엇 때문에 …하는가'의 뜻. 爲는 劉淇의 ≪助字辨略≫이나 王引之의 ≪經傳釋詞≫에 의해 反語를 나타내는 助字로 보는 견해(池田知久)가 유력하다. 馬叙倫의 ≪莊子義證≫에서도 爲를 乎로 읽고 있다(安東林). '何以…爲' 또는 '何…爲'와 같은 형식의 구문은 이 부분 이외에도 <德充符>편 '彼何賓賓以學子爲', <外物>편 '死何含珠爲', <應帝王>편 '汝又何帠以治天下感予之心爲' 등에서도 보이는데 이 경우는 대부분 허사로 쓰였다.

한편 ≪孟子≫에도 <滕文公 下> '惡用是鶃鶃者爲哉(爲가 잡아 먹다는 뜻의 실사로 쓰임)', <滕文公 下> '子何以其志爲哉(爲는 말하다, 간주하다의 뜻)', <離婁 上> '恭儉豈可以聲音笑貌爲哉(爲는 꾸미다의 뜻)', <萬章 上> '我何以湯之聘幣爲哉(爲는 마음에 두다의 뜻)' 등에 爲자가 보이는데, ≪장자≫와는 달리 대부분 哉자와 함께 쓰이면서 실사로 쓰였다.

6) 適莽蒼(적망창) : 가까운 郊外의 들판에 나감. 莽蒼은 近郊의 들판.

7) 飡(손) : 飧의 俗字. 飱도 마찬가지. 우리나라 재래의 林希逸 현토본에서는 '飱'으로 표기되어 있다.

8) 果然 : 배부른 모양. 成玄英은 배부른 모양[飽貌]으로 풀이했다. 安東林은 果는 열매를 뜻하는 글자인데 과일의 형태가 둥근 데서 배부름을 뜻하게 되었다는 견해를 제시했는데 참고할 만하다.

9) 宿舂(용)糧 : 전날 밤에 식량을 찧음. 宿은 전날 밤. 舂은 방아를 찧다의 뜻.

10) 之二蟲又何知 : 이 두 벌레가 또 어찌 알 수 있겠는가. 之는 是의 뜻. 이 편의 제3장에도 '之人也 之德也'라는 표현이 나오며, <則陽>편 제8장에도 '之二人何足以識之'라는 표현이 보인다. 蟲은 벌레이지만 날짐승을 羽蟲이라 하고 길짐승을 毛蟲이라 하는 경우에서 알 수 있듯이 동물의 뜻으로 쓰인다. 따라서 여기서는 작은 동물로 보는 것이 적절하다. 二蟲은 林希逸이 매미와 비둘기로 본 견해[二蟲者 蜩鳩也]를 따랐다. 그런데 郭象은 二蟲을 <큰> 붕새[鵬]와 <작은> 매미[蜩]로 보고, 何知를 알 필요가 없다, 알지 않아도 저절로 그렇게 된다는 뜻으로 보아, "<鵬과 蜩는> 모두 그렇게 되는 까닭을 알지 못하고 저절로 그럴 따름이다. 저절로 그러함은 작위하지 않음이니 저절로 그러하고 작위하지 않음이야말로 逍遙의 큰 뜻이다[二蟲謂鵬蜩也……皆不知所以然而自然耳 自然耳 不爲也 此逍遙之大意]."라고 풀이했다. 곽상의 이 같은 풀이는 후세에 '自然而然', '機自爾' 등의 철학용어가 생기는 데 커다란 영향을 끼치는 것이기는 하나 이 부분 자체의 해석에는 적절치 않다. 淸의 兪樾(1821~1906)이 이미 곽상 해석의 잘못을 지적하고 있다. 유월은 "二蟲은 곧 위 글에서 매미와 비둘기가 <9만 리 꼭대기까지 올라간 鵬을> 비웃는 것을 이어 말한 것이니, 매미와 비둘기는 지극히 작아서 붕새의 큼을 알지 못함을 두고 말한 것이다. 郭註에서는 二蟲은 붕새와 매미를 말한다고 하였는데 이는 잘못이다[二蟲卽承上文蜩鳩之笑而言 謂蜩鳩至小 不足以知鵬之大也 郭註云二蟲謂鵬蜩也 失之]."라고 하였다.

小知는 不及大知하며 小年은 不及大年하나니 奚以知其然也[1]오 朝菌은 不知晦朔[2]하며 蟪蛄는 不知春秋[3]하나니 此小年也라 楚之南에 有冥靈[4]者하니 以五百歲로 爲春하고 五百歲로 爲秋하며 上古에 有大椿[5]者하니 以八千歲로 爲春하고 八千歲로 爲秋[6]하더니 而彭祖[7]는 乃今에 以久로 特聞이어늘 衆人匹之[8]하나니 不亦悲乎아

작은 지혜는 큰 지혜에 미치지 못하고 짧은 수명은 긴 수명에 미치지 못한다. 무엇으로 그러함을 알 수 있는가. 朝菌은 한 달을 알지 못하고 쓰르라미는 봄, 가을을 알지 못하니 이것이 짧은 수명의 例이다. 초나라 남쪽에 冥靈이라는 나무가 있으니 5백 년을 봄으로 하고 5백 년을 가을로 삼는다. 옛날 上古에 大椿이라는 나무가 있었으니 8천 년을 봄으로 하고 8천 년을 가을로 삼았다. 그런데 彭祖는 지금 장수로 유독 유명하여 세상 사람들이 그와 비슷하기를 바라니 또한 슬프지 아니한가.

【역주】

1) 奚以知其然也 : 무엇으로 그러함을 알 수 있는가. 이 句의 해석은 대체로 성현영의 풀이를 따라 "무엇으로, 小知는 大知에 미치지 못하고 小年은 大年에 미치지 못함을 아는가?"의 뜻으로 보거나(安東林), "어떻게 그러한 것을 아는가?"로 번역하는 경우(李基東, ≪장자 내편≫, 동인서원)가 일반적이다. 그런데 우리나라 재래의 현토본에서는 이 句에 反語의 토를 달아 '奚以知其然也리오'로 읽고 있다. 이 견해를 따르면 "어떻게 <小知・小年이 大知・大年의> 그러함을 알 수 있으리오."라고 하는 反語의 문장으로 이해해야 한다. 여기서는 우선 일반적인 의문문으로 이해하는 성현영 이래의 통설을 따라 '奚以知其然也오'로 현토하였다.

2) 朝菌不知晦朔 : 朝菌은 한 달의 길이를 알지 못함. 朝菌은 陰濕한 퇴비 위에 아침에 생겨났다가 햇빛을 보면 말라 버리는 버섯. ≪淮南子≫ <道應訓>에는 '朝秀'로 되어 있는데 高誘의 註에는 '조수는 아침에 생겼다가 저녁에 죽는 벌레[朝秀 朝生暮死之蟲也]'라고 풀이하여 벌레 이름으로 보았지만, 실제 버섯의 식생과 일치하기 때문에 벌레보다는 버섯으로 보는 것이 무리가 없다. 晦朔(회삭)은 그믐과 초하루, 밤과 새벽 등으로 번역하는데 여기서는 한 달(1개월)의 길이로 보았다.

3) 蟪蛄不知春秋 : 쓰르라미는 봄, 가을의 길이를 알지 못함. 儒家에서는 평화적 정권이양을 禪讓이라 하고 무력혁명을 통한 정권의 변동을 放伐이라 하며, 禪讓의 堯・舜과 放伐의

湯・武를 다같이 古之聖王으로 숭앙하고 있는데 그러면서도 한편 湯・武의 放伐을 堯・舜의 禪讓만큼은 盡善하지 못하다고 貶下하는 견해가 없지 않았다. 우리나라의 茶山 丁若鏞(1762~1836)은 <湯論(湯王論)>에서 儒敎的 革命論(放伐當然論)을 전개하여 放伐을 貶下하는 견해를 비판하면서 글의 末尾를 장자의 이 문구 '蟪蛄不知春秋也'로 끝맺고 있다.

4) 冥靈 : 나무 이름. 李頤, 成玄英, 林希逸 등은 모두 나무 이름[木名也]으로 풀이했다. 한편 羅勉道는 冥海의 靈龜라 하여 거북이의 이름으로 풀이했고, 方以智도 이를 따르고 있지만 여기서는 앞의 견해를 따라 번역하였다.

5) 大椿 : 나무 이름. 임희일은 나무 이름[亦木名也]으로 풀이하고 "이 역시 寓言이니 반드시 그 실제를 찾을 필요는 없다[此亦寓言 不必求其實]."는 견해를 제시하고 있다. <寓言>편의 제1장에는 '우언이 열 가운데 아홉[寓言十九]'이라고 할 정도로 ≪장자≫에는 寓言이 많다.

6) 以八千歲爲春 八千歲爲秋 : 8천 년을 봄으로 하고 8천 년을 가을로 삼음. 池田知久는 宋 陳景元의 ≪莊子闕誤≫에서 인용한 成玄英本에는 이 아래에 '此大年也'의 한 句가 더 있다고 지적하고 아마도 그것이 옳을 것이라 하고 있다.

7) 彭祖(팽조) : 인명. 堯 임금 이래로 殷(商)나라 때까지 7백<또는 8백> 세를 살았다는 전설적 長壽者. 崔譔은 "堯의 신하로 殷代에 벼슬하였는데 그 사람의 壽命은 7백 년이다[堯臣 仕殷世 其人甫壽七百年]."라고 풀이했다. 彭祖와 관련된 상세한 古文獻 자료는 池田知久의 ≪莊子≫에 자세하다.

8) 衆人匹之 : 세상 사람들이 그와 비슷하기를 바람. 임희일은 匹을 "사모하여 그와 비슷하게 되기를 바란다[慕而求似之也]."라고 풀이했다.

湯之問棘也是已[1]라 窮髮之北[2]에 有冥海者하니 天池也라 有魚焉하니 其廣이 數千里오 未有知其修[3]者하니 其名爲鯤이라 有鳥焉하니 其名爲鵬이니 背若太山[4]하고 翼若垂天之雲하니 摶扶搖羊角而上者九萬里[5]니 絶雲氣하며 負靑天한 然後圖南하야 且適南冥也하나니라 斥鴳[6]이 笑之曰 彼且奚適也오 我騰躍而上호대 不過數仞[7]而下하야 翶翔蓬蒿之間[8]하노니 此亦飛之至[9]也니 而彼且奚適也오하니 此小大之辯[10]也라

殷나라의 湯임금이 賢者로 이름 높은 棘에게 물어서 들은 내용도 이 이야기에 지나지 않

는다.

"초목이 나지 않는 불모지의 북녘에 검푸르고 어두운 바다가 있으니 그것은 하늘의 못, 天池입니다. 거기에 물고기가 있는데 그 넓이는 수천리이고 그 길이는 아는 이가 아무도 없습니다. 그 이름을 鯤이라고 합니다. 거기에 새가 있으니 그 이름을 鵬이라고 합니다. 등은 태산 같고 날개는 하늘 한 쪽에 가득히 드리운 구름과 같습니다. <이 새는> 회오리바람을 타고 羊의 뿔처럼 빙글빙글 선회하면서 9만 리 꼭대기까지 올라갑니다. 구름 위로 뚫고 나가 푸른 하늘을 짊어진 연후에 남쪽으로 가기를 도모하며 바야흐로 남쪽 바다를 향해 떠나가려고 합니다. 메추라기가 이것을 비웃으며 말하기를 '저것은 도대체 어디로 가겠다고 하는 것인가. 나는 힘껏 날아올라도 몇 길을 지나지 않고 도로 내려와 쑥대밭 사이를 날아다닐 뿐이다. 이것이 또한 내가 날아다닐 수 있는 최상의 경지이다. 그런데 저것은 도대체 어디로 가려<고 9만 리 꼭대기까지 올라가>는 것인가.' 라고 하였다는 것입니다."

이것이 바로 작은 것과 큰 것의 차이이다.

【역주】

1) 湯之問棘(극)也是已 : 湯임금이 棘에게 물어서 들은 내용도 이 이야기에 지나지 않음. 湯은 夏王朝의 桀王을 쳐서 새로이 殷王朝를 세운 天子. 棘은 탕왕 때의 賢者. ≪釋文≫ 李頤는 '탕임금 때의 현인[湯時賢人]'이라 풀이했고, 成玄英은 '극이란 사람은 탕임금 때의 현인[棘者 湯時賢人]'이라고 풀이했다. ≪列子≫ <湯問>편에는 '殷湯問夏革曰'로 시작하는 비슷한 내용의 글이 있는데 夏棘의 棘과 革(극)은 음이 가까워 통한다. 비슷한 내용이 革이 대답한 말에 있기 때문에 問棘也를 여기서는 '극에게 물<어서 들>은 내용'이라고 번역했다. 是已는 이것일 따름이다, 이 이야기와 다를 것이 없다는 뜻.

2) 窮髮之北 : 불모지의 북쪽. ≪列子≫ <湯問>편에는 '終髮之北'으로 되어 있다. 窮髮은 초목이 나지 않는 황량한 不毛地.

3) 修 : 脩와 同字. 길이. ≪方言≫에 "脩는 길다는 뜻이다. 陳楚 사이에서 脩라고 한다[脩…… 長也 陳楚之間曰脩]."라 한 것에 주목할 필요가 있다. 南方의 方言일 것이다(池田知久).

4) 太山 : 泰山으로 된 本도 있다.

5) 摶扶搖羊角而上者九萬里 : 회오리바람을 타고 羊의 뿔처럼 빙글빙글 돌면서 9만 리 꼭대기까지 올라감. 摶扶搖는 앞에 이미 나왔다. 羊角은 司馬彪가 "바람이 양뿔처럼 위로 올라간다[風曲上行若羊角]."고 한 풀이를 따라 '羊角처럼 빙글빙글 선회하면서'로 번역하였으나 본시 바람의 이름이다. 扶搖도 회오리바람, 羊角 역시 회오리바람으로 보는 번역문도 많다. 林希

逸도 "부요는 바람의 형세이다. 양각 역시 바람이 굴곡하는 형세이다[扶搖 風勢也 羊角亦風之屈曲勢也]."라고 풀이했다.

6) 斥鴳(척안) : 메추라기. 林希逸은 "斥은 작은 못이다. 작은 못의 메추라기는 작은 새이다[斥小澤也 斥澤之鷃 小鳥也]."라고 풀이했는데 鴳은 현토본에는 鷃으로 되어 있다. 鷃은 鴳과 같은 字이다.

7) 仞(인) : 길이의 단위. 한 길[仞]은 7척 또는 8척.

8) 翱翔蓬蒿之間 : 쑥대밭 사이를 날아다님. 翱翔은 날아다님, 蓬蒿之間은 쑥대밭 사이.

9) 飛之至 : 날아다닐 수 있는 최상의 경지. 林希逸은 "飛之至란, 나는 쑥대밭 사이를 날 뿐인데, 그렇게만 날아도 지극히 즐겁다. 어찌 하필 다른 데로 가야 하는가[飛之至者 言我翱翔蓬蒿之間 其飛如此 亦至樂矣 又何必他往哉]."라고 하여 至를 至樂의 뜻으로 풀이했다. 이 견해를 따라 최상의 경지라고 번역하였다.

10) 辯 : 차이, 구별의 뜻. 辨의 借字(民國 奚侗의 ≪莊子補注≫). ≪장자≫에서 辯과 辨의 혼용은 이 밖에도 많으며, 현토본에는 아예 辨으로 되어 있다.

故로 夫知效一官[1]하며 行比一鄕[2]하며 德合一君而徵一國[3]者도 其自視也 亦若此矣[4]리라 而宋榮子[5] 猶然[6]笑之하야 且擧世而譽之而不加勸하며 擧世而非之而不加沮[7]하나니 定乎內外之分[8]하며 辯乎榮辱之境[9]이라 斯已矣[10]니 彼其於世에 未數數然也[11]로다마는 雖然이나 猶有未樹也[12]로다 夫列子[13]는 御風而行[14]하야 泠然善也[15]하야 旬有五日而後에 反[16]하나니 彼於致福者[17]에 未數數然也니라 此雖免乎行이나 猶有所待者也니라 若夫乘天地之正[18]而御六氣之辯[19]하야 以遊無窮者는 彼且惡乎待哉[20]리오 故曰[21]至人은 無己[22]하고 神人은 無功[23]하고 聖人은 無名[24]이라하니라

그러므로 저 知識은 한 관직을 맡아 공적을 올릴 만하고 행실은 한 고을의 人望에 比合하며 능력은 군주의 마음에 들어 한 나라에 쓰여지는 사람들도 그 스스로를 보는 것이 이 메추라기와 같을 것이다.

그런데 宋榮子는 이런 자기 만족의 인물들을 빙그레 비웃는다. 그리하여 그는 온 세상이 모

두 그를 칭찬하더라도 더 힘쓰지 아니하며 온 세상이 모두 그를 비난하더라도 더 氣가 꺾이지 아니한다. 그러니 그는 자기의 內面과 밖의 外物의 구분을 확립하고 영예나 치욕 따위가 바깥 境域의 일임을 변별하고 있는 것이다. 그러나 이러할 뿐이다. 그는 세상의 평가에 대해 초연하기는 하나 비록 그러나 아직 <무엇에 의지하지 않고 홀로 서는> 주체성이 樹立되지 않고 있다.

저 列子는 바람을 조종하여 하늘을 날아다녀 가뿐가뿐 즐겁게 잘 날아서 15일이 지난 뒤에 땅 위로 돌아온다. 그는 <세상의 평가에 대해서는 말할 것도 없고> 세속의 행복을 구하는 일에 대해서도 초연하다. 그러나 이런 사람은 비록 걸어다니는 번거로움으로부터는 해방되었으나 아직 무엇엔가 의존하는 것이 있는 것이다.

저 <바람 정도가 아닌> 하늘과 땅의 바른 氣를 타고 六氣의 변화를 조종하여 끝없는 경지에 노닐 줄 아는 사람이라면 그는 대체 무엇을 의존할 것이겠는가. 그래서 '至人은 자기가 없고 神人은 공적이 없고 聖人은 명예가 없다'고 한다.

【역주】

1) 知效一官 : 知識이 한 관직을 맡아 공적을 올릴 만함. 知는 지식. 곧 知가 한 관직을 감당할 만하다, 한 관직에 통달하다는 뜻. 朴世堂은 效를 辦으로 풀이했는데 취할 만한 견해이다.

2) 行比一鄕 : 행실이 한 고을의 人望에 比合함. 比는 合(≪釋文≫ 李頤) 또는 比合(林希逸, 朴世堂)의 뜻. 임희일은 "그 행실이 한 고을의 人望에 親合해서 사람들을 歸向하게 할 만함을 말한 것이다[言其行可以比合一鄕 而使人歸向也]."라고 풀이했다. 比를 덮는다는 뜻(庇자의 假借字)으로 보는 吳汝綸의 풀이를 따르는 견해(金谷治)도 있으나 취하지 않는다.

3) 德合一君而徵一國 : 능력은 군주의 마음에 들어 한 나라에 쓰여짐. 德은 능력, 功能의 뜻. 德合一君은 한 나라의 군주에게 그 능력을 인정받는다는 뜻이고, 徵一國은 한 나라에 기용되어 쓰여짐을 말한다. 여기서는 성현영 등의 견해를 따라 而를 접속사로 보았지만 郭慶藩의 경우는 能과 而는 古音이 비슷하여 通用된 것으로, 能으로 읽어야 한다는 견해를 제시하였다. 安東林은 곽경번의 견해를 따랐으나 여기서는 취하지 않았다.

4) 其自視也 亦若此矣 : 그 스스로를 보는 것이 이와 같을 것이다. 스스로를 만족스럽게 여김이 메추라기와 같을 것이라는 뜻. 곧 '知效一官 行比一鄕 德合一君而徵一國'에 해당하는 사람들이 스스로의 卑小함을 자각하지 못함을 말한다. 임희일은 "이 세 무리의 사람은 각각 자기의 능력을 스스로 제일이라 생각하여 그 스스로를 보는 것이 또한 메추라기와 같다[此三等人 各以其所能爲自是 其自視亦如斥鴳之類]."라고 풀이했으며, 朴世堂도 "若此는 매미와 비둘기가 스스로의 飛翔을 최상의 경지라고 생각하는 것과 같음을 말한다[若此 言猶蜩鳩之自以爲

至也].”라고 풀이했다.

5) 宋榮子 : 인명. 宋나라의 사상가. 이름(또는 字)은 牼(경, ≪孟子≫ <告子 下>) 또는 鈃(견, ≪荀子≫ <非十二子>편, ≪莊子≫ <天下>편). 宋子(≪荀子≫ <天論>·<解蔽>편과 ≪漢書≫ <藝文志>), 宋榮子(≪莊子≫ 本篇과 ≪韓非子≫ <顯學>편), 또는 子宋子(≪荀子≫ <正論>편)라고 존칭되었다(池田知久). 전쟁의 利롭지 못함을 口號로 한 反戰의 提唱에 대해 “선생의 뜻은 크지만 선생의 구호는 옳지 않다[先生之志則大矣 先生之號則不可].”고 孟子로부터 비판받기도 했으나, 宋榮子의 反戰平和의 주장은 寡欲說과 無抵抗主義에 근거한 것이었다. 그 사상의 상세한 소개와 비평은 ≪장자≫의 <天下>편을 참조할 것.

6) 猶然 : 웃는 모습. 林希逸, 朴世堂은 ‘웃는 모습[笑貌也]’으로 풀이했다.

7) 且擧世……而不加沮(저) : 擧는 皆와 같다(成玄英). 沮는 ‘풀죽은 모습[意氣沮喪]’. 加勸, 加沮는 勸·沮를 加한다는 뜻이지만, ≪孟子≫ <梁惠王 上>의 ‘隣國之民不加少(인국의 민이 더 적어지지 아니하며)’의 경우와 같이 加하다는 동사로 풀이하는 것보다는 ‘더’라는 부사로 번역하는 것이 무난하다. 不加勸, 不加沮는 더 우쭐거리지 않고 더 기죽지 않는, 세속의 毁譽褒貶에 초연함을 말한다. 그러나 이어지는 문장에서 ‘斯已矣……猶有未樹也’라 한 것처럼 宋榮子의 이 같은 경지는 아직 절대자유의 경지에는 이르지 못한 것이다. 池田知久는 이 부분의 글을 이어받은 ≪文子≫ <上禮>편의 “至人은 死生의 뜻이 정해지고 榮辱의 이치에 통해서 온 세상이 기리더라도 더 우쭐대지 않고 온 세상이 비난하더라도 더 저상되지 않아 至道의 要諦를 얻었다[若夫至人 定乎死生之意 通乎榮辱之理 擧世譽之 而不益勸 擧世非之 而不加沮 得至道之要也].”라고 한 문장을 들어 道家의 理想的 人間像을 宋榮子 정도의 수준으로 낮춘 점에 주목할 필요가 있다는 견해를 제시했다. 아래 문장의 ‘斯已矣’에서도 같은 맥락의 내용이 나온다.

8) 定乎內外之分 : 자기의 內面과 밖의 外物의 구분을 확립함. 宋榮子는 本心이 內이고 모든 物은 外임을 알고 있기 때문에 내와 외의 구분을 확실하게 정한 것이라고 말한 것이다(林希逸).

9) 辯乎榮辱之境 : 영예니 치욕 따위가 바깥 境域의 일임을 변별함. 辯은 辨의 假借字. 현토본에는 辨으로 되어 있다. 境이 竟으로 된 本도 있다. 경계, 경역의 뜻. ≪集釋≫에서는 竟과 境은 古字에 통용되었다고 하고 있다. 영예와 치욕의 경역을 변별한다는 의미이지만, 林希逸은 外物의 세계를 좇으면 영예와 치욕이 있게 되고 내면의 本心에 충실하면 영예와 치욕에 초연할 수 있다고 이해하여 “명예와 치욕이 모두 바깥 경역의 일임을 변별한다[能辨榮辱皆外境矣].”는 뜻으로 풀이했는데 이 견해를 따랐다.

10) 斯已矣 : 이러할 뿐임. 郭象은 "역시 이에서 지나지 못한다[亦不能復過此]."고 풀이했다. 朴世堂도 "三等人은 榮子의 웃음을 사지만, 영자의 道도 이러할 뿐이니, 역시 이로써 自足하는 자이다[三等人乃榮子所笑 而榮子之道 又如斯而已 則亦以此自足者]."라고 풀이했다.

11) 未數數然也 : 급급해 하지 않음. 곧 세상의 평가에 대해 초연하다는 뜻. 數數(삭삭)은 '급급하다[汲汲也]'(≪釋文≫ 司馬彪, 成玄英) 또는 '촉박한 뜻[迫促意也]'(≪釋文≫ 崔譔). 급히 서둔다, 허둥지둥한다, 악착스럽다는 뜻. 然은 상태를 나타내는 語助辭. 여기서는 未數數然을 악착스럽지 않다, 超然하다로 풀이한다. 현토본에서는 '未數數然也니라'로 현토하였으나 아랫 句와의 연관을 고려하여 '未數數然也로다마는'으로 현토하였다.

12) 猶有未樹也 : 여전히 수립되지 못함. 猶는 아직, 오히려, 여전히의 뜻, 未樹는 수립되지 않았다는 뜻.

13) 列子 : 인명. 春秋時代 末 혹은 戰國時代 初의 鄭나라 사람. 姓은 列, 이름은 御寇(李頤, 成玄英). 대표적인 道家 사상가의 한 사람으로 虛를 숭상하고(≪呂氏春秋≫ <不二>편과 ≪尸子≫ <廣澤>편), ≪列子≫ 8편의 저술을 남겼다(≪漢書≫ <藝文志>)고 전해지는데, 실존 인물 여부를 비롯하여 의문점이 많다. 현재의 ≪列子≫ <黃帝>편에 나오는 '列子師老商氏 友伯高子進(盡)二子之道 乘風而歸……隨風東西 猶木葉幹(乾)殼 竟不知風乘我邪我乘風乎'는 ≪莊子≫의 이 부분을 발전시킨 것이다(池田知久).

14) 御風而行 : 바람을 타고 날아다님. 朴世堂은 "앞에서는 붕새가 북쪽 바다 상공을 떠나서 6개월을 계속 난 뒤에 비로소 한 번 크게 숨을 내쉬어 휴식한다고 하였으니 <6개월은> 1년의 반이고, 지금 여기서는 바람을 타고 날아다니다가 15일이 지난 뒤에 땅 위로 돌아온다고 하였으니 <15일은> 한 달의 반이다. 그러니 여기에는 반드시 말하고자 하는 바가 있는 것인데 지금 알 수 없다. 아마도 그들 붕새나 列子의 노닒[遊]이 아직 최고의 경지[至]에 이르지 못하고 있음을 말한 것인가[上言去以六月息 一年之半也 此言旬有五日而反 一月之半也 意必有所謂 今不可知 豈謂其所遊猶有未至耶]."라고 하여, 豈라는 추측을 나타내는 부사를 쓰고 있기는 하나, 列子뿐만 아니라 鵬까지도 최고의 경지에 아직 이르지 않았음을 분명히 나타내고 있다. 또 池田知久는 "바람을 타고 날아다니는 이 같은 모습의 列子가 宋榮子보다도 윗 등급의 인간으로 파악되면서도 결국은 아직 참으로 主體性을 확립하고 있지는 못한 것으로 치부되고 있는 것은 앞에 '그러므로 9만 리 높이까지 올라가야만 <붕새의 큰 날개를 지탱할 만한> 바람이 아래에 쌓이게 된다. 그런 뒤에 이제 <붕새는> 바람을 타고 푸른 하늘을 등에 진 채 갈 길을 막는 장애가 하나도 없게 된다[故九萬里 則

風斯在下矣 而後乃今培風 背負靑天 而莫之夭閼者]'로 표현된, 저 터무니없이 壯大한 붕새 조차도 결코 아직은 참으로 위대한 존재라고 할 수는 없다고, 作者가 생각하고 있음을 暗示하는 것이다."고 하고 있다.

15) 泠(령)然善也 : 가뿐가뿐 즐겁게 잘 날아다님. 泠은 가벼운 모양. 林希逸은 飄然으로 풀이했지만, 여기서는 곽상이 경묘한 모양[輕妙之貌]으로 풀이한 견해를 따랐다. 朴世堂도 같은 견해. 善은 잘 날아다닌다는 뜻인데 朴世堂은 "善은 마음이 즐거워하는 것을 말함이다[善謂心樂之也]."라고 부언했다.

16) 旬有五日而後反 : 15일이 지난 뒤에 땅 위로 돌아옴. 旬은 열흘. 有는 又와 같은 뜻. 旬有五日은 10일 하고도 또 5일, 즉 15일을 말한다. 列子가 하늘을 가뿐가뿐 즐겁게 날아다니다가 15일이 지난 뒤에 땅 위로 돌아온다는 뜻이다. 福永光司는 15일을 1년의 整數 360일을 24氣로 나눈 1氣의 기간으로 보아, 바람이 바뀌는 15일마다 地上으로 돌아올 수밖에 없는 列子의 飛翔이 자연의 外的 조건에 의존하는 불완전성을 나타내는 것으로 보았지만, 池田知久의 경우는 ≪春秋左氏傳≫ 등의 용례를 들어 24節氣와는 무관한 표현으로 보고 福永光司의 이 같은 주장에 반대하고 있다. 한편 韓元震은 이 구절을 두고 "旬有五日而後反은 15일 뒤에는 도와 서로 어긋난다는 뜻이니 마치 안연이 석 달 동안 인을 어기지 않지만 석 달 뒤에는 인을 어김이 없을 수 없는 것과 같다[旬有五日而後反 言旬日之後 與道相違也 如顔子三月不違仁 而三月之後 不能無違仁者也]."고 풀이하여 안연이 석 달 동안 인을 어기지 않는 수준에 도달하기는 했지만 아직 성인의 경지에는 이르지 못한 것처럼, 열자도 아직 至人의 수준에 도달하지 못한 것을 의미한 것으로 이해하였다.

17) 致福者 : 복을 구함. 致福은 행복을 가져다 주는 것으로도 볼 수 있으나 林希逸의 註에 따라 求福으로 보았다.

18) 天地之正 : 천지의 올바른 氣. 林希逸은 '天地之正理'로 보고 있으나 여기서는 하늘과 땅의 바른 氣로 보았다. '乘天地之正'은 곧 천지 대자연과 그대로 하나가 된다는 뜻이다.

19) 六氣之辯 : 六氣의 변화. 辯(辨)은, ≪韓非子≫ <解老>편의 '四時得之 以御其變氣', ≪管子≫ <戒>편의 '御正六氣之變', ≪楚辭≫ <遠遊>편의 '因氣變而遂曾擧兮 忽神奔而鬼怪', ≪莊子≫ <胠篋>편 向秀註의 '乘天地之正 御日新之變' 등에 근거하여 變의 假借字로 보는 池田知久의 견해를 따랐다. 六氣는 陰·陽·風·雨·晦·朔 등의 자연현상(成玄英, 林希逸 등).

20) 以遊無窮者彼且惡(오)乎待哉 : 끝없는 경지에 노닐 줄 아는 사람이라면 그는 대체 무엇을

의존할 것이겠는가. 끝없는 경지에 노닌다는 뜻의 遊無窮은 <齊物論>편 제3장의 '乘雲氣 騎日月 而遊乎四海之外'와 이 편의 제3장 '乘雲氣 御飛龍 而遊乎四海之外'와 연계하여 이해하는 것이 적절하다. 상상을 초월한 터무니없이 巨大한 붕새, 이 붕새도 결국은 物의 차원에서 벗어나지 않은 것임을 暗示하고 있는 것은 앞의 역주 14)에서 언급한 바와 같다. 그러나 장자가 큰 붕새, 大鵬의 逍遙를 묘사한 것이 모든 땅 위의 작은 움직임과 인간의 왜소함을 초월한 어떤 超越者, 絶對者를 상징하기 위한 것임은 틀림없다. 그리하여 그 장자의 絶對者는 '乘天地之正 而御六氣之辯 以遊無窮'하는 超越者이다. 天地大自然의 生成變化와 그대로 한몸이 되어 모든 時와 空을 초월한 절대자유의 세계에 노니는 자, 이 절대자는 그 무엇에도 의존하지 않고 그 무엇에도 속박되지 않는다. 그가 대체 무엇에 의존할 것이 있겠는가[彼且惡乎待哉]. 惡는 音 오.

21) 故曰 : 그래서, 그 때문에. 글의 중간, 또는 글의 末尾에 成語나 成句 또는 앞에 든 글 등을 다시 거론할 때 활용하는 修辭로 ≪장자≫에 많이 보인다.

22) 至人無己 : 至人은 자기가 없음. 여기 <소요유>편 제1장의 말미에 보이는 至人·神人·聖人은 莊子에 있어서의 逍遙遊의 실천자로 볼 수 있다. 따라서 이 장자적 소요유의 실천에 있어서의 無己(자기가 없음=자기의 無化)의 면의 실천자를 至人이라 하고, 無功(功績이 없음=공적의 無化)의 면의 실천자를 神人이라 하고, 無名(명예가 없음=名聲의 無化)의 면의 실천자를 聖人이라고 부른 것으로 보아, 이 지인·신인·성인 사이에 특별히 차등이 설정된 것으로 볼 필요는 없을지도 모른다. 실제로 至人과 聖人을 同格으로 본 예는 外篇 <達生>편(제2장)의 '至人潛行不窒'과 '聖人藏於天', <知北遊>편(제2장)의 '是故至人無爲 大聖不作', 雜篇 <漁夫>편의 '彼非至人 不能下人……故道之所在 聖人尊之' 등에서도 찾을 수 있다. 그러나 잡편 <庚桑楚>편(제1장)의 '吾聞至人尸居環堵之室 而百姓猖狂不知所如往 今以畏壘之細民 而竊竊焉欲俎豆予于賢人(=聖人)之間 我其杓之人邪'라고 한 부분을 읽어보면 분명 至人을 聖人보다도 위 格인 최고의 경지로 보고 있는 것으로 보지 않을 수 없다. 至人에 대하여는, 超越者이면서 世俗 안으로 들어와 冥合·玄同하는 至高의 道에 도달한 사람으로 보는 것이 좋을 것 같다. 無己는 私欲이 없다던가 我執이 없다던가 하는 가벼운 의미가 아니고, 主體로서의 自我가 天地·萬物 속에 融卽하여 無化되어 있는 것, 다음의 <齊物論>편에서 주로 追求되는 테마의 하나이다(池田知久).

23) 神人無功 : 神人은 공적이 없음. 神人은 靈妙한 능력의 소유자로 幸·不幸에 초연한 사람. 無功은 功績의 無化.

24) 聖人無名 : 聖人은 명예가 없음. 세속의 價値 評價에 무관심한 성인은 名譽가 없음. 즉 성인 앞에서는 세속적 명성 따위는 無化된다는 뜻.

## 第2章

堯[1] 讓天下於許由[2] 曰 日月이 出矣어늘 而爝火[3]不息이 其於光也에 不亦難乎이[4] 時雨[5]降矣어늘 而猶浸灌[6]이 其於澤也에 不亦勞乎[7]아 夫子立이면 而天下治[8]어늘 而我猶尸之[9]호니 吾自視缺然[10]하나니 請致天下[11]하노이다

堯임금이 許由에게 천하를 물려주려고 하면서 다음과 같이 말하였다.

"해와 달이 돋아 세상이 환하게 밝아졌는데도 횃불이 꺼지지 않고 있는 것은 그 빛을 밝힘에 또한 공연히 어렵기만 한 것이 아니겠습니까. 때맞추어 단비가 내리는데도 여전히 물 대는 일을 계속하는 것은 그 논밭을 윤택하게 함에 또한 공연히 수고롭기만 한 것이 아니겠습니까. 선생께서 천자의 자리에 오르시면 곧 천하가 잘 다스려질 터인데 그런데도 내가 아직도 천하를 맡아 가지고 있으니, 내 스스로 돌이켜보아도 만족할 수가 없습니다. 청컨대 천하를 바치고자 하니 맡아 주기 바랍니다."

【역주】

1) 堯 : 인명. 南宋 蔡沈(1167~1230)의 ≪書經集傳≫ 序에는 "二帝三王이 천하를 다스린 大經大法이 모두 이 책(≪書經≫)에 실려 있다[二帝三王治天下之大經大法 皆載此書]."고 했는데, 儒家에서 숭앙하는 古之聖王은 바로 二帝三王이다. 그리고 이 二帝三王의 첫머리에 자리하고 있는 天子가 바로 堯·舜이다. 덧붙여 말하면 二帝는 堯와 舜이고 三王은 夏·殷·周 三代의 聖王 즉 禹王(夏)과 湯王(殷) 및 周의 文王과 武王을 말한다. 蔡沈의 ≪書經集傳≫ <虞書>편 註에 의하면 堯는 70년의 治世 後에 舜을 民間에서 발탁하여 攝政케 하고 3년 뒤에는 舜에게 帝位를 물려주어 聽政하지 않은 뒤에도 28년을 더 살다가 崩하였다고 한다. 이것이 이른바 禪讓의 說話이다. 이것은 뒤에 舜이 禹에게 선양한 것과 함께 中國政治史上 禪讓이라고 하는 정권 교체의 한 패턴을 이루는데, 이른바 放伐이라는 무력 혁명에 의한 정권 교체의, 다른 한 패턴과 대비된다. ≪孟子≫ <萬章 上>의 제5장에는 堯가 舜에게 한 禪讓이 堯가 자기 마음대로 天下를 물려 준 것이 아니고, 하늘이 주고 백성이 준[天與之 人與之] 것이라는 民本思想에 입각한 孟子의 독특한 해석이 보인다. 이로 미루어 보더라도 堯가 舜에게

禪讓한 說話가 戰國時代 초기에는 존재하고 있었음을 알 수 있다. ≪莊子≫에도 <天地>편에 "요가 순에게 주고, 순이 우에게 주었다[堯授舜 舜授禹]."라는 말이 있고, <天運>편에 역시 '堯授舜 舜授禹'라는 말이 있으며, <秋水>편에는 "옛날 요순이 帝位를 선양하였다[昔者堯舜禪而帝]."라는 말이 보이고, <徐無鬼>편의 '卷婁者 舜也' 이하의 文章에서 禪讓說話의 존재를 확인할 수 있다. 그런데 이 편의 이 설화에서는 堯가 天下를 물려주려는 상대가 許由로 되어 있다.

2) 許由 : 인명. 전국시대에 그 이름이 나타나기 시작한 중국 고대의 隱者. 架空의 인물로, 여기서는 堯와 동시대의 사람으로 등장하고 있으니 中國 最古의 隱者라고 할 수 있다. ≪中國의 隱者≫라는 책(井波律子著)에서는 隱者의 연원으로 許由의 이름을 들고 있다. <天地>편에는 또 許由를 堯의 스승이라고 하는 記述이 보이고 있다[堯之師曰許由 許由之師曰齧缺 齧缺之師曰王倪 王倪之師曰被衣]. 이 설화는 許由가 堯의 선양을 거절하면서 귀를 더럽혔다 하여 귀를 씻은 洗耳전설과 함께 후대 중국인의 精神史 위에 커다란 영향을 미쳤다.

3) 爝火(작화) : 관솔불. 횃불. 林希逸은 炬火라고 풀이했다.

4) 不亦難乎 : 또한 어렵지 않겠는가. 공연히 어렵기만 하다는 뜻. 임희일은 "일월이 이미 밝은데 어찌 불을 쓰겠는가[日月旣明 何用把火]."라고 풀이했다.

5) 時雨 : 때맞추어 단비가 내림. 時는 適時(timely)의 뜻. 계절에 따라 그 계절에 가장 알맞은 음식을 時食이라 함과 같다.

6) 浸灌 : 浸은 적시다, 灌은 물을 대다는 뜻으로 논밭에 물을 부어 적셔 주는 일.

7) 不亦勞乎 : 또한 수고롭지 않겠는가. 공연히 수고롭기만 하다는 뜻. 林希逸은 "이미 때맞은 비가 내리는데 어찌 독을 쓰겠는가[時雨旣降 何用抱甕]."라고 풀이했다.

8) 夫子立而天下治 : 선생이 천자의 자리에 오르면 천하가 다스려질 것임. <天地>편에 "요의 스승은 허유이다[堯之師曰許由]."라는 말이 나온다. 夫子는 선생님. 而는 則과 같다.

9) 我猶尸之 : 내가 아직도 천하를 맡아 가지고 있음. 尸는 主의 뜻으로 주인 노릇하다, 다스리다, 담당하다의 뜻. 成玄英, 林希逸 모두 尸를 主로 풀이했다.

10) 吾自視缺然 : 내 스스로 돌이켜 보아도 만족할 수 없음. ≪孟子≫ <盡心 上>의 "韓氏나 魏氏와 같은 富貴를 보태 주더라도 만일 그 부귀를 스스로 하찮게 여긴다면 <그 사람은> 남보다 훨씬 뛰어난 사람이다[附之以韓魏之家 其自視欿然 則過人遠矣]."라고 한 말이 나오는데, 自視欿然과 自視缺然은 비슷한 의미의 말이다. 欿(감)은 만족해 하지 않고 모자라게 여긴다라는 뜻이다. 성현영은 '스스로 서운하여 만족하지 못함[自視缺然不足]'이라고

풀이했다.

11) 請致天下 : 청컨대 천하를 바치고자 함. 致는 주다, 바치다는 뜻. 성현영은 "청컨대 제위를 현인에게 선양하려고 한다[請將帝位讓與賢人]."로 풀이했고, 林希逸은 "천하를 그대에게 주겠다는 말이다[言以天下歸之汝也]."라고 풀이했다.

許由曰 子[1]治天下하야 天下既已治也[2]어늘 而我猶代子면 吾將爲名乎[3]아 名者는 實之賓也[4]이니 吾將爲賓乎[5]아 鷦鷯巢於深林[6]에 不過一枝하며 偃鼠飮河[7]에 不過滿腹이니 歸休乎君[8]아 予無所用天下爲[9]호리라 庖人이 雖不治庖라도 尸祝이 不越樽俎而代之矣[10]니라

許由가 말하였다.

"그대가 천하를 다스려 천하가 이미 잘 다스려지고 있는데, 그런데도 내가 오히려 그대를 대신한다면 나더러 장차 <천자라는> 名譽를 구하라는 것인가요. 명예라고 하는 것은 실질의 손님이니, 그러면 나더러 장차 손님이라고 하는 <非本質的인> 것이 되라는 것인가요. 뱁새가 깊은 숲 속에 둥지를 짓고 살 때에 <필요한 것은 숲 속 전체가 아니라> 나뭇가지 하나에 지나지 않고, 두더지가 黃河의 물을 마실 때에 <필요한 것은 황하의 물 전체가 아니라> 자기 배를 채우는 데 지나지 않습니다. 돌아가 쉬십시오, 임금이시여. 나는 천하를 가지고 할 일이 아무 것도 없습니다. 게다가 <제사 때> 熟手가 음식을 잘못 만든다고 해서 尸祝이 술단지나 제사상을 뛰어 넘어가서 숙수 일을 대신하지는 않는 법입니다.

【역주】

1) 子 : 남자의 경칭. 여기서는 당신, 그대란 뜻의 2인칭 대명사.

2) 天下既已治也 : 천하가 이미 다스려짐. 既已는 이미의 뜻. 이미 다 잘 다스려지고 있다는 뜻으로 既已治也라고 한 것인데 既는 이미의 뜻도 있으나 다[盡]의 뜻도 있다. 成玄英은 既를 盡으로 풀이했다. 또 현토본에는 已가 以로 되어 있다.

3) 吾將爲名乎 : 나더러 장차 <천자라는> 名譽를 구하라는 것인가. 爲名은 천자라고 하는 이름을 추구하다, 이름 때문에 한다는 뜻.

4) 名者實之賓也 : 명예는 실질의 손님임. 이름이니 명예니 하는 것들은 實體(實質・眞實)라는 주인의 손님으로 非本質的인 虛像이라는 뜻.

5) 吾將爲賓乎 : 나더러 장차 손님이 되라는 것인가. 본문의 해석은 명예니 이름이니 하는 虛像이나 追求하라는 것인가로 풀이하는 일반적인 해석을 따랐다. 그런데 앞의 吾將爲名乎와 이 吾將爲賓乎의 두 乎자를 의문형 종결사로 보지 않고 뒤의 문장과 이어지는 條件文을 만들기 위해 앞서서 제시하는 어조사로 보는 견해도 있다. 兪樾의 경우 ≪諸子平議(莊子平議)≫에서 吾將爲賓乎의 賓자를 實자로 改作해서 吾將爲實乎의 뜻으로 읽는데, 池田知久가 그것을 따르고 있다. 곧 이 부분의 글은 "내가 장차 이름을 위한다고 할진댄 이름이란 실질의 손님에 불과한 것이고, 내가 장차 실질을 위한다고 할진댄 <그 실질이란 집 짓고 살고 마시고 먹는 것인데> 뱁새가 깊은 숲 속에 집을 짓고 살 때에 필요한 것은 나뭇가지 하나에 불과하고 두더지가 황하의 물을 마실 때에 필요한 것은 자기 배를 채우는 데 불과하다."는 뜻이 된다. 참고할 만한 해석이기는 하나 여기서는 취하지 않았다.

6) 鷦鷯巢於深林 : 뱁새가 깊은 숲 속에 둥지를 지음. ≪文選≫의 張華의 <鷦鷯賦>의 李善 註 등이 이를 인용하여 '鷦鷯巢林'이라 하고 있는 것처럼 於深 두 글자가 없는 텍스트가 있었던 것 같다. 아래의 '偃鼠飮河'와의 對句로도 그렇고 의미로 보더라도 그것이 더 나을 수도 있다(池田知久). 鷦鷯(초료)는 뱁새라 하기도 하고 굴뚝새라고도 한다.

7) 偃鼠飮河 : 두더지가 黃河의 물을 마심. 偃鼠(언서)는 두더지. 河는 黃河이니 보통명사의 固有名詞化로 이해하는 것이 적절하다.

8) 歸休乎君 : 돌아가 다 잊어버리고 쉬십시오, 임금이시여. 君其歸休乎와 같음. 安東林은 Watson의 영역 'Go home and forget the matter, my Lord'를 제시하고 있는데 참고할 만하다.

9) 予無所用天下爲 : 나는 천하를 가지고 할 일이 아무 것도 없음. 予는 我, 用은 以와 같음.

10) 庖人雖不治庖 尸祝不越樽(준)俎而代之矣 : 熟手가 음식을 잘못 만든다고 해서 尸祝이 술단지나 제사상을 뛰어 넘어가서 숙수 일을 대신하지는 않음. 成玄英은 庖人을 푸주간을 담당하는 사람[掌庖廚之人]으로 풀이했다. 治庖는 주방을 다스리다, 제사상을 차린다는 뜻. 尸祝의 尸는 太廟 안의 神主(성현영), 祝은 귀신의 말을 전하는 사람(陸德明). 보통 尸라 할 때에는 제사 때 신위 자리에 대신 앉히는 어린 尸童을 말하고 祝이라 하면 제사 때 祝文 읽는 祭官을 의미한다. 여기서 尸祝은 神의 세계에 속하는 人間을 상징하는데 許由가 자신을 이에 비유한 것이다. 또한 庖人은 堯를 비유한 것인데 "<제사 때> 숙수가 음식을 잘못 만든다고 해서 尸祝이 술단지와 제사상을 뛰어 넘어가서 숙수 일을 대신하지는 않는다."고 함은 宇宙의 絶對者이기를 지향하는 神의 세계에 속한 인간은 주방 일과 같은 세속의 俗事에 손을 대지 않는다는 뜻이다. 樽은 술단지, 또는 술독. 즉 酒器이고 俎(조)는 제사 고기

담는 그릇 즉 祭器이다.

## 第3章

肩吾[1] 問於連叔[2]하야 曰 吾聞言於接輿[3]호되 大而無當[4]하며 往而不返[5]일새 吾驚怖其言호니 猶河漢而無極也[6]러라 大有逕庭[7]이라 不近人情焉[8]이러라

肩吾가 連叔에게 물었다.

"나는 接輿에게서 어떤 이야기를 들었는데 크기만 하고 사리에 합당하지 않으며 확대되어 가기만 하고 돌아올 줄 몰랐습니다. 나는 그 이야기에 그만 놀라고 두렵기까지 하였는데 그 말은 하늘의 은하수와 같아서 끝없이 크기만 하였습니다. 현실과 크게 동떨어져서 상식에 어긋납니다."

【역주】

1) 肩吾 : 인명. 전설상의 인물. 아래에 나오는 接輿와 동시대의 인물로 설정되었으니 春秋時代 후기에 활약한 것으로 추정할 수 있다. 成玄英은 '連叔과 아울러 옛날 도를 품었던 사람[肩吾連叔 並古之懷道人也]'이라고 풀이했고, 李頤는 현인이라 했고, 司馬彪는 神의 이름으로 풀이했다. 林希逸은 "肩吾와 連叔은 모두 반드시 실제로 이런 사람이 있었던 것이 아니다. 이것은 모두 寓言이니 또한 반드시 이름의 뜻을 찾을 것도 없다[肩吾連叔 皆未必實有此人 此皆寓言 亦不必就名字上求義理]."고 풀이했다. 肩吾의 이야기는 <大宗師>·<應帝王>·<田子方>편에도 보인다.

2) 連叔 : 인명. 역시 전설상의 인물. 李頤는 '도를 품은 사람[懷道人也]'이라고 풀이했다. ≪장자≫에서 連叔은 여기 한 곳에만 등장한다.

3) 接輿 : 인명. 孔子와 동시대의 楚나라의 隱者. 그러나 여기서는 架空의 인물로 보는 것이 적절하다. ≪論語≫ <微子>편에는 공자의 현실정치에 대한 관심을 비판한 接輿의 말이 보이는데, 朱熹는 ≪論語集註≫에서 "夫子(孔子)께서 이때 장차 楚나라로 가려고 하였다. 그래서 接輿가 노래하며 그 수레 앞을 지나간 것이다[夫子時將適楚 故接輿歌而過其車前也]."라고 풀이했다. 接輿는 ≪논어≫ 본문에 '楚狂接輿'로 나오기 때문에 楚狂接輿 또는 狂接輿로 흔히 불린다. 接輿에 관한 記述은 ≪論語≫ 이외에도 ≪荀子≫ <堯問>편, ≪戰國策≫ <秦策3>, ≪楚辭≫ <涉江>편, ≪韓非子≫ <解老>편, ≪尸子≫ 등의 文獻에 보인다. 尸子

는 전국시대 楚나라 사람. 商鞅의 스승으로 이름은 佼(교). ≪尸子≫는 尸佼의 撰으로 본디 20편이었으나 南宋에 이르러 散失되었다고 한다. 현존의 ≪尸子≫는 淸 章宗源이 輯成하고 孫星衍이 補訂한 것.

4) 大而無當 : 크기만 하고 사리에 합당하지 않음. 이 편 제5장에서는 惠子가 莊子에게 "그대의 말은 크기만 하고 쓸모가 없다[子之言 大而無用]."고 한 이와 유사한 대목이 나온다. 王先謙은 當을 바닥, 또는 끝이라는 뜻의 底로 풀이했는데, 이 견해를 따르면 大而無當을 터무니없이 크고 끝이 없음으로 볼 수도 있다. 그러나 여기서는 當을 본래 글자 그대로 보고 하나하나의 말에 합당하게 대응하는 事物이 없다는 뜻, 곧 언설이 도리에 어긋난다는 뜻으로 보았다.

5) 往而不返 : 가기만 하고 돌아오지 않음. 返은 反과 같다. <天下>편의 '百家往而不反 必不合矣', '逐萬物而不反', ≪史記≫ <樂書>의 '遂往不反' 및 <蔡澤傳>의 '往而不能自反者也' 등의 文句를 참조하여 이해하는 것이 적절하다(池田知久). 널리 확대되어 가기만 하고 돌아오지 않는다, 돌아보지 않는다, 歸着点이 없다는 등의 해석이 가능하다. 李基東은 이야기가 마무리되지 않고 장황하게 진행되기만 하는 것으로 풀이했다.

6) 吾驚怖其言 猶河漢而無極也 : 나는 그 이야기에 그만 놀라고 두렵기까지 하였는데 그 말은 하늘의 은하수와 같아서 끝없이 크기만 하였기 때문임. 하늘의 은하수처럼 끝없이 크기만 한 그 말에 나는 놀라고 두려웠다고 해석하여도 좋다. 淸 茆泮林의 輯本에 의하면 司馬彪는 河漢은 黃河와 漢水를 말한다고 했으나 적절치 않다. 林希逸은 天河라 했고, 成玄英은 上天의 河漢이라고 했는데 이들의 견해를 따라 하늘의 銀河水로 번역하였다.

7) 大有逕庭 : 현실과 크게 동떨어짐. 大有는 甚有의 뜻(林希逸)이고 逕庭은 현실과 멀리 동떨어졌다는 뜻. 朴世堂은 "逕은 좁은 길이다. 逕은 좁고 뜰은 넓으니 <逕庭은> 그 넓고 좁음이 심하게 서로 닮지 않음을 말함이다[逕 狹路 逕狹而庭廣 言其濶狹甚不相侔]."라고 풀이했다.

8) 不近人情焉 : 인정과 가깝지 않음. 곧 사람의 상식[人情]과 어긋난다는 뜻. 林希逸은 "세속에 상식적으로 흔히 있는 바가 아님을 말한다[言非世俗所常有也]."고 하였다. 北宋의 舊派 정치인들이 新派의 王安石을 비판할 때 흔히 쓴 말도 不近人情이었다.

連叔曰 其言은 謂何哉오 曰 藐姑射[1]之山에 有神人[2]이 居焉하니 肌膚若氷雪하고

綽(淖)約[3]若處子[4]하니 不食五穀[5]하고 吸風飮露하야 乘雲氣하며 御飛龍而遊乎四海之外[6]하니니 其神이 凝[7]하면 使物로 不疵癘[8]而年穀이 熟[9]이라할새 吾以是로 狂而不信[10]也하노라

連叔이 말하였다.

"그의 이야기는 어떤 내용인가."

肩吾가 말하였다.

" '藐姑射의 산에 神人들이 살고 있는데 피부는 氷雪처럼 희고 몸매가 부드러운 것은 처녀처럼 사랑스럽다. 곡식은 일체 먹지 않고 바람을 들이키고 이슬을 마시고서 구름 기운을 타고 飛龍을 몰아 四海 밖에 노닌다. <신인들의> 신묘한 精氣의 작용력이 凝集하면 모든 것을 상처 나고 병들지 않게 성장시키고 해마다의 곡식이 풍성하게 영글도록 한다'라는 이야기입니다. 나는 이 때문에 <접여의> 이 이야기가 상식에서 벗어난 것으로 여겨져 믿을 수가 없습니다."

【역주】

1) 藐姑射(막고야) : 산명. '묘고야'로 읽는 사람도 있다. 막이라고 발음할 때는 멀다[遠], 넓다[廣]의 뜻이고, 묘라 발음하면 작다[小], 깔본다[輕視], 예쁘다[麗]의 뜻이 된다. 육덕명은 邈(막)이라 音을 달았고 簡文帝는 멀다[遠]는 뜻으로 풀이하고 있기 때문에 '막'이라고 읽는 것이 옳을 것 같다. 막고야 전체를 山名으로 보는 것이 일반적이나, 육덕명은 姑射를 "산 이름이니 북해 속에 있다[山名 在北海中]."고 풀이하고 있어, 이에 따르면 멀리 있는 고야산이 된다. ≪山海經≫의 <東山經>과 ≪列子≫ <黃帝>편을 아울러 참조할 것.

2) 神人 : 막고야산에 있는 네 사람의 신인. 下文에 '往見四子藐姑射之山'이라고 하고 있어 막고야산에 있는 네 사람의 신인을 말하는 것으로 볼 수 있다. 司馬彪와 李頤는 <天地>편에 의거하여 네 사람의 신인을 許由, 齧缺, 王倪, 被衣의 네 사람을 가리킨다고 했지만, 이들의 견해는 무리한 比定이라고 비판하는 학자도 있다(池田知久). 또 赤塚忠은 이 네 사람[四子]을 神人・接輿・連叔・肩吾를 가리킨다고 주장했는데, 그렇게 본다면 이 神人은 複數가 아닌 單數가 되어야 한다. 일단 본문의 해석은 ≪釋文≫의 李頤와 司馬彪의 견해를 따랐다. 중요한 것은 앞의 제1장 말미의 '神人無功'의 神人과 이 章의 下文에 보이는 '孰弊弊焉以天下爲事'는 모두 無功이라는 점에서 일치한다는 사실이다.

3) 綽(淖)約 : 부드러운 모양. 李頤는 유약한 모양[柔弱貌]으로 풀이했고, 司馬彪는 더 나아가 여성의 아름다움[好貌]이라 하였고 林希逸은 '부드럽고 고와서 사랑스러움[綽約者 柔媚可

愛也]'을 의미한다고 풀이했다.

4) 處子 : 처녀를 말한다. '處子 處女也'(林希逸).

5) 不食五穀 : 오곡을 먹지 않음. 五穀은 五穀百果의 오곡으로 ≪孟子≫ <滕文公 上> 許行章의 趙岐 註에 의하면 벼[稻], 찰기장[黍], 메기장[稷], 보리[麥], 콩[菽]의 다섯 가지 곡식 또는 곡식의 총칭이다. 여기의 不食五穀은 <達生>편 등에 보이는 養生術과 道敎의 양생법인 辟穀의 典據가 되는 글이다. ≪淮南子≫ <人間訓>에는 '單豹(선표)……不食五穀 行年七十 猶有童子之顔色'이라는 내용이 있고, <達生>편에도 魯나라의 선표가 '行年七十而猶有嬰兒之色'이라는 내용이 보이는데 '巖居而水飮 不與民共利'라고 하였을 뿐 <達生>편에는 不食五穀이라는 표현은 없다(池田知久). 또 ≪史記≫ <留侯世家>의 '學辟穀 道引輕身', ≪論衡≫ <道虛>편의 '世或以辟穀不食爲道術之人' 등의 養生術에서 말하고 있는 辟穀의 典據가 되는 것이 바로 이 글이다(池田知久).

6) 乘雲氣御飛龍 而遊乎四海之外 : 구름 기운을 타고 飛龍을 몰아 四海 밖에 노닒. 林希逸은 不食五穀 이하의 4구(乘雲氣御氣龍 而遊乎四海之外 포함)는 "그 神妙함을 말한 것이다[言其神妙也]."라고 풀이했다. 池田知久는 "乘雲氣, 御飛龍은 世界를 그 根底에서 지배하고 있는 것을 말하며 遊乎四海之外는 그것이 目的意識的으로 追求된 것이 아닌, 最後窮極的인 행위로서의, 세계로부터의 자유로운 超出·遊임을 나타낸 것이다."라고 했는데 참고할 만하다. 龍은 자주 道의 體得者를 형용하는 말(<在宥>편, <天運>편 등)로 쓰인다(福永光司-<列禦寇>편의 해설). '乘雲氣…'와 유사한 표현으로는 이 편 제1장의 '乘天地之正 而御六氣之辯 以遊無窮'과 <齊物論>편 제3장 '乘雲氣 騎日月而遊乎四海之外'를 들 수 있다.

7) 其神凝 : 신묘한 精氣의 작용력이 凝集됨. 神은 흔히 精神의 의미로 풀이(林希逸, 安東林, 李基東, 福永光司 등)하고 있는데, 여기서는 赤塚忠이 神氣·精氣로 풀이한 견해를 따랐다. 赤塚忠은 儒家의 經典 四書의 하나인 ≪中庸≫이 유교에 대한 대립 사상으로 등장한 道家哲學의 挑戰 속에 그 철학적 자극을 스스로에 대한 補完資料로 삼아 새로운 哲學的 理論補完을 거쳐 成立되었다는 見解(赤塚忠譯 ≪大學·中庸≫, 新釋漢文大系2, 明治書院, 1967)를 제시하고 있는데, ≪中庸≫ 제27장의 내용(大哉 聖人之道 洋洋乎發育萬物 峻極于天……故曰 苟不至德 至道不凝焉)이 바로 ≪장자≫의 이 대목(其神凝……)을 이어받은 文章일 것이라는 견해(池田知久)와 함께 주목할 만하다. 또 <天地>편 제2장에는 ≪中庸≫의 위 引用文의 일부인 '洋洋乎發育萬物'과 類似한 표현(夫道 覆載萬物者也 洋洋乎大哉라…)이 보인다(福永光司).

8) 疵癘(자려) : 손상시키고 병들게 함. 疵는 傷, 癘는 惡病의 뜻. 朴世堂은 '其神凝 使物不疵癘'에 대하여 "神凝해서 모든 物을 상처나고 병들지 않게 한다는 것은 所存者神이라 하는 것과 같다[神凝而物不疵癘 猶言所存者神]."고 하였는데 '所存者神'은 ≪孟子≫ <盡心 上>에 보이는 말이다. "군자(여기서는 성인의 뜻에 가까움)가 지나는 곳의 백성들은 모두 그 德에 교화되고[君子所過者化]"에 이어 보이는 말이 '所存者神'이다. 그 뜻은 군자의 마음 속에 있는 것은(또는 군자가 머물고 사는 곳에서는)그 德化가 神妙하여 헤아릴 수 없다는 것인데 바로 이 말을 朴世堂은 '神凝而物不疵癘'와 같은 뜻으로 풀이한 것이다. 다른 주석에서 볼 수 없는 특색있는 풀이이다.

9) 年穀熟 : 해마다의 곡식이 풍성하게 영글도록 함. 해마다 곡식이 풍성하게 익도록 한다로 해석할 수도 있고(年이 부사로 쓰인 경우), 해마다의, 또는 그 해의 곡식이 잘 익도록 한다로 해석할 수도 있다(年을 형용사로 읽음). 그런데 年을 형용사로 읽는 年穀이란 용어는 戰國時代 이래로 흔히 사용되고 있는 말(池田知久)이므로 번역은 해마다의 곡식이라고 하였다. 현토본에서도 '年穀이 熟이라할새'로 현토하고 있다.

10) 狂而不信 : 상식에서 벗어난 것으로 여겨져 믿을 수가 없음. 狂은 馬叙倫이 誑의 假借字라 하였지만, 이미 林希逸의 註에서도 '狂은 誑과 같다[狂 與誑同]'고 풀이했다. 誑은 속인다, 현혹한다는 뜻인데, 여기서는 常軌를 逸脫한 것으로 여겨진다는 뜻으로 번역하였다.

連叔이 曰 然하니라 瞽者[1]는 無以與乎文章之觀[2]하고 聾者[3]는 無以與乎鐘鼓之聲하나니 豈唯形骸有聾盲哉[4]리오 夫知도 亦有之[5]하니라 是其言也는 猶時女也[6]로다 之人也 之德也[7]는 將旁礴萬物하야 以爲一[8]하나니 世蘄乎亂[9]이로대 孰弊弊焉[10]하야 以天下로 爲事리오 之人也는 物이 莫之傷[11]이라 大浸稽天而不溺[12]하며 大旱에 金石이 流하며 土山이 焦라도 而不熱[13]하나니 是其塵垢粃糠으로 將猶陶鑄堯舜者也[14]니 孰肯以物로 爲事[15]리오

연숙이 말하였다.

"그렇겠군. 장님은 무늬와 빛깔의 아름다움을 볼 수가 없고 귀머거리는 종소리와 북소리의 황홀한 가락을 들을 수가 없는데, 어찌 육체에만 귀머거리와 장님이 있겠는가. 知에도 귀머거리와 장님이 있네. <정신세계에도 聾과 盲이 있다는> 이 말은 지금의 그대에게 딱 들어맞는

말일세. 이런 신인, 이런 신인의 德은 장차 이 세상 만물을 <무위자연으로> 혼합하여 하나로 합해 버릴 수도 있으니, 세상 사람들은 그가 천하를 다스려 주기를 바라지만, 누가 수고스럽게 애쓰면서 천하를 다스리는 따위를 일삼겠는가. 이 사람은 그 무엇에 의해서도 손상되지 아니하니, 큰 홍수가 나서 하늘에까지 닿을 지경이 되어도 물에 빠지지 아니하며 크게 가물어 金石이 녹아 흐르고 土山이 타버리더라도 불에 타지 아니한다. 이 神人은 <먼지·때·쭉정이·겨와 같은> 자기 몸의 발톱에 낀 때 정도를 가지고서도 요임금이나 순임금 따위를 빚어낼 수 있다. 그러니 누가 세상일 따위를 기꺼이 일삼으려 하겠는가."

【역주】

1) 瞽者 : 장님. 陸德明은 "맹인은 눈동자가 없어서 마치 북의 가죽과 같다[盲者無目 如鼓皮也]."고 풀이했다.

2) 與乎文章之觀 : 무늬와 빛깔의 아름다움을 볼 수 없음. 與는 참여하다는 뜻(曹受坤). 文章之觀은 무늬와 빛깔의 아름다운 볼거리. <大宗師>편 제6장에도 비슷한 문장 '夫盲者 無以與乎眉目顏色之好 瞽者 無以與乎青黃黼黻之觀'이 보이는데, 盲者와 瞽者에 대해서는 눈이 자유롭지 못한 사람을 盲者로, 눈이 안 보이는 사람을 瞽者로 보는 등의 여러 설이 있다.

3) 聾者 : 귀머거리. 聾은 成玄英이 '귀에 생긴 질병[耳病也]'으로 풀이한 것보다는 陸德明이 '귀가 들리지 않음[不聞也]'으로 풀이한 것이 더 명확하다.

4) 豈唯形骸有聾盲哉 : 어찌 육체에만 귀머거리와 장님이 있겠는가. 形骸는 육체. 聾盲은 거의 모든 판본이 聾盲으로 되어 있는데, 宋의 陳景元은 聾瞽로 된 판본도 있다고 소개하고 있다. 金谷治의 경우는 위의 瞽者, 聾者와 잘 부합된다고 해서 聾瞽로 고치는 것이 합당하다고 주장했지만, 여기서는 따르지 않았다.

5) 夫知亦有之 : 知에도 그런 경우가 있음. 知에도 귀머거리와 장님이 있다는 뜻. 林希逸은 "어찌 육체에만 이 같은 병(장님과 귀머거리)이 있으리오. 마음에도 또한 이 같은 병(認識能力의 부족)이 있으니 그 말하는 뜻은, 그 마음에 견식이 없는 것이 귀머거리와 장님이 그러함과 같다는 것이다. 그래서 <견오가> 이 말(此語 : 接輿의 말)의 뜻을 알지 못하고 현혹하는 말로 여긴 것이다[豈唯形骸有此病 在心亦有此病 言其心無見識 猶聾盲然 故不知此語而以爲誑也]."라고 하였다. 여기서 일단 이 註解의 말 속에 보이는 此語가 접여의 말을 의미하는 것을, 다음의 '是其言也 猶時女也'와 연관하여 기억할 필요가 있다. 물론 이 부분의 해석에만은 아무런 문제가 없다. 郭象도 "至言의 微妙함을 알지 못하고 狂으로 여겨 不信하였으니 이것이 知의 聾盲이다[不知至言之極妙 而以爲狂而不信 此知之聾盲也]."라고 풀이했다.

6) 是其言也猶時女也 : 이 말은 지금의 그대에게 딱 들어맞는 말임. 是其言也는 '이(또는 그) 말은'으로 번역되는데 그 말을 누구의 말, 어떤 말로 보느냐에 따라 풀이가 달라진다. 郭象, 成玄英, 林希逸 등이 모두 接輿의 말로 보고 있다. 그러나 여기 是其言也는 접여의 말로 보아서는 무리한 해석이 될 수밖에 없다. 게다가 時女를 '猶處女也'(司馬彪) 또는 '少年處室之女'(成玄英) 등으로 해석해서는 더욱 무리한 해석이 뒤따르게 된다. 林希逸까지도 時女를 처녀[處子]의 뜻으로 보아서는 안 된다고 지적하고 있다. 林希逸은 "時는 是이고 女는 汝와 같다. 전후의 해석자들이 모두 이 時女를 處子라고 하였기 때문에 견강부회하여 뜻이 통하지 않았다[時是也 女與汝同 前後解者 皆以此時女爲處子 故牽强不通]."라고 하였다. 그러나 林希逸은 是其言也를 接輿의 말로 보기 때문에 "그 뜻은 아마도 <접여의> 이와 같은 말을 '어찌 이 너와 같은 사람들이 능히 이해할 수 있으리오' 라는 뜻으로 말한 것이다[其意蓋謂如此言語 豈汝一等人能之]."라고 하고 있다. 그래서 현토본도 '是其言也ㅣ猶時女也리오'로 토를 달고 있다. 그러나 是其言也는 '豈唯形骸有聾盲哉 夫知亦有之'라는 말을 가리키는 것으로 보는 것이 통설이다. 현대의 주석가들(安東林 · 李基東 · 金谷治 · 福永光司 · 池田知久 등)이 모두 이 해석을 취하고 있고 猶時女也도 '이는 너와 같은 것이다', '이는 너를 두고 한 말이다', '너에 해당한다' 등으로 해석하고 있다. 朴世堂도 이미 이와 같은 해석을 하고 있다. 박세당은 "肩吾가 <접여가 말한> 神人을 의심한 것은 또한 매미 · 작은 비둘기 · 메추라기가 큰 붕새를 비웃는 것과 같다. 귀와 눈의 결함은 병이 육체에 있는 것이고 인식능력의 결함은 병이 마음에 있는 것이니 이것은 <견오가> 神人의 경지를 알지 못한 것을 말한 것이니 <知에도 귀머거리와 장님이 있다는> 古人의 말은 바로 너와 같은 사람을 일컬은 것이다[按肩吾之疑於神人 亦猶蜩鳩斥鴳之笑大鵬 耳目聾瞽 病在於形 知之聾瞽 病在於心 言其不識神人 古人所言 正謂如汝者]."라고 하고 있으며 여기에 현토를 하면 '是其言也 猶時女也로다'가 된다.

7) 之人也之德也 : 이런 사람과 이런 덕. 之자는 둘 다 是, 此의 뜻이다. 이 편의 제1장에 나온 '之二蟲又何知'의 之와 같고, <庚桑楚>편에 보이는 '之數物者 不足以厚民'의 之도 같은 뜻이다.

8) 將旁礴萬物以爲一 : 장차 만물을 혼합하여 하나로 합침. 旁礴(박)을 司馬彪는 混同으로 보고 '혼합한다', '반죽한다'는 뜻이라 했다. 以爲一은 하나로 한다, 하나로 합한다는 뜻인데 以爲一에서 句를 끊지 않고 아래의 世자까지 붙여 읽어 '一世蘄乎亂'에서 絶句하는 견해(林希逸, 朴世堂, 王先謙 등)도 있지만 취하지 않았다. 이 구절의 뜻은 만물을 혼합하여 하나로 한다

는 뜻인데, 이것은 무위자연으로 그렇게 되는 것이어서 作爲的인 것을 말하는 것은 아니다. 하나로 한다는 爲一은, <齊物論>편 제1장에 '萬物與我爲一'이라고 하는 장자의 萬物齊同의 철학과 관련시켜 읽으면 더욱 깊은 뜻을 음미할 수 있다.

9) 蘄(기)乎亂 : 다스려 주기를 바람. 곧 이런 신인들이 천하를 다스려 주기를 바란다는 뜻. 朴世堂은 林希逸의 견해를 인용하여 "蘄는 祈와 같고, 亂은 治이다[蘄與祈同 亂治也]."라고 풀이했다. 蘄는 祈願한다, 求한다는 뜻이고, 亂은 한 글자가 맥락에 따라 정반대로 해석되기도 하는 反訓文字로 여기서는 治의 뜻이다. ≪爾雅≫ <釋詁>나 ≪說文解字≫에도 亂을 治로 풀이한 내용이 있다(池田知久). ≪孟子≫ <滕文公 下>에 보이는 '孔子成春秋 而亂臣賊子懼'라 할 때의 亂臣의 亂은 일반적인 용법 그대로 어지럽다는 뜻이고, ≪論語≫ <泰伯>편과 ≪書經≫ <泰誓 中>편에 보이는 '予有亂臣十人'이라 할 때의 亂臣의 亂은 治, 즉 治亂(난을 다스림)의 뜻으로 여기의 亂과 같은 뜻으로 쓰인 예이다.

10) 弊弊焉 : 지친 모습. 애씀, 심신을 피로하게 하여 일을 함(安東林). 째째한 모습으로 풀이한 견해(李基東)도 있다.

11) 物莫之傷 : 어떤 사물도 그를 손상시키지 못함. 그 무엇도 그를 손상하지 못한다는 뜻. <秋水>편에는 '知道者…不以物害己'라 있고, <達生>편에도 '故莫之能傷也'라 있고, <知北遊>편에는 '聖人處物不傷物 不傷物者 物亦不能傷也'라는 글이 보인다(池田知久).

12) 大浸稽天而不溺 : 큰 홍수가 나서 하늘에까지 닿을 지경이 되어도 물에 빠지지 아니함. 大浸은 홍수. 稽는 至와 같다(成玄英, 司馬彪, 林希逸 등).

13) 大旱金石流土山焦而不熱 : 크게 가물어 金石이 녹아 흐르고 土山이 타 버리더라도 불에 타지 아니함. <齊物論>편 제3장에 보이는 '至人神矣 大澤焚而不能熱 河漢沍而不能寒 疾雷破山風振海而不能驚'을 참조하여 볼 것. <秋水>편, <達生>편, <大宗師>편, ≪老子≫ 제50장 등도 참조할 것. 大旱은 큰 가뭄, 大旱魃. 不熱은 데지 않음, 타지 않음.

14) 是其塵垢粃穅將猶陶鑄堯舜者也 : 이 神人은 <먼지・때・쭉정이・겨>와 같은 자기 몸의 발톱에 낀 때 정도를 가지고서도 요임금이나 순임금 따위를 빚어낼 수 있음. 塵垢粃穅은 먼지와 때와 쭉정이와 겨와 같은 자기 몸의 찌꺼기 정도의 뜻. 陶鑄는 陶器의 匠人이나 鑄物의 장인이 진흙이나 금속으로 器物을 만들어 내는 것. 유교에서 존숭하는 옛 聖王 堯舜을 神人과 비교해 하찮은 존재로 貶下한 것은, <則陽>편에 魏의 賢人 戴晉人을 대피리에서 나는 낭낭하게 크게 울리는 소리로 비유한 데 비해, 堯舜을 칼자루의 작은 구멍에서 나는 둔탁하고 가는 '픽'소리에 비유하여 폄하한 설화가 있음을 참조할 것.

15) 孰肯以物爲事 : 누가 세상일 따위를 기꺼이 일삼으려 하겠는가. ≪淮南子≫ <俶眞訓>에는 '孰肯分分然以物爲事也'로 分分然(紛紛然)의 세 글자가 보충되어 있다(王叔岷, 池田知久, 安東林).

宋[1]人이 資章甫[2]而適諸越[3]한대 越人이 斷髮文身이라 無所用之[4]니라 堯治天下之民하며 平海內之政하고 往見四子[5]藐姑射之山하고 汾水之陽[6]하야 窅然喪其天下[7]焉하니라

宋나라 사람이 갓을 장사 밑천으로 장만하여 越나라로 갔는데 월나라 사람들이 머리를 짧게 깎고 몸에 文身을 하고 있어서 갓을 필요로 하지 않았다. 요 임금은 천하의 민중을 다스려 四海 안의 정치를 평정하고서 <어느 날> 藐姑射山으로 가서 4명의 神人을 만나 보고는 <돌아와> 汾水의 북쪽에 와서 그만 멍하게 얼이 빠져 자기가 다스리는 천하를 잊어버리고 말았다.

【역주】

1) 宋 : 국명. 周나라 초기에 殷나라 紂王의 庶兄인 微子啓가 처음으로 책봉된 나라. 지금의 河南省 商丘縣에 도읍하였고 B.C.286년에 齊·楚·魏에 의해 멸망당했다. ≪孟子≫ <公孫丑上>의 '揠苗助長'과, ≪韓非子≫ <五蠹>편의 '守株待兎'는 모두 宋人이 주인공인데, ≪莊子≫의 이 문장에서도 章甫를 短髮文身한 越나라에 팔러 갔다가 아무 소용이 없게 된 바보스런 위인으로 등장하고 있다.

2) 資章甫 : 章甫를 장만함. 李頤는 資를 貨로 풀이했는데, 장사 밑천으로 장만하다의 뜻이다. 章甫는 역시 李頤가 은나라 관[殷冠]으로 풀이했는데, 殷의 후예인 宋人이 조상 전래의 章甫라는 갓을 존중한 데서 성립된 說話이다. 朴世堂은 "林希逸은 장보는 관이라고 했다[林云章甫 冠也]."고 풀이하여 특별히 殷나라의 관임을 밝히지는 않고 있다. 이는 ≪論語≫ <先進>편에 보이는 章甫라는 말을 朱子가 '禮冠'이라고만 풀이하여 특별히 殷나라의 갓으로 지칭하지 않은 데서 유래한 것으로 추정된다. 그래서 번역문에서도 章甫라는 갓이라 하지 않고 그냥 갓이라고만 하였다.

3) 適諸越 : 월나라로 감. 諸(저)는 之於의 줄임말로 대명사와 어조사의 결합으로 볼 수도 있다. 越은 나라 이름. 春秋時代, 江南의 원주민이 세운 나라. 浙江省의 會稽에 도읍하였으며 B.C.306년경 楚에 의해 멸망되었다.

4) 斷髮文身無所用之 : 머리를 짧게 깎고 몸에 文身을 하고 있어서 갓을 쓸 필요가 없음. 朴世

堂은 “갓<을 쓰는 문화적인 행동>은 천하의 美風인데 머리를 짧게 깎고 몸에 문신을 한 越人들이 그것을 필요로 하지 않는 것[章甫天下之美 而斷髮文身者無所用之].”을 “至德은 천하의 盛德인데 知的 귀머거리와 知的 장님이 그것을 알지 못하는 것이다[至德天下之盛 而聾瞽乎知者所不能識].”라고 비유하여, 不知者에 대한 풍자를 위해 설정된 이 說話에서 不知者를 越나라 사람으로 보고 있다. 풍습이 다른 越나라에 갓을 잔뜩 장만하여 팔러 간 宋人을 풍자한 것으로 보는 일반적인 해석과 다르다. 朴世堂처럼 해석하여야 越人斷髮文身의 이 節이 이 第3章의 말미에 붙어 있는 까닭이 분명해진다.

5) 四子 : 네 사람. 네 명의 신인. ≪釋文≫의 司馬彪와 李頤는 <天地>편을 근거로 王倪, 齧缺, 被衣, 許由의 네 사람을 가리킨다고 하고 있으나 전혀 무리한 比定으로 보는 견해(池田知久)도 있다. 朴世堂도 ‘四子 亦所謂至人者’라고만 하여 四子를 누구라고 지정하지는 않고 있다.

6) 藐姑射之山汾水之陽 : 막고야산과 분수의 북쪽. 현토본에서나 朴世堂本에서는 藐姑射之山과 汾水之陽을 연속해서 읽어 두 句 사이에 아무런 토를 달지 않고 ‘藐姑射之山汾水之陽에 하고’로 되어 있는 것을 池田知久의 주장을 참고하여 ‘藐姑射之山하고 汾水之陽하야’로 현토하였다. 池田知久에 의하면 “汾水는 山西省 寧武縣 부근의 山中에서 發源하여 太原市를 거쳐 山西省의 거의 中央部를 南下하여 河津縣의 서쪽에서 黃河와 合流하는 大河이다. ≪說文解字≫에도 ‘汾水 出太原晉陽山 西南入河’라고 하고 있다. 堯의 도읍은 그 汾水沿岸의 平陽(臨汾縣)에 있었다고 한다(≪史記≫ <五帝本紀>의 ≪正義≫등). 또한 ≪隋書≫ <地理志>에 의하면 ‘臨汾……有姑射山’이라고 있다. 그런데 이에 대하여는 후세 사람들이 ≪莊子≫의 이 부분에 의거해서 그 지방의 山에 이 이름을 붙인 것(李楨)이라는 說이 있고, 다른 한편 藐姑射山이 그렇게 가까이 있을 수는 없다고 하여 汾水之陽은 堯가 막고야산에 갔다가 돌아와 분수의 북쪽에 이르러서의 일로 하지 않으면 아니된다(陳壽昌 ≪南華眞經正義≫)는 說이 있다.” 이상의 내용을 근거로 이 부분을 ‘어느 날 막고야산으로 가서 4명의 신인을 만나 보고는 <돌아와> 분수의 북쪽에 와서……’로 번역하였다. 汾水之陽의 陽은 ‘山南水北’으로 山의 경우는 남쪽이고 물(江이나 河)의 경우는 북쪽에 해당한다.

7) 窅(요)然喪其天下 : 멍하게 얼이 빠져 천하를 잊어버림. 窅는 실의에 빠져 멍하다의 뜻. ≪莊子≫에는 窅然이 세 차례 보인다. 첫째는 이 부분으로 실의에 빠져 멍하다는 뜻이고, 두 번째는 <知北遊>편의 ‘大道窅然難言哉’로 이때의 窅然은 심오하고 어두운 모양이고, 또 하나는 역시 <知北遊>편의 ‘窅然空然’으로 이때의 窅然은 심오한 모양, 空然은 허무한 모양이다. 喪은 忘과 같은 뜻.

## 第4章

惠子[1)]謂莊子하야 曰 魏王[2)]이 貽我大瓠之種[3)]하야늘 我樹之成호니 而實이 五石[4)]이오 以盛水漿[5)]호니 其堅[6)]이 不能自擧也어늘 剖之하야 以爲瓢호니 則瓠落[7)]하야 無所容이러라 非不呺然[8)]大也이언마는 吾爲其無用하야 而掊之[9)]호라

惠子가 莊子에게 말하였다.

"魏王이 나에게 큰 박씨를 주기에 내가 그것을 심어 열매가 열렸는데 그 열매는 容量이 5石들이나 될 정도로 크다. 여기에 마실 물을 담으면 무거워 들 수가 없다. 그래서 이것을 둘로 쪼개서 표주박을 만들었더니 얕고 평평하여 아무 것도 담을 수가 없었다. 공연히 크기는 하지만 아무 쓸모가 없기 때문에 나는 그것을 부숴 버리고 말았다."

【역주】

1) 惠子 : 인명. 成玄英과 司馬彪에 의하면 姓은 惠, 이름은 施, 宋나라 사람으로 梁나라의 재상이 된 적도 있다. 곧 戰國 中期에 활약한 名家의 대표적인 思想家이자 政治家. 그의 사상이 초기 道家哲學의 형성에 크게 영향을 미친 것은 사실이나 ≪莊子≫에 보이는 장자와의 문답의 대부분은 寓言이지 역사적 사실로 보기는 어렵다. 장자의 변론 파트너로 <徐無鬼>편에 자세하다.

2) 魏王 : 魏나라 惠王으로 추정. 魏의 도읍은 본시 山西省 安邑이었으나 뒤에 秦의 東進에 밀려 도읍을 河南省 大梁으로 옮겼다('西喪地於秦七百里'-≪孟子≫ <梁惠王 上>). 司馬彪, 成玄英 등은 魏惠王, 곧 梁惠王일 것이라고 추정했다.

3) 貽我大瓠之種 : 나에게 큰 박씨를 줌. 貽는 주다는 뜻. 瓠는 박.

4) 我樹之成而實五石 : 내가 그것을 심어 열매가 열렸는데 그 열매는 容量이 5石들이나 될 정도로 큼. '我樹之 成而實五石'으로 읽을 수도 있고, '我樹之成 而實五石'으로 읽을 수도 있다. 현토본과 朴世堂은 모두 後者로 읽었다. 成은 크게 자란다는 뜻도 가능하나 여기서는 열매를 맺다는 뜻으로 보았다. 司馬彪는 而實五石을 "열매 속에 오석의 양을 수용한다[實中容五石]."고 풀이했다. 1石은 약 19리터.

5) 水漿 : 마실 물. 漿은 마시는 물의 총칭.

6) 堅 : 무겁다는 뜻.

7) 瓠(확)落 : 瓠落은 平淺, 곧 얕고 평평하다는 뜻(成玄英).

8) 呺(효)然 : 呺然은 공연히 큰 모습[虛大貌], 헛배 부른 모양.

9) 爲其無用而掊之 : 쓸모없다고 여겨 부숴 버림. 爲는 때문에. 掊는 부숴 버리다의 뜻.

莊子曰 夫子固拙於用大矣로다 宋人이 有善爲不龜手之藥[1]者 世世에 以洴澼絖[2]으로 爲事어늘 客이 聞之하고 請買其方[3]百金[4]한대 聚族而謀曰 我世世에 爲洴澼絖호대 不過數金이러니 今一朝에 鬻技百金[5]이런대 請與之호리라 客이 得之하야 而說吳王이러니 越有難[6]이어늘 吳王이 使之將한대 冬에 與越人으로 水戰하야 大敗越人하야늘 裂地而封之하니 能不龜手는 一也로대 或以封하며 或不免於洴澼絖하니 則所用之異也[7]니라 今子有五石之瓠이어든 何不慮以爲大樽하야 而浮乎江湖[8]하고 而憂其瓠落하야 無所容고 則夫子猶有蓬之心[9]也夫인저

장자가 말하였다.

"선생은 참으로 큰 것을 쓰는 데 졸렬하다. 송나라 사람 중에 손이 트지 않는 약을 잘 만드는 사람이 있어서 대대로 솜을 물에 빠는 일을 家業으로 삼고 있었다. 그런데 어느 날 나그네가 이 이야기를 듣고 그 秘方을 百金을 주고 사겠다고 하였다. 그러자 그는 친족들을 모아 상의하여 말하기를 '우리는 대대로 솜 빠는 일(세탁업)을 하고 있지만 <수입은> 몇 金에 지나지 않았는데 이제 하루 아침에 그 기술을 백금에 팔게 되었으니 주어 버리자.'고 하였다. 나그네가 그 비방을 얻어 그것으로 <손 트지 않는 약을 水中戰에 이용할 것을> 吳王에게 설득하였다. 越나라와 戰亂이 일어나자 오왕이 그 나그네를 장수로 삼아 겨울에 월나라와 수중전을 펼쳐 월나라 군사를 크게 무찔렀다. 그리하여 오왕이 땅을 나누어 그를 領主로 봉하였다. 손을 트지 않게 할 수 있는 비방은 하나이지만 어떤 사람은 그것으로 영주가 되고 어떤 사람은 그것으로 세탁업을 면치 못하고 있었으니 그것은 곧 그 비방을 어디에다 쓰느냐가 달랐기 때문이다. 이제 그대에게 5石들이의 큰 박이 있다면 어찌하여 그것으로 큰 술통 <모양의> 배를 만들어 강이나 호수에 떠다닐 생각을 하지 않고 그것이 얕고 평평하여 아무 것도 담을 수 없다고 걱정만 하는가. 그대는 작고 꼬불꼬불한 쑥대 같은 마음을 가지고 있구나."

【역주】

1) 善爲不龜手之藥 : 손이 트지 않는 약을 잘 만듦. 龜(균)은 손이 튼다, 금이 간다는 뜻.

2) 洴澼絖(병벽광) : 묵은 솜을 물에 띄워 빨래(표백)하는 것. 成玄英은 "洴은 씻는 것이고, 澼은 빠는 것이고, 絖은 솜이다[洴浮 澼漂也 絖絮也]."라고 풀이했다. 또한 洴澼은 雙聲의 連語로서 물 속에서 솜을 두드리는 소리에서 由來한 것이라는 주장도 있다(盧文弨, 池田知久, 安東林 등). 특히 池田知久는 盧文弨의 주장이 충분한 근거를 가지고 있다고 지지하고 있다. 絖은 묵은 솜.

3) 方 : 약을 만드는 방법. 秘方.

4) 百金 : 1金은 金 약 250그램이다.

5) 鬻(육)技百金 : 손 트지 않는 약의 비방을 百金을 받고 팔다.

6) 越有難 : 越나라와 전란이 일어남. 越나라는 춘추시대 말기에 늘 북쪽에 이웃한 吳나라와 싸워, B.C.494년에 吳王 夫差에게 크게 敗한 일이 있는데 바로 이때의 이야기일 수도 있다(池田知久).

7) 所用之異也 : 쓰는 바의 차이(다름)라는 뜻. 不龜手의 비방을 어떻게, 또는 어디에 쓰느냐의 차이를 말함. 장자의 주장이 터무니없이 크기만 하고 쓸모가 없다는 惠子의 말에 대해 장자가 '쓰는 방법이 달랐기 때문'이라고 한 답변에서는 '無用之用', '無用之大用'의 사상이 엿보인다.

8) 慮以爲大樽(준)而浮乎江湖 : 큰 술통 <모양의> 배를 만들어 강이나 호수에 떠다닐 생각을 함. 司馬彪는 慮를 "몸을 腰舟(주로 南方에 있었던 渡河의 도구)에 붙들어맨다[慮猶結綴也]."는 뜻으로 해석하였는데, 成玄英, 章炳麟, 朱桂曜, 王叔岷 등이 이 견해를 따르고 있다. 한편 淸의 洪頤煊은 慮를 가운데를 꿰뚫다, 속을 파내다, 다스리다 등의 뜻으로 풀이되는 攄(터)의 약자로 보았다. 이들의 견해를 따르면 慮以爲大樽을 큰 술통 모양의 腰舟를 만들어 몸에 묶는다, 또는 박 속을 도려내어 술통 모양의 배를 만든다는 뜻으로 해석할 수도 있다. 그러나 林希逸이 "何不慮라고 하는 것은 그대(惠子)의 생각이 어찌하여 여기에 미치지 못하는가라고 말한 것이다[何不慮者 言子之思何不及此也]."라고 했고, 朴世堂 또한 "慮는 꾀함이다[慮規也]."라고 풀이했으며, 池田知久도 "慮는 下文의 憂와 對를 이루고 있기도 하기 때문에 ≪說文≫에서 慮는 謀思라고 한 것처럼 헤아린다는 뜻으로 평범하게 풀이하는 것이 옳다."고 주장하고 있는 것을 따르는 것이 좋을 것 같다. 그래서 본문의 번역에서는 '何不慮以爲大樽 而浮乎江湖'를 "어찌하여 그것으로 큰 술통 모양의 배를 만들어 강이나 호

수에 떠다닐 생각을 하지 않고……"라고 풀이하였다. 大樽은 큰 술통이라는 뜻인데 여기서는 큰 술통 모양의 배. 허리에 붙들어 매어 渡河의 수단으로 쓰는 腰舟라고 해석(司馬彪·成玄英 등)하면 너무나 實用的인 쓸모를 장자가 제시한 모양이 되어 다음의 제5장의 내용과도 맞지 않는다. 장자의 脫俗的 自由의 遊의 경지가 없어지고 만다는 池田知久의 견해를 따라 큰 술통 모양의 배로 보고, 거기에 자유롭게 누워서 江湖에 떠다니는 경지를 장자가 제시한 것으로 보았다.

9) 蓬之心 : 꼬불꼬불한 쑥대 같은 마음. 向秀는 "蓬은 짧아서 곧게 펴지 못함이니 굽은 사람을 말함이다[蓬者 短不暢 曲士之謂也]."라고 풀이했다.

## 第5章

惠子謂莊子曰 吾有大樹호니 人이 謂之樗[1)]라하더니 其大本[2)]은 擁腫[3)]하야 而不中繩墨[4)]하고 其小枝는 卷曲[5)]하야 而不中規矩[6)]라 立之塗[7)]호대 匠者不顧하나니 今子之言이 大而無用이라 衆所同去也[8)]로다

혜자가 장자에게 말하였다.

"나에게 큰 나무가 있는데 사람들은 그것을 가죽나무라고 말한다. 그런데 그 큰 줄기는 울퉁불퉁하여 直線을 그릴 수가 없고 그 잔가지는 비비 꼬이고 구부러져 동그라미나 네모꼴을 그릴 수가 없다. 그래서 이 나무가 길 옆에 서 있기는 하지만 목수가 쳐다보지도 않는다. 지금 그대의 말이 크기만 하고 쓸모가 없는지라 뭇사람들이 모두 버리고 떠나 버리는 것이다."

【역주】

1) 樗(저) : 가죽나무. 成玄英은 "樗는 북나무, 옻나무 종류이다. 나무의 냄새를 맡으면 몹시 악취가 나는 惡木이다[樗栲漆之類 嗅之甚臭 惡木者也]."라고 풀이했다. 재목으로 쓸모가 없는 나무라는 뜻이다.

2) 大本 : 큰 줄기. 本은 뿌리라는 뜻이지만 林希逸이 "大本은 나무의 몸체이다[大本은 樹之身也]."라고 풀이한 것처럼 줄기로 보는 것이 맥락상 적절하다.

3) 擁腫 : 나무에 울퉁불퉁한 혹이 많은 것. 擁(옹)은 癰의 借字. 奚侗은 "擁자는 마땅히 癰으로 되어야 한다[擁當作 癰]."고 하고 있다. 그러나 글자를 고치지 않고도 울퉁불퉁하게 혹이 많다는 뜻으로 쓰고 있는 경우를 <庚桑楚>편에서 老子의 道를 두루 다 체득한 庚桑楚라는

사람이 몸에 혹 투성이의 험상궂은 사람과 함께 산다는 뜻으로 '擁腫之與居'라 한 데서 찾을 수 있다.

4) 不中繩墨 : 승묵에 맞지 않음. 먹줄을 칠 수 없다는 뜻. 繩墨은 직선을 긋기 위한 먹줄.

5) 卷曲 : 비비 꼬이고 구부러짐. 成玄英은 '똑바르지 않음[不端直也]'이라고 풀이했고, 육덕명은 "卷을 拳으로 쓰고 있는 판본도 있다[本又作拳]."고 하였다.

6) 不中規矩 : 規矩에 맞지 않음. 規는 圓을 만드는 도구, 矩는 네모꼴을 만드는 도구. 동그라미나 네모꼴을 그릴 수가 없다는 뜻.

7) 立之塗 : 길 옆에 서 있음. 朴世堂은 "이 나무가 길 옆에 가까이 서 있다[近於道傍也]."고 풀이했다.

8) 衆所同去也 : 모두 똑같이 이 나무를 보지 않고 떠나가 버림. 朴世堂은 去를 棄로 풀이했다. 앞의 大瓠와 여기서의 樗木을 두고 실용적 쓸모가 없다고 惠施가 비판한 것은 世俗을 초월한 莊子의 大言이 쓸모없음을 비판하기 위한 것이다. 이 비판에 대해 莊子는 '쓸모없음의 큰 쓸모[無用之用]'로 답한다.

莊子曰 子獨不見狸狌乎[1)]아 卑身而伏하야 以候敖者[2)]하야 東西跳梁[3)]하야 不辟高下[4)]하다가 中於機辟[5)]하며 死於罔罟[6)]하나니라 今夫斄牛[7)]는 其大若垂天之雲하니 此能爲大[8)]矣로대 而不能執鼠[9)]하나니라 今子有大樹호대 患其無用이어든 何不[10)]樹之於無何有之鄕廣莫之野[11)]하고 彷徨乎無爲其側[12)]하며 逍遙乎寢臥其下[13)]오 不夭斤斧[14)]하며 物無害者[15)]하리니 無所可用이어니와 安所困苦哉리오

장자가 이에 대해 말하였다.

"그대도 살쾡이를 본 일이 있을 것이다. 몸을 바짝 낮추고 엎드려서 나와 노는 작은 짐승들을 노리고 또 먹이를 찾아 東으로 西로 이리 뛰고 저리 뛰면서 높고 낮은 데를 가리지 않는다. 그러다가 덫에 걸리기도 하고 그물에 걸려 죽기도 한다. 그런데 지금 저 斄牛는 그 크기가 하늘에 드리운 구름과 같으니 이 소는 크기는 하지만 쥐 한 마리도 잡을 수 없다. 이제 그대에게 큰 나무가 있으면서도 그 나무의 쓸모없음이 걱정이 된다면 그것을 아무것도 없는 虛無의 고을, 끝없이 펼쳐진 廣遠莫大한 들판에 심어 놓고 그 옆에서 자유롭게 거닐면서 아무 하는 일 없이 지내고 그 아래에서 유유자적하면서 낮잠이라도 자는 것이 좋지 않겠는가. <이 큰 나무는> 도

끼에 잘릴 염려도 없고 아무도 해칠 자가 없을 것이니 세속적인 쓸모가 없긴 하지만 괴롭게 여길 것 하나도 없다."

【역주】

1) 子獨不見狸狌乎 : 그대만이 홀로 살쾡이를 보지 못하였는가. 狸狌(이성)을 너구리[狸]와 살쾡이[狌]의 둘로 나누어 해석하는 견해도 있으나, 여기서는 成玄英이 狸狌을 野猫라고 풀이한 견해를 따라 二字一語로 보고 살쾡이로 번역하였다.

2) 候敖者 : 나와 노는 작은 짐승들을 노림. 候는 朴世堂이 '엿보다[候伺也]'로 풀이한 견해를 따랐다. 敖者는 ≪說文解字≫에서 游로 풀이한 것에 의거하여, 나와 노는 짐승들로 해석하였다. 司馬彪는 "나와 노는 짐승들을 노렸다가 잡아먹음을 말함이니 닭이나 쥐의 무리이다[謂伺遨翔之物而食之 雞鼠之屬也]."라고 풀이했다.

3) 東西跳梁 : 역시 먹이를 찾아 껑충거리며 이리저리 날뜀.

4) 不辟(피)高下 : 높고 낮은 데를 피하지 않음. 곧 높은 곳 낮은 곳을 가리지 않고 날뛴다는 뜻. 辟는 避와 같다.

5) 中於機辟(벽) : 機辟에 걸림. 中은 맞다, 걸리다의 뜻. 機辟은 덫. 王念孫은 辟을 繴(벽: 덫이 설치되어 있는 그물)의 뜻으로 풀이했고, 郭慶藩도 繴의 假借字로 보았다. 司馬彪는 機辟을 그물[罔]로 풀이했고, 成玄英은 '機關之類'로 풀이했다.

6) 罔罟 : 그물. 罔은 網과 같다. 罟도 역시 그물. 二字一語.

7) 斄(리)牛 : 털이 검고 꼬리가 긴 소. 티벳 高原産의 소의 일종이라 한다(池田知久). 斄를 來(래)로 읽는 說도 있다(郭璞).

8) 此能爲大 : 이것은 크기만 할 뿐임. 爲大는 크다는 뜻. 爲大를 '大를 爲한다', '큰 일을 한다'는 뜻으로 보는 견해도 있으나 취하지 않는다.

9) 不能執鼠 : 쥐 한 마리를 잡을 수 없음. 작은 일, 세속적인 일에 쓸모없음[無用]을 나타낸 말. 朴世堂은 이 斄牛의 不能執鼠를 덫에 걸리고 그물에 걸려 죽는 살쾡이의 小知와 대비되는 大知에 비유하여 "저 大知는 비유하건대 斄牛가 쥐 한 마리도 잡지 못하는 것과 같다. 이 소는 작은 일 하는 데는 短點이 있어 쓸모없는 것 같지만, 그 쓸모없음 때문에 生을 온전히 하고 害를 멀리하여 마침내 逍遙의 즐거움을 얻고 세속의 累를 입지 않게 되는 것이다[夫大知 譬如斄牛之不能執鼠 是其短於爲小 似乎無用 然其無用者 乃所以全生遠害 適得逍遙之樂 而不受世俗之累也]."라고 하였다. 또 福永光司도 "세속 사람들의 눈은 固定化되고 習慣化된 旣成의 價値體系에 못박혀 모든 存在의 자유로운 가치와 참다운 有用性을 못 보고

만다. 莊子는 이같은 세속 사람들이 보지 못하는 自由의 價値와 참다운 有用性을 그들이 쓸모없다고 하는 것 속에서 찾아낸다."고 하였다.

10) 何不 : 어찌하여…하지 아니하는가. 그러나 영어의 Why don't you와 같은 용법으로 이해하여 '…하는 것이 어떠한가', '…하는 것이 좋지 않은가'로 해석하는 것이 더 적절한 경우도 있다.

11) 無何有之鄕廣莫之野 : 아무것도 없는 虛無의 고을, 끝없이 펼쳐진 廣遠莫大한 들판. ≪장자≫ 전편을 통해 遊라는 글자를 자주 대하게 되는데 이 遊는 장자 사상 가운데 중요한 思想槪念이다. 그것은 人爲의 세계의 작은 有用性을 넘어선, 목적의식이 없는 無爲自然의 遊인데 이 遊의 마당이 바로 無何有之鄕이자 廣莫之野이다.

12) 彷徨乎無爲其側 : 그 옆에서 자유롭게 거닐면서 아무 하는 일 없이 지냄. 成玄英은 '彷徨은 縱任을 일컬음[彷徨 縱任之名]'이라고 풀이하여, 彷徨을 마음 내키는 대로 하는 自由放任의 행위로 보았고, 陸德明은 "방황은 이리저리 날아다님이다[彷徨 猶翱翔也]."라고 풀이했다. 彷徨과 뒤에 이어지는 逍遙를 竝記하고 있는 예는 <大宗師>편, <達生>편, ≪楚辭≫ <遠遊>편, ≪淮南子≫ <原道訓>·<俶眞訓>·<精神訓>·<修務訓>의 諸篇, ≪韓詩外傳≫5, ≪說苑≫ <建本>편, ≪文子≫ <九守>편 등이 있다(池田知久).

13) 逍遙乎寢臥其下 : 그 아래에서 유유자적하면서 잠을 잠. 成玄英은 '逍遙는 자득을 일컬음[逍遙 自得之稱]'이라고 풀이하여, 逍遙를 悠悠自適하는 것으로 보았다. 逍遙는 道家의 遊사상을 표현하는 가장 중요한 用語 중의 하나이다. 明 方以智가 저술한 ≪通雅≫에 따르면 逍遙는 옛날에는 消搖, 捎搖, 須臾 등으로 썼다고 했으며 昆曇의 말을 인용하여 하루의 30분의 1, 곧 48분이 수유[逍遙 古作消搖捎搖 又爲須臾……昆曇云 一晝夜共三十須臾 – ≪通雅≫ 卷六 <釋詁>]라고 밝히고 있다. 따라서 逍遙는 대상에 집착하지도 않고 대상을 떠나지도 않으면서 48분의 거리를 두고 대상과 함께 悠悠自適하는 행위라고 할 수 있다.

14) 不夭斤斧 : 도끼에 잘릴 염려가 없음. 夭는 夭折하다의 뜻. 斤斧는 작은 도끼와 큰 도끼. 두 글자를 합쳐 도끼의 뜻으로 쓰였다. 不夭斤斧는 朴世堂이 풀이한 '全生遠害'의 全生(生을 온전히 함)에 해당한다.

15) 物無害者 : 그 무엇도 그를 해치는 자가 없음. 朴世堂이 풀이한 '全生遠害'의 遠害(害를 멀리함)에 해당하는 표현. 莊子的 '無用之用', '無用之大用'의 用이 養生에 있음을 주목하게 하는 문구이다.

# 第2篇 齊物論

**【해설】**

≪장자≫ 내외편을 통틀어 가장 난해하기로 이름난 이 편은 <齊物論>이라는 편 이름의 의미부터 학자들의 논의가 분분하다. 郭象, 成玄英을 비롯한 당대 이전까지의 주석가들은 齊物論이란 是非와 美醜라는 편견과 아집의 세계를 떠나 일체의 사물이 모두 동등한 가치를 지니는 萬物齊同의 세계를 주장한다는 의미로 보고 '齊物의 論'으로 이해했다. 특히 劉勰이 ≪文心雕龍≫ <論說>에서,

"장자는 제물을 논의하면서 論으로 편이름을 붙였다[莊周齊物 以論爲名]."

고 언급한 이래 대부분의 주석가들은 제물론을 '齊物之論'으로 이해했다. 그러나 송대의 王安石과 呂惠卿, 林希逸 이후로는 儒·墨을 비롯한 세속의 온갖 論議(衆論)와 是非를 가지런히 통일시킨다[齊]는 의미에서 '物論을 齊한다'는 뜻으로 풀이했는데 어느 쪽의 견해를 따르느냐에 따라 <제물론>은 물론 장자 사상 전체에 대한 이해가 달라질 수 있다. 전자의 입장에 서 있는 곽상은 <齊物論>을 두고,

"스스로를 옳다 여기고 다른 사람을 그르다 하며 자신을 아름답게 여기고 다른 사람을 미워하는 것은 모든 사람들이 다 그렇다. 그 때문에 시비가 비록 달라도 彼와 我가 균등하다[夫自是而非彼 美己而惡人 物莫不皆然 然故是非雖異而彼我均也]."

고 풀이하여 제물론의 중심 논의를 만물제동의 사상으로 이해하였다.

반면 송대의 임희일은,

"物論이란 사람들의 논의이니 衆論이라고 말한 것과 같고, 齊는 통일한다는 뜻이니 뭇 논의를 합쳐서 하나로 통일시키고자 함이다. 전국시대에는 학문이 같지 않아서 서로 간에 시비를 따졌다. 그 때문에 장자는 시비를 모두 잊고 자연으로 돌아감만 못하다고 여겼으니 이것이 편

의 명칭을 제물론이라 한 뜻이다[物論者 人物之論也 猶言衆論也 齊者 一也 欲合衆論而爲一也 戰國之世 學問不同 更相是非 故莊子以爲不若是非兩忘而歸之自然 此其立名之意也].”
고 풀이하여 후자의 입장에 섰다.

이 편의 제1장은 南郭子綦와 顔成子游의 긴 대화로 진행되는데, 이는 池田知久가 지적한 것처럼 道家思想의 역사적 전개의 개막을 고하는 기념비적 문답이라고 평가할 만하다. 이 문답은 ≪莊子≫를 비롯한 도가의 제문헌 가운데서 가장 이른 시기에 성립한 것으로 추정되며 동시에 가장 난해할 뿐만 아니라 가장 아름다운 문장으로 가득 차 있다. 특히 제1장 도입부의 地籟에 대한 다채롭고도 리얼한 표현은 王安中이 “책을 덮고 있어도 바람 소리가 윙윙 들리는 듯하다.”고 감탄할 만큼 뛰어난 문학적 표현이며, 명말의 方以智가 한 편의 天風賦라고 이름을 붙일 만큼 음악적일 뿐만 아니라, 숱한 亞流作들을 낳았다는 점에서 고금을 통틀어 짝을 찾기 어려울 정도로 뛰어난 문장이라 할 만하다.

<제물론>에서 道는 ‘一’이며 또 ‘無’로서 인간의 知로는 결코 파악할 수 없는 그 무엇으로 표현되고 있다. 이후 도가사상의 다양한 전개는 이 편에 나온 논의를 확대, 심화한 것에 지나지 않는다 해도 과언이 아니다.

## 第1章

南郭子綦[1] 隱机而坐[2]하야 仰天而噓[3]호대 荅焉似喪其耦[4]러라 顔成子游[5] 立侍乎前[6]이러니 曰何居乎[7]오 形은 固可使如槁木이며 而心은 固可使如死灰乎[8]아 今之隱机者[9]는 非昔之隱机者[10]也로소이다 子綦曰 偃[11]아 不亦善乎아 而問之也[12]여 今者에 吾 喪我[13]호니 汝는 知之乎[14]아 女聞人籟[15]하고 而未聞地籟[16]며 女聞地籟하고 而未聞天籟[17]夫인저

南郭子綦가 팔뚝을 안석에 기대고 앉아서, 하늘을 우러러보며 길게 한숨을 쉬는데, 멍하니 몸이 해체된 듯이 자기 짝을 잃어버린 것 같았다. 顔成子游가 앞에서 모시고 서 있다가 말했다.

“어쩐 일이십니까? 육체는 진실로 시든 나무와 같아질 수 있으며 마음은 진실로 불꺼진 재와 같아질 수 있는 것입니까? 지금 안석에 기대고 계신 모습은 이전에 책상에 기대 계시던 모습이 아니십니다.”

子綦가 이렇게 대답했다.

"偃아, 너의 질문이 참으로 훌륭하구나. 지금 나는 나 자신을 잃어버렸는데, 너는 그것을 알고 있는가! 너는 人籟는 들었어도 아직 地籟는 듣지 못했을 것이며 지뢰는 들었어도 아직 天籟는 듣지 못했을 것이다."

【역주】

1) 南郭子綦 : 人名으로 가공의 철학자를 지칭한다. 南郭의 郭은 '內城外郭'의 郭으로 남곽은 城郭의 남쪽 지역을 말한다. 고대에는 內城에는 주로 上層部의 사람들이 살았고 外郭에는 주로 下層民들이 모여 살았다. 子綦의 이름 중 綦는 基·紀와 同音으로 事物의 根本, 우주의 본질을 의미한다. 또 城中人인 顔成子游와 상대되는 인물로 설정된 것을 참고할 때 남곽자기는 세상 사람들이 인정하지 않는 郭南에 살면서 道의 근본을 체득한 사람이라는 아이러닉한 寓意를 담아 설정한 인물로 추정된다(赤塚忠). 한편 유사한 명칭으로는 <人間世>편과 <徐無鬼>편에 '南伯子綦'가 보이고 <大宗師>편에는 '南伯子葵'가 보인다. 成玄英의 疏에는 楚 昭王의 庶弟(一說에는 庶兄이라고 했다)인 公子結(字 子期)이 ≪國語≫와 ≪左氏傳≫에 보이며 ≪史記≫ <楚世家>에는 '子綦'로 기록되어 있다고 하였다. ≪사기≫에 나오는 子綦는 楚가 吳의 침입을 받아 망국의 위기에 빠졌을 때 昭王의 목숨을 구하는 軍功을 세우고 또 令尹子西를 도와 국가의 재건에 진력한 사람이다. 그러나 그가 바로 ≪장자≫의 남곽자기라는 명확한 증거는 아직 없다.
2) 隱机(궤)而坐 : 안석에 기대앉음. 隱은 기댄다는 뜻. 机는 팔뚝을 기대는 안석이다.
3) 仰天而噓(허) : 하늘을 바라보고 한숨을 쉼. 噓는 길게 한숨을 내쉬는 모양.
4) 荅(답)焉似喪其耦 : 멍하니 자신의 짝을 잃어버린 듯함. 荅焉은 몸이 해체된 듯한 모습. 林希逸은 '無心之貌'라 했다. 耦는 ≪釋文≫에 '匹也 對也'라 했고 司馬彪는 '身與神爲耦'라 했다. 喪其耦는 自己喪失을 의미하는데, 이 경우처럼 육체를 잃어버리는 자기상실이 있고 반대로 정신을 잃어버리는 세속적인 의미의 자기상실이 있다.
5) 顔成子游 : 人名. 顔成은 姓이고 子游는 字로 추정된다. 안성자유는 성 안에 사는 출신이 귀한 사람이지만 거꾸로 성 밖의 피지배계층인 남곽자기에게 도를 물었다는 역설적인 우언이다. 赤塚忠은 공자의 제자 子游를 풍자한 것일지도 모른다고 했는데, 바로 뒤에 이름이 偃으로 나오는 것으로 보아 그럴 가능성이 전혀 없지는 않다. 司馬遷의 ≪史記≫ <仲尼弟子列傳>에 의하면 孔子의 제자 子游는 姓이 言이고 이름이 偃이다[言偃 吳人 字子游].
6) 立侍乎前 : 앞에서 모시고 서 있음. 立侍는 侍立과 같다.

7) 何居(기)乎 : 어찌된 일입니까. 居는 어조사로 乎보다도 강하게 회의하는 뜻을 표시한다. 일설에 居를 故와 같이 쓰이는 글자로 보기도 한다.

8) 形固可使如槁木 而心固可使如死灰乎 : 形은 形體 곧 肉身을 의미하며 心은 心志 곧 精神을 의미한다. 郭象을 비롯한 대부분의 주석가들이 而를 順接을 나타내는 접속사로 보고 있지만 逆接으로 보아서 "육체는 고목처럼 정지시킬 수 있지만 정신도 불꺼진 재처럼 아무것도 느끼지 않을 수 있는가?"로 풀이할 수도 있다. 槁木死灰와 비슷한 표현으로 <庚桑楚>편에 '身若槁木之枒 而心若死灰'라는 표현이 보인다. 또 ≪文子(僞書)≫ <道原>편에는 老子의 말로 '形如槁木 心如死灰'란 말이 보인다. '靜寂無心'을 이상으로 여기는 도가적 삶의 태도를 나타낸다. 그러나 이 표현은 도와 일체가 되는 槁木死灰의 경지에 도달한 眞人의 입에서 나온 말이 아니라 외부에 드러나는 것을 제삼자가 객관적으로 묘사한 것일 뿐이다(池田知久).

9) 今之隱机者 : 지금 안석에 기대 있는 사람. 곧 槁木死灰와 같은 남곽자기의 현재 모습.

10) 昔之隱机者 : 평소에 남곽자기가 안석에 기대 있던 모습을 형용함. 다른 사람이 안석에 기대어 있는 모양이라고 풀이한 주석이 있지만 취하지 않는다.

11) 偃 : 顔成子游의 이름.

12) 而問之也 : 而는 2인칭으로 안성자유를 지칭한다. 而之問也가 倒置된 형태.

13) 吾喪我 : 내가 나 자신을 잃어버림. 곧 卽自的 의미의 나[吾]가 對自的 의미의 나[我]를 잃어버렸음을 상징하고 있다. 韓元震은 "喪我는 자기 자신을 잊어버렸음을 말한 것이다. 자기 자신을 잊어버리면 천지만물을 일체로 보아 다시 저와 나의 구분이 있음을 알지 못한다[喪我 言忘其身也 忘其身 則視天地萬物爲一 不復知有彼我之分也]."고 풀이했다. 또 "상아 두 글자는 제물론 말미의 물화 두 글자와 서로 종시를 이룬다[喪我二字 與篇末物化二字相爲終始]."고 했는데 참고할 만하다.

14) 汝知之乎 : 너는 그것(吾喪我의 경지)을 알고 있느냐. 모를 것이라고 전제하고 묻는 역설적인 표현이다.

15) 人籟 : 사람이 부는 퉁소 소리. 곧 인간이 만든 악기로 연주하는 음악. 韓元震은 "人籟, 地籟, 天籟의 籟는 소리이다. 인뢰는 사람이 부는 것이니 比竹의 소리가 그에 해당하고, 지뢰는 땅이 부는 것이니 뭇 구멍의 소리가 그에 해당하고 천뢰는 하늘이 부는 것이니 뭇사람들의 말이 그에 해당한다[人籟地籟天籟 籟聲也 人籟 人之所吹也 比竹之聲是也 地籟 地之所吹也 衆竅之聲是也 天籟 天之所吹也 衆口之言是也]."고 풀이했다.

16) 地籟 : 대지가 부는 퉁소 소리. 곧 뭇 구멍에서 바람이 불 때 일어나는 소리.

17) 天籟 : 하늘이 부는 통소 소리. 곧 하늘의 음악. 우주의 음악.

子游曰 敢問其方[1]하노이다 子綦曰 夫[2]大塊[3]噫氣[4] 其名爲風이니 是唯無作[5]이언정 作則萬竅怒呺[6]하나니 而는 獨不聞之翏翏[7]乎아 山林之畏佳[8]에 大木百圍之竅穴[9]이 似鼻하며 似口하며 似耳하며 似枅[10]하며 似圈[11]하며 似臼하며 似洼[12]者하며 似汚[13]者하니 激[14]者와 謞[15]者와 叱[16]者와 吸[17]者와 叫[18]者와 譹[19]者와 宎[20]者와 咬[21]者라 前者唱于어든 而隨者唱喁[22]하야 泠風則小和[23]하고 飄風則大和[24]호대 厲風이 濟[25]하면 則衆竅爲虛[26]하나니 而는 獨不見之調調之刁刁[27]乎아 子游曰 地籟는 則衆竅是已오 人籟는 則比竹[28]이 是已어니와 敢問天籟하노이다 子綦曰 夫吹萬不同[29]하나 而使其自己也[30]어늘 咸其自取[31]하나니 怒者는 其誰邪[32]아

子游가 이렇게 물었다.

"감히 그 방법에 대해 묻겠습니다."

子綦가 대답했다.

"대지가 숨을 내쉬면 그것을 일러 바람이라고 한다. 이것은 일어나지 않으면 그만이지만 일단 일어나면 온갖 구멍이 소리를 낸다. 너만 유독 '윙윙' 울리는 바람 소리를 듣지 못했는가. 험하고 높은 산림 속에서 둘레가 백 아름이 넘는 큰 나무의 구멍은, 어떤 것은 콧구멍 같고, 입 같고, 귀 같고, 기둥 받치는 가로 지른 나무 같고, 나무 그릇 같고, 절구통 같고, 깊은 웅덩이 같은 것, 얕은 웅덩이 같은 것이 있는데, 거기서 나는 바람 소리는 물 부딪치는 듯한 급격한 소리, 씽씽거리며 화살 날으는 것처럼 높은 소리, 꾸짖는 듯 질타하는 소리, '헉헉' 들이마시는 것 같은 소리, 외치는 소리, 볼멘 듯한 소리, 웃는 듯한 소리, 귀여운 소리이다. 그런데 앞의 바람이 웅웅 불어대면 뒤의 바람이 따라서 윙윙 소리를 낸다. 산들바람이 불면 가볍게 화답하고, 거센 회오리바람이 불면 크게 화답을 하는데, 만일 크고 매운 바람이 그치면 곧 모든 구멍들이 텅 비어서 고요해진다. 너만 유독 <바람이 지나간 뒤에 나뭇가지들이> 흔들흔들거리고 살랑살랑거리는 모습을 보지 못했는가."

자유가 이렇게 말했다.

“地籟는 곧 여러 구멍에서 나온 소리가 바로 이에 해당하고, 人籟는 比竹 같은 악기에서 나온 소리가 바로 이에 해당하는 줄 알겠습니다만 감히 天籟란 무엇인지 묻겠습니다.”

자기가 이렇게 대답했다.

“무릇 불어대는 소리가 일만 가지로 같지 않지만 그 소리는 그 자신의 구멍으로부터 말미암는 것인데 모두가 다 그 스스로 취하는 것이니, 그렇다면 <그 구멍으로 하여금> 힘찬 소리를 내게 하는 것은 그 누구인가.”

【역주】

1) 敢問其方 : 감히 그 이치를 여쭙습니다. 方은 正, 道, 義, 理 등과 통용한다. 여기서는 理와 같은 뜻으로 쓰였다. 人籟, 地籟, 天籟의 구체적인 내용을 묻는 질문.

2) 夫 : 어조사.

3) 大塊 : 큰 땅 덩어리. 大地. 여기서는 대자연 곧 道를 상징하는데 <大宗師>편에도 같은 표현이 보인다.

4) 噫(애)氣 : 숨을 내쉼. 트림함. ≪說文≫에 “배불리 먹고 트림하는 것이다[飽食息也].”라고 했다.

5) 是唯無作 : 이것은 일어나지 않으면 그만이지만. 是惟無作則已의 생략. 是는 바람을 지칭.

6) 怒呺(효) : 힘차게 소리를 지름.

7) 翏翏(료): 긴 바람 소리[長風之聲]. 휙휙 부는 바람 소리. 郭象은 “바람 소리가 멀리 들리는 모양이다[風聲遠聞之貌].”라고 했다.

8) 山林之畏佳(최) : 높고 험한 산림 속. 畏佳는 嵔崔의 假借字(王先謙)로 높고 험한 모양을 나타낸다(馬敍倫).

9) 大木百圍之竅穴 : 둘레가 백 아름이나 되는 나무의 구멍. ‘百圍大木之竅穴’이 도치된 표현이다(蔣錫昌).

10) 枅(계) : 동자기둥을 받치고 있는 가로나무.

11) 圈 : 棬의 假借字로 나무를 구부려서 만든 그릇[杯圈]이다.

12) 洼(와) : 窪(와)의 假借字로 깊은 웅덩이이다.

13) 污 : 窊(오)의 假借字로 얕은 웅덩이이다.

14) 激 : 물이 부딪치는 것처럼 급격한 소리.

15) 謞(효) : 화살이 날아가는 듯한 높은 소리[若箭去之聲].

16) 叱 : 질타하는 듯한 소리.

17) 吸 : 숨을 들이마시는 듯한 소리.

18) 叫 : 외치는 듯한 소리. 司馬彪는 '若叫呼聲也'라 했다.

19) 譹 : 볼멘소리. 哭하는 것 같은 소리.

20) 宎(요) : 요상한 소리. 웃는 듯한 소리. 馬敍倫은 笑의 誤字로 보고 웃음소리로 풀이했다.

21) 咬(교) : 귀여운 소리.

22) 前者唱于 而隨者唱喁 : 앞선 바람이 '웅웅'하고 울면 뒤따르는 바람이 '윙윙'하고 화답함. 于와 喁는 모두 바람 소리를 나타내는 擬聲語.

23) 泠(영)風則小和 : 산들바람이 불면 작게 화답함. 泠風은 맑은 바람, 곧 산들바람.

24) 飄風則大和 : 거센 회오리바람이 불면 크게 화답함. 飄風은 司馬彪는 疾風이라고 했고 ≪爾雅≫에는 回風(회오리바람)이라고 했다.

25) 厲風濟 : 세찬 바람이 그침. 厲風은 烈風(郭象, 向秀) 또는 大風(司馬彪). 濟는 止로 그친다는 뜻(向秀).

26) 衆竅爲虛 : 뭇 구멍이 비어서 고요해짐. 본래의 정적으로 되돌아간다는 뜻. 韓元震은 "뭇 소리가 무에서 생겼다가 다시 무로 돌아가는 것이다[衆聲生於無 而復歸於無也]."라고 풀이했다.

27) 而獨不見之調調之刁刁(조) : 너 만이 유독 이 흔들거리고 이 살랑거리는 것을 보지 못했는가. '너도 나뭇가지가 흔들거리고 살랑거리는 것은 보았겠지'라는 뜻이다. 而는 '너'의 뜻. 調調刁刁는 크게 흔들거리는 것을 調調, 작게 흔들거리는 것을 刁刁라 한다. 之는 둘 다 是, 此의 뜻. 다만 調調之刁刁의 之를 而와 같다고 보아 調調而刁刁로 읽는 주석(赤塚忠)도 있으나 따르지 않는다. 李珥의 <天道策>에 ≪장자≫의 이 구절을 활용하여 '調調刁刁'라고 표현한 부분이 있다.

28) 比竹 : 대나무를 나란히 붙여서 만든 피리를 말하는데, 여기서는 사람이 만든 악기의 例로 비죽을 든 것이다.

29) 吹萬不同 : 불어대는 소리가 만 가지로 저마다 다름. 韓元震은 "吹萬은 바로 뭇사람들의 말이니 이른바 物論(뭇사람들의 논의)이다. 天은 眞宰를 말한 것이니 뭇사람들의 말은 진재가 부는 것이 아님이 없다. 그 때문에 뭇사람들의 논의를 천뢰라 한 것이다. 피리소리가 같지 않지만 다 같이 사람이 부는 데서 나오고, 뭇 구멍의 소리가 같지 않지만 다 같이 땅이 부는 데서 나오며, 뭇사람들의 말이 같지 않지만 다 같이 진재가 부는 데서 나온다. 다른 것이 본래는 같은 것이니 세 가지(천뢰, 지뢰, 인뢰)가 모두 그렇다[吹萬 卽衆口之言

而所謂物論也 天以眞宰言 衆口之言 莫非眞宰之所吹 故以物論爲天籟 蓋比竹之聲不同 而同出於人之所吹 衆竅之聲不同 而同出於地之所吹 衆口之言不同 而同出於眞宰之所吹 異者本同 三者皆然也].”고 하여 뭇사람들의 어지러운 논의를 비유한 것으로 풀이했다.

30) 使其自己也 : 그 소리로 하여금 스스로 말미암게 함. 自는 '~로부터', 己는 自己를 의미함.

31) 咸其自取 : 모두 그 스스로 소리를 취함. 곧 모든 구멍이 자신의 구멍에 맞게 소리를 낸다는 뜻.

32) 怒者其誰邪(야) : 소리나게 하는 것은 누구인가. 怒는 힘찬 바람 소리가 나게 하는 것. <逍遙遊>편 제1장의 '怒而飛'의 怒와 같은 뜻. 邪(야)는 의문형 助辭. 여기서는 反語를 나타내는 助辭로도 볼 수 있다. 앞 구절과 연결하여 '咸其自取 怒者其誰邪'를 '怒者其誰邪 咸其者取'의 倒置形文章으로 보아 "소리나게 하는 것은 누구인가? 모두 스스로 취하는 것이지 소리나게 하는 것이 따로 있는 것이 아니다."라고 하는 해석도 가능해진다. 즉 이 해석은 바람 소리나는 것이 모두 자기 원인에 의해 그런 것이지 소리나게 하는 배후의 主宰者가 따로 없다는 뜻이다. 郭象의 注가 이와 같은 해석의 源流인데 곽상은 "物은 그것이 生하여 나오도록 하는 원인이 따로 없이 自生한다. 이것이 天道(自然의 道)이다[物各自生而無所出焉 此天道也]."라고 하고 또 "物은 각각 自得할 따름이다. 누가 그것을 그렇도록 소리나게 主宰하는가. 이것은 天籟를 거듭 밝힌 것이다[物皆自得之耳 誰主怒之使然哉 此重明天籟也]."라고 하였다. 주재가 따로 없이 모두가 자기 원인에 의해 自生自化하는 것으로 보는 이 郭象 流의 주석을 따르면 下文에 보이는 '眞宰'도 이것을 流轉變化하는 現象界의 밖에 따로 實在하는 주재자로 보지 않고 天 즉 自然(저절로 그러함)에 지나지 않는 것으로 보게 된다. 현대의 주석 가운데도 "소리를 내게 하는 자는 도대체 누구일까(그러한 자는 있지 않다)"라고 하여 곽상의 해석을 따르는 譯注가 있다(金谷治). 또 福永光司는 곽상에 근거하여 莊子의 道는 현상세계의 배후에 있는 주재자가 아니라 變化의 흐름 그 자체를 의미한다고까지 말하고 莊子를 中國哲學史에서 氣哲學의 源流로 보고 있다. 그러나 한편 이와 반대로 '怒者其誰邪'를 反語文이 아닌 단순한 의문문으로 보고 下文에 보이는 '其所爲使' '眞君' '眞宰' 같은 것이 있음을 暗示하는 문장으로 이해하는 주석도 만만치 않게 많다. 우리나라에서 주로 읽은 林希逸 ≪莊子口義≫의 현토본이나 朴世堂의 주석이 여기에 속하고 赤塚忠, 森三樹三郞, 池田知久도 이같은 해석을 취한다. 학자에 따라서는 郭象의 해석을 莊子에 대한 叛逆으로까지 極言하는 견해도 있다. 朴世堂은 "使其自己 咸其自取는 구멍이 있으면 곧 거기서 나는 소리가 있어 모든 物이 그 자체로는 스스로 취하지 않음이 없음을

말한다. 그러나 하늘에 바람이 없다면 비록 구멍이 있다고 할지라도 바람 소리가 날 수 없으니 이것은 본시 그렇도록 시키는 것이 있기 때문이다. 怒者其誰邪는 구멍이 소리나게 하는 것은 바람이고 바람은 곧 하늘의 所爲임을 말한다[使其自己 咸其自取 言有是形卽有是聲 物莫不於己而自取之 然非天之有風 則雖有其形 而無所取其聲 是固有使之者也 怒者其誰耶 言竅怒者風 而風卽天之所爲也]."라고 하여 天을 주재자로 보고 있다. 이 견해를 반드시 따르지 않더라도 참고할 만한 주석이다.

大知[1]는 閑閑[2]하고 小知[3]는 閒閒[4]하며 大言[5]은 炎炎[6]하고 小言[7]은 詹詹[8]이로다 其寐也엔 魂交[9]하고 其覺也엔 形開[10]하여서 與接爲構[11]하야 日以心鬪[12]하나니라 縵[13]者와 窖[14]者와 密[15]者라 小恐惴惴[16]오 大恐縵縵[17]하야 其發이 若機栝[18]은 其司是非之謂[19]也요 其留[20]如詛盟[21]은 其守勝之謂也[22]요 其殺 若秋冬[23]은 以言其日消也요 其溺之所爲之[24]는 不可使復之也[25]오 其厭[26]也如緘[27]은 以言其老洫[28]也니 近死之心[29]이라 莫使復陽也[30]니라 喜怒哀樂과 慮嘆變慹[31]과 姚佚啓態[32]에 樂出虛이며 蒸成菌[33]이로다 日夜에 相代乎前[34]호대 而莫知其所萌[35]하나니 已乎[36] 已乎어다 旦暮에 得此하니 其所由以生乎[37]인저

大知는 한가하고 너그럽지만 小知는 사소한 일이나 또박또박 따지며, 大言은 담담하여 是非에 구애받지 않지만 小言은 수다스럽기만 하다. <세속적인 인간은> 잠들어서도 꿈을 꾸어 마음이 쉴 사이가 없고, 깨어나서는 신체가 外界의 욕망을 받아들여 사물과 접촉해서 분쟁을 일으켜 날마다 마음 속에서 싸운다. <이같은 자기 주장의 阿鼻叫喚과 자기상실의 신음 소리는> 어떤 경우는 너그럽게 마음 쓰고, 어떤 경우는 심각하게 마음 쓰며, 어떤 경우는 세밀하게 마음을 써서 <결국은> 깜짝깜짝 놀라는 작은 두려움이 아니면 생기 잃은 큰 두려움이 되고 만다. 활틀에 건 화살과 같이 <모질게> 튕겨나가는 것은 是非를 따져대는 것을 말함이고, 盟誓한 사람처럼 마음이 움직이지 않는 것은 자기의 승리를 지켜나가려는 <끈덕진> 고집을 말함이고, 가을과 겨울에 낙엽 떨어지듯 衰退해 가는 것은 날로 消滅해 감을 말함이니 이처럼 세속에 빠져버린 행위는 돌이키게 할 수 없다. 마음을 封緘한 것처럼 덮어버리는 것은 늙어서 욕심이 넘침을 말함이니 죽음에 가까이 간 마음인지라 다시 살아나게 할 수가 없다. 喜·怒·哀·樂과

慮・嘆・變・慹과 姚・佚・啓・態하는 마음의 작용은 음악 소리가 피리구멍[虛]에서 나오고 수증기가 버섯을 성장시키는 것과 같다. <이런 감정의 변화가> 밤낮으로 서로 교대하며 앞에 나타나는데도 그 감정이 일어나는 근거[萌]를 알지 못하니 그만둘지어다. 그만둘지어다. 아침 저녁으로 이것을 얻으니, <이처럼 저절로 생기는 것이> 감정의 변화가 말미암아 생기는 원인일 것이다.

【역주】

1) 大知 : 큰 지혜. 大智와 같다. ≪釋文≫에서 知는 智로 읽어야 한다고 했다.

2) 閑閑 : 너그럽고 여유 있음. 成玄英은 寬裕로 풀이했고 ≪釋文≫에서 簡文帝는 '廣博之貌'라 했다. 그러나 赤塚忠의 경우, 이 篇에는 人知를 긍정적으로 파악하는 내용이 전혀 없다는 점을 들어 大知는 小知와 상대가 되는 개념으로 날마다 마음 속에서 싸우는[日以心鬭] 一端(宋 呂惠卿, 王雱說)에 지나지 않는 것으로 본다. 따라서 大知를 '심하게 악독한 지혜'로 해석하고 閑閑도 悍悍의 假借字로 보아 사납다는 뜻[悍悍]으로 이해해야 한다고 주장했다. 따라서 赤塚忠의 주장을 기준으로 해석하면 '大知閑閑 小知閒閒'을 "인간의 악독한 지혜는 사납고, 잔 지혜는 남의 틈이나 엿본다[覸覸]."로 번역하여 '대지'와 '소지'를 모두 부정적인 의미로 이해해야 할 뿐만 아니라 바로 뒤의 '大言炎炎 小言詹詹'도 같은 맥락으로 이해해야 한다. 하지만 <齊物論>편에서는 '大道不稱 大辯不言 大仁不仁' 등 大가 긍정적인 의미로 쓰인 경우가 많기 때문에 赤塚忠의 주장을 전면적으로 인정하기는 어렵다. 한편 朴世堂은 '閑은 관대하고 여유있는 모양[閑 寬暇之貌]'이라고 풀이했는데, 성현영, 간문제의 견해와 유사하다.

3) 小知 : 작은 지혜. 세속적인 지혜. 小智와 같다.

4) 閒閒(간) : 엿보고 살핌. 閒은 間, 覗(사), 覸(간), 瞯과 통한다. 모두 엿본다는 뜻. 成玄英은 시비를 分別하는 태도로 풀이했다. 朴世堂은 '분석하는 모양[分析之貌]'으로 풀이했다.

5) 大言 : 큰 말. 훌륭한 말.

6) 炎炎(담담) : 담담함. 담백하여 시비에 구애되지 않는다는 뜻. ≪釋文≫에서 李頤는 淡淡으로 풀이했다. 또 簡文帝는 '아름답고 성대한 모양[美盛貌]'으로 풀이했고 成玄英은 猛烈로 풀었으나 취하지 않는다. 朴世堂 또한 성현영과 마찬가지로 '크게 타오르는 모양[熾大之貌]'으로 풀이했다.

7) 小言 : 작은 말. 하찮은 말.

8) 詹詹(첨) : 쓸데없이 수다스러움. 成玄英은 '쓸데없이 말이 많은 태도[詞費]'로 풀이했고,

≪釋文≫에서 李頤는 '자잘하게 따지는 모양[小辯之貌]'으로 풀이했다. 한편 朴世堂은 '말이 재빠른 모양[捷給之貌]'으로 풀이했다.

9) 其寐也魂交 : 잠들면 꿈을 꾸어 마음이 쉴 새가 없음. 魂交는 정신이 교차하는 모습으로 꿈을 꾼다는 뜻이지만 마음이 어지럽기 때문에 꿈을 꾼다는 의미에서 꿈을 부정적으로 파악하고 있다. 司馬彪는 魂交를 '정신이 뒤섞이는 모습[精神交錯]'으로 풀이했다. 이와 유사한 '其寢不夢 其覺無憂'라는 말이 <大宗師>편, <刻意>편 등에 보인다.

10) 其覺(교)也形開 : 잠에서 깨어나면 신체가 욕망의 문을 열고 外物을 받아들임. 形은 形體, 곧 身體이다. 司馬彪는 開를 "눈이 열리고 뜻이 생긴다[目開意悟]."는 뜻으로 보았다. 覺는 깨달을 각, 꿈깰 교, 여기서는 '교'로 발음.

11) 與接爲構 : 외물과 접촉하여 분쟁(감정)을 일으킴. 與接은 與物接의 생략. 司馬彪는 "기쁨과 사랑 등의 감정이 형성된다[構結驩愛]."는 뜻으로 풀이했다.

12) 日以心鬪 : 날마다 마음 속에서 싸움. 以는 위치를 나타내는 조사로 쓰였다. 福永光司는 ≪莊子≫의 이와 같은 묘사를 두고 "장자는 인간정신의 소란스러움과 알력의 소리, 자기주장의 아비규환과 자기상실의 신음소리를 묘사하면서 그 叫喚과 呻吟의 소리를 또한 그대로 하늘의 퉁소소리 즉 '天籟'로서 들을 것을 말한다."라고 하였다.

13) 縵(만) : 마음을 넓게 쓰는 모양. 簡文帝는 寬心으로 풀이했다.

14) 窖(교) : 깊이 생각하는 모양. 成玄英은 "땅에 구덩이를 파고 곡식을 저장하는 것[穴地藏穀]으로 깊이 감춘다."는 뜻이라고 했고, 簡文帝는 '마음을 깊이 쓰는 것[深心]'이라고 했다.

15) 密 : 세밀하게 마음을 쓰는 모양.

16) 惴惴(췌) : 깜짝깜짝 작게 놀라는 모습. 成玄英은 怵惕으로 풀이하였다.

17) 縵縵(만) : 멍하게 생기 잃은 모습. 成玄英은 '근심스런 모습[沮喪]'으로 풀이하였다. 李頤는 '生과 死가 나란한 모습[齊死生貌]'으로 풀이했다.

18) 其發若機栝(괄) : 그 움직임이 마치 쇠뇌의 오늬처럼 빠름. 機栝은 쇠뇌의 오늬(화살의 머리를 활시위에 끼도록 에어 낸 부분)로 여기서는 모질게 튀어나가는 모습을 나타낸다.

19) 司是非之謂 : 시비를 판단함을 일컬음. 위의 '其發若機栝'과 연결하여 시비를 따지는 것이 쇠뇌의 오늬처럼 모질다는 뜻이다. 司는 담당한다는 뜻인데 여기서는 시비의 판단을 담당한다는 뜻으로 쓰였다.

20) 留 : 까닥하지 않음. 마음이 전연 동요하지 않는 모양. 끈덕진 고집을 뜻한다.

21) 詛(저)盟 : 맹세한 것처럼 함. 오로지 남을 이기는 데 집착하는 태도를 비유함. 詛와 盟은

같은 뜻.

22) 其守勝之謂也 : 자신의 승리를 지켜 끝까지 떠나지 않음을 일컬음.

23) 其殺(쇄)若秋冬 : 가을과 겨울에 초목이 시드는 것과 같음. 殺는 衰와 같다.

24) 其溺之所爲之 : 빠져 버린 행위가 이룬 결과. 溺은 절대적이고 항구적인 道의 세계를 망각하고 상대적이고 일시적인 세속적 가치에 빠져 버린 것을 의미한다.

25) 不可使復之也 : <세속에 빠져 버린 자의 마음은> 다시 회복하게 할 수 없음.

26) 厭(엽) : 덮어버림. 욕망에 빠짐. 욕망에 집착하는 태도를 표현한 것이다.

27) 緘(함) : 봉함함. 봉함한 것처럼 견고하다는 뜻.

28) 老洫(혁) : 늙어서 욕심이 넘침. 늙을 수록 욕심이 더 심해진다는 뜻. ≪釋文≫에 洫은 溢(일)과 같다고 했다.

29) 近死之心 : 죽음에 가까운 마음. 近死는 近於死의 줄임.

30) 莫使復陽也 : <그런 사람의 마음은> 다시 살아나게 할 수 없음. 成玄英은 陽은 生의 뜻이라고 했다.

31) 慮嘆變慹(접) : 억측, 탄식, 변심, 집착의 네 가지 태도. 成玄英은 "慮는 미래에 대한 억측, 嘆은 과거에 대한 탄식, 變은 옛 일에 대해 마음을 바꾸는 변심, 慹은 욕망에 굴복 당해서 벗어나지 못하는 모습이다[慮則抑度未來 嘆則咨嗟已往 變則改易舊事 慹則屈服不伸]."로 풀이했다. 音은 접. 집으로 발음할 때는 두려워한다는 뜻이고, 움직이지 않는 모양[不動貌]의 뜻일 때에는 접으로 발음한다.

32) 姚(조)佚啓態 : 경망스러운 행동, 사치스럽고 방종한 행동, 욕심을 부리는 행위, 교태를 부리며 야하게 용모를 꾸미는 행위. 成玄英은 '姚則輕浮躁動 佚則奢華縱放 啓則開張情慾 態則嬌淫妖冶'로 풀이했다. 姚는 경솔하다는 뜻으로 읽을 때에는 音 조.

33) 樂出虛 蒸成菌 : 음악이 빈 공간에서 나오고 습기가 버섯을 자라게 함. 피리 따위의 빈 구멍에서 음악 소리가 나오고 눈에 보이지 않는 습기가 버섯을 자라게 하는 것처럼 인간의 욕망이나 감정 변화도 구체적인 근거를 찾을 수 없다는 뜻. 蒸은 水蒸氣.

34) 日夜相代乎前 : 밤낮으로 이런 감정의 변화가 끊임없이 앞에 나타남.

35) 萌 : 싹트는 곳. 곧 온갖 감정의 변화가 싹트는 원인을 뜻한다.

36) 已乎 : 그만둘지어다. 止의 뜻(成玄英). 궁극의 原因을 알지 못하는 데 대한 탄식.

37) 旦暮得此 其所由以生乎 : 아침 저녁으로 이것을 얻으니(저절로 생겨나니) <이것이> 바로 말미암아 생기는 원인일 것이다. 어떤 원인이 있어 사람의 여러 가지 감정 변화를 일으키

는 것이 아니라 일상적으로 이런 감정이 자연스럽게 발생한다는 뜻. 崔大華의 ≪莊子岐解≫에는 '此'를 郭象은 '그 저절로 生함을 말함[言其自生]'이라 하였고, 林希逸은 '조물자를 말함[此者造物也]'이라고 했음을 잘 대비 설명하고 있다.

非彼면 無我[1)]오 非我면 無所取[2)]니 是亦近矣나 而不知其所爲使[3)]하며 若有眞宰[4)]나 而特不得其眹[5)]하며 可行을 已信이나 而不見其形[6)]이니 有情이로대 而無形[7)]이로다 百骸와 九竅와 六藏[8)]을 賅而存焉[9)]호니 吾는 誰與爲親[10)]고 汝는 皆說之乎[11)]아 其有私焉[12)]가 如是[13)]인댄 皆有爲臣妾乎[14)]아 其臣妾은 不足以相治乎[15)]아 其遞相爲君臣乎[16)]아 其有眞君存焉[17)]가 如求得其情與不得[18)]에 無益損乎其眞[19)]이니라

저것이 아니면 나라는 주체를 확인할 수 없고, 내가 아니면 喜怒哀樂의 감정이 나타날 수 있는 주체가 없어진다. 이같은 견해는 진실에 가깝지만 그렇게 하도록 시키는 것이 무엇인지 알지 못한다. 참다운 主宰者가 있는 것 같지만 그 조짐을 알 수 없으며, 작용으로서의 존재 가능성은 아주 분명하지만 그 形體는 볼 수 없으니 작용의 진실성[情]은 있으나 그 구체적 증거[形]는 없다. <인간의 몸에도> 1백 개의 뼈마디와 아홉 개의 구멍과 여섯 개의 臟腑를 갖추고 있는데 나는 그중 어느 것과 가장 가까운가. 그대(子遊)는 그것들 모두를 사랑할 것인가. <아니면> 그중 어느 하나만을 사사로이 사랑할 것인가. 이와 같다면(만약 신체의 어느 하나가 전체의 지배자가 될 수 없다면) 그것들 모두를 臣妾으로 삼을 것인가? 신첩은 서로 다스리기에는 부족한가? 차례대로 돌아가면서 서로 군주가 되고 신첩이 될 수도 있는가? 아니면 어디엔가 참다운 지배자[眞君]가 존재하는 것인가? 그 실상[情]을 알든 모르든 간에 그것은 참다운 진실[眞]에 아무런 영향도 미치지 못한다.

【역주】

1) 非彼無我 : 저것이 아니면 나라는 주체를 확인할 수 없음. 彼는 喜怒哀樂의 감정을 지칭한다.

2) 非我無所取 : 喜怒哀樂의 감정이 깃들 수 있는 주체가 사라진다는 뜻.

3) 不知其所爲使 : 그렇게 하도록 시키는 주재자가 무엇인지 알지 못함. 저절로 그러해서 그러할 따름[自然而然耳]이기에 그렇게 시켜서[使] 하는[爲] 바[所]를 알지 못한다는 뜻.

4) 眞宰 : 참다운 주재자. 결국 아래 글의 道를 말하는 것이지만 여기서는 도를 직접 말하지

않고 그것을 추구하는 과정만 드러낸 것이다.

5) 特不得其眹(짐) : 다만 그 조짐(구체적인 모습)을 알 수 없음. 眹(눈동자 진)은 朕(짐)의 假借字. 林希逸의 현토본에는 朕으로 표기되어 있다. 그래서 여기서는 眹을 '짐'으로 읽기로 한다.

6) 可行已信而不見其形 : 그것이 작용할 가능성은 매우 분명하지만 구체적인 형체는 볼 수 없음. 可行은 조물자의 작용[行]이 있을 가능성. 즉 참다운 주재자가 여러 가지 변화를 일으키는 것은 분명하지만 참다운 주재자를 직접 볼 수는 없다는 뜻으로도 볼 수 있어 異說이 많은 부분이다.

7) 有情而無形 : 情은 있지만 形은 없음. 곧 작용 그 자체의 사실은 나타나지만 그런 사실이 있게 한 道의 구체적인 모습은 나타나지 않는다는 뜻.

8) 百骸九竅六藏 : 백 개의 골절, 아홉 개의 구멍, 여섯 개의 장기.

9) 賅而存焉 : 인간의 몸에 갖추어져 있음. 焉은 於此의 줄임말로 여기서 此는 인간의 신체를 지칭한다.

10) 吾誰與爲親 : 내가 그 중에서 무엇을 가장 가까이할 것인가?

11) 皆說(열)之乎 : 모두 좋아할 것인가. 百骸, 九竅, 六藏을 모두 좋아할 것이냐는 뜻. 說은 悅로 읽어야 한다(≪釋文≫).

12) 其有私焉 : 아니면 그 중에서 한 가지만 좋아할 것인가? 여기서 其는 抑과 같은 뜻으로 말머리를 돌리는 구실을 한다.

13) 如是 : 이와 같이 한다면. 곧 그들 모두를 사랑한다면.

14) 皆有爲臣妾乎 : 모두 臣妾이 되게 할 것인가? 신첩은 주재자 아닌 피지배자의 뜻.

15) 其臣妾 不足以相治乎 : 신첩끼리는 서로 다스릴 수 없는 것인가. 지배자 없는 데서 신첩(피지배자)만으로는 서로 다스릴 수 없는 것인가라는 뜻.

16) 其遞相爲君臣乎 : 서로 돌아가면서 군신이 되게 할 것인가. 지배, 피지배의 관계가 고정적으로 성립될 수 없다면 차례대로 돌아가면서 君主와 臣下가 될 것이냐는 뜻.

17) 其有眞君存焉 : 참다운 존재[眞君]가 있는 것인가. 이 글은 긍정문으로 읽는 독법 등 異說이 많다. 韓元震은 眞君을 心君, 곧 마음으로 풀이했다.

18) 如求得其情與不得 : 그 실상을 알든 모르든 간에. 情은 진군의 존재를 나타내는 구체적인 실상을 뜻한다. 得其情與不得은 得其情與不得其情의 줄임.

19) 無益損乎其眞 : 참다운 존재를 보태거나 덜어낼 수 없음. 곧 참다운 존재의 실상을 인식하

거나 못하거나 참다운 진실 자체에는 아무런 영향을 끼치지 못한다는 뜻. 福永光司는 "요컨대 인간이 정신과 육체를 營爲하는 배후에는 그 영위를 지배하는 절대자가 존재하는 것 같으나, 그 절대자는 '有情而無形'한 작용 그 자체, 變化 그 자체이며 이른바 眞宰란 自然(天)이라고 하는 것에 불과하다. 자연 그대로가 바로 眞宰요, 변화의 흐름 그 자체가 바로 道이다."라고 하여 郭象의 흐름을 따르고 있는데, 이에 대해서는 異說이 많다. 韓元震은 "백 개의 골절과 아홉 개의 구멍이 모두 바라는 것이 있지만 바라는 것을 얻든 얻지 못하든 모두 마음의 참다움을 덜어내거나 보탤 수 없다[百骸九竅 各有所求 而得與不得 俱無損益於心君之眞也]."고 풀이했다.

一受其成形[1]하면 不忘以待盡[2]이어늘 與物로 相刃相靡[3]하야 其行盡이 如馳[4]하야 而莫之能止하나니 不亦悲乎아 終身役役[5]호대 而不見其成功하며 苶然疲役[6]호대 而不知其所歸[7]하나니 可不哀邪아 人謂之不死인들 奚益[8]이리오 其形이 化어든 其心이 與之然[9]하니 可不謂大哀乎아 人之生也 固若是芒乎[10]아 其我獨芒이오 而人은 亦有不芒者乎아

<사람은> 한번 <百骸·九竅·六藏을 갖춘> 몸[成形]을 받으면 곧장 죽지는 않더라도 소진되기를 기다리는 것인데 공연히 사물과 더불어 서로 다투어서 소진시키는 것이 말달리는 것과 같아서 멈추게 하지 못하니 또한 슬프지 아니한가? 一生을 악착같이 수고하면서도 그 成功은 기약하지 못하고 고달프게 고생하면서도 돌아가 쉴 곳(죽음)을 알지 못하니 또한 애처롭지 아니한가. 어떤 사람은 사람은 죽지 않는다고 말하지만 그렇다고 무슨 도움이 되겠는가. 그 육체가 죽어서 다른 事物로 변하면 그 마음도 육체와 더불어 그렇게 될 것이니 큰 슬픔이라 말하지 않을 수 있겠는가. 人生이란 참으로 이처럼 어두운 것인가. 아니면 나만 홀로 어둡고 남들은 어둡지 않은 사람이 있는 것인가.

【역주】

1) 成形 : 이루어진 형체. 곧 사람이 태어날 때 부여받은 본래의 신체를 의미한다.

2) 不忘以待盡 : 곧장 죽지는 않더라도 다하기를 기다림. 당장 죽지는 않지만 언젠가는 신체의 기능이 소진되어 죽는다는 뜻. 忘은 亡과 통하며 化의 뜻과 같다. <田子方>편에 공자와 안회의 대화 중에 '吾一受其成形 而不化以待盡 效物而動 日夜無隙 而不知其所終' 하는 유사한

내용이 나온다.

3) 與物相刃相靡 : 외부의 사물과 서로 거슬리고 갉아먹는 부정적인 관계를 맺음. 외부의 욕망을 따라간다는 뜻.

4) 行盡如馳 : 消盡시킴이 말달리는 것과 같음. 자신이 타고난 신체의 기능을 맹렬히 소진시킨다는 뜻.

5) 終身役役 : 종신토록 수고함. 役役은 고생하는 모습.

6) 苶(날)然疲役 : 고달프게 수고하고 애씀. 苶은 고달픈 모양.

7) 不知其所歸 : 돌아가 쉴 곳을 알지 못함. 곧 결국은 죽게 된다는 사실을 알지 못하고 공연히 고생한다는 뜻.

8) 人謂之不死奚益 : 어떤 사람은 사람이 죽지 않는 방법이 있다고 말하지만 그런 말이 무슨 도움이 되겠는가. 곧 生과 死가 다를 것이 없음을 말함이다. 不死는 不死之方으로 보는 것이 타당하다. 郭象은 "실제로 죽음과 다를 것이 없다[實如死同]."고 풀었다.

9) 其形化 其心與之然 : 형체가 변화하면 그 마음도 그와 함께 변화함. 육신이 죽으면 정신도 그와 함께 소멸된다는 뜻. 化는 변해서 다른 사물이 된다는 뜻으로 死滅과 같은 뜻이다.

10) 若是芒乎 : 이처럼 미혹된 것인가. 芒은 몽매함. 成玄英은 闇昧로 풀었다. 朴世堂은 '芒은 멍하니 무지한 모양[芒 昏然無知之貌]'이라고 풀이했다.

夫隨其成心하야 而師之[1)]면 誰獨且無師乎[2)]리오 奚必知代하야 而心自取者야 有之[3)]리오 愚者도 與有焉[4)]하니라 未成乎心이오 而有是非[5)]면 是는 今日適越而昔至也[6)]로다 是以無有로 爲有[7)]니 無有로 爲有[8)]면 雖有神禹라도 且不能知[9)]온 吾獨且奈何哉[10)]리오

成心을 따라 그것을 스승으로 삼으면 누군들 유독 스승이 없겠는가. 어찌 반드시 生成變化의 理法(代)을 알아서 마음에 스스로 깨닫는 자라야만 이것이 있을 수 있겠는가. 어리석은 사람도 함께 이것[成心]을 가지고 있다. 만약 마음에 아직 成心이 생기지 않았는데 是非를 따진다면 이는 '오늘 越나라에 갔는데 어제 도착했다.'고 말하는 것과 같다. 이것은 없는 것을 있다고 하는 것이다. 만약 없는 것을 있다고 한다면, 비록 神妙한 지혜를 발휘했던 禹임금이라도 알 수 없을 것이니, 난들 유독 이를 어찌할 것인가.

【역주】

1) 隨其成心而師之 : 成心을 따라서 그것을 스승으로 삼음. 郭象은 "마음이 충분히 일신의 작용을 제어할 수 있는 것을 成心이라고 하니 사람들이 각자 자신의 成心을 스승으로 삼으면 모든 사람에게 스승이 있게 된다[夫心之足以制一身之用者 謂之成心 人自師其成心 則人各自有師矣]."고 풀이하여 성심을 긍정적인 의미로 파악했으며 朴世堂도 "성심은 하늘의 정해진 이치가 나에게 부여된 것이다[成心 天有定理 所賦於我者也]."라고 풀이했다. 인간 본유의 마음을 성심으로 파악하는 주석은 이밖에도 많다(福永光司, 森三樹三郎 등). 그러나 성심을 부정적인 관념으로 보고 "한쪽의 편견을 고집하는 것을 성심이라 한다[執一家之偏見者 謂之成心]."고 본 주석도 있다(成玄英). 安東林, 오강남, 金谷治, 赤塚忠도 마찬가지인데, 成心을 부정적으로 보는 어느 주석에서는 ≪老子≫ 49장의 '聖人無常心'의 常心과 같은 것으로 보기도 한다. 여기서는 下文의 '未成乎心'과 대비하여 긍정적으로 보는 견해를 따랐다.
2) 誰獨且無師乎 : 누군들 유독 스승이 없겠는가. 곧 모든 사람이 성심을 지니고 있기 때문에 그것을 따라 시비를 판단할 것이라는 뜻.
3) 奚必知代 而心自取者有之 : 어찌 꼭 生成變化의 理法을 알아서 마음에 스스로 깨닫는자라야만 이것이 있을 수 있겠는가. 代는 交代로 변화를 뜻한다. 林希逸은 心自取者를 '마음 속에 소견이 있는 것[心有所見]'으로 풀었다.
4) 愚者與有焉 : 어리석은 자도 함께 가지고 있음. 곧 어리석은 사람들도 똑같이 성심을 가지고 있음을 말한다.
5) 未成乎心而有是非 : 有는 是非를 따진다는 뜻.
6) 今日適越而昔至也 : 오늘 越나라에 갔는데 어제 도착함. <天下>편에 惠施의 주장으로 나오는 명제로 언어는 성립하지만 실제로는 있을 수 없는 궤변을 말한다. 昔은 昨日(陸德明).
7) 以無有爲有 : 無有를 有라고 함. 곧 있을 수 없는 일을 있다고 주장하는 억지 논리를 말한다.
8) 無有爲有 : 앞의 '以無有爲有'와 같다.
9) 神禹且不能知 : 신묘한 지혜를 발휘했던 禹임금조차도 알 수 없음. 且는 조차도.
10) 吾獨且奈何哉 : 난들 유독 이를 어찌할 것인가. 世人의 迷惑과 錯亂의 모습을 거듭 개탄하는 南郭子綦(莊子)의 말이다.

夫言은 非吹也[1]니 言者有言[2]이나 其所言者 特未定也[3]인댄 果有言邪아 其未嘗

有言邪[4]아 其以爲異於鷇音[5]이나 亦有辯乎아 其無辯乎[6]아 道는 惡乎隱이완대 而有眞僞[7]며 言은 惡乎隱이완대 而有是非[8]오 道는 惡乎往而不存[9]이며 言은 惡乎에 存而不可[10]리오 道隱於小成[11]하고 言隱於榮華[12]라 故有儒墨之是非[13]하야 以是其所非而非其所是[14]하나니 欲是其所非오 而非其所是인댄 則莫若以明[15]이니라

사람의 말은 바람 소리가 아니다. 말에는 말하고자 하는 의미가 있기 때문이다. 그러나 말하고자 하는 의미를 유독 확정할 수 없다면 과연 말이 있는 것인가. 아니면 일찍이 말이 있지 않은 것인가. <사람의 말은> 막 태어난 새끼 병아리의 <무의미한> 울음소리와 다르다고 하지만 그 또한 구별이 있는 것인가, 아니면 구별이 없는 것인가. 참된 道는 어디에 숨었기에 이처럼 眞과 僞가 있게 되었으며 참된 말은 어디에 숨었기에 이처럼 是와 非로 갈리게 되었는가. 참된 道는 어디에 간들 있지 않을 것이며, 참된 말은 어디에 있은들 옳지 않겠는가. 道는 작은 성취 때문에 숨어버렸고, 참된 말은 화려한 꾸밈 때문에 숨어버렸다. 그 때문에 儒와 墨의 是非가 생겨나게 되어 相對學派가 그르다고 하는 것을 옳은 것이라고 주장하고, 상대학파가 옳다고 하는 것을 그른 것이라고 주장한다. 상대가 그르다고 하는 것을 옳은 것이라 하고 상대가 옳다고 하는 것을 그른 것이라고 주장하려면 明晳한 認識(明)을 통해서 판단하는 것이 최상의 방법이다.

【역주】

1) 夫言非吹也 : 말은 바람 소리가 아님. 말에는 말하고자 하는 뜻이 있기 때문에 무의미한 바람 소리와는 다르다는 뜻.

2) 言者有言 : 말에는 말하고자 하는 의미가 있음. 有言은 有所言之志의 줄임.

3) 其所言者 特未定也 : 말하고자 하는 의미를 유독 확정할 수 없음. 곧 의미가 옳은지 그른지를 따지는 기준이 사람마다 달라서 시비를 확정할 수 없다는 뜻.

4) 果有言邪 其未嘗有言邪: 과연 말이 있는 것인가. 아니면 일찍이 말이 있지 않은 것인가. 두 命題를 의문형의 문장으로 병렬하여 後者 즉 말이 없는 것이라는 쪽을 긍정하는 文法이다. 아래의 '亦有辯乎 其無辯乎'도 마찬가지.

5) 其以爲異於鷇(구)音 : 그것은 새끼 병아리의 울음소리와는 다르다고 여겨짐. 곧 인간의 말은 무의미한 새소리와는 다르다고 여겨짐.

6) 亦有辯乎 其無辯乎 : 구분이 있는 것인가. 아니면 구분이 없는 것인가. 사람의 말이나 새끼

병아리의 울음소리나 차이점이 없다는 뜻. 辯은 辨과 같다(假借字).

7) 道惡乎隱而有眞僞 : 참된 도는 어디에 숨었기에 이처럼 眞과 僞가 있게 되었는가.

8) 言惡乎隱而有是非 : 참된 말은 어디에 숨었기에 是非가 있게 되었는가.

9) 道惡乎往而不存 : 참된 道는 어디에 간들 있지 않겠는가.

10) 言惡乎存而不可 : 참된 말은 어디에 있은들 옳지 않겠는가.

11) 道隱於小成 : 도는 작은 성취 때문에 숨음. 여기서 작은 성취란 價値的偏見을 말한다.

12) 言隱於榮華 : 말은 꾸밈 때문에 숨음. 榮華는 겉모습만 화려하게 꾸며서 본래의 뜻을 가려 버리는 문화적 僞善을 의미한다.

13) 故有儒墨之是非 : 儒家와 墨家의 시비가 있게 됨. 유가와 묵가가 서로 상대방이 그르고 자신이 옳다고 시비를 따지게 되었다는 뜻.

14) 以是其所非而非其所是 : 그들이 그르다고 하는 것을 옳다 하고, 그들이 옳다고 하는 것을 그르다 함. 其所非는 상대학파가 그르다고 하는 것을 말함이고 其所是는 상대학파가 옳다고 주장하는 것을 지칭한다.

15) 莫若以明 : 明晳한 認識(明)으로 판단하는 것보다 나은 방법이 없음. 韓元震은 莫若以明 한 구절은 이 편의 관건이 되는 말이라고 지적하고, "도를 마땅히 밝혀야 함을 말한 것이다[言道之當明]."로 풀이했고, 朴世堂은 "천리의 밝음으로 비추어 보는 것보다 나은 것이 없다[莫若照之以天理之明]."는 뜻으로 풀이했다. 下文의 '此之謂以明'에 대한 註를 참조할 것.

物無非彼며 物無非是[1)]어늘 自彼則不見[2)]하고 自知則知之[3)]하나니 故曰 彼出於是며 是亦因彼[4)]라하노라 彼是 方生之說也[5)]라 雖然이나 方生이면 方死요 方死면 方生[6)]하며 方可면 方不可요 方不可면 方可[7)]라 因是因非하며 因非因是[8)]니 是以로 聖人不由[9)]하고 而照之於天하나니 亦因是也[10)]니라 是亦彼也며 彼亦是也[11)]니 彼亦一是非며 此亦一是非[12)]니 果且有彼是乎哉아 果且無彼是乎哉[13)]아

모든 존재[物]는 저것[彼] 아닌 것이 없으며 모든 존재는 이것[是] 아닌 것이 없다. 彼의 입장에서는 <彼가> 보이지 않고 스스로를 알려고 하면 그것(상대의 입장에서 보면 자신이 彼라는 사실)을 알 수 있다. 그래서 '彼는 是에서 나오고 是는 또한 彼에 말미암는다.'고 말한다. <이것이> 彼와 是가 상호 간에 성립한다는 주장이다. 비록 그렇지만 나란히 生하고 나란히 死하고

나란히 死하고 나란히 生하고, 나란히 可하고 나란히 不可하며 나란히 不可하고 나란히 可하여 是에 말미암고 非에 말미암으며 非에 말미암고 是에 말미암는다는 주장(彼是의 상대성에 대한 지적)으로 끝나고 만다. 그래서 聖人은 <惠施의 彼是方生의 說을> 따르지 않고 <시비에 대한 판단을> 자연[天]에 비추어 본다. 이것이 또한 <상대적인 是가 아닌 절대적인> 是에 말미암는 것이다. <이처럼 是와 非의 區分이 無化된 상태에서는> 是 또한 彼가 될 수 있으며 彼 또한 是가 될 수 있으므로 彼도 또한 是非가 하나로 <無化>된 것이며 此도 또한 是非가 하나로 <無化>된 것이다. 그렇다면 과연 彼와 是의 구분이 있는 것인가. 과연 彼와 是의 구별이 없는 것인가.

【역주】

1) 物無非彼 物無非是 : 모든 사물은 저것[彼] 아닌 것이 없고 또 이것[是] 아닌 것이 없음. 지금 나를 이것[是]이라 부르고 그를 저것[彼]이라 할 때, 그를 彼라 부르는 나도 그의 입장에서 보면 하나의 그[彼]이므로 모든 존재는 이것[是]이기도 하고 저것[彼]이기도 하다. 그래서 사물(존재)은 저것 아닌 것이 없고 이것 아닌 것이 없다. 결국 모든 존재는 저것인 동시에 이것이다. 곧 모든 존재는 자신의 입장에서 보면 이것이고 상대의 입장에서 보면 저것으로 지칭할 수 있기 때문에 彼此(彼是)의 구분은 절대적인 기준이 될 수 없다는 뜻.

2) 自彼則不見 : 彼의 입장에서 보면 彼가 보이지 않음. 곧 자신을 스스로 대상화하지 않는 한 상대의 입장에서 볼 때 자신이 彼가 된다는 사실을 인식하지 못한다는 뜻.

3) 自知則知之 : 스스로 알게 되면 그것을 알게 됨. 곧 자신을 대상화함으로써 스스로 彼가 된다는 사실을 알 수 있다는 뜻.

4) 彼出於是 是亦因彼 : 彼는 是에서 나오고 是 또한 彼에 따름. 彼와 是가 상호의존적으로 존재할 수밖에 없으므로 구분은 상대적인 것임을 밝힌 명제.

5) 彼是方生之說也 : 彼와 是가 상호 간에 성립한다는 주장. 論理學者 惠施의 주장으로 彼와 是가 절대적인 것이 아니라, 보는 기준에 따라 때로 彼가 是로 되기도 하고 是가 彼로 되기도 하므로 彼와 是는 相卽的이며 相互規定的으로 성립하는 相對的 槪念이라는 주장이다.

6) 方生方死 方死方生 : 나란히 생기고 나란히 소멸되며, 나란히 소멸되고 나란히 생김. 是가 생기는 순간에 彼가 생기고 彼가 생기는 순간에 是가 생기므로 두 개념은 동시에 성립한다는 뜻.

7) 方可方不可 方不可方可 : 나란히 옳고 나란히 옳지 않으며 나란히 옳지 않고 나란히 옳음. 위의 '方生方死 方死方生'과 같은 내용.

8) 因是因非 因非因是 : 是에 따르고 非에 따르며, 非에 따르고 是에 따름. 상호의존적으로 是

非가 생긴다는 뜻. 하지만 뒤의 '聖人不由'와 연결시켜 이 문장의 맥락을 따져보면 惠施의 이와 같은 명제[彼是方生之說]를 전면적으로 인정한 것이라기보다는 상대성에 대한 지적만으로 그쳤기 때문에 진리로 삼기에는 부족하다는 뜻으로 보아야 한다. 莊子가 주장하는 萬物一體는 是와 非를 둘 다 잊은 忘言忘知의 경지에서 道와 노니는 것[遊]을 말하는데 비해 惠施는 어디까지나 言知를 사용하는 論理的 分析에 시종하고 마는데 이 점에 대해서는 <天下>편에 보이는 惠施의 '歷物十事'이하의 문장도 참조할 것.

9) 聖人不由 : 성인은 말미암지 않음. 성인은 惠施의 '彼是方生之說'을 따르지 않는다는 뜻.

10) 照之於天 亦因是也 : 하늘에 비추어 보니 이 또한 是에 말미암는 것이다. 곧 자연의 도에 비추어 시비를 판단하므로 이 또한 절대의 是에 말미암는 것이라는 뜻. 그러므로 因是는 상대적인 是를 초월하여 절대의 是에 말미암는다는 뜻으로 자연 그대로 맡긴다는 의미이다. 成玄英은 天을 自然으로[天 自然也] 풀이했다.

11) 是亦彼也 彼亦是也 : 是 또한 彼가 될 수 있으며 彼 또한 是가 될 수 있음. 곧 是와 非의 區分이 無化된 상태에서는 시와 비의 구분이 무의미하다는 뜻. 郭象은 이 부분을 "나 또한 상대의 입장에서 보면 彼가 되고 상대 또한 스스로를 是라고 여긴다[我亦爲彼所彼 彼亦自以爲是]."고 풀이했다. 成玄英은 한 걸음 더 나아가 "나는 스스로 옳다고 여기지만 또한 상대가 그르다고 여기는 입장이 되며, 나는 상대를 그르다고 여기지만 상대 또한 스스로 옳다고 여긴다[我自以爲是 亦爲彼之所非 我以彼爲非 而彼亦以自爲是也]."고 하여 피차의 구분이 절대적이지 못할 뿐만 아니라 시비를 판단하는 기준도 절대적일 수 없다는 의미로 풀이했다.

12) 彼亦一是非 此亦一是非 : 彼도 또한 是非가 하나로 <無化>된 것이며 是도 또한 是非가 하나로 <無化>된 것임. 一是非를 "시비를 하나로 여겨 구분을 두지 않는다."는 뜻으로 보면 이 해석이 타당하다. 특히 바로 뒤의 '彼是莫得其偶 謂之道樞'를 연결하여 맥락을 따져보면 이 해석을 받아들일 만하다. 그러나 이 부분에 대해서는 異說이 분분하다. 이를테면 郭象은 "此 또한 스스로가 옳고 상대가 그르다고 여기고, 彼 또한 스스로가 옳고 此가 그르다고 여기기 때문에 此와 彼는 각각 자기 속에 是非의 판단 기준을 가지고 있다[此亦自是而非彼 彼亦自是而非此 此與彼各有一是一非於體中也]."고 풀이했다. 이 의견을 따르면 상대 또한 시비의 판단 기준을 지니고 있고 나 또한 시비의 판단 기준을 지니고 있다는 뜻으로 보아야 한다.

13) 果且有彼是乎哉 果且無彼是乎哉 : 과연 彼와 是가 있는가. 과연 彼와 是가 없는가. 彼와

是의 有無를 확정할 수 없기 때문에 彼와 是가 있다고 할 수 없다는 뜻. 앞 문단의 '果有言邪 其未嘗有言邪'의 譯註 참조.

彼是莫得其偶를 謂之道樞[1)]라하노니 樞始得其環中이면 以應無窮[2)]하리니 是亦一無窮이며 非亦一無窮也[3)]니라 故曰莫若以明이라하노라 以指로 喩指之非指론 不若以非指로 喩指之非指也[4)]니라 以馬로 喩馬之非馬론 不若以非馬로 喩馬之非馬也[5)]니라 天地一指也며 萬物一馬也[6)]어늘 可乎可하고 不可乎不可[7)]라하니라

彼와 是가 상대를 얻지 못하는 것을 '道의 지도리[道樞]'라고 한다. 지도리가 비로소 고리 가운데의 효용을 얻게 되면 무궁한 변화에 대응할 것이다. <이렇게 되면> 是도 또한 하나의 無窮이고 非도 또한 하나의 무궁이다. 그래서 明晳한 認識(明)으로 판단하는 것이 최상이라고 말한 것이다.

손가락을 가지고 손가락이 손가락 아님을 밝히는 것은 손가락 아닌 것을 가지고 손가락이 손가락 아님을 밝히는 것만 못하고, 말[馬]을 가지고 말이 말 아님을 밝히는 것은 말이 아닌 것을 가지고 말이 말 아님을 밝히는 것만 못하다. 天地도 한 개의 손가락이고, 萬物도 한 마리의 말이다. <그런데 세속의 사람들은> 나에게 可한 것을 可하다고 하고, 나에게 不可한 것을 不可라 고집한다.

【역주】

1) 彼是莫得其偶 謂之道樞 : 彼와 是가 상대를 얻지 못하는 것을 道樞라 함. 곧 도의 입장에서 보면 彼와 是라는 대립이 무화되어 일체의 차별상을 있는 그대로 인정하고 포용할 수 있다는 뜻. 道樞를 '차별상을 안고 초월한 實在의 眞相'이라고 풀이하는 주석도 있다(福永光司).

2) 樞始得其環中 以應無窮 : 지도리가 비로소 環中을 얻게 되면 무궁한 변화에 대응할 수 있음. 지도리는 문을 여닫는 중심 軸이다. 環中은 지도리의 빈 구멍. 곧 지도리가 고리의 구멍을 얻게 되면 絶對的인 '一'의 경지가 되어 무궁하게 千變萬化하는 현상계에 自由自在로 대응할 수 있다는 뜻. ≪老子≫ 11장의 "삼십 개의 바퀴살이 하나의 轂(곡:바퀴통)을 함께 한다. 바퀴통의 아무것도 없는 빈 공간 때문에 수레의 쓰임이 있게 된다[三十輻共一轂 當其無有車之用]."는 말과 유사한 비유이다.

3) 是亦一無窮 非亦一無窮也 : 是도 또한 하나의 無窮이고 非도 또한 하나의 무궁임. 곧 是와

非가 모두 무궁한 千變萬化를 하나로 包越한 것이라는 뜻.

4) 以指喩指之非指 不若以非指 喩指之非指也 : 손가락을 가지고 손가락이 손가락 아님을 밝히는 것은 손가락 아닌 것을 가지고 손가락이 손가락 아님을 밝히는 것만 못함. 指는 手指 곧 손가락이다(成玄英). 萬物齊同의 입장에서는 손가락은 손가락이면서 손가락 아닌 것이기도 하다. 그 때문에 公孫龍의 '親指非指論'처럼 손가락을 가지고 손가락이 손가락 아님을 밝히는 것은 손가락 아닌 것을 가지고 손가락이 손가락 아님을 밝히는 것만 못하다는 뜻이다.

5) 以馬喩馬之非馬 不若以非馬 喩馬之非馬也 : 公孫龍의 '白馬非馬論'처럼 말을 가지고 말이 말 아님을 밝히는 것은 말이 아닌 것을 가지고 말이 말 아님을 밝히는 것만 못함.

6) 天地一指也 萬物一馬也 : 萬物齊同의 경지에서 바라보면 天地도 한 개의 손가락과 같고, 萬物도 한 마리의 말과 같다는 뜻.

7) 可乎可 不可乎不可 : 나에게 可한 것을 可하다고 하고, 나에게 不可한 것을 不可하다 함. 세속의 사람들은 본래 하나인 만물을 可와 不可로 나누어 습관적인 사고와 주관적인 편견에 따라 可와 不可를 판단한다는 뜻. 劉文典과 池田知久는 이 텍스트와는 달리 '可乎可 不可乎不可'를 삭제하고 다음 節의 '不然於不然'과 '物固有所然'의 사이에 '惡乎可 可乎可 惡乎不可 不可乎不可'를 삽입하고 있으나 여기서는 일반적인 판본을 따른다.

道는 行之而成[1]이오 物은 謂之而然[2]이니 惡乎然[3]고 然於然[4]이니라 惡乎不然고 不然於不然[5]이니라 物固有所然하며 物固有所可[6]하니 無物不然하며 無物不可[7]하니라

길은 사람이 걸어다녀서 만들어지고 物은 사람들이 불러서 그렇게 이름 붙여지게 된 것이다. 무엇을 근거로 그렇다고 하는가. <습관과 편견이> 그렇다고 하는 데서 그렇다고 하는 것이며, 무엇을 근거로 그렇지 않다고 하는가. <습관과 편견이> 그렇지 않다고 하는 데서 그렇지 않다고 하는 것이다. <그러나 萬物齊同의 커다란 肯定의 세계에서는> 모든 物은 진실로 그러한 바가 있으며 모든 物은 可한 바가 있으니 어떤 物이든 그렇지 않는 바가 없으며 어떤 物이든 可하지 않는 바가 없다.

【역주】

1) 道行之而成 : 길은 사람이 걸어다녀서 저절로 이루어짐. 곧 반드시 특정한 곳에 길이 생길 필연적인 이유가 있어서 길이 생기게 된 것이 아니라 사람들이 걸어다니다 보니 길이 생기

게 되었다는 뜻.

2) 物謂之而然 : 사물의 명칭은 사람들이 그렇게 불러서 그렇게 붙여짐. 길이 사람들의 습관에 의해서 생기는 것과 마찬가지로 사물의 이름도 그런 식으로 인간의 가치적 편견에 의해서 만들어진 것이라는 뜻.

3) 惡乎然 : 어째서 그렇다고 하는가. 곧 무엇을 근거로 그렇다고 하느냐는 뜻.

4) 然於然 : 그렇다고 하는 데서 그렇다고 하는 것이다. 그렇다고 해야 할 필연적인 이유가 있어서 그렇다고 하는 것이 아니라 습관과 편견이 그렇다고 하기 때문에 그것을 기준으로 그렇다고 판단한다는 뜻.

5) 惡乎不然 不然於不然 : 역주 3) 4) 참조.

6) 物固有所然 物固有所可 : 모든 사물은 본래 그러한 바를 지니고 있고 모든 사물은 본래 可한 바를 지니고 있음. 곧 어떤 사물이든 모두 然과 可의 대상이 될 수 있으므로 습관과 편견을 기준으로 然과 可를 판단하는 것은 옳지 않다는 뜻이다. 이 '物固有所然' 이하 아래의 '無物不可'까지는 萬物齊同의 입장에서 보는 견해이다. 만물제동의 경지, 다시 말하여 天地가 一指이고 萬物이 一馬인 '一'의 세계에서는 可도 없고 不可도 없고 然도 없고 不然도 없으므로, 모든 사물이 然과 可로 肯定될 뿐만 아니라 可와 然을 否定하는 不可와 不然도 無不可 無不然으로 再否定되어 커다란 肯定의 세계로 들어온다는 福永光司의 설명을 참고할 것.

7) 無物不然 無物不可 : 어떤 사물도 그렇지 않은 것이 없으며 어떤 사물도 불가한 것이 없음. 위의 '物固有所然 物固有所可'와 같은 의미.

故로 爲是[1)]하야 擧莛與楹과 厲與西施[2)]와 恢恑憰怪[3)]에 道通爲一[4)]하니라 其分也成也[5)]요 其成也毁也[6)]라 凡物이 無成與毁[7)]히 復通爲一[8)]이니라 唯達者[9)]야 知通爲一[10)]하야 爲是不用하고 而寓諸庸[11)]하나니 庸也者는 用也[12)]요 用也者는 通也[13)]요 通也者는 得也[14)]니 適得而幾矣[15)]니라 因是已[16)]니 已而오 不知其然을 謂之道[17)]라하나니라

그 때문에 이를 위해서 풀줄기[弱]와 큰기둥[强], 문둥이[醜]와 西施[美]를 들어서 세상의 온갖 이상한 것들에 이르기까지 道는 通해서 하나가 되게 한다. 하나인 道가 分裂하면 상대세계의 事物이 成立되고, 상대세계의 사물이 成立되면 그것은 또 파괴된다. 따라서 모든 사물은 성

립과 파괴를 막론하고 <道에 의해> 다시 통해서 하나가 된다. 오직 통달한 사람이라야만 通해서 하나가 됨을 안다. 이 때문에 <인간 세계의 습관이나 偏見을> 쓰지 않고, 庸(常住不變의 自然)에 맡긴다. 庸이란 作用이고, 작용이란 通함이고 통함은 自得함이니 자득의 경지에 나아가게 되면 道에 가깝다. 絶對의 是에 말미암을 따름이니 그렇게 할 뿐이고 그러한 까닭을 알지 못하는 것을 道라고 한다.

【역주】

1) 爲是 : 이를 위해서. 곧 萬物齊同의 커다란 肯定을 위해서.

2) 擧莛與楹 厲與西施 : 풀줄기와 큰기둥, 문둥이와 西施를 예든 것임. 곧 弱한 것과 强한 것, 醜한 것과 아름다운 것을 예로 든다는 뜻. 莛은 풀줄기. 成玄英 등은 司馬彪의 주석을 따라 莛을 屋梁(대들보)이라고 했는데 대들보는 가로로 받쳐져 있고 기둥[楹]은 세로로 세워져 있다는 데서 대조적인 두 사물의 일례로 들었다는 의미로 보았지만, ≪說文≫에서 莛을 莖(풀줄기)으로 풀이한 것을 볼 때 司馬彪의 주장은 莊子의 본의가 아닌 듯하다(兪樾). 朴世堂 또한 '莛은 풀줄기[莛 草莖也]'라고 풀이했다. 厲(라)는 司馬彪에 따르면 나병환자 곧 문둥이[病癩]이다. 音은 라(나).

3) 恢恑憰怪 : 엄청나게 큰 것, 법도에 어긋난 것, 속임수, 괴이한 것. 모두 정상에서 벗어난 것들을 의미한다. 成玄英은 "恢는 寬大한 것을 일컬음이고 恑는 奇變을 일컬음이고 憰은 속이는 마음이고 怪는 妖異한 사물이다[恢者寬大之名 恑者奇變之稱 憰者矯詐之心 怪者妖異之物]."라고 했다.

4) 道通爲一 : 道는 통해서 하나가 되게 함. 곧 도의 입장에서 보면 위의 莛, 楹, 厲, 西施, 恢, 恑, 憰, 怪 등의 차별상을 모두 포용하여 동일한 가치를 지닌 것으로 여긴다는 뜻. 곧 道 앞에서는 모든 차별적인 것이 하나가 된다는 뜻.

5) 其分也成也 : 하나인 道가 분열하면 상대세계의 사물이 성립되는 것임. 이것은 "하나의 사물이 나누어지는 것은 또 다른 사물이 성립되는 것임. 곧 하나의 사물이 해체되어 소멸되는 현상은 새로 생성되는 다른 사물의 입장에서 볼 때는 생성되는 현상이라는 뜻."으로도 볼 수 있으나 여기서는 앞의 해석을 취한다.

6) 其成也毁也 : 상대세계의 사물이 성립되면 성립된 그것은 곧 파괴된다는 뜻.

7) 凡物無成與毁 : 모든 사물은 성립이니 파괴니 할 것 없이, 성립과 파괴를 막론하고의 뜻. 이것은 "모든 사물은 성립과 파괴가 없음. 위의 논리에 따라 모든 사물은 성립과 파괴가 동

시에 일어나므로 본질적인 의미의 성립과 파괴는 없다는 뜻"으로 볼 수도 있으나 앞의 해석을 취한다. 따라서 현토본에 '凡物無成與毁하니'로 현토한 것을 '凡物無成與毁히'로 고쳤다.

8) 復通爲一 : 다시 통하여 하나가 됨. 通은 合과 같은 뜻.

9) 達者 : 통달한 사람. 도를 터득한 사람을 지칭한다.

10) 知通爲一 : 모든 사물이 통하여 하나가 됨을 아는 것.

11) 爲是不用而寓諸庸 : 이 때문에 쓰지 않고 庸에 맡김. 도를 터득한 사람은 자신의 주관적 편견에 따라 사물을 판단하지 않고 자연의 도에 맡긴다는 뜻. 朴世堂은 "庸은 두루 통하여 막히지 않음이니 항구적으로 유지할 수 있는 도이다[庸者 周通不滯 可常之道也]."라고 풀이했는데 ≪中庸≫의 庸을 平常으로 풀이한 朱熹의 견해를 따른 듯하다. 번역문에서는 '常住不變의 自然'이라고 하였다.

12) 庸也者用也 : 庸이란 作用한다는 뜻임. 용을 작용의 뜻으로 풀이한 내용.

13) 用也者通也 : 작용이란 通한다는 뜻임. 작용을 통한다는 뜻으로 풀이한 내용.

14) 通也者得也 : 통한다는 것은 스스로 터득한다는 뜻임. 곧 주관적인 편견을 쓰지 않고 저절로 마음 속에 이해되는 것이 통의 뜻임을 밝힌 표현이다.

15) 適得而幾矣 : 得에 나아가면 가까워짐. 自得하는 경지에 나아가면 道에 가까워진다는 뜻. 幾는 幾於道의 줄임. 而는 '곧'이라는 의미의 助字.

16) 因是已 : 絶對의 是를 따름. 是는 곧 道로 因是는 위의 '不用而寓諸庸'하는 태도를 지칭한다.

17) 已而不知其然 謂之道 : 그렇게만 할 뿐이고 그렇게 하는 까닭을 알지 못하는 것을 도라고 일컬음. 已는 그뿐이라는 뜻.

勞神明[1)]하야 爲一하고 而不知其同也를 謂之朝三[2)]이니 何謂朝三고 曰 狙公[3)]이 賦芧[4)]할새 曰 朝三而暮四[5)]라한대 衆狙皆怒어늘 曰 然則朝四而暮三이라한대 衆狙皆悅하니 名實이 未虧어늘 而喜怒爲用[6)]하니 亦因是也[7)]라 是以로 聖人은 和之以是非하야 而休乎天鈞[8)]하나니 是之謂兩行[9)]이니라

神明을 괴롭혀서 억지로 一이 되려고만 하고 그것이 본래 같음을 알지 못하는 것을 朝三이라 한다. 무엇을 朝三이라 하는가. 狙公이 도토리를 원숭이들에게 나누어 주면서,

"아침에 세 개 저녁에 네 개 주겠다."

고 하자 원숭이들이 모두 성을 냈다. 그래서 다시,

"그렇다면 아침에 네 개 저녁에 세 개 주겠다."

고 하자 원숭이들이 모두 기뻐하였다고 한다. 하루에 일곱 개라는 名과 實이 아무런 변화가 없는데도 기뻐하고 노여워하는 마음이 작용하였으니 <이런 잘못을 저지르지 않으려면> 또한 절대의 是를 따라야 할 것이다. 이 때문에 聖人은 是非를 조화해서 天鈞에서 편안히 쉰다. 이것을 일컬어 兩行이라 한다.

【역주】

1) 勞神明 : 신명을 수고롭게 함. 곧 공연히 정신을 피곤하게 한다는 뜻.

2) 爲一而不知其同也 謂之朝三 : 무리하게 萬物齊同의 '一'이 되려고만 하고 그것이 본래 같은 것임을 알지 못하는 것을 朝三이라고 한다. 萬物齊同의 이치를 알지 못하고 그것을 無爲自然이 아닌 人爲的인 행동으로 무리하게 하는 부질없는 행위를 朝三으로 비유하였다.

3) 狙公 : 원숭이를 기르는 사람. 成玄英은 狙를 獼猴라 했고 ≪釋文≫에서 崔譔은 '원숭이를 기르는 사람[養猨狙者也]'이라고 했다. 반면 李頤는 ≪釋文≫에서 '늙은 원숭이[老狙]'라고 했지만 ≪列子≫의 기록에 비추어 볼 때 적절치 않다.

4) 賦芧(서) : 도토리를 나누어 줌. 成玄英은 司馬彪의 말을 따라 芧를 橡子(상수리 나무의 열매, 도토리)라 했다.

5) 朝三而暮四 : 아침에 세 개를 주고 저녁에 네 개를 줌. 朝三暮四의 故事는 ≪列子≫에도 보인다. 흔히 간사하고 얕은 꾀로 속이는 행위를 지칭하지만 여기서는 도리어 그런 꾀에 속는 어리석은 무리를 비유하고 있다. 司馬彪는 三과 四를 각각 세 되와 네 되[朝三升 暮四升也]로 보아 아침에 도토리를 세 되 주고 저녁에 네 되 준다고 풀이했다. 韓元震은 朝三暮四는 "시비의 실제 내용은 본래 같은데 시비의 쓰임은 다를 때가 있음을 말한 것이다[朝三暮四以喩是非之實本同 而是非之用有異也]."라고 풀이했다.

6) 名實未虧而喜怒爲用 : 名과 實에 아무런 변화가 없는데 기뻐하고 노여워하는 마음이 작용함. 곧 하루에 일곱 개라는 名과 實이 아무런 변화가 없는데도 공연히 눈앞의 이익에 눈이 어두워 기뻐하고 노여워한다는 뜻.

7) 亦因是也 : 또한 눈 앞의 이익에 얽매이지 않고 절대의 是, 道를 따라야 함. 곧 원숭이들처럼 어리석지 않으려면 절대의 是를 따라야 한다는 뜻. 福永光司가 이와같은 해석을 하고 있음을 따른 것이다. 그러나 郭象과 成玄英을 비롯한 많은 주석가들은 狙公 또한 "원숭이들이 옳다고 생각하는 것을 따른 것이다[此亦同其所好 自以爲是]."라고 하여 '是'를 절대의 是가

아닌 是非상대의 是로 보았다. 이에 따르면 '亦因是也'는 "기뻐하고 노여워하는 마음이 작용하였으니 이는 또한 상대적 是非의 是를 따랐기 때문이다."라고 보아야 한다.

8) 和之以是非 休乎天鈞 : 시비를 조화시켜서 天鈞에 편안히 쉼. 곧 시비를 따져서 대상을 차별하지 않고 저절로 균등해지는 천균의 세계인 자연에 맡긴다는 뜻. 成玄英은 天鈞을 '저절로 균등해지는 이치[自然均平之理也]'로 풀었다. 鈞은 均과 같다.

9) 兩行 : 두 가지가 다 시행됨. 자신의 주관적인 판단에 의지하여 시비를 나누지 않고 천하의 시비를 따르기 때문에 是와 非가 모두 인정된다는 뜻. 모순과 대립이 동시에 함께 존재함으로써 오히려 모순이 없는 경지를 비유한 것이다. 곽상은 "천하의 시비에 맡긴다[任天下之是非]."는 뜻으로 풀었고 成玄英은 "시비를 떠나지 않으면서 시비를 없앨 수 있기 때문에 두 가지가 다 시행된다고 말한 것이다[不離是非而得無是非 故謂之兩行]."로 풀었다.

古之人[1]은 其知[2]有所至矣[3]로다 惡乎至[4]오 有以爲未始有物[5]者 至矣盡矣라 不可以加矣[6]로다 其次는 以爲有物矣오 而未始有封也[7]라하며 其次는 以爲有封焉이오 而未始有是非也[8]라하나니 是非之彰也 道之所以虧也[9]요 道之所以虧 愛之所以成[10]이니 果且有成與虧乎哉아 果且無成與虧乎哉[11]아

옛사람들은 그 지혜가 지극한 곳까지 이르렀다. 어디에까지 이르렀는가. 처음에 사물이 아직 없다고 생각한 사람이 있었으니 지극하고 극진하여 이보다 더 나을 수 없다. 그 다음은 사물이 있기는 하지만 아직 구별은 없다고 생각했으며, 그 다음은 사물과 사물의 구별은 있지만 아직 是와 非는 없다고 생각했다고 한다. 시비가 나타나는 것은 도가 무너지는 까닭이고 道가 무너지는 것은 사사로운 사랑이 생성되는 까닭이다. 그렇다면 과연 성립과 파탄이 있는 것인가. 아니면 성립과 파탄이 없는 것인가.

【역주】

1) 古之人 : 옛사람. 道를 깨우친 사람. 林希逸은 "옛사람은 옛날 道를 알았던 사람이다[古之人者 言古之知道者]."라고 했다.

2) 其知 : 그 지혜. 知는 智와 같다.

3) 有所至矣 : 지극한 바가 있음. 곧 지극한 경지에 나아감. 成玄英은 至를 "지극한 곳에 나아감을 일컬은 것이다[造極之名]."라고 했다.

4) 惡乎至 : 어느 곳에 이르렀는가. 惡(오)는 何와 같으며 여기서는 何處의 뜻.
5) 以爲未始有物 : 아직 사물이 있지 아니하다고 생각함. 곧 구체적인 사물이 아직 없다고 생각함. 일체의 존재를 인식하지 않는 道人의 경지를 비유함.
6) 至矣盡矣 不可以加矣 : 지극하고 극진하여 더할 나위가 없음. 加는 加於此의 줄임.
7) 以爲有物矣而未始有封也 : 사물은 있지만 아직 구별이 있지 않다고 생각함. 사물의 존재는 인식하였지만 일체의 구분과 경계를 초월한 경지를 비유. 封은 원래 토지와 토지의 경계를 뜻하는데 여기서는 사물과 사물의 경계를 의미한다. 앞의 '古之人'부터 '其次以爲有物矣'까지는 <庚桑楚>편에도 보인다.
8) 以爲有封焉而未始有是非也 : 사물과 사물의 구별은 있지만 아직 시비는 있지 않다고 생각함. 사물을 是와 非로 나누어 차별적으로 인식하지 않는 價値判斷이 없는 경지를 비유.
9) 是非之彰也 道之所以虧也 : 시비가 드러나는 것은 도가 무너지는 까닭임. 곧 是非의 가치판단이 加해지자 道가 분열・파탄되어 道의 生命이 끊어지게 되었다는 뜻으로 萬物齊同의 입장을 버리고 시비를 따지기 시작하면 도에서 점점 멀어진다는 의미이다. 이상은 愛憎好惡와 같은 인간의 妄執이 생겨나는 과정을 4단계로 나누어 설명한 것이다(福永光司). 4단계란 ① 未始有物 ② 未始有封 ③ 未始有始非 ④ 道虧愛成의 네 단계를 말함이다.
10) 道之所以虧 愛之所以成 : 도가 무너지는 것은 인간의 私愛가 성립되는 까닭임. 만물제동의 입장을 버리면 사사로이 만물을 차별적으로 사랑하는 인간의 愛憎好惡의 妄執이 생김을 비유.
11) 果且有成與虧乎哉 果且無成與虧乎哉 : 道에는 과연 성립과 파탄이 있는 것인가. 아니면 성립과 파탄이 없는 것인가. 道의 입장에서 바라보면 성립과 파탄이 없다는 뜻.

有成與虧는 故昭氏之鼓琴也[1]요 無成與虧는 故昭氏之不鼓琴也[2]라 昭文之鼓琴也와 師曠之枝策也[3]와 惠子之據梧也[4]에 三子之知幾乎[5]라 皆其盛者也[6]니라 故로 載之末年[7]하니라

성립[成]과 파탄[虧]이 있는 것은 저 昭氏가 거문고를 연주하는 것과 같고 성립과 파탄이 없는 것은 저 昭氏가 거문고를 연주하지 않는 것과 같다. 昭文이 거문고를 연주하고, 師曠이 琴柱를 조절하여 조율하고, 惠施가 오동나무 책상에 기대어 변론함에 그들 세 선생의 才知는 거의 완성의 지경에 가까웠는지라 모두 자기 분야의 완성자였다. 그래서 후세에 그 이름이 실

려 있다.

【역주】

1) 有成與虧 故昭氏之鼓琴也 : 성립과 파탄이 있는 것은 昭氏가 거문고를 연주하는 것과 같음. 곧 昭氏가 거문고를 연주하여 한 곡을 이루는 것[成]은 무한한 다른 곡들을 잃게 되는 것[虧]과 같다는 뜻. 여기서 성립은 인간의 愛憎好惡의 妄執이 생긴다는 뜻이고 虧는 道의 破綻을 의미한다. 곧 成은 앞구절의 '愛之所以成'과 같고 虧는 '道之所以虧'에 해당한다. 赤塚忠은 故를 夫로 보아 어조사로 처리했으며, 王引之는 則으로 보았고, 章炳麟은 ≪墨子≫의 <天志>편에 근거하여 此와 같다고 보았고, 故를 古로 보는 견해도 있다. 여기서는 赤塚忠의 입장을 따라 故昭氏를 '저 昭氏'로 번역하였다. 번역에 '저'를 삭제하여도 무방하다. 昭氏는 아래의 昭文이다. 成玄英은 "姓은 昭이고 이름이 文이며 옛날 거문고를 잘 연주했던 사람이다[姓昭名文 古之善鼓琴者也]."라고 기록하고 있다.

2) 無成與虧 故昭氏之不鼓琴也 : 성립과 파탄이 없는 것은 소씨가 거문고를 연주하지 않는 것과 같다. 昭氏가 거문고를 연주하지 않으면 그로 인해 소리 없는 소리[無聲之聲]를 들을 수 있기 때문에 모든 곡들을 다 들을 수 있다는 역설적인 표현.

3) 師曠之枝策也 : 師曠이 거문고를 조율함. 枝策에 대해서는 기둥[策]을 세워[枝] 연주한다는 뜻(馬敍倫), 지팡이를 세우고 그 지팡이에 기대어 假寐한다는 뜻(郭象), 지팡이를 들고 박자를 맞추었다는 뜻(崔譔), 악기를 치는 물건[策]을 가지고[枝] 연주한다는 뜻(林希逸) 등 諸說이 분분하지만 여기서는 成玄英이 "소문은 거문고를 잘 연주하고, 사광은 음율을 잘 알았으며, 혜시는 명리를 논하기를 좋아했다[昭文善能鼓琴 師曠妙知音律 惠施好談名理]."는 주석을 따랐다. 사광은 晉 平公 때의 太師이다(成玄英).

4) 惠子之據梧也 : 惠施가 오동나무로 만든 안석에 기대어 변론함. 司馬彪는 梧를 거문고라 했지만, 成玄英은 惠施가 거문고를 연주했다는 기록이 없음을 들어 "據梧라고 함은 오동나무로 만든 안석에 기대어 변론한 것이니 <남곽자기의> 隱几와 같다[言據梧者 只是以梧几而據之談說 猶隱几者也]."로 풀이했는데 이를 따랐다.

5) 三子之知幾乎 : 세 사람의 才知는 거의 완성의 경지에 가까움.

6) 皆其盛者也 : 모두 자기 분야의 완성자임. 盛은 成의 假借字이다(馬敍倫).

7) 載之末年 : 후세에 그 이름이 실려 있음. 崔譔은 載之末年을 "지금까지 그것이 기록되어 있다[書之於今]."고 하여 載를 記載되어 있다는 뜻으로, 末年을 後世로 풀이했다.

唯其好之也[1]에 以異於彼[2]라 其好之也에 欲以明之[3]하니 彼非所明而明之[4]라 故로 以堅白之昧로 終[5]하여늘 而其子도 又以文之綸으로 終하야 終身無成[6]하니 若是而可謂成乎인댄 雖我라도 亦成也[7]요 若是而不可謂成乎인댄 物與我無成也[8]라 是故로 滑疑之耀[9]는 聖人之所圖也[10]라 爲是不用하고 而寓諸庸[11]하나니 此之謂以明[12]이니라

그러나 그들이 그것을 좋아한 것은 저 道의 경지와는 다른 것이었다. 그들은 그것을 좋아함으로써 道의 경지를 밝히고자 하였다. 道는 밝힐 수 있는 것이 아닌데 밝히려 하였다. 그 때문에 <惠施는> 堅白論 같은 詭辯을 일삼는 愚昧함으로 몸을 마쳤는데, <昭文은> 그 아들 또한 아버지 昭文의 거문고 연주 기술만으로 그쳐 종신토록 道를 이룸이 없었다. 이와 같이 하고서 道를 이루었다고 말할 수 있다면 비록 우리 凡人들 또한 도를 이루었다고 할 수 있을 것이다. 이와 같이 하고서 도를 이루었다고 말할 수 없다면 저들 세 사람[物]과 우리 범인들 모두 道를 이룸이 없는 것이다. 그 때문에 희미한 가운데 감추어져 있는 그윽한 빛은 聖人이 추구하는 것이다. 이 때문에 성인은 자신의 사사로운 지혜를 쓰지 않고 불변의 自然에 맡긴다. 이것을 일컬어 '明晳한 지혜로 밝힌다'고 하는 것이다.

【역주】

1) 唯其好之也 : 그들이 그것을 좋아함. 昭文, 師曠, 惠施가 각각 연주, 조율, 변론을 좋아함을 지칭한다.

2) 以異於彼 : 저것[道]과는 달리함. 곧 道의 경지와는 달랐다는 뜻. 彼에 대해서는 諸說이 분분하다. 郭象은 衆人으로 보아 세 사람이 "스스로 보통사람과는 다르다고 생각했다[自以殊於衆人]."는 뜻으로 풀었고, 林希逸도 "스스로 천하의 사람들과는 다르다고 생각했다[自以爲異於天下之人]."고 풀었으나 부적당하다. 여기서는 赤塚忠과 池田知久의 견해를 따랐다.

3) 欲以明之 : 그것을 밝혀 내고자 함. 곧 도를 밝히려 했다는 뜻. 之는 道를 지칭한다.

4) 彼非所明而明之 : 그것은 밝힐 수 있는 것이 아닌데도 밝히려 함. 곧 道는 세 사람이 가지고 있었던 기술로 밝힐 수 있는 것이 아닌데도 그들이 억지로 밝히려 했다는 뜻. 彼는 道를 지칭한다. 成玄英은 彼를 衆人으로 보고 밝히고자 한 것은 道術이라고 보아 "세 사람의 道術은 衆人들이 알 수 있는 것이 아닌데 세 사람이 억지로 밝히려 했다."는 뜻으로 풀이했다.

5) 以堅白之昧終 : 堅白論 같은 어리석은 견해로 일생을 마침. 곧 惠施의 경우는 "단단하고 흰

돌[堅白石]은 하나가 아니고 둘이다."라고 詭辯을 일삼는 愚昧함으로 몸을 마쳤다는 뜻.

6) 其子又以文之綸終 終身無成 : 그 자식도 또 昭文의 기술로 그쳐 종신토록 이룸이 없었음. 郭象은 綸을 綸緖로 보아 "昭文의 자식도 소문이 남긴 기술[緖]를 따라 생을 마쳤지만 끝내 이루지 못했다."는 뜻으로 풀이했고 成玄英도 綸을 緖로 풀이했다. 그러나 兪樾은 高誘의 注를 인용하여 綸을 知, 明 등과 같다고 보고 바로 위의 구절 '堅白之昧 終'과 이 구절을 對句로 보아 以文之綸終을 "소문의 지혜로 끝나고 말았다[以文之明終]."는 뜻으로 풀이했다.

7) 若是而可謂成乎 雖我亦成也 : 이와 같이 하고서 道를 이루었다고 말할 수 있다면 비록 우리 凡人들 또한 道를 이루었다고 할 수 있을 것임. 郭象은 "세 사람처럼 하고서도 이루었다고 말할 수 있다면 비록 내가 이루지 못한 것도 또한 이루었다고 말할 수 있을 것이다[若三子而可謂成 則雖我之不成亦可謂成也]."라 하여 我를 '이루지 못한 나'로 풀었다. 成玄英은 我를 衆人이라고[我衆人也] 하여, "만약 세 사람처럼 중인들과 달리하여 마침내 스스로 이루었다고 생각한다면 중인들이 세 사람과 달리한 것 또한 이루었다고 말할 수 있을 것이다[若三子異於衆人 雖自以爲成 而衆人異於三子 亦可謂成也]."라고 풀이했다.

8) 物與我無成也 : 物과 나 모두 道를 이룸이 없음. 곧 저들 세 사람과 우리 범인들 모두 이룸이 없다는 뜻. 物은 昭文, 師曠, 惠施의 세 사람을 지칭하고 我는 衆人을 지칭한다.

9) 滑(골)疑之耀 : 희미한 가운데 감추어져 있는 그윽한 빛. 분명하게 판별하기 어려운[疑] 그윽한[滑] 빛을 말한다. 滑은 어지러이 질서 없는 혼돈을 의미하므로 희미하고 혼돈한 가운데 감춰진 그윽하고 어두운 밝음, 不明之明이다. 司馬彪는 滑疑를 亂으로 풀었지만 여기서의 亂은 어지럽다는 부정적인 의미가 아니라 인간의 작은 지혜로 밝힐 수 없는 혼돈의 상태를 표현한 것이므로 그윽한 빛이라는 긍정적인 표현으로 이해해야 한다.

10) 聖人之所圖也 : 성인이 추구한 것임. 圖는 도모함, 곧 求와 같은 뜻.

11) 爲是不用而寓諸庸 : 앞의 '故爲是 擧莛與楹' 구절의 역주 11)을 참조할 것.

12) 此之謂以明 : 이것을 일컬어 "明晳한 지혜로 밝힌다."고 함. "明晳한 지혜로 밝힌다[以明]."는 명제는 萬物齊同의 논리와 함께 <齊物論>편의 또 하나의 두드러진 특색이고 본질이다. 흔히 <齊物論>편에서는 앞부분의 天籟寓話에 나타난 萬物齊同을 <齊物論>편의 代表的 主題로 들고 그 이상을 보지 않는데 이는 잘못이다. 萬物齊同[一]을 깨닫는 思索의 길에 다가가는 明의 강조가 <제물론>편의 또 하나의 중요한 力說處이다(福永光司). 上文의 '莫若以明'의 注에 보이는 韓元震과 朴世堂의 설을 참조할 것.

今且有言於此[1)]하니 不知其與是로 類乎아 其與是로 不類乎[2)]아 類與不類로 相與爲類[3)]하면 則與彼로 無以異矣[4)]니라 雖然이나 請嘗言之[5)]호리라

지금 여기에 어떤 말이 있다. 그런데 이 말이 진리와 類似한지 진리와 유사하지 않은지 알지 못한다. 유사한 것과 유사하지 않은 것을 서로 유사한 것으로 간주하면 저것(비진리)과 다를 것이 없을 것이다. 비록 그렇지만 시험삼아 한 번 말해 보고자 한다.

【역주】

1) 今且有言於此 : 지금 우선 여기에 어떤 말이 있음. 지금 어떤 주장이 있다고 가정해 보자는 뜻. 결국 <제물론>편의 작자(莊子)가 萬物齊同의 절대의 一의 세계에는 是도 없고 非도 없다는 자신의 주장을 제시하면서 미리 정당성을 확정하게 되면, 자신의 논리에 어긋나는 모순을 범하게 되기 때문에 에둘러가는 표현이다. 今且는 今과 같이 말머리를 바꿀 때 상투적으로 넣는 표현이다.

2) 不知其與是類乎 其與是不類乎 : 이것과 유사한지, 이것과 유사하지 않은지 알지 못함. 是는 滑疑之耀, 곧 진리[道]를 지칭한다(池田知久). 이 是에 대하여도 세상의 是非의 是로 보는 견해 등 異說이 많다.

3) 類與不類 相與爲類 : 爲類는 同一한 범주로 分類한다는 뜻.

4) 與彼無以異矣 : 저것과 다르다 할 수 없음. 彼는 앞의 是와 상대되는 개념으로 非眞理를 지칭한다. 일단 자신이 생각하는 道를 언어로 표현하고 나면 시비를 일삼는 세속의 논의와 다를 것이 없다는 뜻으로 莊子 자신 또한 세속의 儒·墨의 학설 또는 앞의 세 사람처럼 도를 밝히는 데 실패할 수도 있음을 암시하는 표현이다. 곧 자신도 그들의 前轍을 밟지 않는다는 보장이 없음을 간접적으로 드러내는 표현이다. 이처럼 道를 언어로 표현하는 데 주저하는 태도는 ≪老子≫ 56장과 ≪莊子≫ <天道>편에 보이는 "지혜로운 사람은 말하지 않고 말하는 자는 지혜롭지 못하다[知者不言 言者不知]."고 표현한 것과 ≪莊子≫ <知北遊>편에 나오는 "최고의 말은 말을 배제하며 최고의 행위는 행위를 배제한다[至言去言 至爲去爲]."고 한 표현에도 나타난다. 또 <應帝王>편에서 王倪가 齧缺에게 네 번 질문받고 네 번 다 모른다고 대답한 것[齧缺問於王倪 四問而四不知]이나, <知北遊>편에서 狂屈이 知에게 "道가 무엇인지 말해주려다가 도중에 잊어버렸다[中欲言而忘其所欲言]."고 한 것도 모두 陶淵明이 <飮酒>에서 "말하려다가 이미 말을 잊었다[欲辯已忘言]."고 표현한 것처럼 道의 不可規定性을 나타낸 것이다.

5) 請嘗言之 : 시험삼아 말해 보고자 함. 嘗은 試와 같다(成玄英). 至言은 去言이라 하고 知者는 不言이라고 하는 莊子의 見地에서 자신의 認識論 省察에 많은 말이 동원된 것에 대한 양해의 말이 필요하였을 것이다. 이 '請嘗言之' 이외에도 비슷한 표현이 여러 차례 보인다. '嘗試言之'(<齊物論>편) '嘗試論之'(<駢拇>·<胠篋>편) '請嘗薦之'(<天地>편) '請嘗試言之'(<至樂>편) 등.

有始也者[1]하며 有未始有始也者[2]하며 有未始有夫未始有始也者[3]하며 有有也者[4]하며 有無也者[5]하며 有未始有無也者[6]하며 有未始有夫未始有無也者[7]하니 俄而오 有無矣[8]니 而未知케라 有無之果孰有孰無也[9]요 今我則已有謂矣[10]로니 而未知케라 吾所謂之其果有謂乎아 其果無謂乎[11]아 天下에 莫大於秋毫之末[12]이오 而大山爲小[13]며 莫壽乎殤子요 而彭祖爲夭[14]하니라 天地與我竝生하고 而萬物與我爲[15]一하니라

처음[始]이라는 말이 있으며, 처음에 '처음이라는 말'이 아직 있지 않았다[無始]는 말이 있으며, 처음에 '처음에 처음이라는 말이 아직 있지 않았다'는 말도 아직 있지 않았다[無無始]는 말이 있다. 有라는 말이 있으며, 無라는 말이 있으며, 처음에 '無라는 말'이 아직 있지 않았다는 말[無無]이 있으며, 처음에 '처음에 無라는 말이 아직 있지 않았다는 말'이 아직 있지 않았다는 말[無無無]이 있다. <이처럼 言語表現이 생기자> 이윽고 無가 있게 된 것이다. 그런데 아직 알지 못하겠다. 有와 無 중에서 과연 어느 것이 있고 어느 것이 없는 것인지를. 이제 내가 이미 말함이 있는데 아직 알지 못하겠다. 내가 말한 것이 과연 말함이 있는 것인가 아니면 과연 말함이 없는 것인가. 天下에는 가을털의 끝보다 큰 것이 없고 태산은 가장 작다. 일찍 죽은 아이보다 長壽한 사람이 없고 8백 년을 살았다고 하는 彭祖는 가장 일찍 죽은 것이다. <萬物齊同의 世界에서는> 天地도 나와 나란히 生하고 萬物도 나와 하나이다.

【역주】

1) 有始也者 : 처음이라는 말이 있음. 곧 처음이라는 개념이 있음. 也者는 '~라고 하는 것'. 곧 '~라는 말', 또는 개념을 설명하는 표현이다. 郭象은 "시작이 있으면 마침이 있다[有始則有終]."고 풀이하였는데 成玄英은 이 구절이 "가정해서 질문함으로써 지극한 道는 始도 없고 終도 없음을 밝힌 것이다[此假設疑問 以明至道無始無終]."라고 풀이하였다.

2) 有未始有始也者 : 처음이라는 말이 아직 있지 않음이 있음. 곧 아무리 처음이라고 규정해도 그 이전의 시간을 부정할 수 없기 때문에 논리적 부정개념으로 그 이전의 시기를 인정할 수밖에 없음을 뜻한다. 成玄英은 未始를 未曾으로 풀었다.

3) 有未始有夫未始有始也者 : 처음에 "처음에 처음이라는 말이 아직 있지 않았다."는 말도 아직 있지 않았음. 앞의 '未始有始'라는 말의 부정개념으로서 그것조차 아직 있지 않았던 시기가 있었음을 표현하고 있다. 위의 경우와 마찬가지로 아무리 최초의 상태를 가정한다 하더라도 논리적으로 그 이전의 시기를 인정할 수밖에 없기 때문에 다시 논리적 부정이 가능하다는 뜻. 始→無始→無無始로 이어지는 부정의 부정을 말하고 있다.

4) 有有也者 : 有也者의 也者는 '~라고 하는 것'으로 설명을 나타내는 표현.

5) 有無也者 : 無라는 말이 있음. 곧 그 무엇이 있다고 표현하는 것은 그 이전에 그 무엇이 없었던 때가 있음을 내포하고 있기 때문에 有의 부정으로서 無가 있다고 말할 수 있다는 뜻.

6) 有未始有無也者 : 처음에 '無라는 말'이 아직 있지 않았다는 말이 있음. 有에 대한 부정으로서의 無가 다시 논리적으로 부정될 수 있다는 뜻이다.

7) 有未始有夫未始有無也者 : 처음에 '처음에 無라는 말이 아직 있지 않았다는 말'이 아직 있지 않았다는 말[無無無]이 있음. 즉 앞의 '未始有無'에 대한 부정을 통해 그조차 없었던 때가 있다고 논리적으로 말할 수 있다는 뜻. 앞의 始→無始→無無始로 이어지는 경우와 마찬가지로 有→無→無無→無無無로 이어지는 부정의 부정이다.

8) 俄而有無矣 : 이윽고 無가 있게 됨. 俄는 이윽고, 얼마 있다가.

9) 未知有無之果孰有孰無也 : 아직 알지 못하겠다. 有와 無 중에서 과연 무엇이 있고 무엇이 없는지를. 孰有孰無는 무엇이 있고 무엇이 없는지의 뜻.

10) 今我則已有謂矣 : 지금 내가 이미 말함이 있음. 謂는 言과 같다(成玄英).

11) 未知吾所謂之其果有謂乎 其果無謂乎 : 아직 알지 못하겠다. 내가 말한 것이 과연 말함이 있는 것인가 아니면 과연 말함이 없는 것인가. 시험삼아 말해보긴 했지만 과연 道에 대해서 말한 것인지 아닌지 스스로도 알지 못하겠다고 한 발 물러서는 표현이다. 언어의 한계성을 지적하면서도 결국 언어에 의존할 수밖에 없는 아이러닉한 상황에서 말하지 않는 가르침[不言之敎]으로 다시 복귀하고자 하는 莊子의 言表. 成玄英은 "학자들이 문자에 얽매일까 염려했기 때문에 이런 말을 함으로써 장자가 다시 말이 없는 태도로 돌아간 것이다[莊生復無言 恐學者滯於文字 故致此辭]."라고 하였다.

12) 天下莫大於秋毫之末 : 天下에는 가을털의 끝보다 큰 것이 없음. 가을털은 흔히 가장 작은

사물의 비유로 쓰이지만 위의 始→無始→無無始로 이어지는 부정의 부정을 통해 그보다 작은 사물을 들 수 있고 또 그것보다 더 작은 사물을 드는 반복을 통해 보다 작은 사물을 무한히 들 수 있기 때문에 그런 것들과 비교하면 도리어 가장 큰 사물이 될 수 있다는 뜻.

13) 大(태)山爲小 : 태산은 가장 작음. 태산은 반대로 가장 큰 사물의 비유로 쓰이지만 가을털의 경우와 마찬가지로 그보다 더 큰 사물을 무한히 들 수 있기 때문에 그런 것들과 비교하면 도리어 가장 작은 사물이 될 수 있다는 뜻. 朴世堂은 "가을털의 작음으로 작은 먼지에 비교하면 큰 것이 되고, 태산의 큼으로 천지에 비교하면 작은 것이 된다[秋毫之小而比微塵則爲大 太山之大而比天地則爲小]."고 풀이했다.

14) 莫壽乎殤子 而彭祖爲夭 : 일찍 죽은 아이보다 長壽한 사람이 없고 8백 년을 살았다고 하는 彭祖는 가장 일찍 죽은 것임. 殤子는 未成年으로 일찍 죽은 아이를 말한다. 成玄英은 "태어나 강보에 싸인 채로 죽은 아이를 殤子라고 한다[人生在於襁褓而亡 謂之殤子]."고 했다.

15) 天地與我竝生 萬物與我爲一 : 天地도 나와 나란히 生하고 萬物도 나와 하나임. 萬物齊同의 세계에서는 天地와 萬物도 나와 一體라는 뜻. 王夫之는 이 부분의 글을 두고 "道의 입장에서 생각하면 상식 세계에서는 큰 것[大]과 긴 것[長]이 거꾸로 작은 것[小]과 짧은 것[短]이 되는 것처럼 道는 大小, 長短, 天人, 物我를 포함하여 一로 通하게 하고 있어 言表로 분석하는 것이 불가능함을 말한 것이다."라고 했다. 韓元震은 "이 구절은 張載의 <西銘>과 같은 뜻이다[天地與我竝生 萬物與我爲一 與張子西銘之意同]."라고 지적하고, 계속해서 "<西銘>은 理一에 근거해서 分殊를 미루어 알았지만, 莊周의 齊物은 分殊를 저버리고 理一을 어지럽혔으니 그들의 所見에 虛와 實의 차이가 있었기 때문이다[然西銘 據理一而推分殊 周之齊物 廢分殊而亂理一 所見有虛實故也]."라고 하여 장자를 비판하고 있는데, 張載의 ≪正蒙≫ <乾稱>편의 첫 문장(乾稱父 坤稱母 予茲藐焉 乃混然中處 故天地之塞 吾其體 天地之帥 吾其性 民吾同胞 物吾與也)과 이 구절의 유사성을 염두에 두고 한 말이다. 그러나 장재의 이 문장이야말로 도리어 그의 사상이 장자의 이 구절에 의해 영향을 받아서 형성된 것으로 보는 것이 타당하다. 한편 朴世堂은 "내가 태어나기 이전에는 천지가 있는 줄 모르고, 내 삶이 끝난 뒤에도 또한 천지가 있는지 알지 못하니, 이것이 천지가 나와 종시를 나란히 하는 것이다[我生之先 不知有天地 我生之後 亦不知有天地 是則天地終始 與也竝也]."라고 풀이했다.

既已爲一矣란대 且得有言乎[1)]아 旣已謂之一矣란대 且得無言乎[2)]아 一與言이 爲二[3)]이오 二與一이 爲三[4)]이니 自此以往[5)]으론 巧歷(曆)라도 不能得이온 而況其凡乎[6)]아 故로 自無로 適有하야도 以至於三이온 而況自有로 適有乎[7)]아 無適焉이니 因是已[8)]니라

이미 하나가 되었다면 또 무슨 말이 있을 수 있겠는가. 그러나 이미 '하나[一]'라고 말하였다면 또 말이 없을 수 있을 것인가. 一과 말이 二가 되고 二와 一이 三이 된다. 이로부터 이후로는 아무리 曆法에 뛰어난 사람이라도 계산해 낼 수 없을 터인데, 하물며 보통사람이겠는가. 그 때문에 無로부터 有로 나아가도 三이 됨에 이르니, 하물며 有로부터 有로 나아감이겠는가. 나아가지 말아야 할 것이니 절대의 是(道의 自然)를 따를 뿐이다.

【역주】

1) 旣已爲一矣 且得有言乎 : 旣와 已는 모두 이미의 뜻.

2) 旣已謂之一矣 且得無言乎 : 이미 하나라고 말하였다면 또 말이 없을 수 있을 것인가. 이미 하나라고 말했기 때문에 말이 없다고 할 수 없다는 뜻.

3) 一與言爲二 : 一과 말이 二가 됨. 곧 一이라는 개념과 말이라는 개념이 합쳐서 둘[二]이 된다는 뜻.

4) 二與一爲三 : 一과 말 그리고 새로 생긴 二라는 개념과 합쳐서 셋이 됨. 이 내용은 ≪老子≫ 42장의 "도가 일을 낳고 일이 이를 낳고 이가 삼을 낳고 삼이 만물을 낳는다[道生一 一生二 二生三 三生萬物]."는 논리와 유사하다.

5) 自此以往 : 이로부터 이후로는. 곧 三에서부터 無限의 數에 이르기까지를 의미한다. 以往은 以後와 같다.

6) 巧歷(曆)不能得而況其凡乎 : 역법에 뛰어난 사람이라도 계산해 낼 수 없을 것인데 하물며 범인임에랴. 巧曆은 '역법을 잘 계산하는 사람[善巧算曆之人]', 곧 天文曆算에 정통한 사람을 지칭한다(成玄英).

7) 自無適有 以至於三 而況自有適有乎 : 無로부터 有로 나아가도 三이 됨에 이르니, 하물며 有로부터 有로 나아감이겠는가. 無는 단지 하나일 뿐인데도 그로부터 출발하여 無限의 數에 이르는데 하물며 有는 그 자체가 이미 무한이기 때문에 더 말할 필요도 없다는 뜻.

8) 無適焉 因是已 : 나아가지 말아야 할 것이니 절대의 是(道의 自然)를 따를 뿐이다. 곧 한없는

分裂의 세계에 나아가지 말고 絶對의 一인 道의 세계에 머물러 절대의 是를 따르는 것이 가장 좋은 방법임을 권고하는 내용이다. 無適은 정신을 다른 데로 가게(向하게)하지 않는다는 의미에서는 性理學의 '主一無適'과 거의 같은 뜻으로 볼 수 있다(赤塚忠).

## 第2章

夫道는 未始有封[1]하고 言은 未始有常[2]하니 爲是而有畛也[3]하니라 請言其畛[4]하노라 有左有右[5]하며 有倫有義[6]하며 有分有辯[7]하며 有競有爭[8]하니 此之謂八德[9]이니라

道는 본시 구별이 있지 않았고, 말은 본시 고정불변의 일정한 의미가 있지 않았다. <그런데 일정한 의미가 없는 말로 道를 표현하려 했으니> 이 때문에 사물에 구별이 있게 되었다. 그 구별에 대해서 말해보겠다. 왼쪽이 있고 오른쪽이 있으며, 人倫이 있으며 義理가 있으며, 신분이 있으며 차별이 있으며, 겨루는 일이 있으며 다투는 일이 있으니, 이것을 일컬어 인간에게 있는 8개의 작용이라고 한다.

【역주】

1) 道未始有封 : 道는 본시 구별이 있지 않음. 곧 도는 본시 이것저것의 구별이 없고 한 덩어리의 혼돈이었다는 뜻. 郭象은 "아득히 있지 않은 곳이 없다[冥然無不在也]."고 하여 도의 遍在性을 나타낸 표현으로 풀이했다.

2) 言未始有常 : 말에는 본시 고정불변의 일정한 의미가 있지 않음. 곽상은 "是非에 일정함이 없다[是非無定]."고 풀이했다.

3) 爲是而有畛也 : 이 때문에 사물에 구별이 있게 됨. 말 때문에 구별이 있게 되었다는 뜻으로 일정한 의미가 없는 말로 道를 표현하려 했기 때문에 사물에 구별·대립·차별 등이 있게 되었다는 뜻. 畛은 농토와 농토 사이를 구분하는 경계선. 여기서는 앞의 封과 같이 구별·대립·차별 등의 뜻으로 쓰였다. 成玄英은 界畔이라 했다. 林希逸은 "至道와 至言은 본래 彼此의 구별이 없는데 사람들이 각자의 마음 속에 자신이 옳다고 생각하는 판단 기준을 가지고 있기 때문에 수많은 구별이 있게 되었다[至道至言 本無彼此 因人心之私有箇是字 故生出許多疆界]."고 하여 是를 지시대명사로 보지 않고 是非의 是로 보고 있다.

4) 請言其畛 : 청컨대 그 구별에 대해서 말해 보고자 함. 혼돈 상태의 도를 인위적으로 구별하

는 여러 가지 사례를 들어보겠다는 뜻.

5) 有左有右 : 왼쪽이 있고 오른쪽이 있음. 이것저것의 공간적 구분의 대표로 든 것이다. 成玄英은 "左는 陽이고 右는 陰이다[左陽也 右陰也]."라고 했다.

6) 有倫有義 : 인륜과 의리가 있음. 사람과 사람 사이의 관계를 차등적으로 규정하는 내용을 든 것이다. 郭象은 "事事物物에 이치와 마땅함이 있다[物物有理 事事有宜]."고 풀이했고, 成玄英은 "倫은 理이고 義는 宜이다[倫理也 義宜也]."라고 풀이했다. 崔譔본에는 '有論有議'로 되어 있는데 兪樾은 다음 문장의 '六合之外 聖人存而不論 六合之內 聖人論而不議'를 기준으로 이것이 옳다고 주장했다(≪釋文≫).

7) 有分有辯 : 신분과 차별이 있음. 사람과 사람을 지위에 따라 차별적으로 규정하는 예로 든 것이다. 郭象과 成玄英 모두 辯을 別로 풀이했다.

8) 有競有爭 : 겨룸과 다툼이 있음. 사람과 사람이 이익을 놓고 다투는 어지러운 대립 상황을 표현한 예이다. 곽상은 "競은 이익을 차지하기 위해 나란히 쫓아 가는 것이고, 爭은 서로 맞서서 변론하는 것이다[竝逐曰競 對辯曰爭]."라고 했다.

9) 此之謂八德 : 이것을 八德이라고 함. 八德은 앞에 든 左・右, 倫・義, 分・辯, 競・爭의 여덟 가지를 말하는데 이것은 모든 인간이 가지고 있는 作用이라고 규정한 것이다. 成玄英은 "덕은 작용을 일컬음이다[德者 功用之名也]."라고 풀이했다.

六合之外[1]란 聖人이 存而不論[2]하고 六合之內[3]란 聖人이 論而不議[4]하고 春秋經世先王之志[5]란 聖人이 議而不辯[6]하시니 故分也者는 有不分也[7]요 辯也者는 有不辯也[8]니라 曰 何也[9]요 聖人은 懷之하고 衆人은 辯之하야 以相示也[10]하나니 故曰辯也者는 有不見也[11]라하노라

六合의 밖에 대해서는 聖人은 그냥 두고 論하지 아니하고, 六合의 안에 대해서는 성인은 論하기만 하고 <다른 사람의 견해에 대해> 시비를 따지지 않는다. ≪春秋≫에 나타난 經世에 대한 先王들의 기록에 대해서는 성인은 시비를 따지기는 하되 功過를 나누어 차별하지는 않는다. <사람들은> 사물을 구분하지만 그중에는 구분할 수 없는 것이 있다. <사람들은> 사물을 구별하지만 그중에는 구별할 수 없는 것이 있다.

말하노니, 무슨 까닭인가? 성인은 그것을 품고, 보통사람들은 그것을 구별해서 서로 내보인

다. 그 때문에 사람들은 구별하지만 그중에는 <구별로는> 보지 못하는 것이 있다고 말하는 것이다.

【역주】

1) 六合之外 : 六合의 바깥. <應帝王>편과 <天運>편의 '六極'과 같은 개념이다. 六合은 天地(上下)와 四方을 합친 개념(成玄英)으로 '六合之內'라고 하면 물리적인 공간 전체, 곧 이 세상을 의미하고, 六合之外는 이 세상 바깥, 곧 形而上의 세계, 不可知의 세계를 의미한다.

2) 存而不論 : 그냥 놓아두고 論하지 않음. 存은 存置, 곧 내버려 둔다는 뜻.

3) 六合之內 : 위의 역주 1) 참조.

4) 論而不議 : 論하기만 하고 是非를 따지지 않음. 곧 다른 사람의 견해를 두고 옳다 그르다 하지 않음. 議는 物議의 議와 같이 어떤 일을 두고 시비를 따진다는 뜻으로 쓰였다.

5) 春秋經世先王之志 : ≪춘추≫에 나타난 선왕들이 經世한 기록. 春秋先王經世之志로 先王과 經世가 도치된 표현이다. 앞의 '大木百圍之竅穴'이 百圍大木之竅穴을 도치시켜 표현한 것과 마찬가지(蔣錫昌). 志는 誌와 같고, 誌는 記載한다는 뜻(成玄英).

6) 議而不辯 : 是非를 따지기는 하지만 功과 過를 구별하지 않음.

7) 故分也者 有不分也 : <사람들은> 사물을 구분하지만 그중에는 구분할 수 없는 것이 있음. 여기의 故는 앞에 원인을 나타내는 내용이 없기 때문에 결과를 표시하는 글자가 아니고 새로운 문제를 제기할 때 쓰이는 상투적인 助詞로 보아야 한다(楊樹達, ≪詞詮≫).

※ ≪釋文≫에 인용된 班固의 주장에 의하면 '夫道未始有封……故分也者 有不分也'는 원래 外篇에 있었다고 한다. 이것이 사실이라면 이 부분은 <齊物論>편의 원문은 아닌 셈이다. 따라서 道와 言의 관계에서 언어의 한계를 말한 이 장은 앞 장의 보충문으로 후대에 삽입된 것이라는 추측도 가능하다(金谷治).

8) 辯也者 有不辯也 : <사람들은> 사물을 구별하지만 그중에는 구별할 수 없는 것이 있음. 곧 말로 구별해서 표현할 수 없는 것이 있다는 뜻.

9) 曰何也 : 말하노니 무슨 까닭인가. 自問自答하는 형식으로 스스로 문제를 제기하는 표현.

10) 聖人懷之 衆人辯之 以相示也 : 성인은 그것을 품고, 보통사람들은 그것을 구별해서 서로 내보인다. 성인은 사물을 구별하지 않고 있는 그대로 인정하고 보통사람들은 사물을 구별하여 내세움으로써 서로 자신이 옳다고 다툰다는 뜻.

11) 辯也者 有不見也 : 사람들은 구별하지만 그중에는 <구별로는> 보지 못하는 것이 있음. 인간의 구별 능력으로는 道를 파악할 수 없다는 의미. 바로 뒤의 '大道는 언어로 표현할 수

없다[大道不稱]'는 命題와 연결된다.

夫大道는 不稱[1]하며 大辯은 不言[2]하며 大仁은 不仁[3]하며 大廉은 不嗛[4]하며 大勇은 不忮[5]하나니 道昭면 而不道[6]요 言辯이면 而不及[7]이오 仁常이면 而不成[8]이오 廉淸이면 而不信[9]이오 勇忮면 而不成[10]이니 五者 园이어늘 而幾向方矣[11]니라 故知止其所不知하면 至矣[12]니 孰知不言之辯[13]과 不道之道[14]리오 若有能知면 此之謂天府[15]니 注焉而不滿[16]하며 酌焉而不竭[17]이로대 而不知其所由來[18]라 此之謂葆光[19]이니라

큰 道는 일컬어지지 아니하고, 큰 말은 말하지 아니하며, 크게 어진 행위는 어질지 아니하며, 크게 깨끗한 행위는 겸손한 체 아니하며, 큰 용맹은 사납게 굴지 않는다. 道가 밝게 드러나면 도답지 않게 되고, 말이 분명하면 미치지 못하고, 仁이 일정하면 이루어지지 아니하고, 깨끗함이 분명하게 드러나면 <사람들이> 믿지 아니하고, 용맹스러움이 사나워지면 이루어지지 않게 된다. 이 다섯 가지는 둥글고자 하면서도 도리어 모난 데로 나아가는 것에 가깝다.

그 때문에 지혜가 알지 못하는 바에 도달해서 멈추면 지극하다. 누가 말 없는 말과 道라 하지 않는 道를 아는가. 만일 이것을 안다면 <그 지혜는> 하늘의 창고라고 일컬을 것이니 아무리 부어대도 가득차지 않으며, 아무리 퍼내도 마르지 않을 것이다. 그러나 그 유래를 알지 못한다. 이를 일컬어 밝은 빛을 안으로 감춘다고 한다.

【역주】

1) 大道不稱 : 큰 道는 일컬어지지 아니함. 곧 大道는 언어로 표현할 수 없다는 뜻. ≪老子≫ 25장의 '吾不知其名 字之曰道 强爲之名曰大'와 유사한 의미이다.

2) 大辯不言 : 큰 말은 말하지 않음. 참된 말은 말하지 않음으로써 뜻을 전달한다는 뜻.

3) 大仁不仁 : 큰 仁은 사랑하지 않음. 곧 참된 仁은 對象을 차별적으로 사랑하지 않는다는 뜻.

4) 大廉不嗛 : 크게 깨끗한 행위는 겸손하지 않음. 참으로 깨끗한 사람은 겸손한 체하지 않는다는 뜻. 嗛을 謙으로 보는 것이 무난하지만 이에 대해서는 異說이 분분하다. 馬其昶은 嗛을 隒(엄)으로 보아 "크게 깨끗한 사람은 스스로 한계를 드러내지 않는다."고 풀이했고 黃元炳은 "크게 깨끗한 사람은 태도가 宛然해서 마치 깨끗하지 않은 것 같다."고 풀이하여 大廉不廉으로 보았다.

5) 大勇不忮 : 참된 용기는 남을 해치지 않는다는 뜻. 忮는 사납다, 暴力化한다는 뜻.

6) 道昭而不道 : 道가 밝게 드러나면 도리어 도답지 않음. 而는 則과 같다. 朴世堂은 "昭는 조금 밝은 모양이다[昭 小明貌]."라고 풀이했다.

7) 言辯而不及 : 말이 분명하면 미치지 못함. 말이 분명하면 도리어 말의 목적인 뜻이 전달되지 않는다는 뜻. 辯을 多辯으로 보아 너무 多辯하게 되면 大辯에 미치지 못한다는 주석도 있으나 취하지 않는다. 及은 達과 같다.

8) 仁常而不成 : 仁이 일정하게 되면 이루지 못함. 곧 특정한 사물만 차별적으로 사랑하게 되면 도리어 仁의 목적을 이루지 못한다는 뜻.

9) 廉淸而不信 : 깨끗함이 분명하게 드러나면 믿어주지 않음. 곧 청렴함을 겉으로 드러내서 분명하게 하면 사람들이 도리어 그의 결백을 믿어주지 않는다는 뜻. 淸은 분명하게 한다는 뜻으로 쓰였다.

10) 勇忮而不成 : 용맹이 사나워지면 이루지 못함. 忮는 해친다는 뜻(陸德明).

11) 五者园而幾向方矣 : 다섯 가지는 둥글고자 하면서도 도리어 모난 데로 나아가는 것에 가까움. 곧 道·言·仁·廉·勇의 다섯 가지는 본래 원만함을 추구하려 한 것인데 그것을 겉으로 드러내려고 昭·辯·常·淸·忮와 같은 행위를 함으로써 도리어 본래의 목적과 어긋나 모난 데로 간다는 뜻. 园(완)은 圓과 통한다. 모서리를 깎아서 둥글게 만든다는 뜻. 道藏의 褚伯秀본에는 圓으로 되어 있다.

12) 知止其所不知 至矣 : 지혜가 알지 못하는 바에 도달해서 멈추면 지극함. 알 수 없는 것을 <분석해서> 알려고 하지 않는 것이 지극한 지혜라는 뜻. <庚桑楚>편에는 '知止乎其所不能知 至矣'로 되어 있다.

13) 不言之辯 : 언어로 표현하지 않는 참된 말. ≪老子≫ 2장의 '不言之敎'와 비슷한 의미.

14) 不道之道 : 말로 표현할 수 없는 大道. 곧 道라고 言表되지 않는 참된 道를 의미한다. ≪老子≫ 1장의 '道可道'의 반대.

15) 此之謂天府 : 이것을 일러 하늘의 창고라 함. 이런 사람의 지혜는 하늘의 창고(자연의 창고)와 같이 한이 없다는 뜻. 大道를 가슴에 품은 眞人을 비유한 말이다.

16) 注焉而不滿 : 여기에 물을 부어도 가득 차지 않음. 受容量에 한계가 없음을 비유한 표현.

17) 酌焉而不竭 : 아무리 덜어내도 다하지 않음. 역시 수용량에 한계가 없음을 비유한 표현.

18) 不知其所由來 : 그 유래한 바를 알지 못함. 어디에서 비롯된 것인지 알 수 없다는 뜻.

19) 此之謂葆光 : 이것을 일러 葆光이라 함. 葆光은 밝은 빛을 안으로 감추어서 드러내지 않는

다는 뜻(林希逸). 안에 감추어진 빛 즉 道라고 읽을 수도 있다. 앞의 '滑疑之耀'와 ≪노자≫ 56장의 '和其光 同其塵'과 유사한 표현이다.

故로 昔者[1)]에 堯問於舜曰 我欲伐宗膾胥敖[2)]하야 南面而不釋然[3)]하노니 其故는 何也[4)]오 舜曰 夫三子者[5)]는 猶存乎蓬艾之間[6)]이어늘 若不釋然은 何哉[7)]오 昔者에 十日이 竝出하야 萬物皆照[8)]하니 而況德之進乎日者乎[9)]따녀

그 때문에 옛날에 堯임금이 舜에게 이렇게 물었다.

"내가 宗나라・膾나라・胥敖族을 무력으로 정벌하고자 하는데 천하를 다스리는 제왕으로서 마음이 석연치 않으니 그 까닭이 무엇인가?"

舜이 대답했다.

"이 세 나라는 아직도 쑥밭 사이에 있는데 당신께서 석연치 않아 하는 것은 무엇 때문이겠습니까. 옛날에 열 개의 태양이 한꺼번에 떠올라 만물이 모두 비추어졌는데 하물며 덕이 태양보다 더 나은 사람이겠습니까."

【역주】

1) 昔者 : 옛적에. 者는 시기를 나타내는 접미사.

2) 伐宗(숭)膾胥敖 : 숭나라와 회나라, 서오족을 정벌함. 宗과 膾는 國名이고 胥敖는 종족명이다. 宗은 崇의 假借字. 그러나 이 세 나라는 모두 가공의 나라로 보는 것이 타당하다.

3) 南面而不釋然 : 남면하는 제왕으로서 석연치 않음. 南面은 남쪽을 바라본다는 뜻이지만 군주가 남쪽을 바라보고 천하를 다스리는 것을 의미. 不釋然은 마음이 편치 않은 모양.

4) 其故何也 : 그 까닭은 무엇인가? 마음이 편치 않은 이유가 무엇인지 묻는 말.

5) 夫三子者 : 저 세 사람들. 여기서는 앞의 숭나라와 회나라, 서오족을 지칭해서 하는 말.

6) 猶存乎蓬艾之間 : 아직도 쑥밭 사이에 있음. 쑥밭 사이는 곡식이 자라지 않는 황폐한 땅이라는 뜻으로 세 나라가 아직 미개한 野蠻 상태에 머물러 있다는 뜻이다.

7) 若不釋然何哉 : 당신이 석연치 않아 하는 것은 무엇 때문입니까. 若은 2인칭 대명사.

8) 十日竝出 萬物皆照 : 열 개의 태양이 한꺼번에 나와 만물이 모두 비추어짐. ≪淮南子≫ <本經訓>에도 '逮至堯之時 十日竝出 焦禾稼 殺草木 而民無所食'이라 하여 이와 유사한 내용이 나온다.

9) 況德之進乎日者乎 : 하물며 덕이 태양보다 나은 사람이겠는가. 훌륭한 덕을 가진 사람은 야

만족들도 감화시킬 수 있다는 뜻. 결국 武力으로 정벌하지 말고 文德을 닦아 그들이 스스로 歸服할 때까지 기다리라는 권고이다.

## 第3章

齧缺[1]이 問乎王倪[2]曰 子는 知物之所同是乎[3]아 曰 吾惡乎知之[4]리오 子는 知子之所不知邪[5]아 曰 吾惡乎知之리오 然則物無知邪[6]아 曰 吾惡乎知之리오 雖然이나 嘗試言之[7]하노라 庸詎知吾所謂知之 非不知邪[8]며 庸詎知吾所謂不知之非知邪[9]리오

齧缺이 王倪에게 물었다.

"선생께서는 모든 존재가 다 옳다고 인정되는 것에 대해서 아십니까?"

왕예가 대답했다.

"내가 어떻게 그것을 알겠는가?"

"선성께서는 선생이 알지 못한다는 것에 대해 아십니까?"

왕예가 대답했다.

"내가 어떻게 그것을 알겠는가?"

"그렇다면 모든 존재에 대해 앎이 없습니까?"

왕예가 대답했다.

"내가 어떻게 그것을 알겠는가? 비록 그렇지만 시험삼아 말해보겠다. 내가 이른바 안다고 하는 것이 알지 못하는 것이 아님을 어찌 알겠으며, 내가 이른바 알지 못한다고 하는 것이 아는 것이 아님을 어찌 알겠는가?"

【역주】

1) 齧缺(설결) : 가공의 인물. <天地>편에는 '許由之師曰齧缺 齧缺之師曰王倪'라 하여 許由의 스승이고 王倪의 제자로 기록되어 있다.

2) 王倪(예) : 역시 가공의 인물이다. <天地>편에는 '齧缺之師曰王倪 王倪之師曰被衣'라 하여 齧缺의 스승이고 被衣의 제자로 기록되어 있다.

3) 物之所同是乎 : 모든 존재[物]가 다 옳다고 인정되는 것. 곧 일체의 차별적 인식이 사라져 모든 존재가 동등한 가치를 지니고 있다고 인정받는 萬物齊同의 세계를 표현한 말이다. 物

之所同是는 ≪孟子≫ <告子 上>의 '心之所同然'과 유사한 표현이다. 物之所同是를 '모든 物이 함께 옳다고 하는 바' 라고 풀이하기도 하나 앞의 해석을 따랐다.

4) 吾惡乎知之 : 내가 어찌 그것을 알겠는가. 모른다는 뜻. 惡乎는 어떻게, 어찌의 뜻.

5) 知子之所不知邪(야) : 선생께서 알지 못한다는 사실을 아십니까? 子는 2인칭.

6) 物無知邪 : 모든 존재[物]에 대해 앎이 없는가. 곧 모든 사물에 대해 無知하냐는 질문.

7) 嘗試言之 : 시험삼아 말해 봄. 嘗과 試는 모두 시험해 본다는 뜻.

8) 庸詎知吾所謂知之非不知邪 : 내가 이른바 안다고 하는 것이 알지 못하는 것이 아님을 어찌 알겠는가. 곧 무엇에 대해 안다고 생각하는 것이 사실은 모르는 것일 수도 있다는 뜻. 庸과 詎는 모두 '어찌'의 뜻.

9) 庸詎知吾所謂不知之非知邪 : 내가 이른바 알지 못한다고 하는 것이 아는 것이 아님을 어찌 알겠는가. 곧 무엇에 대해 모른다고 생각하는 것이 사실은 참된 앎일 수 있다는 뜻.

且[1]吾는 嘗試問乎女[2]하노라 民溼寢則腰疾이라 偏死[3]어늘 鰌然乎哉[4]아 木處則惴慄恂懼[5]어늘 猨猴然乎哉[6]아 三者孰知正處[7]오 民은 食芻豢[8]하고 麋鹿은 食薦[9]하고 蝍蛆는 甘帶[10]하고 鴟鴉는 耆鼠[11]하나니 四者孰知正味[12]오 猨을 猵狙以爲雌[13]하고 麋與鹿으로 交[14]하고 鰌與魚로 游[15]하나니 毛嬙[16]麗姬[17]는 人之所美也[18]로대 魚見之深入[19]코 鳥見之高飛[20]코 麋鹿이 見之決驟[21]하나니 四者孰知天下之正色哉[22]오 自我로 觀之[23]컨댄 仁義之端과 是非之塗[24] 樊然殽亂[25]하니 吾는 惡能知其辯이리오

"또 내가 시험삼아 너에게 물어보겠다. 사람은 습한 데서 자면 허리병이 생기고 반신불수가 되는데, 미꾸라지도 그러한가? 사람은 나무 꼭대기에 머물면 벌벌 떨며 두려워하게 되는데, 원숭이도 그러한가? 이 세 가지 중에서 누가 올바른 거처를 아는가? 사람은 소와 양, 개와 돼지를 먹고, 사슴은 풀을 뜯어 먹고, 지네는 뱀을 달게 먹고, 소리개와 까마귀는 쥐를 즐겨 먹는다. 이 네 가지 중에서 누가 올바른 맛을 아는가? 암컷원숭이를 수컷원숭이가 자신의 짝으로 여기고, 사슴은 사슴 종류와 교미하고 미꾸라지는 물고기와 함께 헤엄치며 노닌다. 毛嬙과 麗姬를 사람들은 아름답다고 여기지만 물고기는 그들을 보면 물 속으로 깊이 도망하고, 새는 그들을

보면 하늘로 높이 날아가고, 사슴은 그들을 보면 힘껏 달아난다. 이 네 가지 중에서 누가 천하의 올바른 아름다움을 아는가? 내 입장에서 살펴본다면 仁義의 端緖와 是非의 길이 복잡하게 얽혀서 어수선하고 어지럽다. 그러니 내가 어찌 그 구별을 알 수 있겠는가."

【역주】

1) 且 : 또. 말을 하다가 새로운 내용을 첨언할 때 쓰는 助詞.

2) 嘗試問乎女 : 시험삼아 너에게 물어보겠다. 嘗과 試는 모두 시험삼아의 뜻.

3) 民溼寢則腰疾偏死 : 사람은 濕한 데서 자면 허리병이 생기고 반신불수가 됨. 溼은 濕과 同字. 偏死는 몸의 한 쪽이 마비되는 것을 말한다.

4) 鰌(추)然乎哉 : 물고기도 그러한가. 鰌는 미꾸라지. 곧 사람과는 달리 물고기는 물 속에서(습한 데서) 사는 것이 편안함을 지적한 내용. 현토본에 '인저'라고 되어 있으나 '아'로 토를 고쳤다.

5) 木處則惴慄恂懼 : 나무에서 살게 되면 벌벌 떨며 두려워함. 惴·慄·恂·懼는 모두 두려워하는 모양.

6) 猨猴然乎哉 : 원숭이도 그러한가. 원숭이는 나무에서 사는 것을 편안히 여기기 때문에 높은 나무 위에서도 사람처럼, 두려워하지 않음을 지적한 내용.

7) 三者孰知正處 : 세 가지 중에서 누가 올바른 거처를 아는가. 사람과 물고기, 원숭이는 각각 다른 주거지(서식지)를 지니고 있는데 그 어느 것도 절대적인 기준이 될 수 없음을 지적한 내용.

8) 民食芻豢 : 사람은 소와 양, 개와 돼지를 먹음. 芻는 풀을 먹는 가축(소·양 따위)을 말하고 豢은 곡물을 먹는 가축(개·돼지 따위)을 말한다(司馬彪).

9) 麋鹿食薦 : 사슴은 풀을 뜯어 먹음. 麋는 큰 사슴 종류, 鹿은 사슴. 司馬彪는 薦을 美草라 했고 崔譔은 甘草라 했다.

10) 蝍蛆(즉저)甘帶 : 지네는 뱀을 달게 먹음. 蝍蛆는 지네[蜈蚣]. 帶는 뱀. 司馬彪는 帶를 작은 뱀[小蛇]이라 했다.

11) 鴟鴉(치아)耆鼠 : 소리개와 까마귀는 쥐를 즐겨 먹음. 鴟는 소리개, 鴉는 까마귀.

12) 孰知正味 : 누가 올바른 맛을 아는가. 각기 자신들이 맛있다고 생각하는 먹이가 다름을 들어 어느 것이 올바른 맛인지 확정할 수 없음을 지적한 내용.

13) 猨猵狙以爲雌 : 암컷원숭이를 수컷원숭이가 자신의 짝으로 여김. 猨과 猵狙는 모두 원숭이 종류이지만, 여기서는 맥락상 암컷원숭이가 猨이고 수컷원숭이가 猵狙이다. 司馬彪는 "猵

狙는 猨을 자신의 짝(암컷)으로 삼는다[猵狙以猨爲雌也].”고 풀었으며 현토본의 林希逸도 “猵狙는 猨을 암컷으로 삼는다[猵爲雌].”라고 하였다. 그래서 ‘猨을 猵狙以爲雌하고’로 현토한 것이다.

14) 麋與鹿交 : 사슴은 사슴과 교미함. 麋는 큰사슴, 鹿은 작은사슴. 交는 交尾한다는 뜻.

15) 鰌與魚游 : 미꾸라지가 물고기와 함께 헤엄침. 游는 헤엄침. 鰌는 미꾸라지.

16) 毛嬙 : 越王이 총애하던 嬖妾(成玄英).

17) 麗(리)姬 : 晉나라 獻公이 총애하던 부인. ≪國語≫ <晉語>와 ≪禮記≫ <檀弓 上>에 자세한 기록이 나오며 ≪禮記≫에는 ‘驪姬’로 표기되어 있다. 崔譔본에는 麗姬가 ‘西施’로 되어 있다. 朱桂曜는 ≪관자≫, ≪한비자≫, ≪회남자≫ 등의 기록을 근거로 고서에는 毛嬙과 西施를 병칭하는 경우가 많고 毛嬙과 麗姬를 병칭하는 경우는 없다는 점을 들어, 여기의 毛嬙과 麗姬는 崔譔본을 따라 毛嬙과 西施로 보아야 하며, 麗姬가 다음 장에 나오기 때문에 잘못 삽입된 것 같다고 했다.

18) 人之所美也 : 모든 사람들이 아름답게 여기는 사람이라는 뜻.

19) 魚見之深入 : 물고기는 그들을 보면 물 속으로 깊이 도망함. 곧 물고기는 사람들이 모두 아름답다고 여기는 毛嬙과 麗姬를 보면 도망친다는 뜻.

20) 鳥見之高飛 : 새는 그들을 보면 하늘로 높이 날아감. 놀라서 도망친다는 뜻.

21) 麋鹿見之決驟 : 사슴들은 그들을 보면 빨리 달려 도망침. 決은 빠른 모양(成玄英). 崔譔은 “빨리 달려 뒤돌아보지 않는 것이 決이다[疾足不顧爲決].”라 했다.

22) 孰知天下之正色哉 : 누가 천하의 올바른 아름다움을 아는가? 사람과 물고기, 새, 사슴이 각기 다른 기준을 가지고 있기 때문에 아름다움의 절대적인 기준을 확정할 수 없다는 뜻.

23) 自我觀之 : 나로부터 그것을 판단함. 곧 王倪가 자신의 입장에서 뒤에 나오는 仁義와 시비를 판단해 본다는 뜻.

24) 仁義之端 是非之塗 : 인의의 실마리와 시비의 길. 수많은 주관적 가치판단의 대표적인 例로 인의와 시비를 든 것이다.

25) 樊然殽亂 : 복잡하게 얽혀 어수선하고 어지러움.

齧缺曰 子不知利害[1)]인댄 則至人은 固不知利害乎[2)]아 王倪曰 至人은 神矣[3)]라 大澤이 焚하야도 而不能熱하며 河漢이 沍하야도 而不能寒[4)]하며 疾雷破山하며 <飄>

風이 振海[5])하야도 而不能驚하나니 若然者[6])는 乘雲氣하며 騎日月하야 而遊乎四海之外[7])하나니 死生도 無變於己온 而況利害之端乎[8])따녀

齧缺이 말했다.

"선생께서 이로움과 해로움을 알지 못한다고 하시니 그렇다면 至人도 본래 利害를 모르는 것입니까?"

王倪가 대답했다.

"지인은 신통력을 가진 존재이다. 못가의 수풀 우거진 곳이 불에 타도 그를 뜨겁게 할 수 없으며, 黃河나 漢水가 얼어붙을 정도로 춥더라도 그를 춥게 할 수 없으며, 격렬한 우레가 산을 쪼개고 바람이 바다를 뒤흔들지라도 그를 놀라게 할 수 없다. 그 같은 사람은 구름을 타고 해와 달을 몰아서 四海의 밖에서 노닌다. 죽음과 삶도 자신을 변화시키지 못하는데 하물며 이해의 말단 따위이겠는가."

【역주】

1) 不知利害 : 이로움과 해로움을 알지 못함. 곧 자기 자신에게 앞의 여러 가지 환경 중 무엇이 이롭고 무엇이 해로운지 알지 못한다는 뜻. 예컨대 습기 찬 곳에서 사는 것은 사람에게는 해롭지만 미꾸라지에게는 이롭고, 나무 위에 머무는 것은 사람에게 해롭지만 원숭이에게 이로운 것처럼 무엇이 이롭고 무엇이 해로운지 확정할 수 없기 때문에 이해를 초월하여 존재한다는 뜻이다(劉武).

2) 至人固不知利害乎 : 至人은 본래 이해를 모릅니까? 固는 본래, 본디의 뜻.

3) 至人神矣 : 지인은 신통력을 가지고 있음. 成玄英은 '神은 헤아릴 수 없는 작용[神者 不測之用]'으로 풀이했다.

4) 大澤焚而不能熱 河漢沍而不能寒 : 못가의 수풀 우거진 곳이 불에 타도 그를 뜨겁게 할 수 없으며 황하나 한수가 얼어붙을 정도로 춥더라도 그를 춥게 할 수 없음. 大澤焚은 큰 연못이 다 타오른다는 뜻으로 보는 주석도 있다. 漢은 漢水로 현재의 陝西省과 湖北省 지역을 흐르는 揚子江의 支流이다(池田知久). 이 구절과 유사한 표현으로 <逍遙遊>편의 '大旱金石流 土山焦而不熱'이 있으며, ≪淮南子≫ <精神訓>에는 '大澤焚而不能熱 河漢涸而不能寒也 大雷毁山而不能驚也 大風晦日而不能傷也'라는 구절이 나온다.

5) 疾雷破山 <飄>風振海 : 격렬한 우레가 산을 쪼개고 세찬 바람이 바다를 뒤흔듦. 飄자는 趙諫議본에 따라 보충하였다(郭慶藩).

6) 若然者 : 그와 같은 자. 곧 앞의 '至人'과 같이 '不能熱', '不能寒', '不能驚'의 능력을 지닌 사람을 지칭한다.

7) 乘雲氣 騎日月 而遊乎四海之外 : 구름을 타고 해와 달을 몰아서 四海의 밖에서 놀다. 세속적 이해를 초월하여 절대의 세계에 노니는 것을 비유.

8) 死生無變於己 而況利害之端乎 : 죽음과 삶도 자신을 변화시키지 못하는데 하물며 利害의 말단 따위이겠는가. 생사의 문제를 초월했기 때문에 이해의 말단은 아무런 영향을 미치지 못한다는 뜻. 端은 末端의 뜻. 이 구절의 내용과 유사한 표현으로 <田子方>편에는 '死生亦大矣 而無變乎己 況爵祿乎'가 있으며, 또 <德充符>편에도 '死生亦大矣 而不得與之變'이라 한 부분이 있다(池田知久).

## 第4章

瞿鵲子[1]問乎長梧子[2]曰 吾聞諸夫子[3]호니 聖人은 不從事於務[4]하며 不就利하며 不違害[5]하며 不喜求[6]하며 不緣道[7]하나니 無謂호대 有謂하며 有謂호대 無謂[8]하야 而遊乎塵垢之外[9]라하야늘 夫子는 以爲孟浪之言[10]이어늘 而我는 以爲妙道之行也[11]라하노니 吾子는 以爲奚若고

瞿鵲子가 長梧子에게 이렇게 물었다.

"나는 우리 선생님에게서 이런 말을 들었습니다. <어떤 사람이> '성인은 세속적인 일에 종사하지 아니하며, 이익을 추구하지 아니하며, 해로움을 피하지 아니하며, 구하는 것을 기뻐하지 아니하며, 道를 <억지로> 따르지 않으니, 말이 없지만 말이 있고 말이 있지만 말함이 없어서 세속 밖에 노닌다.'고 말하는데, 선생님은 이를 맹랑한 말이라고 했습니다. 그러나 나는 이 말이야말로 靈妙한 도를 실천한 것이라고 생각합니다. 선생께서는 이 말을 어떻게 생각하십니까?"

【역주】

1) 瞿鵲子 : 인명. 까치처럼 경망하고 깜짝깜짝 놀라고 뛰어다니는 사람을 寓化·創作한 가공의 인물. 兪樾은 필경 공자의 제자였던 七十子의 後人일 것이라 했다.

2) 長梧子 : 인명. 큰 오동나무처럼 道를 깨달은 인물을 우화·창작한 가공의 인물. 李頤는 커다란 오동나무 아래에서 살았기 때문에 그것을 호칭으로 삼았다고 했다. 崔譔은 長梧子의 이름이 丘라 했고, 簡文帝는 국경 관문지기[封人]라 했다. 兪樾은 뒤의 '丘也與汝 皆夢也 予

謂汝夢 亦夢也'에서 丘와 予(長梧子 자신)를 각각 달리 말한 것으로 보아 장오자의 이름을 丘라 한 崔譔의 주장이 틀린 것이며 丘는 孔丘, 곧 孔子를 빗댄 것이라 했다.

3) 吾聞諸夫子 : 내가 선생님에게서 그것을 들음. 여기의 夫子는 ≪釋文≫에서 向秀가 '瞿鵲의 스승[瞿鵲之師]'이라 했는데, 공자를 빗댄 것이라는 兪樾의 주장이 거의 정설로 받아들여지고 있다. 한편 朴世堂은 "상하의 夫子는 한 사람이 아닌 것 같다. 위의 부자는 자기 스승을 말하고 아래의 부자는 공자를 말한 것이다[上下夫子疑非一人 上夫子謂其師 下夫子謂孔子]."라고 하여, 여기의 夫子와 아래의 夫子以爲孟浪之言의 夫子를 다른 사람으로 보고 여기의 부자는 구작의 스승이고 아래의 부자는 공자라는 견해를 제시하고 있다. 여기서는 양쪽의 夫子를 모두 瞿鵲子의 스승 孔子로 보았다. 따라서 '聖人不從事於務' 이하의 말은 공자가 어떤 사람의 말을 끌어낸 말.

4) 不從事於務 : 일에 종사하지 아니함. 곧 聖人은 세속적인 일에 종사하지 않는다는 뜻. 곧 無爲를 말하는 것임.

5) 不就利 不違害 : 이익을 추구하지 아니하며, 해로움을 피하지 아니함. 위의 '不從事於務'와 마찬가지로 역시 세속적인 이해에 얽매이지 않는다는 뜻.

6) 不喜求 : 구하는 것을 기뻐하지 아니함. 곧 함부로 도를 追求하는 것을 좋아하지 않는다는 뜻. 求는 妄求(方勇·陸永品).

7) 不緣道 : 道를 따르지 않음. 道를 얻기 위해 억지로 붙잡고 매달리지 않는다는 뜻. 蔣錫昌은 "道는 마땅히 無心으로 터득해야지 억지로 매달려서 얻을 수 있는 것이 아니다[道者 當以無心合之 非攀援可得]."라고 하였다.

8) 無謂有謂 有謂無謂 : 말이 없지만 말이 있고 말이 있지만 말함이 없음. 말 한 마디 없이 침묵을 지키지만, 그러면서도 그 속에 무엇인가 말[不言之敎]이 있으며 말을 해도 언어에 얽매이는 일이 없음. 곧 말을 하지 않아도 말의 목적(의미의 전달)이 이루어지고 말을 해도 언어에 얽매여 道를 잃어버리는 일이 없다는 뜻. 林希逸은 "'無謂有謂'는 말하지 않는 말이고 '有謂無謂'는 말을 하지만 말하지 않는 것이다[無謂有謂 不言之言也 有謂無謂 言而不言也]."라고 풀이했고, 屈復은 이 구절을 '無言而有言'으로 보고 "비록 말이 있지만 말이 없는 것과 다름이 없는 것[雖有言而不異無言也]이며, 外篇(<寓言>편)에서 '言無言 終身言 未嘗言 終身不言 未嘗不言'이라 한 것도 바로 이 뜻이다."고 했다.

9) 遊乎塵垢之外 : 세속 밖의 세계에서 노닒. 塵垢之外는 위의 '四海之外'와 마찬가지로 세속적 이해를 초월하여 절대의 세계에 노닒을 비유.

10) 夫子以爲孟浪之言 : 선생님은 이를 孟浪한 말이라고 함. 여기의 夫子는 瞿鵲의 스승, 곧 孔子를 지칭한다. 孟浪은 진실과 거리가 멀다는 뜻이며(朱得之), 孟浪之言은 荒唐無稽한 말을 뜻한다(釋德淸). 허튼 소리.

11) 我以爲妙道之行也 : 나는 이 말을 妙道를 실천한 것이라고 생각함. 妙道는 神妙한 道.

長梧子曰 是는 皇(黃)帝之所聽熒也[1]온 而丘也는 何足以知之[2]리오 且女는 亦太早計[3]로다 見卵而求時夜[4]하며 見彈而求鴞炙[5]로다 予 嘗爲女하야 妄言之[6]호니 女以妄으로 聽之[7]하도소니 奚[8]오 旁日月[9]하며 挾宇宙[10]하야 爲其脗合[11]이오 置其滑涽[12]하야 以隷相尊[13]하나니라

長梧子가 이렇게 말했다.

"이런 경지는 黃帝도 듣고 어리둥절할 말인데 孔丘 같은 사람이 어찌 알 수 있겠는가. 또 그대는 너무 지나치게 속단하고 있다. 달걀을 보고 새벽을 알리는 닭의 울음소리를 요구하며, 彈丸을 보고 새구이를 요구하는 격이다. 내가 시험삼아 그대를 위하여 마음대로 말해 보겠으니 그대도 마음대로 듣기 바란다. 어떠한가. <성인은> 해와 달을 나란히 곁에 놓아두며 우주를 허리에 끼고서 만물과 일체가 되기를 추구하고, 혼돈한 道에 머물러 노예와 같은 천한 사람도 <귀인과 똑같이> 존중한다."

【역주】

1) 皇(黃)帝之所聽熒也 : 黃帝도 듣고 어리둥절함. 곧 황제도 듣고 의심스러워한다는 뜻. 皇은 黃이어야 한다. 釋德淸은 "황제도 들으면 의심하여 이해하지 못한다[黃帝聽之 亦熒惑而不悟]."고 풀이했다. 熒은 疑惑과 같은 뜻이다. 司馬彪와 向秀는 모두 聽熒을 疑惑으로 풀이했다.

2) 丘也何足以知之 : 孔丘 같은 사람이 어찌 알 수 있겠는가. 곧 黃帝 같은 사람조차 이해하지 못하기 때문에 그보다 수준이 낮은 孔子 같은 사람은 이해하지 못하는 것이 당연하다는 뜻. 여기의 丘를 長梧子의 이름이라 한 주석(崔譔, 成玄英 등)도 있지만 취하지 않았다.

3) 太早計 : 너무 일찍 판단한다는 뜻. 곧 瞿鵲子가 공자를 통해 들은 어떤 사람의 말을 듣고 곧바로 '妙道之行'이라고 단정하는 것을 두고 속단이라고 질책하는 표현이다. 道는 쉽게 설명하고 쉽게 이해할 수 있는게 아니라는 뜻. 太는 大로 된 판본도 있으나 大의 경우에도 역

시 음은 '태'.

4) 見卵而求時夜 : 달걀을 보고 새벽을 알리는 닭의 울음소리를 요구함. 時夜는 司夜로 밤을 담당한다는 뜻으로 닭[司夜之雞]을 지칭한다(崔譔).

5) 見彈而求鴞(효)炙(자) : 탄환을 보고 새구이를 요구함. 鴞炙는 鴞鳥의 고기를 구운 것. 위의 '見卵而求時夜'와 함께 瞿鵲子의 속단을 비유함.

6) 嘗爲女妄言之 : 시험삼아 그대를 위하여 마음대로 말해 봄. 道는 언어로 표현할 수 없기 때문에 되는대로 아무렇게나 말해 보겠다고 표현한 것이다.

7) 女以妄聽之 : 그대도 마음대로 듣기 바란다. 말하는 사람이 道를 완전하게 표현하지 못하기 때문에 듣는 사람도 완전한 설명을 기대하지 말라는 뜻.

8) 奚 : 어떠한가. 본문 번역에서는 따르지 않았지만 王敔는 何不로 보았다. 이 주장을 따르면 이 문장 전체를 '어찌하여 해와 달을 곁에 두고~서로 존중하지 않는가'로 번역해야 한다.

9) 旁日月 : 해와 달을 곁에 둠. 司馬彪는 旁을 依로 보아서 해와 달에 의지하여 움직인다는 뜻으로 보았지만 여기서의 旁은 바로 뒤의 挾과 비슷한 의미로 쓰였기 때문에 따르지 않았다.

10) 挾宇宙 : 우주를 옆에 낌. 林希逸은 "우주를 자신의 품 속에 둔다[宇宙在其懷內也]."는 뜻으로 풀이했다.

11) 爲其脗合 : 일체가 되기를 추구함. 곧 만물과 일체가 됨을 뜻한다. 脗合은 '윗입술과 아랫입술이 꼭 맞는 것[兩脣之相合]'을 형용한 표현이다(向秀). 成玄英은 '분별이 없는 모양[無分別之貌]'이라 했다.

12) 置其滑涽 : 혼돈한 道에 머묾. 곧 분명하게 알 수 없는 혼돈의 道에 자신을 머물게 한다는 뜻. 여기서 滑涽(골혼)은 앞의 '滑疑之耀'와 같이 분명하게 알기 어려운 도의 모습을 형용한 것이다. 이와는 달리 滑涽을 앞의 '樊然殽亂'과 같은 뜻으로 보고 세속의 어지러운 일은 그대로 내버려두고 돌아보지 않는다고 풀이한 주석도 있다(郭象, 成玄英 등).

13) 以隸相尊 : 노예같이 천한 사람도 존중한다. 成玄英은 "貴賤을 동일시한다[以隸相尊 一於貴賤也]."는 뜻으로 풀이했다.

衆人은 役役[1]커든 聖人은 愚芚[2]하사 參萬歲而一成純[3]하시나니 萬物이 盡然[4]이어늘 而以是로 相蘊[5]하나니라 予는 惡乎知說生之非惑邪[6]며 予는 惡乎知惡死之非

弱喪而不知歸7)者邪리오 麗之姬8)는 艾封人之子也9)러니 晉國之始得之也10)에 涕泣沾襟11)하다가 及12)其至於王所하야 與王同筐牀13)하야 食芻豢而後에야 悔其泣也14)하니라 予는 惡乎知夫死者不悔其始之蘄生乎15)리오

"보통사람들은 부지런히 힘쓰는데 성인은 어리석고 둔해서 만년의 세월을 합쳐서 하나로 하고 순수한 세계를 이룩한다. 만물이 모두 그러한데 이로써 서로 감싼다. 내 어찌 生(삶)을 좋아하는 것이 미혹된 것이 아님을 알 수 있으며, 내 어찌 죽음을 싫어하는 것이 마치 젊어서 고향을 잃고 고향으로 되돌아갈 줄 모르는 것이 아님을 알 수 있겠는가. 麗姬는 艾땅 국경 관문지기의 딸이었는데, 晉나라가 처음 그 여자를 잡아왔을 때에는 눈물로 옷섶을 적시며 울다가, 급기야 왕의 처소에 이르러 왕과 함께 으리으리한 침대를 같이 쓰고 쇠고기 돼지고기 등을 먹게 되자 처음에 운 것을 뉘우쳤다. 내 어찌 죽은 사람이 처음에 살기를 바란 것을 뉘우치지 않는다고 알 수 있겠는가."

【역주】

1) 衆人役役 : 보통사람들은 부지런히 힘씀. 세속적인 가치를 얻기 위하여 쉬지 않고 수고롭게 일한다는 뜻. 成玄英은 '役役은 빨리 움직이는 모양[役役 馳動之容也]'이라고 했다.

2) 聖人愚芚(둔) : 성인은 우둔함. 芚은 어리석은 모양. 鈍과 같은 뜻이다. 郭象은 愚芚을 '無知하여 정직하게 나아가는 모양[無知而直往之貌]'이라 했고 成玄英은 '무지한 모양[無知之貌]'이라 했다.

3) 參萬歲而一成純 : 만년의 세월을 합쳐서 하나로 하고 순수한 세계를 이룩함. 參은 參糅로 뒤섞는다는 뜻. 곧 만년에 이르는 수많은 변화와 차별을 통일하여 純粹不雜의 세계, 萬物齊同의 세계를 이룩한다는 뜻이다. 異說이 있으나 여기서는 우선 위와 같이 번역하였다.

4) 萬物盡然 : 만물이 다 그러함. 곽상은 "모든 사물이 그렇지 않음이 없는 것이다[無物不然]."라고 했다.

5) 以是相蘊 : 이로써 서로 감쌈. 곧 萬物齊同의 세계에서는 시비나 이해를 따져 서로 자기가 옳고 상대가 그르다고 공격하지 않는다는 뜻. 朴世堂은 "이 몇 가지로 자기 본성을 가린다[以此數者 蘊蔽其本性也]."고 풀이했다.

6) 予惡乎知說(열)生之非惑邪 : 사람들이 살기를 좋아하고 죽기를 싫어하는 태도가 반드시 옳은 것이 아님을 지적하는 내용.

7) 弱喪而不知歸 : 젊어서 고향을 잃고 고향으로 되돌아갈 줄 모름. 죽음은 삶의 고향과 같다는

비유를 통해 죽음을 싫어하는 태도는 마치 고향을 떠나서 고향으로 되돌아갈 줄 모르는 어리석음과 같다고 지적하고 있는 내용. 郭象은 "어렸을 때 고향을 잃어버린 것을 弱喪이라 한다[少而失其故居 名爲弱喪]."고 했다.

8) 麗(리)之姬 : 麗의 여자. 곧 앞의 麗姬. 之는 어조사. 인명에 之가 어조사로 쓰이는 용례는 ≪孟子≫ <離婁 下>의 '庾公之斯'와 '尹公之他' 등에서 찾아볼 수 있다.

9) 艾封人之子也 : 艾땅 국경 관문지기의 딸. 艾는 지명. 封人은 '국경을 담당하는 관리[掌封疆之官] (朱熹 ≪論語集註≫ <八佾>편). 子는 딸자식. ≪論語≫ <公冶長>의 '以其子妻之', '以其兄之子妻之' 등에서 같은 용례를 찾을 수 있다.

10) 晉國之始得之也 : 晉나라가 처음 붙잡아 왔을 때. ≪國語≫ <晉語>와 ≪禮記≫ <檀弓 上>의 기록에 의하면 晉 獻公이 驪戎國을 공격하자 驪戎國이 驪姬(麗姬)를 바쳤다고 한다.

11) 涕泣沾襟 : 눈물을 흘려 옷섶을 적심. 涕泣은 눈물을 흘리며 운다는 뜻이고, 沾襟은 옷섶을 적신다는 뜻.

12) 及 : ~에 미침. 뒤의 '食芻豢'까지 걸린다.

13) 至於王所 與王同筐牀 : 왕의 처소에 이르러 왕과 침상을 함께함. 晉 獻公은 麗姬를 자신의 부인으로 삼았다(≪禮記≫ <檀弓 上>). 筐牀은 安牀.

14) 悔其泣也 : 처음에 운 것을 뉘우침. 곧 처음에 싫어했던 것을 나중에는 도리어 좋아하게 된 구체적인 사례로 제시한 것이다.

15) 予惡乎知夫死者不悔其始之蘄生乎 : 내 어찌 죽은 사람이 처음에 살기를 바란 것을 뉘우치지 않는다고 알 수 있겠는가. 위의 麗姬가 처음에는 싫어했다가 나중에 그것을 후회한 것처럼 죽은 사람이 죽기 전에 살기를 바랬던 것을 후회하지 않는다고 확신할 수 없다는 뜻. 蘄는 바란다는 뜻.

夢에 飮酒者 旦而哭泣[1]하고 夢에 哭泣者 旦而田獵[2]하나니 方其夢也에 不知其夢也[3]하야 夢之中에 又占其夢焉[4]이라가 覺而後에야 知其夢也[5]하나니라 且有大覺而後에야 知此其大夢也[6]어늘 而愚者는 自以爲覺[7]하야 竊竊然知之[8]하야 君乎아 牧乎[9]아하나니 固哉라 丘也與女는 皆夢也[10]며 予謂女夢도 亦夢也[11]라 是其言也는 其名이 爲弔詭[12]나 萬世之後에 而一遇大聖이 知其解者하면 是는 旦暮遇之也

13)니라

"꿈속에서 술을 마시며 즐거워했던 사람이 아침이 되면 슬피 울고, 반대로 꿈속에서 슬피 운 사람이 아침이 되면 신나게 사냥하러 나간다. 막 꿈을 꿀 때는 그것이 꿈임을 알지 못해서 꿈속에서 꿈속의 꿈을 점치다가 꿈에서 깨어난 뒤에 그것이 꿈이었음을 알게 된다. 또한 큰 깨달음이 있어야 그런 뒤에 이것이 큰 꿈이라는 사실을 알 터인데, 어리석은 사람은 스스로 깨어 있다고 생각해서 똑똑한 체하면서 스스로 지혜롭다 여겨 '임금이시여' 라고 하고 '하인들아' 하고 말을 하니 참으로 고루하다. 孔丘와 그대도 모두 꿈이고 내가 그대에게 꿈꾼다고 말하는 것도 역시 꿈이다. 이 말은 그 명칭을 수수께끼라 한다. 만 세대 뒤에 그 해답을 아는 큰 성인을 한 번 만난다 하더라도 아침 저녁으로 <짧은 시간 안에> 만나는 것과 같<은 큰 행복이>다."

【역주】

1) 夢飮酒者 旦而哭泣 : 꿈속에서 술을 마셨던 사람이 아침이 되면 슬피 욺. 곧 꿈속에서 술을 마시며 진탕 노닌 자가 아침이 되면 슬픈 현실에 부딪쳐 곡하며 운다는 뜻. 꿈속의 즐거움이 현실의 입장에서 보면 허망함을 사례로 들어 인생의 즐거움이 무상함을 비유함.

2) 夢哭泣者 旦而田獵 : 꿈속에서 슬피 운 사람이 아침이 되면 신나게 사냥함. 꿈속의 슬픔이 현실의 입장에서 보면 아무것도 아님을 사례로 들어 삶의 즐거움과 슬픔이 실재가 아님을 비유.

3) 方其夢也 不知其夢也 : 꿈 속에서는 꿈을 自覺하지 못한다는 뜻.

4) 夢之中 又占其夢焉 : 꿈속에서 꿈속의 꿈을 점침. 꿈을 꿀 때는 꿈을 현실이라고 생각하기 때문에 다시 꿈속의 꿈을 점쳐서 길흉을 예측하는 부질없는 짓을 한다는 뜻.

5) 覺(교)而後 知其夢也 : 꿈에서 깨어난 뒤에 그것이 꿈이었음을 알게 됨. 꿈에서 깨어나면 현실이라고 생각했던 것이 꿈임을 알게 된다는 뜻. 覺는 꿈을 깬다는 뜻으로 音 교.

6) 且有大覺(각)而後 知此其大夢也 : 큰 깨달음이 있어야 그런 뒤에 이것이 큰 꿈이라는 사실을 알게 됨. 지금 현실이라고 생각하는 것도 또 하나의 꿈에 지나지 않는다는 사실을 깨우치려면 大覺이 있어야 한다는 뜻. 현실의 인생을 한바탕 큰 꿈에 비유한 것.

7) 愚者自以爲覺(교) : 어리석은 자는 스스로 깨어 있다고 생각함. 현실이 한바탕 꿈처럼 허망한 것임을 알지 못함을 비유.

8) 竊竊然知之 : 똑똑한 체하면서 스스로 지혜롭다 여김. 司馬彪는 "竊竊은 察察과 같다[竊竊猶察察]."고 했다. '察察'은 세밀하게 따지는 모양으로 똑똑한 체하는 태도를 의미한다.

9) 君乎牧乎 : '임금이시여' 하고 '하인들아' 하고 말함. 君과 牧은 각각 貴하고 賤한 사람(林希逸)으로 자신이 좋아하는 사람에게는 '임금이시여' 하고 자신이 천시하는 사람에게는 '하인들아' 하고 거만을 떤다는 의미. 愛憎好惡의 偏見으로 차별의식을 갖는다는 뜻.

10) 丘也與女 皆夢也 : 지금의 현실도 大覺의 차원에서 바라보면 한낱 꿈에 지나지 않는다는 뜻.

11) 予謂女夢 亦夢也 : 내가 그대에게 꿈꾼다고 말하는 것 역시 꿈임.

12) 是其言也 其名爲弔(적)詭 : 이 말은 그 명칭을 수수께끼라 한다. 弔詭는 지극히 이상한 말, 곧 보통사람은 이해하기 어려운 수수께끼 같은 말이라는 뜻. 章炳麟은 弔詭는 <天下>편의 '諔詭'와 같다고 했고, 陸德明은 ≪釋文≫에서 "弔는 讀音이 적(的)이고 '지극하다'[至].고 풀이했다.

13) 萬世之後 而一遇大聖 知其解者 是旦暮遇之也 : 만 세대 뒤에 그 해답을 아는 큰 성인을 한 번 만난다 하더라도 아침 저녁으로 만나는 것과 같음. 곧 30만 년 뒤에 이 말을 이해할 줄 아는 성인을 만난다 하더라도 하루라는 짧은 시간에 만난 것처럼 행운이라는 의미. 결국 이 말의 뜻을 이해하는 사람은 만 세대에 한 명이 나오기도 어렵다는 뜻이다. 萬世는 30만 년. "부모와 자식이 이어가는 것이 一世이며 통상 30년을 一世라 한다[父子相繼爲一世 三十年亦爲一世]." ≪孟子集註≫ <離婁 下>

既使我與若으로 辯矣[1]란대 若이 勝我요 我不若勝[2]인댄 若이 果是也요 我果非也邪[3]아 我勝若이오 若이 不吾勝인댄 我果是也요 而果非也邪[4]아 其或是也며 其或非也邪[5]아 其俱是也며 其俱非也邪[6]아

"가령 내가 그대와 논쟁했는데 그대가 나를 이기고 내가 그대를 이기지 못했다면 그대는 참으로 옳고 나는 참으로 그르단 말인가? 내가 그대를 이기고 그대가 나를 이기지 못했다면 나는 참으로 옳고 그대는 참으로 그르단 말인가? 아니면 어느 한쪽이 옳고 또 다른 한쪽이 그르단 말인가? 아니면 양쪽이 모두 옳거나 양쪽이 모두 그르단 말인가?"

【역주】

1) 既使我與若辯矣 : 가령 내가 그대와 논쟁했다면. 使는 가령의 뜻.

2) 若勝我 我不若勝 : 그대가 나를 이기고 내가 그대를 이기지 못함. 若은 2인칭.

3) 若果是也 我果非也邪 : 그대는 참으로 옳고 나는 참으로 그르단 말인가. 果는 참으로, 정말.

4) 而果非也邪 : 그대는 참으로 그르단 말인가. 而는 2인칭.

5) 其或是也 其或非也邪 : 어느 한쪽이 옳고 또 다른 한쪽이 그르단 말인가. 곧 두 사람이 논쟁할 때 한 사람이 옳으면 또 다른 사람은 반드시 그르다는 양자택일의 논리가 정당한 것인지를 의심하는 내용이다.

6) 其俱是也 其俱非也邪 : 양쪽이 모두 옳거나 양쪽이 모두 그르단 말인가. 두 사람이 논쟁할 때 누가 옳고 누가 그른지 확정할 수 없다면 논쟁의 결과와 상관없이 두 사람 모두 옳거나 두 사람 모두 그르다고 해야 하는 것인지 의심함으로써 시비의 판단이 상대적인 것임을 밝힌 내용.

我與若이 不能相知也[1]인댄 則人이 固受其黮闇[2]하리니 吾誰使正之[3]요 使同乎若者로 正之[4]인댄 旣與若으로 同矣어니 惡能正之[5]리오 使同乎我者로 正之인댄 旣同乎我矣어니 惡能正之리오 使異乎我與若者[6]로 正之인댄 旣異乎我與若矣어니 惡能正之[7]리오 使同乎我與若者로 正之인댄 旣同乎我與若矣어니 惡能正之리오 然則我與若與人이 俱不能相知也[8]로소니 而待彼也邪[9]아

"나와 그대가 서로 알 수 없다면 다른 사람들이 참으로 어둠 속에 빠지고 말 것이니 내가 누구로 하여금 바로잡게 할 수 있겠는가. 그대와 의견이 같은 사람으로 바로잡게 한다면 이미 그 사람은 그대와 같은 사람이니 어찌 바로잡을 수 있겠는가. 나와 의견이 같은 사람으로 하여금 바로잡게 한다면 이미 나와 같은 사람이니 어찌 바로잡을 수 있겠는가. 나와 그대 모두와 의견이 다른 사람으로 하여금 바로잡게 한다면 이미 나와 그대 모두와 다르니 어찌 바로잡을 수 있겠는가. 나와 그대 모두와 의견이 같은 사람으로 하여금 바로잡게 한다면 이미 나와 그대 모두와 의견이 같으니 어찌 바로잡을 수 있겠는가. 그렇다면 나와 그대, 그리고 다른 사람까지도 모두 알 수 없을 것이니, 또 다른 사람을 기다려야 할 것인가."

【역주】

1) 我與若 不能相知也 : 나와 그대가 서로 알 수 없음. 논쟁의 당사자가 시비를 판단하지 못한다는 뜻.

2) 人固受其黮闇(탐암) : 다른 사람들이 참으로 어둠 속에 빠짐. 논쟁의 결과를 기다리는 제3자는 더더욱 시비를 알 수 없게 된다는 뜻. 人은 他人을 지칭한다. 郭象과 林希逸은 모두 人을 논쟁의 당사자인 나와 그대라고 풀이했지만 적절치 않다(方勇·陸永品). 王先謙은 "곁에 있

는 사람도 그 때문에 분명히 알지 못하게 된다[旁人亦因之不明].”고 풀이했다. 黮闇은 분명하지 못한 모양(李頤).

3) 吾誰使正之 : 내가 누구로 하여금 바로잡게 할 수 있겠는가. 어떤 사람에게 시비를 판정하게 할 수 있겠느냐는 뜻. 결국 시비를 판정할 수 있는 사람이 없다는 뜻이다. 成玄英은 “저와 나 두 사람이 각각 편견을 가지고 모두 자기가 옳다고 여기기 때문에 서로 알지 못한다[彼我二人 各執偏見 咸謂自是 故不能相知].”고 풀이했다.

4) 使同乎若者正之 : 그대와 의견이 같은 사람으로 바로잡게 한다면. 同乎若者는 그대와 의견이 같은 사람.

5) 旣與若同矣 惡能正之 : 이미 그 사람은 그대와 같은 사람이니 어찌 바로잡을 수 있겠는가. 상대와 같은 주관적 편견을 지니고 있기 때문에 공정하게 판정할 수 없다는 뜻이다. 郭象은 “상대와 의견이 같기 때문에 상대의 의견이 옳다한 것일 뿐이므로 믿을 수 없다[同故是之未足信也].”고 풀이했다.

6) 異乎我與若者 : 나와 그대 모두와 의견이 다른 사람. 곧 나와도 의견이 다르고 그대와도 의견이 다른 사람.

7) 異乎我與若矣 惡能正之 : 나와 그대 모두와 의견이 다른 사람으로 하여금 바로잡게 한다면 이미 나와 그대 모두와 다르니 어찌 바로잡을 수 있겠는가. 곧 의견이 다르기 때문에 그르다고 할 것이므로 그 또한 참으로 그르다는 근거로 삼기에는 부족하다는 뜻이다(郭象). 成玄英은 “의견이 다르기 때문에 또 다른 시비의 분란을 일으킬 뿐이다[旣異我汝 故別起是非].”라고 풀이했다.

8) 我與若與人 俱不能相知也 : 나와 그대, 그리고 다른 사람이 모두 서로 알 수 없음. 결국 다른 사람에게 정확한 판정을 부탁하더라도 옳은 판정을 내릴 수 없다는 뜻.

9) 待彼也邪 : 또 다른 사람을 기다려야 할 것인가. 郭象은 “각자가 옳다고 여길 뿐이므로 다른 사람을 기다려도 이 논쟁을 판정할 수 없다[各自正耳 待彼不足以正此].”는 뜻으로 풀이했다. 成玄英은 “또 다른 사람을 기다린다 하더라도 같은 결과가 일어날 뿐이기 때문에 기다릴 필요가 없음을 말한 것이다[若別待一人 亦與前何異 待彼也耶 言其不待之也].”라고 풀이했다. 彼를 다음 문장의 ‘天倪’로 보고 ‘天倪를 기다려야 할 것’, 곧 자연의 道에 맡겨야 할 것으로 풀이한 주석도 있지만 취하지 않았다.

化聲之相待론 若其不相待[1)]니 和之以天倪[2)]며 因之以曼衍[3)]이 所以窮年也[4)]니라 何謂和之以天倪요

※ 이 부분이 林希逸본에는 '何謂和之以天倪 曰是不是 然不然 是若果是也 則是之異乎不是也 亦無辯 然若果然也 則然之異乎不然也 亦無辯 化聲之相待 若其不相待 和之以天倪 因之以曼衍 所以窮年也 忘年忘義 振於無竟 故寓諸無竟'의 순서로 되어 있다. 그러나 宋 呂惠卿, 淸 宣穎 등의 주장에 근거하여 池田知久나 赤塚忠, 陳鼓應 등은 모두 '化聲之相待 若其不相待 和之以天倪 因之以曼衍 所以窮年也'를 '何謂和之以天倪 曰是不是 然不然 是若果是也 則是之異乎不是也 亦無辯 然若果然也 則然之異乎不然也 亦無辯'의 앞에 두었다. 본문의 해석은 呂惠卿, 池田知久 등의 의견을 따랐다.

"시비를 따지는 소리에 의지하는 것은 처음부터 아예 의지하지 않는 것과 같다. 이것을 자연의 道(天倪)로 조화하며, 끝없는 변화에 자신을 그대로 맡기는 것이, 이것이 하늘로부터 받은 수명을 다하는 방법이다."

"道(天倪)로 조화한다는 것은 무슨 말입니까?"

【역주】

1) 化聲之相待 若其不相待 : 시비를 따지는 소리에 의지하는 것은 처음부터 아예 의지하지 않는 것과 같음. 化聲은 시비를 따지는 것, 곧 논쟁을 의미한다. 변화하기 쉬운 是非의 소리라는 뜻도 된다. 郭象은 "시비를 따지는 것이 化聲이다[是非之辯 爲化聲]."라고 했다.

2) 和之以天倪(예) : 天倪(자연의 道)로 조화함. 天倪는 자연의 道를 뜻하며 道에 의한 구분, 곧 절대적 규정을 의미한다. 郭象은 "天倪란 自然의 分이다[天倪者 自然之分也]."라고 했다. 비슷한 구절이 <寓言>편에도 '和以天倪 因以曼衍 所以窮年……是謂天均 天均者天倪也'라고 나오는데 이에 의하면 天倪는 앞에 나왔던 天鈞과 같은 뜻이다.

3) 因之以曼衍 : 변화에 자기 자신을 맡김. 曼衍은 變化와 같고 因은 맡긴다는 뜻이다(成玄英). 司馬彪는 曼衍을 無極으로 풀이했다.

4) 所以窮年也 : 하늘로부터 받은 수명을 다하는 방법임. 窮은 다한다[盡]는 뜻(成玄英). 年은 天年, 곧 天壽와 같은 뜻.

曰 是不是하며 然不然[1)]이니라 是若果是也[2)]면 則是之異乎不是也 亦無辯[3)]이니라

然若果然也면 則然之異乎不然也 亦無辯이니라 忘年忘義[4)]하여 振於無竟[5)]이라 故寓諸無竟[6)]이니라

"<세속에서> 옳지 않다고 하는 것을 옳다고 여기고 세속에서 그렇지 않다고 하는 것을 그렇다고 여기는 것이다. <이 절대적인> 옳음이 과연 정말 옳다면 이 절대적인 옳음이 세속 세계에서 옳지 않다고 하는 것과 다른 것임은 또한 말할 것도 없이 분명하다. <만물제동에 입각하여> 그렇다고 한 것이 과연 정말 그런 것이라면 그렇다고 한 것이 세속 세계에서 그렇지 않다고 하는 것과 다른 것임은 또한 말할 필요도 없다. 나이를 잊어버리고 마음 속의 편견을 잊어버려서 경계 없는 경지에서 自由自在로 움직인다. 그 때문에 경계 없는 세계에 맡긴다."

【역주】

1) 是不是 然不然 : 是와 不是, 然과 不然으로 끊어서 보는 견해도 있고, 是가 곧 不是이고 然이 곧 不然이라고 보는 讀法도 있지만, 여기서는 <天地>편과 <秋水>편의 '可不可 然不然'에 근거하여 是不是에서 앞의 是와, 然不然에서 앞의 然을 술어(동사)로 보고 '세속에서 옳지 않다고 하는 것을 옳다고 여기고 세속에서 그렇지 않다고 하는 것을 그렇다고 여기는 것'으로 해석하였다.

2) 是若果是也 : 옳음이 과연 정말 옳다면. 세속에서 옳지 않다고 여기는 것을 옳다고 여기는 것이 정말 옳은 것이라고 가정한다면. 상대적인 시비를 넘어선 절대적인 是를 가정하는 표현.

3) 是之異乎不是也 亦無辯 : 이 절대적인 옳음이 세속 세계에서 옳지 않다고 하는 것과 다른 것임은 또한 말할 것도 없이 분명함. 無辯은 따질 필요도 없이 분명하다는 뜻.

4) 忘年忘義 : 나이를 잊어버리고 마음 속의 편견을 잊어버림. 死生과 是非를 넘어서는 경지를 표현한 것이다. 곽상은 "是非와 死生을 통틀어 한가지로 여긴다[是非死生蕩而爲一]."고 풀이했다. 義는 시비를 가리는 편견(成玄英).

5) 振於無竟 : 경계 없는 경지에서 자유자재로 움직임. 振은 逍遙와 같은 뜻(林希逸). 崔譔본에는 竟이 境으로 되어 있다≪釋文≫.

6) 寓諸無竟 : 경계 없는 세계에 자신을 맡김. 바로 이것이 天倪로서 調和를 이루는 것이다. 朴世堂은 "무경은 바로 이른바 용이다[無竟 卽所謂庸也]."고 풀이하여, 앞의 爲是不用而寓諸庸의 寓諸庸과 여기의 寓諸無竟을 같은 뜻으로 보고 있다.

## 第5章

罔兩[1)]이 問景[2)]曰 曩에 子行하다가 今에 子止[3)]하며 曩에 子坐하다가 今에 子起하니 何其無特操與[4)]요 景曰 吾는 有待而然者邪[5)]아 吾所待는 又有待而然者邪[6)]아 吾는 待蛇蚹蜩翼邪[7)]아 惡識所以然하며 惡識所以不然[8)]이리오

곁그림자가 그림자에게 이렇게 물었다.

"조금 전에는 그대가 걸어가다가 지금은 그대가 멈췄으며, 조금 전에는 그대가 앉아 있다가 지금은 그대가 일어서 있으니, 어찌 그다지도 일정한 지조가 없는가?"

그림자가 이렇게 말했다.

"내가 무언가 의지하는 것이 있어서 그러한가? 내가 의지하고 있는 것도 또 무언가 의지하고 있는 것이 있어서 그렇게 되는 것인가? 나는 뱀의 비늘이나 매미의 날개와 같은 무엇에 의지하는가? 어떻게 그런 줄 알며, 어떻게 그렇지 않은 줄 알겠는가?"

【역주】

1) 罔兩 : 곁그림자. 向秀(상수)는 '그림자의 그림자[景之景也]'라고 했고 郭象은 '그림자 바깥의 엷은 그늘[景外之微陰也]'이라고 했다.

2) 景(영) : 그림자. 景은 影과 통용한다.

3) 曩子行 今子止 : 曩은 앞서, 조금 전에. 子는 2인칭.

4) 何其無特操與 : 어찌 그다지도 일정한 지조가 없는가. 特操는 일정한 지조.

5) 吾有待而然者邪 : 내가 무언가 의지하는 것이 있어서 그러한가. 그림자는 물체의 움직임에 따라 움직이지만, 그것이 과연 그런지를 의심하는 표현.

6) 吾所待 又有待而然者邪 : 내가 의지하고 있는 것도 또 무언가 의지하고 있는 것이 있어서 그렇게 되는 것인가. 그림자가 따르는 물체 또한 스스로 움직이는 것이 아니라 무엇인가를 따라 그렇게 움직인다는 뜻으로 보아 만물은 스스로 변화하는 것이 아니라 근원적 실재인 道에 의지하여 움직임을 암시하는 내용이라고 주석한 경우가 있고(赤塚忠, 金谷治 등), 반대로 저절로 그러해서 그런 것이지 기다림(의지함)이 있는 것이 아니다, 天機自爾(郭象)나 自生自化(福永光司)로 풀이하는 주석도 있다. 여기서는 우선 문장만 번역하고 자세한 해설은 보류하였다. 吾所待는 吾所待之物, 곧 물체를 지칭한다.

7) 吾待蛇蚹蜩翼邪 : 나는 뱀의 비늘이나 매미의 날개와 같은 무엇에 의지하는가. 곧 뱀이 비늘

에 의지하여 움직이고 매미가 날개에 의지하여 움직이는 것처럼 나도 무언가에 의지하여 움직일 뿐 스스로 움직이는 것이 아니라는 뜻으로 보는 것이 일반적인 주석이다. 그러나 福永光司는 "道란 自生自化하는 일체만물의 生滅變化의 흐름 그 자체에 불과하다. 그러므로 모든 존재가 自生自化하는 實在의 세계 곧 道의 세계에서는 형체도 그림자도 罔兩도 다만 저절로 존재하고 저절로 변화하는 것이기 때문에 거기에는 어떠한 因果關係도 없고 다른 것에 의존함이 없다. 장자는 이 萬象의 自生自化를 상식적으로 가장 밀접한 관계가 있다고 생각하는 그림자와 罔兩의 문답을 빌려 설명하고 있다."라고 하여 무엇인가에 의지하는 것을 부정하는 뜻으로 풀이하고 있다. 이 주석을 따르면 여기 보이는 의문문은 의문을 제시한 뒤 '글쎄'하고 그것을 부정하는 뜻으로 읽어야 한다. 蚹는 뱀의 비늘.

8) 惡識所以然 惡識所以不然 : 어떻게 그런 줄 알며, 어떻게 그렇지 않은 줄 알겠는가. 무엇에 의지하여 움직이는지 아닌지 알 수 없다는 뜻.

## 第6章

昔者[1]에 莊周夢爲胡蝶호니 栩栩然[2]胡蝶也러니 自喩適志與[3]라 不知周也[4]호라 俄然覺[5]하니 則蘧蘧然周也[6]러라 不知케라 周之夢에 爲胡蝶與아 胡蝶之夢에 爲周與아 周與胡蝶은 則必有分矣[7]니 此之謂物化[8]니라

옛날에 莊周가 꿈에 나비가 되었다. 펄럭펄럭 경쾌하게 잘도 날아다니는 나비였는데 스스로 유쾌하고 뜻에 만족스러웠는지라 자기가 장주인 것을 알지 못했다. 얼마 있다가 화들짝하고 꿈에서 깨어 보니 갑자기 장주가 되어 있었다. 알지 못하겠다. 장주의 꿈에 장주가 나비가 되었던가 나비의 꿈에 나비가 장주가 된 것인가? <세속의 입장에서 보면> 장주와 나비는 분명한 구별이 있으니 <이처럼 장주가 나비가 되고 나비가 장주가 되는 것> 이것을 物의 변화[物化]라고 한다.

【역주】

1) 昔者 : 옛적에. 者는 시기를 나타내는 접미사. 王念孫은 ≪穀梁傳≫에 夜를 昔으로 표기한 예를 들어 여기의 昔을 夕의 假借字라고 주장, 昔者→夕者→夜者로 풀이하여 '밤중에'라는 뜻으로 보았다. 하지만 원문대로 '옛적에'로 풀이해도 무리가 없을 뿐 아니라 앞의 '昔者堯問於舜'과 '昔者十日竝出' 등에서는 옛날로 쓰인 것이 분명하기 때문에 굳이 이 주장을 따를

필요는 없다.

2) 栩栩(후후)然 : 나비가 펄럭펄럭 경쾌하게 나는 모양. 가볍게 움직이는 모양을 나타낸 표현이다. <田子方>편에는 숨이 조용히 들락날락하는 모양을 栩栩然으로 표현하였다.

3) 自喩適志與 : 스스로 유쾌하고 뜻에 꼭 맞음. 전혀 어색함 없이 자연스러웠다는 뜻. <達生>편에 "발을 잊어버리는 것은 신발이 꼭 맞기 때문이다[忘足 屨之適也 忘要 帶之適也 忘是非心之適也]."라는 내용이 나오는데 바로 여기에 나오는 適자와 꼭 맞는 뜻이다.

4) 不知周也 : 莊周임을 알지 못함. 자신이 본래 장주였다는 사실을 완전히 잊어버렸다는 뜻.

5) 俄然覺(교) : 이윽고 깨어남. 俄然은 이윽고, 잠시 후.

6) 蘧蘧然周也 : 화들짝 깨어보니 갑자기 장주가 되어 있음. 成玄英은 蘧蘧然을 '놀라 움직이는 모습[驚動之貌]'이라고 하여 꿈에서 깨어나는 모양으로 풀이했는데, 羅勉道, 蔣錫昌, 池田知久, 方勇·陸永品 등은 모두 이 견해를 따르고 있다. 반면 李頤는 '형체가 있는 모양[有形貌]'이라고 풀이했는데, 앞의 '栩栩然'이 나비의 경쾌한 모양을 표현한 것이라면 여기의 蘧蘧然은 장주의 모습을 표현한 것이라고 할 수 있으므로 이 주장도 배제할 수는 없다. 본문 번역에서는 우선 成玄英의 주석을 따랐다.

7) 周與胡蝶則必有分矣 : 장주와 나비는 반드시 구분이 있을 터인데. 정말 구분이 있다고 주장하는 것이라기보다는 세속적인 차원에서 말하자면 구분이 있다는 뜻으로 이해해야 한다.

8) 此之謂物化 : 이것을 物化라고 함. 物化에 대해서는 "만물이 변화하여 하나가 된다[萬物化而爲一]."는 풀이(釋德淸)와 <天地>편의 '方且與物化而未始有恒', <天道>편의 '其生也天行 其死也物化 靜而與陰同德 動而與陽同波', <刻意>편의 '聖人之生也天行 其死也物化 靜而與陰同德 動而與陽同波', <達生>편의 '與物化而不以心稽', <則陽>편의 '日與物化者 一不化者也' 등 참고할 만한 주석과 다른 편에 보이는 관련 文章이 많이 있다. <逍遙遊>편 해설에서도 말하였듯이 여기 '物化'의 '化'는 장자의 중심사상의 하나로 볼 수 있는데 여기서는 物化를 '만물의 流轉變化'(福永光司)로 보는 주석과 '죽음을 매개로 해서 다른 사물로 변화한다'(池田知久)는 해석에 주목할 필요가 있다. 번역은 일단 '物의 변화'라고 하였으나 '與物同化(다른 사물과 동화되어 일체가 된다는 뜻)'로 풀이하는 것이 보다 깊은 해석일 것 같다.

# 第3篇 養生主

**【해설】**

養生에 관한 사상은 戰國時代 후기에 이르러 어느 학파를 막론하고 널리 제창되고 實踐되어 왔는데 道家學派가 그 중심이라고 할 수 있다. ≪莊子≫ 중에서도 양생에 관한 논의는 이 편뿐만 아니라 여러 곳에 보인다. '養生'은 생을 기른다는 뜻으로, 병에 걸리거나 불의의 사고로 橫死하지 않고 자연으로부터 주어진 생명을 보존하여, 있는 그대로의 生을 다하는 것이다. 養生主의 '主'는 근본, 중심 등을 의미하는데 ≪周易≫ <繫辭傳>의 '樞機之發 榮辱之主'라고 할 때의 '主'와 같은 의미로 쓰인 것이다. 따라서 편명인 養生主의 의미는 '養生을 근본적인 것[主]으로 삼는 것', 또는 '養生의 근본적인 道', '양생의 중심' 등으로 풀이할 수 있다. 養生主라는 편명을 '養生의 主'로 풀이해야 할 것인지 '生主를 養한다'는 식으로 풀이해야 할 것인지 논란이 있지만, 唐의 陸德明이 저술한 ≪經典釋文≫에서 "生을 기르는 主[養生以此爲主也]'라고 해석한 이래 오늘날도 대부분의 학자들은 이 해석을 따른다.

한편 宋의 林希逸, 褚伯秀, 明의 朱得之, 淸의 林雲銘, 宣穎, 근대의 關鋒 등은 '生主'를 목적어로 보고 '養'을 서술어로 보아 養生主를 '生의 主人(근본원리)을 기른다'는 식으로 풀이하기도 한다. 그러나 ≪장자≫ 본문에 養生이란 말이 단독으로 쓰이는 경우가 도처에 나오고, 養性이나 養心 등의 표현이 비슷한 시기의 문헌인 ≪孟子≫ 등에 자주 나오는 것으로 미루어 볼 때 이들의 견해는 옳지 않은 듯하다.

새로운 지식은 새로운 욕망을 낳고 새로운 욕망은 또다시 새로운 지식을 낳아서 인간의 지식이나 욕망은 밖으로 무한히 뻗어 나간다. 분명 인간은 지식과 욕망에 의지하여 높은 수준의 문명을 축조해 왔다. 그러나 그와 동시에 인간에게는 슬픔과 두려움, 의혹과 墮落이 발생하여 인간으로 하여금 편안한 삶을 누리지 못하게 방해한다. 장자는 지식과 욕망이 바로 그 원인이라고 보았다. 그 때문에 그는 '끝이 있는 우리의 생명을 가지고 끝이 없는 지식을 추구하게 되면 위태로울 뿐[以有涯 隨無涯 殆已]'이라고 警告한 것이다.

이 편에서는 이와 같이 무한히 확대되어 나가는 인간의 지식이나 욕망을 경계하며, 知와 欲의 放恣로부터 自己를 지킬 것, 또는 善惡의 彼岸에 서서 萬物의 自然에 冥合할 것을 요구하고 있다.

<양생주>편의 제1장 첫머리는 이 편의 총론에 해당하는 부분으로 일체의 선악과 시비를 無化시키는 中의 경지에 따르는 것[緣督]을 삶의 근본원리[經]로 삼아야 한다고 주장하고 있다. 이것은 인간이 수명을 안락하게 보전하기 위해서는 지식을 過信하지 말고 '督', 즉 中虛의 道를 따라야 함을 말한 것이다.

또 제2장에서는 庖丁解牛의 神技를 통해 文惠君이 養生의 道를 배우는 우화를 소개하면서 養生의 비결은 天理의 自然을 따르는 것임을 이야기하고 있는데 동양의 예술 정신을 이해하는 데에도 대단히 중요한 부분이다.

제3장에서는 현실 생활의 모든 禍福을 自然으로 받아들여 그 속에 안주할 것을 이야기하고 있다. 또한 새장 안의 권세를 거부하는 것이 자유로운 養生의 비결이라고 이야기함으로써 권력의 不自由를 빗대서 풍자하고 있다.

제4장에서는 生死에 超然한 安時處順의 우화를 이야기하고 있는데, 여기서 安時處順이란 生에 집착하지 않고 死를 두려워하지 않는 경지에 서는 것으로, 養生의 궁극적인 비결이기도 하다. 요컨대 莊子가 말하는 養生의 비결은 無爲自然의 道를 따르는 것이다.

## 第1章

吾生也는 有涯[1)]하고 而知也는 無涯하니 以有涯로 隨無涯[2)]하나니 殆已[3)]로다 已而[4)]爲知者[5)]는 殆而已矣[6)]니라 爲善호대 無近名하며 爲惡호대 無近刑[7)]이오 緣督以爲經[8)]하면 可以保身이며 可以全生이며 可以養親[9)]이며 可以盡年이니라

우리의 생명은 한계가 있지만, 지식은 무한하다. 끝이 있는 것을 가지고 끝이 없는 것을 추구하게 되면 위태로울 뿐이다. 그런데도 知를 추구하는 것은 더더욱 위태로울 뿐이다.

善을 행하되 명예에 가까이 가지는 말며, 惡을 행하되 형벌에 가까이 가지는 말고, 中의 경지를 따라 그것을 삶의 근본원리로 삼으면 자기 몸을 안전하게 지킬 수 있고, 자신의 생명을 온전

하게 유지할 수 있고, 어버이를 잘 봉양할 수 있으며, 자신에게 주어진 천수를 끝까지 누릴 수 있다.

【역주】

1) 涯(애) : 물가. 여기서는 끝, 한계라는 뜻으로 쓰였다.

2) 以有涯 隨無涯 : 끝이 있는 것을 가지고 끝이 없는 것을 추구함. 끝이 있는 것은 유한한 인간의 생명을 비유한 것이고 끝이 없는 것은 무한한 지식을 비유한 것이다. ≪老子≫ 71장의 "알면서도 알지 못한다고 하는 것은 최고의 지혜이고 알지 못하면서도 안다고 하는 것은 병통이다[知不知上 不知知病也]."는 언급과 유사한 맥락이다.

3) 殆已 : 위태로울 뿐임. 郭象은 殆를 막힌다[困]는 뜻으로 풀이했고, 向秀는 疲困의 의미로 풀이했다. 殆已를 지칠 뿐이라고도 볼 수 있다. 韓元震은 "유한한 삶으로 무한한 지식을 추구하면 정신이 안에서 피폐해지고 재앙이 밖에서 이른다. 지식은 몸을 위태롭게 하는 도리이고 삶을 기르는 방도가 아니다. 그 때문에 위태로울 뿐이라고 말한 것이다[以有限之生 役於無限之知 則精神內弊 患害外至 知者 卽危身之道 而非養生之方 故曰殆已]."라고 풀이했다.

4) 已而 : 이미 그런데도. 已然而와 같다.

5) 爲知者 : 知를 추구하는 것. 郭象은 "知를 추구하여 위태로운 것을 구제하려는 인위적인 행위이다[爲知以救之]."로 풀이했다.

6) 殆而已矣 : 더더욱 위태로울 뿐임. 앞의 殆가 위태롭다는 사실을 논리적으로 규정한 말이라면, 여기서는 그럼에도 불구하고 기어코 知를 추구하게 되면 결과로서 위태로워짐을 말한 것이다. 郭象은 앞의 殆보다 '정도가 심한 위태로움[眞大殆也]'을 표시한다고 보았다.

7) 爲善無近名 爲惡無近刑 : 善을 행하되 명예에 가까이 가지는 말며, 악을 행하되 형벌에 가까이 가지는 말라. 얼핏 보면 선과 악을 적절하게 행하라는 뜻으로 이해하기 쉽지만, 사실은 선을 행하지도 악을 저지르지도 말라는 뜻이다. 곧 선을 행하면 명예가 생기기 때문에 결국 그 명예로 인해 위태로워지고, 악을 저지르면 형벌로 처벌받기 때문에 결국 몸이 위태로워지므로 선도 악도 아닌 中의 입장을 택하여, 일체의 善惡과 是非를 떠나라는 뜻이다. 명예와 형벌이 모두 몸을 망치는 근본이라는 의미가 담겨 있다. 無는 禁止辭로 毋와 통용한다(張之純).

8) 緣督以爲經 : 中의 경지를 따라 그것을 삶의 근본원리로 삼음. 緣督의 督은 中의 뜻(陸德明). ≪靈樞≫에 의하면 사람의 八脈 가운데 중앙의 맥을 督脈이라고 하는데 이것을 中의 뜻으로 사용한 듯하다. 緣은 順·循·因으로 따른다는 뜻. 緣督은 일체의 선악과 시비를 無化시켜

無心한 상태에 이르는 것을 의미한다. 經은 삶의 근본원리, 근본법칙.

9) 可以養親 : 어버이를 잘 봉양할 수 있음. 親을 身의 假借字로 보고 "몸을 잘 기를 수 있다."는 뜻으로 풀이하는 견해도 있지만, 여기서는 앞의 '保身'보다 높은 차원의 養生을 養親으로 표현한 것이라고 보고 따르지 않았다.

## 第2章

庖丁1)이 爲文惠君2)하야 解牛하더니 手之所觸3)과 肩之所倚4)와 足之所履와 膝之所踦5)면 砉然嚮然6)하며 奏刀騞然7)하야 莫不中音하야 合於桑林之舞8)하며 乃中經首之會9)한대 文惠君曰 譆10)라 善哉라 技蓋至此乎11)여

庖丁이 文惠君을 위해서 소를 잡는데, 손으로 쇠뿔을 잡고, 어깨에 소를 기대게 하고, 발로 소를 밟고, 무릎을 세워 소를 누르면, <칼질하는 소리가 처음에는> 획획하고 울리며, 칼을 움직여 나가면 쐐쐐 소리가 나는데 모두 음률에 맞지 않음이 없어서 桑林의 舞樂에 부합되었으며, 經首의 박자에 꼭 맞았다. 문혜군이 말했다.

"아! 훌륭하구나. 기술이 어찌 이런 경지에 이를 수 있는가!"

【역주】

1) 庖丁 : 소 잡는 사람, 곧 白丁. ≪孟子≫ <萬章 下> '廩人繼粟 庖人繼肉'의 庖人과 같다. 비슷한 예화로 ≪管子≫ <制分>에 "屠牛坦이라는 백정이 하루 아침에 소 아홉 마리를 잡았다[屠牛坦一朝解九牛]."는 기록이 있고, ≪呂氏春秋≫ <精通>에도 "송나라의 포정이 소 잡는 것을 좋아했다[宋之庖丁好解牛]."는 기록이 있다. 庖는 庖人이고 이름이 丁이라는 견해(陸德明, 成玄英)가 있고 또 그것이 통설이지만 人과 丁은 모두 賦役에 동원되는 壯丁을 헤아리는 단위로 쓰이므로 굳이 따르지 않았다. 韓元震은 "포정이 소 잡는 일을 빌려 緣督爲經의 뜻을 비유한 것이다[借丁之解牛 以喩緣督爲經之意]."라고 풀이했다.

2) 文惠君 : 가공의 인물로 누구를 빗대서 말한 것인지는 불명확하다. 崔譔과 司馬彪 등은 梁惠王이라고 했지만 俞樾을 비롯한 대부분의 주석가들은 근거가 박약하다고 보고 따르지 않았다.

3) 手之所觸 : 손으로 쇠뿔을 잡음. 맨처음에 손으로 쇠뿔을 잡고 소를 제압하는 동작을 나타낸다. 所에 대해서 赤塚忠은 ≪書經≫ <牧誓>편의 "너희들이 힘쓰지 않으면 너희들 몸에 죽

음이 있을 것이다[爾所弗勗 其于爾躬有戮].”의 所와 같은 용법으로 보고 ‘만일～한다면’의 뜻으로 보았는데, ≪論語≫ <雍也>편에도 “내가 만일 잘못을 저질렀다면 하늘이 버릴 것이다[予所否者 天厭之].”에서 所가 같은 용법으로 쓰인 용례가 있으므로 따를 만하다. 이 견해를 따르면 이하의 문장은 ‘손으로 쇠뿔을 잡고, 어깨를 소에 기대고, 발로 소를 밟고, 무릎을 세워 소를 누르면’으로 번역하는 것이 적절하다.

4) 肩之所倚 : 어깨에 소를 기대게 함. 곧 소의 머리나 몸통을 어깨에 기대게 한다는 뜻.

5) 膝之所踦(기) : 무릎을 세워 소가 움직이지 않도록 누름. 踦는 기울여 세운다[傾側]는 뜻.

6) 砉(획)然嚮然 : ‘획획’ 하는 소리가 울림. 砉然은 소의 가죽과 뼈가 서로 떨어져 나가는 소리(司馬彪)를 나타낸 의성어. 嚮然은 울리는 소리.

7) 奏刀騞(획)然 : 칼을 움직여 나가면 쐐쐐 소리가 남. 奏는 움직여 나간다는 뜻인데 칼을 쓰는 움직임이 마치 음악을 연주하는 것처럼 리드미컬하다는 뜻에서 節奏의 奏를 쓴 것이다. 騞은 앞의 砉과 같은 발음이지만 砉보다 더 큰 소리(崔譔)를 나타내는 의성어이다.

8) 合於桑林之舞 : 桑林의 舞樂에 부합됨. 상림의 무악은 殷나라 湯王의 음악(司馬彪).

9) 中經首之會 : 經首의 박자에 꼭 맞음. 中은 앞의 合과 같이 꼭 맞는다는 뜻. 經首는 咸池樂의 樂章 이름(向秀, 司馬彪). 咸池는 黃帝가 만들고 뒤에 堯임금이 增修하여 上帝에게 기우제를 지낼 때 연주한 音樂으로 전해진다(池田知久). 會는 음악의 節奏, 곧 박자.

10) 譆(희) : 아! 감탄하는 소리(李頤).

11) 技蓋(합)至此乎 : 기술이 어찌 이런 경지에 이를 수 있는가! 蓋를 일반적으로 ‘개’로 읽으면서 뜻은 ‘대개’ ‘어쩌면’ 등으로 읽어 왔으나 蓋는 盍과 통용하는 글자(따라서 음도 ‘합’). 盍은 보통 何不의 뜻으로 쓰이지만 여기서는 何故(어떻게)의 뜻으로 쓰였다(方勇・陸永品). ≪孟子≫의 경우에도 <梁惠王 上>의 ‘蓋亦反其本矣(어찌하여 근본을 돌이켜보지 않는가)’, <公孫丑 下>의 ‘蓋大夫王驩(합대부 왕환)’, <滕文公 下>의 ‘蓋祿萬鍾(합록만종)’ 등에서 종종 蓋자가 盍자와 통용되는데 필사의 오류로 인한 듯하다.

庖丁이 釋刀하고 對曰 臣之所好者 道也니 進乎技矣[1]니이다 始臣之解牛之時[2]에 所見이 無非<全>牛者[3]러니 三年之後에는 未嘗見全牛也[4]러니이다 方今之時에 臣이 以神으로 遇하고 而不以目으로 視하야 官知止[5]하고 而神欲行[6]이어든 依乎天理[7]하야 批大郤[8]하며 導大窾[9]호대 因其固然[10]이라 技經肯綮之未嘗[11]이온 而況

大軱[12]乎따녀

포정이 칼을 내려놓고 대답했다.

“제가 좋아하는 것은 道인데, 이것은 기술에서 더 나아간 것입니다. 처음 제가 소를 해부하던 때에는 눈에 비치는 것이 온전한 소 아님이 없었습니다. 그런데 3년이 지난 뒤에는 온전한 소는 보이지 않게 되었습니다. 지금은 제가 神을 통해 소를 대하고, 눈으로 보지 않습니다. 감각기관의 지각 능력이 활동을 멈추고, 대신 신묘한 작용이 움직이면 자연의 결을 따라 커다란 틈새를 치며, 커다란 공간에서 칼을 움직이되 본시 그러한 바를 따를 뿐인지라, 經絡과 肯綮이 <칼의 움직임을> 조금도 방해하지 않는데 하물며 큰 뼈이겠습니까?”

【역주】

1) 進乎技矣 : 손끝의 기술에서 더 나아감. 進은 나아갔다는 뜻인데 여기서는 기술의 차원을 넘어 도의 경지에 한 걸음 더 나아갔다는 뜻이다. 郭象은 “단지 도리를 기술에 붙인 것일 뿐이지 좋아하는 것은 기술이 아니다[直寄道理於技耳 所好者 非技也].”라고 풀이했다. 朴世堂은 “進乎技는 자기가 좋아하는 것은 道이니 一技의 末에 그칠 뿐이 아님을 말한 것이다[進乎技 言己所好者道 不止於一技之末而已].”라고 풀이했다.

2) 始臣之解牛之時 : 처음 신이 소를 잡을 때. 포정이 처음 소를 잡기 시작했을 때를 뜻한다.

3) 所見無非<全>牛者 : 눈에 보이는 것이 온전한 소가 아님이 없음. 처음에는 소가 하나의 완전한 물체로 보였기 때문에 칼날이 지나가야 할 틈, 곧 자연의 결[道]이 보이지 않고 완전한 소만 보였다는 뜻이다. 그래서 어디서부터 칼을 대야 할지 몰랐다는 의미. 全자는 소가 뼈와 살, 근골 따위로 나누어져 있는 것이 아니라 하나의 연속적인 물체로 보였음을 나타낸 것이다. 다른 판본에는 全자가 빠져 있지만 趙諫議 본에 근거하여 보충하였다(郭慶藩).

4) 三年之後 未嘗見全牛也 : 3년이 지난 뒤에는 온전한 소가 보이지 않게 됨. 소가 하나의 연속적인 물체로 보이는 것이 아니라 근골과 뼈, 살 등으로 구성되어 있는 것으로 보였기 때문에 칼날이 지나갈 틈을 볼 수 있게 되었다는 뜻. “초연히 太極을 이해하여 눈에 소 전체가 없게 되네[超然會太極 眼底無全牛].”라는 詩句에 보이는 全牛도 장자의 이 글에서 딴 것이다. 全牛가 없다는 뜻은 天理(자연의 결)가 보였다, 道가 텄다는 뜻이다.

5) 官知止 : 감각기관의 지각 능력이 활동을 멈춤. 官은 感覺器官. 知는 감각기관에 근거한 지각 능력.

6) 神欲行 : 신묘한 작용이 움직임. ≪句解南華眞經≫에는 ‘神이 欲行이어든’으로 현토하여 神

이 움직이려고 하면의 뜻으로 풀이했지만, 앞의 '官知止'와 대구가 되는 구절이므로 '神欲이 行이어든'으로 현토하고 神妙한 作用(神欲)이 움직이면으로 번역하는 것이 적절하다. 神欲은 신묘한 欲望·의욕, 神妙한 作用, 天然의 神技 등을 의미한다. 앞의 '以神遇 而不以目視'를 일반화하여 표현한 말.

7) 依乎天理 : 天理를 따름. 天理는 天然(自然)의 결. 곧 道를 의미한다. 成玄英은 '天然의 腠理'로 풀이했다.

8) 批大郤(극) : 커다란 틈을 침. 批는 擊으로 치다는 뜻(陸德明). 郤은 隙(극)의 假借字로 筋骨이 연결된 부위의 틈새를 의미한다(方勇·陸永品).

9) 導大窾(관) : 커다란 공간에서 칼을 움직임. 導는 導刀로 칼을 움직인다는 뜻. 窾은 구멍, 곧 빈 공간. 成玄英은 '뼈마디의 틈새[骨節空處]'로 풀이했다.

10) 因其固然 : 본시 그러한 바를 따름. 固然은 固然之理, 곧 소가 본래 이루어진 이치를 따른다는 뜻. 앞의 '依乎天理'와 같은 맥락이지만 依乎天理가 보편적이고 일반적인 원리로서의 道(자연의 결)를 따르는 것이라면, 여기의 固然은 소라는 구체적인 대상물 속에 내재되어 있는 개별화된 결[理]을 의미한다는 점이 다르다. 결국 천리에 의해 소가 조합된 것을 알기 때문에 그 조합의 역순을 따라 소를 해체한다는 의미로 이해할 수 있다.

11) 技(지)經肯綮(경)之未嘗 : 經絡과 肯綮이 칼의 움직임을 조금도 방해하지 않음. 郭象은 "기술의 신묘함이 항상 칼날을 틈새에서 움직이게 하기 때문에 작은 장애에도 걸린 적이 없다[技之妙也 常遊刃於空 未詳經槩於微礙也]."고 풀이하여, 技經을 기술이 베풀어지는 것, 걸리는 것[經槩]으로 보았는데, 이 견해를 따르면 "<칼 쓰는> 기술이 肯綮에 걸린 적이 없다."로 번역해야 한다. 곧 技未嘗經肯綮이 倒置된 표현으로 본 것이니, 이것이 통설이다. 그러나 兪樾은 技經의 技는 枝자가 잘못된 것으로 보고 技(지)經과 肯綮을 동격으로 보아야 한다고 주장하고, 技經은 枝脈과 經脈으로 經絡이란 말과 같다고 풀이했는데 李楨, 方勇·陸永品 등도 모두 이를 따랐다. 다만 兪樾의 주장을 따를 경우 未嘗의 嘗을 동사로 해석해야 하는데, 方勇·陸永品은 未嘗을 未嘗微礙로 보고 경락과 긍경이 칼의 움직임을 조금도 방해하지 않는다는 뜻으로 풀이하여 곽상의 주석과 유월의 주장을 절충했으니 따를 만하다. 肯은 뼈에 살이 붙어 있는 부분(陸德明), 綮은 <살과 힘줄 따위가> 엉켜 있는 부분(司馬彪).

12) 大軱(고) : 커다란 뼈. 軱는 휘어진 큰 뼈로 여기에 부딪치면 칼날이 파손된다(郭象, 向秀).

良庖[1]는 歲更刀[2]하나니 割也[3]요 族庖[4]는 月更刀하나니 折也[5]라 今臣之刀는 十九年[6]矣오 所解는 數千牛矣로대 而刀刃이 若新發於硎[7]하니이다 彼節者有閒코 而刀刃者 無厚[8]하니 以無厚로 入有閒[9]이라 恢恢乎[10]其於遊刃에 必有餘地矣[11]니 是以로 十九年이로대 而刀刃이 若新發於硎하니라 雖然이나 每至於族[12]하야는 吾見其難爲[13]하야 怵然爲戒[14]하야 視爲止[15]하며 行爲遲[16]하야 動刀甚微하야 謋然已解[17]하야 如土委地[18]어든 提刀而立[19]하야 爲之四顧하며 爲之躊躇[20]하야 滿志[21]커든 善刀而藏之[22]하노이다 文惠君曰 善哉라 吾는 聞庖丁之言하고 得養生焉[23]하니라

"솜씨 좋은 백정은 일 년에 한 번 칼을 바꾸는데 살코기를 베기 때문이고, 보통의 백정은 한 달에 한번씩 칼을 바꾸는데 뼈를 치기 때문입니다. 지금 제가 쓰고 있는 칼은 19년이 되었고, 그동안 잡은 소가 수천 마리인데도 칼날이 마치 숫돌에서 막 새로 갈아낸 듯합니다. 뼈마디에는 틈이 있고 칼날 끝에는 두께가 없습니다. 두께가 없는 것을 가지고 틈이 있는 사이로 들어가기 때문에 넓고 넓어서 칼날을 놀리는 데 반드시 남는 공간이 있게 마련입니다. 이 때문에 19년이 되었는데도 칼날이 마치 숫돌에서 막 새로 갈아낸 듯합니다. 비록 그러하지만 매양 뼈와 근육이 엉켜 모여 있는 곳에 이를 때마다, 저는 그것을 처리하기 어려움을 알고, 두려워하면서 경계하여, 시선을 한 곳에 집중하고, 손놀림을 더디게 합니다. <그 상태로> 칼을 매우 미세하게 움직여서, 스스륵 하고 고기가 이미 뼈에서 해체되어 마치 흙이 땅에 떨어져 있는 듯하면, 칼을 붙잡고 우두커니 서서 사방을 돌아보며 머뭇거리다가 제정신으로 돌아오면 칼을 닦아서 간직합니다."

문혜군이 말했다.

"훌륭하다. 내가 포정의 말을 듣고 養生의 道를 터득했다."

【역주】

1) 良庖 : 솜씨 좋은 백정. 보통 백정보다 솜씨가 뛰어나지만 아직 道의 경지에는 이르지 못한 백정을 말한다.

2) 歲更刀 : 1년에 한 번씩 칼을 바꿈. 司馬彪는 "해마다 칼을 새로 만든다[歲歲更作]."고 풀이했다.

3) 割也 : 살코기를 베어 냄. 곧 칼날이 틈새로 지나가지 못하고 고기를 직접 베기 때문에 칼날이 손상된다는 뜻. 司馬彪는 "칼로 살코기를 베기 때문에 해마다 칼을 새로 만든다[以刀割肉 故歲歲更作]."고 풀이했다.

4) 族庖 : 보통의 백정. 族은 衆과 같다.

5) 折也 : 뼈를 침. 곧 칼로 뼈를 치기 때문에 칼이 쉽게 망가진다는 뜻. 郭象은 "뼈를 건드려서 칼이 부러진다[中骨而折刀]."고 풀이하여 折자를 칼이 부러지는 것으로 보았지만, 兪樾은 割과 折이 모두 칼을 쓰는 것을 표현한 對句임을 들어 折을 折骨로 풀이해야 한다고 주장했는데 이 견해가 타당하다.

6) 十九年 : ≪장자≫에 나오는 19년은 단순히 산술적 의미의 햇수라기보다는 한가지 道를 터득하는데 걸리는 오랜 세월을 의미한다. <在宥>편의 黃帝와 廣成子의 문답인 '黃帝立爲天子十九年 令行天下', <德充符>편의 申徒嘉와 鄭子産의 문답인 '吾與夫子遊十九年矣 而未嘗知吾兀者也'의 19도 같은 의미로 쓰이고 있다.

7) 若新發於硎(형) : 칼날이 마치 숫돌에서 막 새로 갈아낸 듯함. 發은 撥의 假借字로 꺼내오다는 뜻. 宣穎은 發을 磨로 풀이하여 숫돌에서 갈다는 뜻으로 보았지만 音이 일치하지 않기 때문에 다소 무리하다. 朱桂曜나 王叔岷 등은 硎을 型으로 보고 칼틀에서 칼을 새로 만든 것 같다는 뜻으로 보았지만 여기서는 포정의 칼날이 전혀 손상되지 않았다는 뜻으로 보는 것이 타당하기 때문에 硎을 본래 글자 그대로 풀이하는 것이 옳다.

8) 彼節者有閒(간) 而刀刃者無厚 : 뼈마디에는 틈이 있고 칼날 끝은 두께가 없음. 節은 骨節로 뼈마디. 閒은 뼈마디 사이의 빈틈. 無厚는 칼날이 점점 얇아져 끝부분에 이르면 두께가 없음을 논리적으로 규정한 말.

9) 以無厚 入有閒 : 두께가 없는 것을 가지고 틈이 있는 사이로 들어감. 칼날을 뼈마디 사이의 빈 공간에 밀어 넣는다는 뜻. 無厚는 無厚之物로 칼날을 말하고, 有閒은 有閒之處로 뼈마디의 틈새를 지칭한다.

10) 恢恢乎 : 넓고 넓어서 아무런 장애가 없는 모양.

11) 其於遊刃 必有餘地矣 : 游刃은 칼날을 움직임.

12) 每至於族 : 매양 뼈와 근육이 얼키고설킨 곳에 이를 때마다. 族은 '뼈와 근육이 얼키고 설켜 있는 곳'으로 ≪周易≫ <同人>卦의 '類族辨物(族을 분류하여 사물을 분별함)'의 族과 같은 뜻으로 쓰였다. 南宋의 朱熹는 ≪周易本義≫에서 <繫辭傳 上> 8장의 '觀其會通 以行其典禮(모이고 통하는 것을 관찰하여 전례를 시행함)'를 해설하면서, 會는 理가 모여서 빠진 곳

이 없음을 말하고, 通은 理가 운행되어 막히는 곳이 없음을 말한 것이라고 풀이한 다음, 庖丁이 소를 잡을 때 會는 뼈와 근육이 얼키고설킨 곳[族]에 해당하고 通은 빈 틈[虛]에 해당한다고 하여 族을 虛와 대비되는 의미로 파악했는데 참고할 만하다.

13) 見其難爲 : 그것이 처리하기 어려움을 앎. 難爲는 칼을 대기 어렵다는 뜻.

14) 怵(출)然爲戒 : 두려워하면서 경계함. 怵然은 깜짝 놀라는 모습. 여기서는 두려워하는 모습. 곧 정신적인 긴장 상태를 나타낸다.

15) 視爲止 : 시선을 한 곳에 집중함. 止는 다른 데로 돌아보지 않고 오로지 대상물에만 시선을 고정시킨다는 뜻. 郭象은 "다시 다른 사물에 눈길을 주지 않는다[不復屬目於他物也]."고 풀이했다.

16) 行爲遲 : 손놀림을 더디게 함. 손을 함부로 놀리지 않고 신중하게 움직인다는 뜻. 郭象은 '손을 느리게 움직이는 것[徐其手也]'으로 풀이했다.

17) 謋(획)然已解 : 스르륵 하고 이미 뼈와 고기가 해체됨. 謋然은 고기가 뼈에서 스르륵 하고 떨어져 나오는 소리를 표현한 擬聲語. 成玄英은 '뼈와 살이 떨어지는 소리[骨肉離之聲也]'라고 풀이했다.

18) 如土委地 : 마치 흙이 땅에 떨어져 있는 것과 같음. 흙이 땅에 떨어져 있는 것처럼 자연스러워서 인위적인 흔적을 전혀 찾을 수 없다는 뜻.

19) 提刀而立 : 칼을 붙잡고 우두커니 서 있음. 提는 擧와 같다.

20) 爲之四顧 爲之躊躇 : 사방을 돌아보며 머뭇거림. 곧 對象物인 소와 일체가 된 忘我의 상태에서 사방을 돌아보며 머뭇거린다는 뜻. 四顧는 사방을 돌아보는 모습으로, 현실 세계에 아직 익숙하지 못해 어리둥절하며 돌아보는 동작을 나타내고, 躊躇는 머뭇거리며 어찌할 지를 모르는 모습으로, 역시 현실의 세계에 익숙하지 않기 때문에 머뭇거리는 동작을 나타낸다. 따라서 四顧와 躊躇는 모두 道의 세계(無念無想의 상태, 忘我放心의 상태)에서 노닐다가 현실의 세계로 돌아올 때, 평소 익숙했던 현실의 모습이 도리어 생경하게 느껴지는 과정을 표현한 것이라 할 수 있다. <天地>편의 '方且四顧而物應', <田子方>편의 '方將躊躇方將四顧'의 躊躇와 四顧도 모두 같은 의미로 쓰였다.

21) 滿志 : 제정신으로 돌아옴. 志는 마음이 일정한 방향으로 움직이는 것[心之所之]으로 忘我의 상태에서는 형성되지 않고 있다가, 道의 세계를 벗어나 현실로 돌아오면 비로소 형성된다. 郭象과 成玄英 등은 모두 滿志를 "스스로 만족스러워한다[自得]."는 뜻으로 풀이했는데 적절치 않다.

22) 善刀而藏之 : 칼을 닦아서 간직함. 善刀는 칼을 씻는다는 의미. 郭象과 陸德明 등은 모두 善을 닦는다[拭]는 뜻으로 풀이했다. 藏은 所定의 장소에 넣어 간직한다는 뜻.

23) 得養生焉 : 養生의 道를 터득함. 得養生之道의 줄임.

## 第3章

公文軒[1]이 見右師[2]하고 而驚曰 是何人也[3]오 惡乎介也[4]요 天與아 其人與[5]아 曰 天也라 非人也[6]니라 天之生是 使獨也[7]로다 人之貌는 有與也[8]니 以是로 知其天也라 非人也[9]하노라 澤雉[10] 十步에야 一啄하며 百步에야 一飮[11]호대 不蘄畜乎樊中[12]하나니 神雖王이나 不善也[13]하나니라

公文軒이 右師를 만나보고 놀라서 이렇게 말했다.

"이 사람이 누구인가? 어찌하여 발이 하나뿐인가? 하늘이 그렇게 한 것인가? 아니면 사람이 그렇게 한 것인가?"

우사가 말했다.

"하늘이 이렇게 한 것이지 사람이 이렇게 한 것이 아니다. 하늘이 나를 낳으심에 외발이 되게 한 것이다. 사람의 용모는 다 하늘이 부여한 것이다. 이로써 내가 외발이 된 것은 하늘이 그렇게 한 것이지 사람이 그렇게 한 것이 아님을 알 수 있다. 못가에 사는 꿩은 열 걸음 만에 한 입 쪼아먹으며, 백 걸음 만에 한 모금 마시지만 새장 속에서 길러지기를 바라지 않는다. 神態는 비록 왕성해질 테지만 <새의 본성은> 그것을 좋아하지 않기 때문이다."

【역주】

1) 公文軒 : 인명. 司馬彪와 成玄英은 姓이 公文이고, 이름이 軒이며, 宋나라 사람이라고 했다. 一說(赤塚忠)에 文軒은 아름다운 장식이 있는 수레이므로 公文軒이란 '화려한 무늬로 치장된 수레인 文軒을 타고 다니며 富貴榮華를 누리는 사람'을 뜻하는 文軒公을 거꾸로 公文軒이라고 寓意를 담아 표현한 것이라 했는데 적절한 풀이라 할 수 있다.

2) 右師 : 春秋時代 宋나라의 官職名. 여기서는 右師로 있다가 刖(월)刑을 받아 외발이 된 사람을 지칭. 林希逸은 "이미 월형을 받고 난 뒤에 우사가 된 사람이다[已刖之人爲右師之官也]."라고 했지만, 현재 우사라는 관직을 담당하고 있는 사람으로 보기보다는, 우사로 있다가 월형을 당해 세속적인 욕망을 버리고 자유롭게 소요하는 野人이라는 寓意를 담아 표현한 것으

로 보는 것이 적절하다.

3) 是何人也 : 이 사람이 누구인가. 실제로 누구인지 몰라서 묻는 것이 아니라 본래 알고 지내던 사이였는데 刖刑을 당하고 난 모습을 처음 보고 놀라서 하는 말로 보는 것이 적절하다.

4) 惡乎介也 : 어찌하여 발이 하나뿐인가. 介는 발꿈치를 베는 형벌인 刖과 通用하는 글자. 임희일은 "介는 獨의 뜻으로 월형을 받아서 한쪽 발만 남아 있는 것이다[介獨也 刖而存一足也]."라고 풀이했다.

5) 天與其人與 : 하늘인가 아니면 사람인가. 하늘이 외발이 되게 한 것인가 아니면 사람이 그렇게 한 것이냐, 즉 인간사회의 형벌을 받아서 그렇게 된 것이냐는 질문. 郭象은 "人知로는 어찌할 수 없는 것이 天이다[知之所無奈何 天也]."라고 풀이했다. 其는 抑 또는 或으로 아니면의 뜻.

6) 天也非人也 : 하늘이 이렇게 한 것이지 사람이 이렇게 한 것이 아님. 곧 자신이 월형을 받아 외발이 된 것은 <비록 형벌을 내린 사람이 있다 하더라도> 기실은 그 사람이 그렇게 한 것이 아니라 하늘의 뜻이라는 의미. ≪孟子≫ <梁惠王 下>에서 孟子가 제자 樂正克의 소개로 魯 平公을 만나려 하다가 臧倉의 방해로 만나지 못하게 되자, "가서 만나도록 한 것도 누군가가 그렇게 시킨 사람이 있고, 중지하는 것도 누군가가 방해한 사람이 있을 터이지만, 막상 가고 중지하는 것은 사람이 어쩔 수 있는 것이 아니다. 내가 노나라 임금을 만나지 못하는 것은 하늘의 뜻이다. 장씨의 자식이 어찌 나로 하여금 만나지 못하게 했겠는가[行或使之 止或尼之 行止非人所能也 吾之不遇魯侯天也 臧氏之子焉能使予不遇哉]."라고 말한 것과 같은 맥락이다.

7) 天之生是 使獨也 : 하늘이 나를 낳으심에 외발이 되게 함. 즉 처음 태어날 때는 두 다리였지만, 언젠가는 내 다리 하나가 잘리도록 한 것이 하늘의 뜻이라는 의미. 是는 右師가 스스로를 지칭하는 대명사. 獨은 외발. 司馬彪는 "외발을 獨이라 한다[一足曰獨]."고 풀이했다.

8) 人之貌有與也 : 사람의 용모는 하늘이 부여한 것임. 與는 天賦의 뜻. 有與에 대한 풀이는 참여한다는 뜻으로 보는 견해와 부여한다는 뜻으로 보는 견해로 엇갈리고 있다. 곽상이 "두 발로 걷는 것을 有與라 한다[兩足共行曰有與]."라고 주석한 이래, 林希逸 등이 이 견해를 따르고 있는데, 陸西星, 馬其昶, 釋德淸, 劉武, 陳鼓應, 池田知久 등은 모두 <德充符>편의 '道與之貌 天與之形(도는 용모를 주었고 하늘은 형체를 주었다)'이라는 구절에 근거하여 有與를 "하늘이 부여하였다."는 뜻으로 보았다. 여기서는 뒤의 견해를 따랐다.

9) 以是知其天也 非人也 : 이로써 내가 외다리 된 것이 하늘 <자연>의 탓이고 인위의 탓이

아님을 알겠노라. 이 문장 역시 郭象 이래의 說에 따르면, “두 다리로 걷게 되어 있음이 天이라면 한 다리로 걷게 되는 것도 天命이고 人爲가 아님을 알 수 있다.”로 번역될 수 있지만, 택하지 않는다.

10) 澤雉 : 못가의 꿩, 못가에 서식하는 꿩. 이하의 내용 ‘澤雉……不善也’는 장자가 스스로 한 말이고 右師의 말이 아니라고 하는 견해(安東林)가 있다. 그러나 이 부분의 내용은 화려한 생활을 하는 公文軒을 새장 속에 갇혀 자유를 박탈당하고 사는 새로 빗대서 무시하고 야유하는 뜻이 담겨 있기 때문에 우사가 직접 한 말로 보는 것이 타당하다. 林希逸과 郭慶藩 모두 우사의 말로 보았다.

11) 十步一啄 百步一飮 : 열 걸음 만에 한 입 쪼아 먹으며, 백 걸음 만에 한 모금 마심. 十步는 十步而後, 百步는 百步而後.

12) 不蘄(기)畜(휵)乎樊中 : 새장 속에서 길러지기를 바라지 않음. 蘄는 바라다는 뜻. 樊은 새장[鳥籠]. 구속이 많은 宮廷이나 貴族 高官의 生活을 빗댄 표현. 崔譔은 樊中을 園中(王公들의 동산)이라고 했지만 園은 비교적 넓은 면적을 차지하고 있기 때문에 새장으로 보는 것이 더 적절하다.

13) 神雖王不善也 : 神態는 비록 왕성해질 테지만 <새의 본성은> 그것을 좋아하지 않음. 王은 長王의 뜻(郭象)으로 旺盛하다는 뜻. 새장 속에는 먹이가 충분하기 때문에 정신이 겉으로 드러나는 모습[神態]은 비록 왕성해지더라도 자유를 박탈당하고 사는 것은 새의 본성에 맞지 않기 때문에 그것을 좋아하지 않는다는 뜻. 淸 林雲銘이 저술한 ≪莊子因≫의 해석이 적절하다. 그런데 神에 대해서는 여러 가지 주석이 있다. 王叔岷은 神態(정신이 겉으로 드러난 모습, 정신적인 태도)로 풀이하였는데 매우 적절한 견해이다. 褚伯秀는 神을 形의 誤字로 보아 몸은 비록 왕성해지겠지만으로 보았고, 安東林은 神을 기력으로 보고 “기력은 왕성하지만 마음이 즐겁지 않다.”고 풀이하여, 기력과 정신의 대비로 보았지만 적절치 않다. 또 이 구절을 “새가 연못에서 자유롭게 살면 그것이 새의 본성에 꼭 맞기 때문에 정신이 비록 왕성해져도 그것이 좋은 것인 줄 깨닫지 못한다.”는 뜻으로 풀이하는 주석(郭象, 成玄英)도 있지만 역시 부적절하다. 한편 王을 旺으로 보지 않고 王公의 권력의 의미로 풀이한 주석(赤塚忠, 池田知久)도 있지만 취하지 않는다. 한편 朴世堂은 “새가 새장 속에서 길러지기를 바라지 않는 것은 육체는 비록 왕성해지더라도 신은 좋게 여기지 않기 때문이다[雉不求養於樊籠之中者 形雖旺澤 而神固不以爲善故也].”라고 했는데, 이 견해는 神雖王不善也를 “정신(神)은 비록 몸이 왕성해져도 그것을 좋게 여기지 않는다.”는 의미로 보고,

神이 좋지 않게 여기는(不善)의 주체이고, 王은 육체가 旺盛하다는 의미로 풀이한 것이다. 박세당의 이 견해는 글자를 바꾸지 않고도 맥락에 맞는 해석이 가능하다는 점에서 참고할 만하다.

## 第4章

老聃[1)]이 死어늘 秦失[2)]이 弔之호대 三號而出[3)]한대 弟子曰 非夫子之友邪[4)]아 曰 然하다 然則弔焉호대 若此可乎[5)]아 曰 然하다 始也에 吾以爲其人也러니 而今에 非也[6)]로다 向吾入而弔焉한대 有老者哭之호대 如哭其子하며 少者哭之호대 如哭其母하니 彼其所以會之[7)]에 必有不蘄言而言하며 不蘄哭而哭者[8)]하니 是遯(遁)天倍情하야 忘其所受[9)]니 古者에 謂之遁天之刑[10)]이라하더니라 適來는 夫子時也요 適去는 夫子順也[11)]니 安時而處順[12)]이면 哀樂이 不能入也하노니 古者에 謂是를 帝之縣解[13)]라하더니라 指는 窮於爲薪이어니와 火는 傳也라 不知其盡也[14)]니라

老聃이 죽었는데 秦失(일)이 조문하러 가서 세 번 호곡하고는 나와 버렸다. 노담의 제자가 말했다.

"선생님의 친구분이 아니십니까?"

진일이 대답했다.

"그렇다."

제자가 말했다.

"그렇다면 조문을 이렇게 해도 됩니까?"

진일이 말했다.

"그렇다. 처음에 나는 그를 훌륭한 사람이라고 생각했는데 지금 보니 아니다. 조금 전에 내가 들어가 조문했는데, 늙은이는 마치 자기 자식을 잃은 듯 울며, 어린 아이들은 마치 자기 어미를 잃은 듯 울었다. 저 노담이 사람들을 모이게 한 데에는 반드시 <말로는> 위로하는 말을 바라지 않는다고 하면서도 <실제로는> 위로하는 말을 하게 하고, <말로는> 곡하기를 바라지 않는다고 하면서도 <실제로는> 곡하게 함이 있었을 것이다. 이것은 天理를 저버리고 인정에 어긋나 하늘로부터 받은 바를 잃어버린 것이다. 옛날에는 이것을 일러 천리를 저버리는 죄라

고 했다. <그가> 때마침 이 세상에 태어난 것은 태어날 때였기 때문이고, 때마침 세상을 떠난 것은 갈 때였기 때문이니, 태어나는 때를 편안히 맞이하고 죽는 때를 편안히 따르면 슬픔이나 즐거움 따위의 감정이 그 사람의 마음에 들어갈 수 없다. 옛날에는 이것을 일러 '꼭지에 거꾸로 매달렸다가 풀려난 것'이라고 했다. <이 말이> 가리키는 뜻은 땔나무가 다 타버려도 불은 다른 나무로 옮겨가기 때문에 결코 꺼질 줄을 모른다는 것이다."

【역주】

1) 老聃 : 老子. 노자가 누구인지에 관해서는 司馬遷이 ≪史記≫ <老莊申韓列傳>에서 기록한 것처럼 李耳라는 주장, 老聃이라는 주장, 老萊子라는 주장 등이 있으나, ≪장자≫의 경우 <天運>편에서 '老聃曰'과 '老子曰'을 혼용하고 있으므로 여기의 老聃이 곧 老子라고 보는 것이 적절하다.

2) 秦失(일) : 老子의 벗. 成玄英은 "姓은 秦이고 이름은 失인데, 道를 간직한 선비로 어느 곳 사람인지는 알 수 없다[姓秦 名失 懷道之士 不知何許人也]."고 했다. 또 馬敍倫은 失은 佚(일)로 되어 있는 텍스트도 있다는 ≪釋文≫의 注를 따르면서 失은 佚의 初文(처음 글자)일 것이라고 하였다.

3) 三號而出 : 세 번 호곡하고 나와 버림. 형식적으로 조문하고 나와 버렸다는 뜻.

4) 非夫子之友邪 : 선생님의 친구분이 아니십니까? 여기서 夫子를 老聃으로 보느냐, 秦失로 보느냐에 따라 해석이 달라진다. "당신은 우리 선생님의 친구분이 아니십니까?"는 夫子를 老聃으로 본 것이고, "그 분(老聃)은 선생의 친구가 아니십니까?"는 夫子를 秦失로 본 것이다. 본문의 번역은 前者를 따랐다.

5) 然則弔焉 若此可乎 : 그렇다면 조문을 이렇게 해도 됩니까? 진일이 형식적으로 세 번 호곡하고 나와 버린 것에 대한 질의.

6) 吾以爲其人也 而今非也 : 처음에 나는 <노담을> 훌륭한 사람이라고 생각했는데 지금 보니 아님. 其人에 대해서는 이설이 분분하다. 林希逸, 福永光司, 池田知久, 安東林 등은 그럴 만한 큰 인물, 곧 훌륭한 사람으로 보았는데 본문의 해석은 이들의 견해를 따른 것이다. 文如海本에는 '至人'으로 되어 있다(郭慶藩)는 견해를 참고하면 이들의 주장이 나름대로 근거가 있기 때문이다. 또 곽상의 경우는 其人이 노자를 지칭한 것이 아니라 모여서 곡하는 사람들을 지칭한 것으로 보았다. 한편 金谷治는 앞의 견해를 모두 비판하면서 老聃의 인물을 貶下해서 哭泣하지 않았다고 한다면, 生死 자체를 초월한 秦失의 입장과 맞지 않는다. 또 ≪太平御覽≫의 引用에서는 今非也가 '今非人也'로 되어 있으므로 "처음에는 사람으로 교제하였는

데 지금은 사람이 아니다."로 해석해야 한다고 주장했다. 이러한 異說은 安東林의 정리처럼 이 章에서 老聃을 훌륭한 인물로 결론짓느냐 아니냐의 관점으로 귀결된다. 其人을 老聃으로 볼 경우, "노담이 '훌륭한 인물'인 줄 알았지만 지금 보니 아니다."는 해석이 가능하다. 곽상처럼 其人을 '모여든 衆人'으로 볼 경우, 衆人들이 노담을 흠모하여 모여들어 곡하였지만 그 슬퍼함은 속된 인정에 의한 것일 뿐, 노담은 결코 죽음 따위를 슬퍼하지 않고 오히려 자연에 따라 生死를 초월한 심경에 있었다고 하여 노담을 칭찬하는 내용으로 볼 수 있다. 또 方勇·陸永品은 이 구절을 노담을 폄하하는 내용으로 보면 장자가 <天下>편에서 老聃을 博大眞人이라고 높이 평가한 것과 모순된다는 점을 지적하면서 金谷治와 같이 "처음에는 노자를 세속의 사람이라고 생각했는데 지금보니 아니다."는 식으로 풀이하였다. 그러나 장자의 경우 공자를 평가할 때도 어떤 경우에는 높이고 어떤 경우에는 낮추고 있기 때문에 이것만으로 이 구절이 노담을 비판한 것이 아니라고 확정하기는 어렵다.

7) 彼其所以會之 : 저 노담이 사람들을 모이게 한 데에는. 이 부분 역시 彼를 누구로 보느냐에 따라서 두 가지 해석으로 나뉜다. 먼저 彼를 老聃으로 보고 之를 '조문하기 위해 모인 사람들'로 보아, '노담이 조문객들을 모이게 한 데에는'으로 해석하는 이들이 張默生, 福永光司, 安東林 등이다. 한편 成玄英이 彼를 衆人으로 주석한 이래 '조문하기 위해 모인 사람들'로 보아, '저들이 노담의 빈소에 모인 데에는'으로 보는 이들이 王叔岷, 曹礎基, 池田知久 등이다. 앞의 견해를 따르면, 조문객들이 모여 위로의 말이나 곡을 하도록 은연중에 시킨 노담이 遁天倍情한 것이 되므로 이 구절은 노담을 비판하는 내용이 된다. 번역은 일단 이것을 따랐다. 그러나 뒤의 견해를 따르면, "저 모인 사람들 중에는 반드시 위로하는 말을 하고 싶지 않은데도 위로하는 말을 하고, 곡하고 싶지 않은데도 곡하는 경우가 있을 것이다. 이것은 '遁天倍情'하는 행위이다."라고 번역하여, 조문객들이 노담의 죽음을 슬퍼하는 것이 '遁天倍情'에 해당하는 행위가 된다. 앞의 경우 <列禦寇>편 첫장에서 列禦寇와 伯昏瞀人의 문답 가운데, 열자의 집에 사람들이 벗어 놓은 신이 문밖에까지 가득할 정도로 모여든 것을 백혼무인이 꾸짖는 대목과 같은 맥락으로 연결시켜 이해할 수 있다. "<조문 온 자들이> 위로하는 말을 하고 싶지 않은데도 위로하는 말을 하게 하고 곡하고 싶지 않은데도 곡하게 함"으로 번역함이 타당할지도 모르겠다. 또 會를 모이다로 보지 않고 感會로 보는 견해(林希逸, 陳鼓應)가 있지만 채택하지 않는다.

8) 必有不蘄(기)言而言 不蘄哭而哭者 : 반드시 <평소에 말로는> 위로하는 말을 바라지 않는다고 하면서도 <실제로는> 위로하는 말을 하게 하고, <말로는> 곡하기를 바라지 않는다고

하면서도 <실제로는> 곡하게 함이 있었을 것임. 앞의 '必有……者'는 '彼其所以會之'와 연결되어 '저 노담이 사람들을 모이게 한 데에는 반드시 ~한 이유가 있었을 것'이라는 뜻. 이 또한 彼를 노담으로 보느냐 조문객들로 보느냐에 따라 해석이 달라질 수 있다(조문객으로 볼 경우의 해석은 앞의 주석 참조). 蘄는 바라다의 뜻.

9) 是遯(遁)天倍情 忘其所受 : 이것은 천리를 저버리고 인정에 어긋나 하늘로부터 받은 바를 잃어버린 것임. 遁은 달아나다, 피하다의 뜻. 遯으로 된 본도 있다. 倍는 背叛. 天은 天理(自然의 道). 情은 人情. 忘其所受는 '天으로부터 받은 자기 生命의 本質이 무엇인가를 잊어버리는 것'. 朴世堂은 "노자가 평소에 반드시 목숨을 아끼고 죽음을 두려워하는 마음이 있어서 그것이 말하지 않는 가운데 나타나 곡하는 사람들이 곡하기를 기약하지 않고도 저절로 곡하게 한 것이다. 이것은 천도를 어기고 성정의 올바름을 저버린 것이니 죄인이 됨을 면치 못한다[老子平日 必有惜生畏死之心 形於不言 使哭者不期於哭而自哭 此其反天道之常 而倍性情之眞 未免爲戮人也]."고 풀이했다.

10) 古者謂之遁天之刑 : 옛날에는 이것을 일러 천리를 저버리는 죄라고 함. 刑은 罪. 遁天之刑은 '하늘을 배반한 죄', '진리 도피의 죄'로 <列禦寇>편에도 보인다(王先謙, 王叔岷).

11) 適來夫子時也 適去夫子順也 : 때마침 이 세상에 태어난 것은 태어날 때였기 때문이고, 때마침 세상을 떠난 것은 갈 때였기 때문임. 夫子는 모두 노담을 지칭한다. 適來는 때마침 올 때[適來之時], 適去는 때마침 갈 순서[適去之順]. 결국 태어날 때와 죽을 때를 의미한다.

12) 安時而處順 : 태어나는 때를 편안히 맞이하고 죽는 때를 편안히 따름. 곧 生이라 기뻐하지 않고 死라고 슬퍼하지 않는 태도를 의미한다.

13) 帝之縣解 : 꼭지에 거꾸로 매달렸다가 풀려난 것임. 縣解는 倒懸(거꾸로 매달림)에서 풀려난다는 뜻. 이 구절의 해석은 대부분의 주석가들이 帝를 上帝, 또는 天으로 보고 "상제, 또는 하늘이 인류에게 내린 거꾸로 매어다는 형벌, 곧 天帝의 속박으로부터 해방된 것이다."로 풀이하였다. 그러나 帝자의 字義를 '꽃과 꼭지[花蒂 華蔕]의 상형'으로 보는 근거가 있고(宋 鄭樵, 淸 吳大澂), 꽃이 꼭지에 매달려 있는 모습이 거꾸로 매달려 있는 모양[倒縣]이므로, 이 구절을 '꽃이 꼭지에 거꾸로 매달렸다가 떨어지는 것'으로 해석하여 인간의 生死는 마치 초목의 생성·영락처럼 자연스러운 일임을 비유한 표현으로 보는 것이 타당하다. ≪장자≫의 경우 이처럼 구체적인 자연현상에 인간의 삶을 비유한 경우가 많기 때문이다. 같은 맥락에서 <人間世>편의 迷陽도 거짓 미친 척함이나 움직이지 않음 따위의 추상적인 의미로 보는 것보다는 '가시풀'로 해석하는 것이 적절하다. 縣解는 ≪孟子≫ <公孫丑

上>에 '解倒懸'으로 보이는데 이 경우에는 "거꾸로 매달리는 형벌[倒懸]에서 풀려난다."는 뜻으로 쓰였다.

14) 指窮於爲薪 火傳也 不知其盡也 : <이 말이> 가리키는 뜻은 땔나무가 다 타 버려도 불은 다른 사물로 옮겨가기 때문에 결코 꺼질 줄을 모른다는 것임. 異說이 분분한 대목이다. 곽상의 경우는 指를 손가락으로 보고, 爲薪을 땔나무를 앞으로 밀어낸다[前薪]는 뜻으로 보아 "다 타 버리려고 하는 땔나무라 할지라도 끊임없이 손가락으로 밀어나가면, 불은 새로운 땔나무에 옮겨 붙어서 꺼지는 일이 없다."고 풀이하여, 적당한 양생의 도를 터득하기만 하면 사람의 생명도 다하는 일이 없다는 의미로 이해하였다. 이는 郭象과 成玄英 이래의 전통적인 해석이며, 이러한 해석에 입각하여 장자가 靈魂不滅이나 宗教的 永生思想을 주장한 것으로 간주하는 학자들도 있다. 그러나 장자의 경우 不滅은 변화의 흐름 그 자체를 지칭하는 것이지 生滅하는 개체를 두고 한 말이 아니기 때문에 이러한 주장은 지나친 견해이다. <大宗師>편에 이와 같은 莊子 死生觀의 眞面目이 보인다. 따라서 이 부분에서 불이 꺼지지 않는다고 말한 것은 만물의 유전변화가 끊임없이 이어짐을 비유한 것으로 이해하는 것이 적절하다. 그런데 여기에는 또 다른 새 학설이 있다. "다 타고 나면 없어질 것을 알고 있으면서도 <새 나무에> 막상 불이 옮겨 붙어 올 때에는 불이 언젠가는 다할 것이라는 達觀을 할 줄 모른다."고 하여 老聃이 이러한 達觀에까지는 이르지 못한 것을 비판한 내용으로 보는 해석(池田知久)이다. 이 해석의 경우에는 指는 손가락이 아니고 '지적한다', '지적해서 안다'는 뜻이 되어 '指窮於爲薪'은 "땔나무 지피는 것에서[於爲薪] 다함[盡]을 지적해 알고 있으면서도"가 되고, '火傳也'는 "불이 다른 땔나무에 옮겨 전해졌을 때에"의 뜻이 되고 '不知其盡也'는 "불이 새 땔나무에 옮겨 붙어 활활 타는 것만 보고 생명이란 언젠가는 다[盡]하여 죽음을 맞이하지 않을 수 없다는 窮, 즉 다함의 이치를 알지 못하여 生死에 哀樂의 감정이 움직인다."는 뜻이 된다. 여기서는 취하지 않았으나 특이한 新說로서 주목할 만하다.

# 第4篇 人間世

**【해설】**

人間世란 사람들이 사는 세상이라는 뜻이다. 郭象, 林希逸, 王夫之 등 대부분의 주석가들은 人間世를 人間世上으로 풀이했다. 다른 견해로는 朱得之가 世를 生의 뜻으로 보고,

"내가 중인 가운데 살면서 이 같은 生道를 세운다[我在衆人之中 立此生道]."

는 뜻으로 풀이했지만 적절치 않다. 郭象은,

"사람들과 무리지어 사는 사람은 사람을 떠날 수 없다. 그러나 사람들의 일이란 시대마다 마땅함이 다르니 오직 무심히 스스로 쓰지 않는 자만이 변화가 나아가는 바를 따라 얽매이지 않을 수 있다[與人群者 不得離人 然人間之變故 世世異宜 唯無心而不自用者 爲能隨變所適 而不荷其累也]."

고 풀이했고, 林希逸은,

"앞에서는 養生을 말했고 여기서는 인간 세상을 말하고 있다. 이미 이 몸을 지니고 이 세상에 살고 있으니 어찌 인간사를 모두 끊을 수 있겠는가. 다만 사람들이 잘 지내기를 바랄 뿐이다[前言養生 此言人間世 蓋謂旣有此身 豈能盡絶人事 但要人處得好耳]."

고 풀이했으며, 王夫之는,

"이 편은 난세를 넘어 스스로를 보존하고 남을 보전하는 묘술을 추구한 것이니 군자가 깊이 취할 점이 있다[此篇爲涉亂世以自全 而全人之妙術 君子深有取焉]."

고 풀이했다.

莊子가 보기에 세상은 어지러울 뿐만 아니라 위험하기까지 하다. 물론 이 편에서 장자는 어떻게 하면 이처럼 어지러운 세상에서 자신을 보존할 수 있는가에 주목하고 있다는 점에서, 동시대의 철학자 孟子가,

"푸줏간에는 살찐 고기가 가득하고 마굿간에는 살찐 말이 가득한데도 백성들의 얼굴에는 굶주린 기색이 역력하고 들판에는 굶어 죽은 시체가 널려 있으니 이것은 짐승을 몰아다 사람을 잡아먹는 것이다[庖有肥肉 廐有肥馬 民有飢色 野有餓莩 此率獸而食人也]."
라고 격렬하게 분노했던 것과는 다른 차원의 문제 제기라고 할 수 있다.

그러나 여기서 장자가 말하고자 하는 것은 결코 가벼운 明哲保身의 처세술 따위가 아니다. 장자는 이 편에서 顔回와 孔子, 葉公子高와 孔子, 顔闔과 蘧伯玉 등의 대화를 통해 어지러운 세상에서 살아나가는 것의 위험함과 삶을 보존하는 방법의 어려움을 말하고 있다는 점에서 도리어 당시 지식인들의 절실하고 진지한 물음을 자신의 방식대로 풀어나간 것이라 할 수 있다. 등장인물인 孔子, 南伯子綦, 支離疏, 接輿 등은 인간 세상에 애정을 가지고 있으면서도 동시에 인간 세상과 일정한 거리를 두고 있는 인물로 묘사된다. 또 제1장에서는 세상을 구제하려 나서는 안회를 만류하면서 마음을 비우고 자신을 잊어버리는 心齋를 말하는 공자가 제8장에서는 도리어 접여로부터 덕이 쇠미해졌다고 비웃음을 당하는 상황은 아이러닉하기까지 하다.

이 편의 전체 주제는 제1장에 나오는 無心의 경지인 心齋와 마지막 장인 제9장에 나오는 無用之用에 집중되어 있다고 할 수 있다. 제1장 심재에서 시작한 無心의 모티프는 제4장의 匠石과 櫟社樹의 만남, 제5장 南伯子綦와 커다란 나무의 만남에서 암시적으로 드러나며, 제7장 지리소의 완전한 삶에 이르러 절정을 이루다가 제9장의 無用之用으로 정리된다. 특히 제9장의 내용은 이 편 전체를 아우르는 장자의 해설이라는 점에서 거듭 음미해 볼 만하다.

"산의 나무는 스스로 자신을 해치며, 기름 등잔불은 스스로를 태우며, 계피는 먹을 수 있기 때문에 사람들이 베어 가며, 옻나무는 쓸모가 있기 때문에 사람들이 잘라간다. 사람들은 모두 쓸모 있음의 쓸모만을 알고, 쓸모없음의 쓸모는 아무도 알지 못한다[山木自寇也 膏火自煎也 桂可食故 伐之 漆可用故 割之 人皆知有用之用 而莫知無用之用也]."

## 第1章

顔回[1] 見仲尼[2]하야 請行[3]한대 曰 奚之[4]오 曰 將之衛[5]니이다 曰 奚爲焉[6]고 曰 回는 聞호니 衛君[7]이 其年이 壯[8]하고 其行이 獨[9]하야 輕用其國[10]하고 而不見其過[11]하며 輕用民死[12]라 死者以國에 量乎澤하야 若蕉[13]하야 民其無如矣[14]라호이다

顔回가 仲尼를 뵙고 떠날 것을 청하자 중니가 말했다.

"어디로 가는가?"

안회가 말했다.

"衛나라로 가려고 합니다."

중니가 말했다.

"무엇을 하려느냐?"

안회가 말했다.

"저는 이렇게 들었습니다. 위나라 임금이 나이가 젊어 혈기왕성하고, 행동이 독단적이어서 나라를 가볍게 사용하고, 자기의 잘못은 보지 못하며, 백성들의 죽음을 가볍게 여겨 나라 안에 죽은 사람들이 연못에 넘칠 정도로 가득하여 <虐政의 심함이> 마치 못가 수풀을 불태워버린 것 같아서 백성들이 갈 곳이 없다고 합니다."

【역주】

1) 顔回 : 孔子의 제자. 回는 이름. 字는 子淵. 공자가 가장 아꼈던 제자로 전해진다.

2) 仲尼 : 공자의 字. 공자와 안회는 ≪장자≫에 여러 차례 나오지만 실제 역사상의 공자와 안회로 보기보다는 장자가 우언적 의미를 덧붙인 가공의 인물로 보는 것이 타당하다.

3) 請行 : 떠날 것을 여쭘. 魯나라를 떠나 다른 나라로 가기 전에 하직인사를 함.

4) 奚之 : 어디로 가는가. 之는 간다는 뜻의 동사.

5) 將之衛 : 衛나라로 가려함. 將은 미래를 나타내는 조사.

6) 奚爲焉 : 무엇을 하려는가. 焉은 於此 또는 於彼의 줄임말. 곧 위나라에서 무엇을 할 생각이냐고 묻는 말이다.

7) 衛君 : 司馬彪는 衛나라 莊公인 蒯聵(괴외)라 했고, 陸德明은 莊公이 魯나라에 들어왔을 때는 顔回가 이미 죽고난 뒤였으므로 出公 輒으로 보아야 한다고 했다. 그러나 여기의 衛君은 顔回나 공자의 경우와 마찬가지로 역시 실제 역사상의 인물이라기보다 虐政을 일삼는 당시의 군주들을 빗댄 가공의 인물로 보는 것이 타당하다.

8) 其年壯 : 나이가 젊음. 나이가 젊어 혈기왕성하다는 뜻. 壯은 삼십세를 지칭한다. ≪禮記≫ <曲禮 上>에 "삼십세를 壯이라 하니 아내를 둔다[三十曰壯 有室]."고 했다.

9) 其行獨 : 그 행동이 독단적임. 崔譔은 獨을 제멋대로 한다[自專]는 뜻으로 풀이했다. 向秀(상수)는 다른 사람과 다르다[與人異也]는 뜻으로 풀이했지만 취하지 않았다.

10) 輕用其國 : 나라를 함부로 씀. 국력을 함부로 소진시킨다는 뜻.

11) 不見其過 : 자신의 잘못을 보지 못함. 곧 자신의 잘못을 인정하지 않는다는 뜻.

12) 輕用民死 : 백성들의 죽음을 가볍게 씀. 백성들을 함부로 전쟁에 동원하여 죽게 한다는 뜻.

13) 死者以國 量乎澤 若蕉 : 나라 안에 죽은 사람들이 연못에 넘칠 정도로 가득하여 마치 못가 수풀을 불태워 버린 것 같음. 成玄英, 林希逸, 池田知久 등은 모두 '死者 以國量 乎澤若蕉'로 句讀하여 "죽은 사람들이 나라를 단위로 헤아릴 정도로 많아서 연못가의 수풀이 타오른 것 같다."고 풀이하였다. 그러나 ≪呂氏春秋≫ <期賢>에 '無罪之民 其死者 量於澤矣'라는 내용이 보이고 高誘가 量을 滿으로 풀이한 것을 따라 '死者以國 量乎澤 若蕉'로 句讀하고, "나라 안에 죽은 사람들이 연못에 넘칠 정도로 가득하여 마치 못가 수풀을 불태워 버린 것처럼 虐政이 심하다."는 뜻으로 보았다(陳鼓應). 以는 於, 乎와 통한다. 蕉는 焦의 假借字로 樵·櫄 등과 통용한다.

14) 民其無如矣 : 백성들이 갈 곳이 없음. 곧 백성들이 나아가서 의지할 곳이 없음을 뜻한다(郭象). 如는 간다는 뜻으로 適과 같다. 郭慶藩은 如를 如何와 같다고 보고 "백성들이 어찌할 바가 없다."는 뜻으로 풀이했지만 대의에는 큰 차이가 없기 때문에 취하지 않았다.

回는 嘗聞之夫子[1]호대 曰 治國去之[2]하고 亂國就之[3]니 醫門多疾[4]이라호니 願以所聞으로 思其<所行>[5]하면 則庶幾其國이 有瘳乎[6]인저 仲尼曰 譆[7]라 若이 殆往이면 而刑耳[8]리라 夫道는 不欲雜[9]이니 雜則多[10]하고 多則擾[11]하고 擾則憂[12]하리니 憂면 而不救[13]하리라 古之至人은 先存諸己코 而後存諸人[14]하더니 所存於己者 未定[15]이면 何暇에 至於暴人之所行[16]이리오 且若은 亦知夫德之所蕩 而知之所爲出乎哉[17]아 德은 蕩乎名[18]하고 知는 出乎爭[19]하나니 名也者는 相札(軋)也[20]요 知也者는 爭之器也[21]니 二者는 凶器[22]라 非所以盡行也[23]니라

"저는 일찍이 선생님에게서 이렇게 말씀하시는 것을 들었습니다. '다스려진 나라에서는 떠나고 어지러운 나라로 나아가야 한다. 의원의 집에는 병든 사람이 많은 법이다.' 원컨대 선생님에게서 들은 것을 실천하려고 생각합니다. 그렇게 하면 아마도 그 나라는 치유될 수 있을 것입니다."

중니가 말했다.

"아! 너는 아마도 가면 형벌을 받고 말 것이다. 道는 어지럽게 뒤섞이는 것을 바라지 않는다.

어지럽게 뒤섞이면 <마음이> 다방면으로 분열되고 다방면으로 분열되면 동요하게 되고 동요하게 되면 근심하게 되고 근심하게 되면 <남을> 구제할 수 없게 된다. 옛날의 至人은 먼저 도를 자기 안에 보존하고 그런 뒤에 다른 사람에게 도를 보존하게 하였다. 자기 안에 보존되어야 할 도가 아직 안정되지 않았다면 어느 겨를에 포악한 사람의 소행을 바로잡는 데에 이를 수 있겠는가. 또 너는 또한 덕이 어지러워지는 까닭과 지식이 어디에서 나오는지 아는가. 덕은 명예 때문에 어지러워지고, 지식은 다툼에서 나온다. 명예라고 하는 것은 서로 싸우는 것이고, 知는 분쟁에서 이기기 위한 도구이다. 이 두 가지는 흉기인지라, 극진히 행할 만한 일이 아니다."

【역주】

1) 嘗聞之夫子 : 일찍이 선생님에게서 그 이야기를 들음. 嘗聞之於夫子의 줄임. 之는 뒤에 나오는 '曰治國去之' 이하의 내용.

2) 治國去之 : 다스려진 나라에서는 떠나감. 곧 더 이상 다스릴 필요가 없으므로 떠나도 된다는 뜻.

3) 亂國就之 : 어지러운 나라로 나아감. 어지러운 나라로 나아가서 어지러움을 바로잡아야 한다는 뜻.

4) 醫門多疾 : 의원의 집에는 병든 사람이 많음. 나라가 어지러운 것을 질병에 비유하고 다스리는 것을 질병을 치료하는 일에 비유한 말이다. 의사가 병든 사람을 치료하는 것처럼 어지러운 나라로 나아가서 다스리는 것이 본분이라는 뜻. 朴世堂은 "어지러운 나라로 나아가 백성들을 구제하려는 것은 마치 의원이 병든 사람을 모아 놓고 치료하는 것과 같다. 의원은 본래 병없는 사람을 치료하지 않으니 이 또한 儒者를 조금 비웃은 것이다[就亂國 欲以救民 猶醫之聚疾以治 醫固不治無疾之人也 蓋亦以微譏儒子]."라고 풀이했다.

5) 願以所聞 思其<所行> : 원컨대 들은 것으로 실천할 것을 생각함. 선생에게서 들었던 것을 실천하고자 한다는 뜻. 所行은 闕誤本에 의거하여 보충해 넣었다.

6) 庶幾其國有瘳乎 : 그 나라가 치유됨에 가까울 것입니다. 庶幾는 '~에 가깝다'는 뜻.

7) 譆 : 아! 하고 탄식하는 소리. <養生主>편의 '文惠君曰 譆'의 주석에서 成玄英은 李頤의 주석을 따라 譆를 歎聲이라 했고 여기서는 '이상하게 웃는 소리[怪笑聲也]'라고 했는데 맥락상 <양생주>편의 譆는 감탄하는 소리이고, 여기의 譆는 탄식하는 소리로 보는 것이 타당하다.

8) 若殆往而刑耳 : 너는 아마도 가면 형벌을 받고 말 것임. 若은 2인칭. 殆는 아마도.

9) 夫道不欲雜 : 道는 뒤섞이는 것을 바라지 않음. 순수성이 훼손되면 道를 이루기 어렵다는 뜻. 韓元震은 "여기의 雜字는 아래 문장의 名字와 知字를 포함하여 말한 것이니 名과 知는 道가

뒤섞이는 까닭이다[雜字 包下文名字知字而言 名與知 道之所以雜也].”라고 하여 아래의 명예와 지식으로 인해 道가 어지럽혀진다는 뜻으로 풀이했다.

10) 雜則多 : 뒤섞이면 마음이 여러 갈래로 분열됨. 곧 어지럽게 뒤섞이면 도를 추구하는 데 마음을 집중하지 못하고 마음이 여러 갈래로 분열된다는 뜻.

11) 多則擾 : 마음이 여러 갈래로 분열되면 동요하게 됨. 擾는 불안하고 위태로운 모양.

12) 擾則憂 : 동요하게 되면 근심하게 됨. 동요하게 되면 우환이나 불안이 생긴다는 뜻.

13) 憂而不救 : 근심하게 되면 남을 구제할 수 없게 됨. 자신을 근심하는 지경에 이르게 되면 남을 구제할 겨를이 없다는 뜻. 而는 則과 같다. 儒敎의 憂患意識에 대한 비판이 含意되어 있다고 볼 수 있다.

14) 先存諸己而後存諸人 : 먼저 道를 자기 안에 보존하고 그런 뒤에 다른 사람에게 도를 보존하게 함. 釋德淸은 “먼저 자기 안에 도덕을 보존하고 그런 뒤에 자기가 가지고 있는 도덕을 다른 사람에게 베푼다[先以道德存乎己 然後以己所存施諸人].”고 풀이했다. 儒家의 文獻에서도 이와 유사한 말이 많이 보인다. ≪論語≫ <憲問>편에는 “내 몸을 닦아서 다른 사람을 편안하게 한다[修己以安人].”는 말이 있고 <顔淵>편과 <衛靈公>편에는 “내가 하고자 하지 않는 것을 남에게 베풀지 말아야 한다[己所不欲 勿施於人].”라는 말이 보이고 <雍也>편에는 “자기가 서고자 하여서는 남도 서게 하고 자기가 통달하고자 하여서는 남도 통달하게 한다[己欲立而立人 己欲達而達人].”라는 말이 보인다. 또한 ≪大學≫에도 “군자는 자기 몸에 <善>이 있은 뒤에 남에게 善을 요구하고 자기 몸에 <惡>이 없은 뒤에 남의 惡을 비난하는 것이다. 자기 몸에 간직하고 있는 것이 恕(推己及人)하지 못하고서 능히 남을 깨우치는 자는 없다[君子有諸己而後求諸人 無諸己而後非諸人 所藏乎身不恕 而能喩諸人者 未之有也].”라는 말이 보인다.

15) 所存於己者未定 : 자기 안에 보존되어야 할 道가 아직 안정되지 않음.

16) 何暇至於暴人之所行 : 어느 겨를에 포악한 사람의 행동에 미칠 수 있겠는가. 곧 “어느 겨를에 포학한 소행을 바로잡을 수 있겠느냐?”는 질문. 暴人은 곧 衛나라 君主와 같은 暴君을 지칭한다.

17) 若亦知夫德之所蕩 而知之所爲出乎哉 : 너는 또한 덕이 어지러워지는 까닭과 지식이 어디에서 나오는지 아는가. 若은 2인칭. 蕩은 動蕩, 곧 어지러운 모양.

18) 德蕩乎名 : 덕은 명예 때문에 어지러워짐. 곧 명예욕으로 인해 덕이 상실된다는 뜻.

19) 知出乎爭 : 지식은 다툼에서 나옴. 곧 상대를 이기려는 목적에서 지식이 발생한다는 뜻.

20) 名也者 相札(軋)也 : 명예라고 하는 것은 서로 싸우는 것임. 남을 헐뜯고 비난하는 수단으로 이용된다는 뜻. 札은 趙諫議本과 世德堂本을 근거로 軋로 바로 잡았다(郭慶藩).

21) 知也者 爭之器也 : 지식이라고 하는 것은 분쟁에서 이기기 위한 도구임. 지식은 시비를 따져서 옳고 그름을 다투는 도구라는 뜻.

22) 二者凶器 : 이 두 가지는 흉기임. 곧 명예와 지식은 사람과 사람 사이의 분쟁을 조장하는 나쁜 도구라는 뜻.

23) 非所以盡行也 : 극진히 행할 만한 일이 아님. 우선적 가치를 두고 추구할 만한 일이 아니라는 뜻. 행동을 지극히 선하게 하는 방법이 아니라는 뜻도 된다.

且德厚信矼[1]이라도 未達人氣[2]하며 名聞不爭[3]이라도 未達人心[4]이오 而强[5]以仁義繩墨之言[6]으로 術暴人之前者[7]면 是는 以人惡으로 有其美也[8]니 命之曰菑人[9]이라하리니 菑人者는 人이 必反菑之[10]하나니 若이 殆爲人菑夫[11]인저 且苟爲悅賢而惡不肖[12]인댄 惡用而하야 求有以異[13]리오 若은 唯無詔[14]어다 王公으로 必將乘人而鬪其捷[15]하리니 而目將熒之하며 而色將平之하며 口將營之하며 容將形之[16]하야 心且成之[17]하리니 是는 以火로 救火며 以水로 救水[18]라 名之曰 益多[19]라하노니 順始면 無窮[20]하리니 若이 殆以不信으로 厚言[21]이면 必死於暴人之前矣[22]니라

"또 네가 덕이 두텁고 성실성이 단단하지만 아직 다른 사람의 기분에 통달하지는 못했으며, 명예를 다투지는 않지만 아직 다른 사람의 심정에 통달하지 못했는데, 억지로 仁義를 주장하는 말과 법도에 맞는 말로 포악한 사람 앞에서 설교한다면, 이것은 남의 악을 이용해서 자신의 아름다움을 뽐내는 것이니 이런 사람을 일컬어 재앙을 불러오는 사람이라고 한다. 남에게 재앙을 끼치는 사람은 다른 사람 또한 반드시 거꾸로 그에게 재앙을 끼칠 것이니 너는 아무래도 남에게 재앙을 당할 것이다. 또 위나라 군주가 정말로 어진 사람을 좋아하고 어리석은 사람을 싫어한다면 무엇 때문에 너를 등용하여 특별한 정치를 추구하겠는가.

너는 오직 아무 말도 하지 않아야 할 것이다. <그렇지 않으면> 위나라 임금은 王公의 권력으로 반드시 다른 사람의 약점을 틈타 논쟁에서 이길 것을 다툴 것이니, 그렇게 되면 너의 눈은 초점을 잃어 어지러워질 것이고, 안색은 억지로 온화하게 꾸밀 것이고, 입은 변명하는 말을 늘

어 놓을 것이며, 용모는 거짓으로 꾸며서 마침내 마음이 상대의 악을 이루어 줄 것이다. 이것은 불로 불을 끄려 하고 물로 물을 구제하는 것이다. 이것을 일컬어 <악을> 더 많이 보태 준다고 한다. 처음부터 순종하게 된다면 끝이 없을 것이다. 네가 상대방이 믿지 않는데 성실한 말을 하면 반드시 포악한 군주 앞에서 죽게 되고 말 것이다."

【역주】

1) 德厚信矼(강) : 덕이 두텁고 성실성이 단단함. 矼은 단단한 모양.

2) 未達人氣 : 아직 다른 사람의 기분에 통달하지 못함. 곧 다른 사람의 기분이나 생리를 완전하게 이해하지 못한다는 뜻.

3) 名聞不爭 : 명예를 다투지 않음. 名聞은 명예로운 소문. 곧 聲聞과 같다.

4) 未達人心 : 아직 다른 사람의 심정을 통달하지 못함. 다른 사람의 심리 상태를 정확하게 파악하지 못함을 의미한다.

5) 强 : 억지로, 힘써.

6) 仁義繩墨之言 : 仁義의 말과 법도에 맞는 말. 仁義之言과 繩墨之言의 줄임. 곧 도덕규범에 맞는 말을 뜻한다. 繩墨은 먹줄과 먹, 직선을 긋는 도구로 規矩(콤파스와 곡척), 準繩(수준기와 먹줄) 등과 같이 법도라는 뜻으로 쓰인다.

7) 術暴(포)人之前者 : 포악한 사람 앞에서 진술함. 術은 陳述한다는 뜻으로 述과 같다.

8) 是以人惡(악) 有其美也 : 이것은 남의 악을 이용해서 자신의 아름다움을 뽐내는 것임. 곧 남의 악을 들추어 내고 자신의 아름다움을 드러낸다는 뜻. '是는 以人이 惡有其美也하야'로 구두하고 惡을 '오'로 읽어 "다른 사람이 그 아름다움을 미워한다."는 뜻으로 풀이하는 주석(陸德明)도 있지만, 惡은 美와 상대가 되는 글자로 '악'으로 읽어야 한다는 兪樾의 주석을 따라 '是는 以人惡으로 有其美也'로 구두하여 번역하였다. 有는 鬻의 假借字로 판다[賣]는 뜻. 뽐낸다, 있다고 자랑한다는 뜻이 여기서 나온다.

9) 命之曰菑人 : 이런 사람을 일러 재앙을 불러오는 사람이라 함. 곧 남의 악을 들추어내어 남을 해치는 사람이라는 뜻. 菑는 災와 같다.

10) 人必反菑之 : 다른 사람이 반드시 거꾸로 그 사람을 해침.

11) 若殆爲人菑夫 : 너는 아무래도 남에게 재앙을 당할 것이다. 爲人菑는 爲人所菑(남이 해치는 바가 됨)로 남에게 해침을 당한다는 뜻. 夫는 감탄형 종결사.

12) 苟爲悅賢而惡不肖 : 만약 참으로 어진 사람을 좋아하고 어리석은 사람을 싫어한다면. 주어는 衛君인데 생략되어 있다.

13) 惡(오)用而求有以異 : 무엇 때문에 너를 등용하여 특별한 정치를 추구하겠는가. 곧 위나라 군주가 참으로 어진 사람을 좋아하고 불초한 자를 싫어한다면 <이미 그 조정에는 어진 사람이 가득할 것이므로> 새삼스럽게 顔回를 등용하여 특별한 정치를 추구할 필요가 없다는 사실을 들어, 만약 안회가 위나라 군주가 어진 사람을 초빙하기 때문에 그에게로 가겠다는 생각을 가지고 있다면 그 판단은 옳지 않다는 것을 지적하는 내용이다. 以異는 이상함을 취한다는 뜻으로 ≪論語≫ <顔淵>편의 '誠不以富 亦祇以異'의 以異와 같은 用例인데, 여기서는 특별한 정치를 추구한다는 뜻으로 쓰였다. 異를 寵異의 뜻으로 보아 다른 사람보다 안회를 특별히 총애한다는 뜻으로 본 주석(方勇・陸永品)도 있지만 취하지 않았다. 惡用而의 而는 너(2인칭)의 뜻.

14) 若唯無詔 : 너는 오로지 말함이 없어야 함. 若은 너, 詔는 言과 같은 뜻. ≪釋文≫에서는 詔를 告한다, 말한다[告也, 言也]는 뜻으로 보았다. 唯를 오직의 뜻으로 보지 않고 雖로 보아 '네가 비록 아무 말을 하지 않는다 하더라도'의 뜻으로 보는 주석도 있으며 唯無 두 글자를 '만일'의 뜻으로 보아 '네가 만일 상대방을 설득하려고 말을 하면'의 뜻으로 읽는 독법도 있다. 그러면 현토본의 토(若唯無詔면)와 딱 들어 맞게 되나 여기서는 취하지 않는다. 따라서 현토도 '若唯無詔어다'라고 하였다.

15) 王公必將乘人而鬪其捷 : <아무말도 하지 말아야 하는데 그렇지 않고 말을 하면> 왕공의 권력으로 반드시 다른 사람의 약점을 틈타 논쟁에서 이길 것을 다툴 것이라는 뜻. 곧 衛나라 군주가 자신의 권위를 이용해 안회가 하는 말의 약점을 지적하여 이기려고 할 것임을 암시한 내용.

16) 而目將熒之 而色將平之 口將營之 容將形之 : 너의 눈은 초점을 잃어 어지러워질 것이고, 너의 안색은 억지로 온화하게 꾸밀 것이고, 입은 변명하는 말을 늘어놓을 것이며, 용모는 거짓으로 꾸미게 될 것임. 곧 상대의 비위에 맞추기 위해 마음에 없는 말과 행동을 하게 될 것임을 암시하는 내용. 而는 너. 色將平之는 羅勉道의 '色與之和平'이나 林雲銘의 '色沮而强爲和'가 좋다.

17) 心且成之 : 마음이 상대의 악을 이루어 줌. 곧 자신의 판단을 버리고 상대의 그릇된 판단을 옳다고 인정해 준다는 뜻. 결국 상대의 악을 이루어 준다는 의미.

18) 以火救火 以水救水 : 불로 불을 끄고 물로 물을 구제함. 재앙을 구제하기는커녕 도리어 재앙을 부추기게 된다는 뜻.

19) 名之曰益多 : 이것을 일컬어 <악을> 더 많이 보태 준다고 함. 악을 구제하지는 못하고 도리어 조장하게 된다는 뜻.

20) 順始無窮 : 처음부터 순종하게 된다면 끝이 없게 됨.

21) 以不信厚言 : 상대방이 믿지 않는데 성실한 말을 함. 곧 위군이 신임하지 않는 상태에서 仁厚한 말을 하게 되면 비록 진실한 말을 했다 하더라도 믿어 주지 않을 것임을 暗示하고 있다.

22) 必死於暴人之前矣 : 반드시 포악한 군주 앞에서 죽게 될 것임.

且昔者에 桀[1]이 殺關龍逢[2]하며 紂[3]殺王子比干[4]하니 是는 皆修其身하야 以下[5]로 傴拊人之民[6]하니 以下로 拂其上者也[7]라 故로 其君이 因其修하야 以擠之[8]하니 是는 好名者也[9]라 昔者에 堯攻叢枝胥敖[10]하며 禹攻有扈[11]하야 國爲虛厲[12]하고 身爲刑戮[13]하니 其用兵이 不止[14]며 其求實이 無已[15]일새니 是皆求名實者也[16]니 而獨不聞之乎[17]아 名實者는 聖人之所不能勝也[18]온 而況若乎따녀 雖然이나 若이 必有以也[19]니 嘗以語我來[20]하라 顔回曰 端而虛[21]하며 勉而一[22]이면 則可乎잇가 曰 惡 惡可[23]리오 夫以陽으로 爲充[24]하야 孔揚[25]하며 采色이 不定[26]하며 常人之所不違[27]하며 因案人之所感[28]하야 以求容與其心[29]하나니 名之曰 日漸之德도 不成[30]이온 而況大德乎아 將執而不化[31]하야 外合而內不訾[32]하리니 其庸詎可乎[33]리오

"또 옛날 桀王은 關龍逢을 죽였으며, 紂王은 왕자 比干을 죽였다. 이들은 모두 자신을 수양해서 아랫사람으로서 다른 사람의 백성을 어루만졌으니 아랫사람으로서 그 윗사람을 거역한 사람들이다. 그 때문에 그 임금은 그들이 수양한 것을 빌미로 삼아서 도리어 그들을 물리쳤으니 이들은 명예를 좋아하다가 죽임을 당한 사람들이다.

옛날 요임금은 叢・枝・胥敖를 공격하였으며, 우임금은 有扈를 공격해서, 이들 나라는 폐허가 되어버리고 군주 자신은 형벌로 처형을 당했으니 이는 그들이 전쟁을 그치지 않고 끝없이 실리를 탐하였기 때문이다. 이들 네 나라는 모두 명예와 실리를 구하다가 멸망한 예인데 너만 유독 그것을 듣지 못했는가. 명예와 실리는 성인도 감당하지 못하는데 하물며 너이겠는가. 비록 그렇지만 너에게는 반드시 뭔가 방도가 있을 것이니, 시험삼아 그것을 나에게 말해보라."

안회가 말했다.

"몸가짐을 단정히 하고 마음을 비우며 힘써 노력하고 마음을 한결같이 하면 되겠습니까?"

공자가 말했다.

“아! 어찌 <그런 정도로> 되겠는가. <위나라 군주는> 사나움이 마음 속에 가득하고 그것이 바깥으로 심하게 드러나며, 정신과 안색이 일정치 않고 사람들이 어기지 않는 것을 즐기며, 사람들이 느끼는 것을 억누르고 자기 마음대로 할 것을 추구한다. 이런 사람을 일러 매일 조금씩 진보하는 작은 德조차도 이루지 못할 사람이라고 말하는데 하물며 큰 덕을 이룰 수 있겠는가. 그런 사람은 자기 생각에 집착하여 남의 감화를 받지 않아서 겉으로는 합치된 듯하면서도 안으로는 헤아리지도 않으니 어찌 되겠는가.”

【역주】

1) 桀 : 夏왕조의 마지막 임금, 폭군으로 알려져 있다.

2) 關龍逢 : 걸왕 때의 충신, 直諫을 하다 걸왕에게 죽임을 당한 것으로 전해진다.

3) 紂 : 商(殷)왕조의 마지막 임금, 걸왕과 함께 폭군의 대명사로 일컬어진다.

4) 王子比干 : 紂王의 숙부, 주왕의 폭정을 간하다가 심장을 가르는 형벌로 죽임을 당한 것으로 전해진다.

5) 以下 : 아랫사람으로서. 곧 신하의 처지에서. 以下之人의 줄임.

6) 傴拊人之民 : 다른 사람의 백성을 어루만짐. 人은 桀紂와 같은 군주를 지칭한다.

7) 拂其上者也 : 그 윗사람을 거역함. 拂은 거역하다, 어기다의 뜻.

8) 因其修以擠之 : 그들이 수양한 것을 따라서 그들을 물리침. 곧 그들이 수양한 것을 빌미로 삼아서 그들을 죽음으로 몰아넣었다는 뜻.

9) 是好名者也 : 이들은 명예를 좋아한 사람임. 곧 關龍逢과 比干은 명예를 좋아하다가 죽임을 당한 사람들이라는 뜻.

10) 叢枝胥敖 : 叢・枝・胥敖. 모두 나라 이름. <齊物論>의 宗・膾・胥敖와 같이 가공의 나라.

11) 有扈 : 나라 이름. ≪書經≫ <夏書 甘誓>에는 禹임금의 아들 啓가 有扈氏를 정벌한 것으로 기록되어 있다.

12) 國爲虛厲 : 나라가 폐허로 변함. 虛厲는 墟戾와 통한다.

13) 身爲刑戮 : 몸이 형륙을 당함. 군주가 죽임을 당했다는 뜻.

14) 用兵不止 : 용병을 그만두지 않음. 곧 전쟁을 그치지 않았다는 뜻.

15) 求實無已 : 實利를 추구해서 그만두지 않음. 끝없이 실리를 탐했다는 뜻.

16) 是皆求名實者也 : 이들은 모두 명예와 실리를 추구한 사람들임.

17) 而獨不聞之乎 : 너만 유독 듣지 못했는가. 而는 2인칭.

18) 名實者 聖人之所不能勝也 : 명예와 실리는 성인도 감당하지 못함. 곧 명예와 실리를 추구하는 사람은 堯임금이나 禹임금 같은 성인조차도 감화시킬 수 없다는 뜻.

19) 若必有以也 : 너에게는 반드시 방도가 있을 것임. 以는 수단, 방법으로 衛君을 감화시킬 수 있는 방도. 以를 까닭이라는 뜻으로 읽을 수도 있다. 李白의 <春夜宴桃李園序>에 보이는 '古人秉燭夜遊 良有以也'라 할 때의 以와 같은 뜻. 그러나 여기서는 방도, 수단, 방법의 뜻을 취했다.

20) 嘗以語我來 : 시험삼아 나에게 말해 보라. 嘗은 試와 같다. 來는 권고를 나타내는 조사.

21) 端而虛 : 몸가짐을 단정히 하고 마음을 비움. 成玄英은 端을 '몸을 단정하게 하는 것[端正其形]', 虛를 '마음을 비우는 것[虛豁心慮]'으로 풀이했다. 韓元震은 "端은 正直이며, 虛는 자신을 잊어버리는 것이다[端 正直也 虛 忘身也]."라고 풀이했다.

22) 勉而一 : 힘써 노력하고 마음을 한결같이 함. 일은 부지런히 하고 心志는 專一하게 함(方勇・陸永品). 韓元震은 "勉은 힘쓰는 것이고, 一은 바꾸지 않음이다[勉 勉力也 一 不變也]."라고 풀이하고, "정직한 도리로 자신을 잊고 힘써 노력하여 바꾸지 않는 것은 곧 忠과 信으로 임금을 섬기는 일이다. 장주는 忠과 信으로 임금을 섬기는 것은 재앙을 초래하는 방도라고 생각했기 때문에 그렇게 해서는 안 된다고 생각한 것이다[直道忘身 勉力不變 卽忠信事君之事也 周以忠信事君爲取禍之道 故以爲不可]."라고 부언했다.

23) 惡(오) 惡(오)可 : 아! 어찌 되겠는가. 앞의 惡는 상대의 의견을 반박하는 뜻의 감탄사. 뒤의 惡는 어찌.

24) 以陽爲充 : 陽을 마음 속에 충만시킴. 곧 사나움이 마음 속에 가득하다는 뜻. 陽은 사나운 본성. 郭象은 '지나치게 사나운 성격[亢陽之性]'으로 풀이했고 성현영은 剛猛으로 풀이했다. 充은 充滿의 뜻.

25) 孔揚 : 바깥으로 심하게 드러남. 孔은 甚과 같은 뜻이고 揚은 겉으로 드러난다는 뜻.

26) 采色不定 : 정신과 안색이 일정치 않음. 采는 神采, 色은 顏色. 곽상은 "감정이 일정치 않다[喜怒無常]."는 뜻으로 풀이했고 成玄英은 "마음과 기색에 일정한 기준이 없는 것이다[神采氣色 曾無定準]."로 풀이했다.

27) 常人之所不違 : 사람들이 어기지 않는 것을 즐김. 馬敍倫은 常을 嘗의 假借字로 보았다. 이 부분은 ≪論語≫ <子路>편에 보이는 "나는 임금된 것은 즐거울 것이 없고, 오직 내가 말을 하면 어기지 않는 것이 즐거울 뿐이다[予無樂乎爲君 唯其言而莫予違也]."의 뜻과 유사한 내용이다.

28) 因案人之所感 : 사람들이 느끼는 것을 억누름. 案은 억누른다는 뜻(成玄英)으로 遏의 假借字이다.

29) 以求容與其心 : 자기 마음대로 할 것을 추구함. 林希逸은 容與를 "스스로 즐거워 한다[自快之意]."는 뜻으로 풀이했다.

30) 日漸之德不成 : 매일 조금씩 진보하는 작은 덕조차도 이루지 못함. 馬其昶은 "日漸은 日積과 같고 작은 행실을 뜻한다[日漸 猶日積也 謂細行]."라고 풀이했다.

31) 將執而不化 : 자기 생각에 집착하여 남의 감화를 받지 않음. 執은 固執함.

32) 外合而內不訾 : 겉으로는 합치된 듯하면서도 안으로는 헤아리지도 않음. 成玄英은 "顔淵이 겉으로는 衛君의 태도와 부합되는 듯하면서도 안으로는 헤아리지 않는다."는 뜻으로 보고 앞에 나온 '端而虛'를 이어서 안연의 태도를 지칭한 것이라고 풀이했지만, 여기서는 姚鼐의 주장을 따라 "衛君이 겉으로는 어기지 않는 듯하면서도 안으로는 그 뜻을 헤아리지 않는다[聞君子之言 外若不違 而內不度量其義]."는 뜻으로 번역하였다. 訾는 量과 같이 헤아린다는 뜻(姚鼐). 위의 以陽爲充 이하 여기까지의 文章은 古來로 유명한 難解處.

33) 其庸詎可乎 : 어찌 되겠는가. 庸과 詎는 모두 어찌[何]의 뜻.

然則我內直而外曲[1)]하며 成而上比[2)]호지니 內直者는 與天爲徒[3)]니 與天爲徒者는 知天子之與己 皆天之所子[4)]이온 而獨以己言으로 蘄乎而人善之하며 蘄乎而人不善之邪[5)]아 若然者는 人이 謂之童子[6)]라하나니 是之謂與天爲徒니라 外曲者는 與人之爲徒也[7)]니 擎跽曲拳[8)]은 人臣之禮也[9)]니 人皆爲之[10)]어늘 吾敢不爲邪[11)]아 爲人之所爲者[12)]는 人亦無疵焉[13)]하나니 是之謂與人爲徒니라

"그렇다면 저는 안으로는 강직함을 지키면서도 겉으로는 저의 뜻을 굽혀 세상 사람들과 맞추고, 成見을 내세울 때는 옛사람의 가르침에 假托하도록 하겠습니다. 안으로 강직한 사람은 하늘과 더불어 같은 무리이니, 하늘과 같은 무리가 된 사람은 天子와 자신이 모두 하늘이 낳은 사람임을 알 것인데, 유독 자기의 말을 다른 사람이 좋게 평가하기를 바라며, 자기의 말을 다른 사람이 좋지 않게 평가하기를 바라겠습니까. 이와 같은 사람은 사람들이 일러 어린아이라고 하니 이것을 일러 하늘과 더불어 같은 무리가 되었다고 말합니다.

겉으로 자신의 뜻을 굽혀 세상 사람들과 맞추는 사람은 다른 사람들과 더불어 같은 무리이니

笏을 높이 들거나 무릎 꿇고 절하거나 몸을 구부리는 동작은 남의 신하된 자의 예법이니, 저라고 감히 그렇게 하지 않을 수 있겠습니까. 남들이 행하는 것을 따라 행하는 사람은 남들 또한 비난하지 않을 것이니 이것을 일러 다른 사람과 더불어 같은 무리가 되었다고 말합니다."

【역주】

1) 內直而外曲 : 안으로는 강직하고 겉으로는 굽힘. 內心으로는 강직함을 지키면서도 밖으로는 공손한 태도를 유지한다는 뜻. 韓元震은 "內直은 안으로 기필하는 바가 없는 것이고 外曲은 밖으로는 다른 사람을 따르는 것이다[內直 內無所必也 外曲 外徇於人也]."라고 풀이했다.

2) 成而上比 : 成見을 내세울 때는 옛사람의 가르침에 가탁함. 成은 成見. 上比는 옛날로 거슬러 올라가서 옛사람들과 가까이한다는 뜻. 곧 자신의 견해를 제시할 때 옛사람들의 가르침을 따른다는 뜻이다. 比는 親比의 뜻. 林希逸은 "자기의 견해를 위로 옛사람들에게 부합시키는 것이니 古人으로 증거를 삼음을 말한다[以自己之成說而上合於古人 言古人以爲證也]."고 풀이했다.

3) 與天爲徒 : 하늘과 더불어 같은 무리가 됨. 天道의 자연을 따른다는 뜻.

4) 知天子之與己 皆天之所子 : 天子와 자신이 모두 하늘이 낳아준 것임을 알고 있음. 뒤의 子는 動詞로 生과 같은 뜻이다(方勇・陸永品). 天之所子는 글자 그대로 '하늘이 자식으로 삼는 바'로 읽어도 무방하나 위와 같이 해석하는 것이 보다 명확함.

5) 獨以己言 蘄(기)乎而人善之 蘄乎而人不善之邪 : 유독 자기의 말을 다른 사람이 좋게 평가하기를 바라며, 자기의 말을 다른 사람이 좋지 않게 평가하기를 바라겠습니까. 다른 사람의 평가에 연연해 하지 않음. 곧 名譽를 추구하지 않는다는 뜻. 朴世堂은 蘄를 計較, 곧 따진다는 뜻[蘄 計較也]으로 풀이했다. 馬敍倫의 견해를 따라 而人을 若人(그 사람) 즉 衛君을 가리키는 것으로 보는 해석도 가능하다.

6) 若然者 人謂之童子 : 이와 같은 사람은 사람들이 일러 어린아이라고 함. 童子는 嬰兒와 같이 天眞하여 아직 자연의 본성을 잃지 않은 사람을 비유한 것이다.

7) 與人之爲徒也 : 다른 사람들과 더불어 같은 무리임. 之는 衍文(聞一多).

8) 擎(경)跽(기)曲拳 : 笏을 높이 들거나 무릎 꿇고 절하거나 몸을 구부리는 동작. 곧 임금 앞에서 禮貌를 갖추어 행동함을 비유. 擎은 笏을 들어 올리는 동작, 跽는 무릎을 꿇고 앉아 절하는 모습, 曲拳은 鞠躬, 곧 몸을 굽히는 동작이다(方勇・陸永品).

9) 人臣之禮也 : 남의 신하된 자의 禮임. 人臣은 爲人之臣者의 줄임.

10) 人皆爲之 : 사람들이 모두 그렇게 함. 곧 모든 사람들이 신하된 예를 지킨다는 뜻.

11) 吾敢不爲邪 : 나라고 감히 그렇게 하지 않을 수 있겠는가. 자신도 다른 사람들처럼 신하된 예를 지키겠다는 뜻.

12) 爲人之所爲者 : 人之所爲는 남들이 하는 행동. 앞의 爲는 따라 한다는 뜻.

13) 人亦無疵焉 : 疵는 꾸짖음, 곧 비난한다는 뜻.

成而上比者는 與古爲徒[1]니 其言이 雖教나 讁之實也[2]니 古之有也라 非吾有也[3]니라 若然者는 雖直이나 而不病[4]이니 是之謂與古爲徒니라 若是則可乎잇가 仲尼曰 惡 惡可리오 大多政하고 法而不諜[5]하니 雖固亦無罪[6]나 雖然이나 止是耳矣[7]니 夫胡可以及化[8]리오 猶師心者也[9]일새니라 顏回曰 吾는 無以進矣[10]로소니 敢問其方하노이다 仲尼曰 齋[11]하라 吾將語若[12]호리라 有<心>而爲之 其易邪[13]아 易之者는 皞天이 不宜[14]하나니라 顏回曰 回之家貧하야 唯不飮酒하며 不茹葷者 數月矣[15]로니 如此면 則可以爲齋乎잇가 曰 是는 祭祀之齋라 非心齋也[16]니라 回曰 敢問心齋하노이다 仲尼曰 若이 一志[17]하야 無聽之以耳하고 而聽之以心[18]하며 無聽之以心하고 而聽之以氣[19]니 聽은 止於耳[20]오 心은 止於符[21]어니와 氣也者는 虛而待物者也[22]니 唯道集虛[23]하나니 虛者心齋也[24]니라 顏回曰 回之未始得使엔 實自回也[25]러니 得使之也에는 未始有回也[26]로소니 可謂虛乎[27]잇가

"成見을 내세울 때 옛사람의 가르침에 가탁하는 사람은 옛사람과 같은 무리이니, 그 말이 비록 가르침이지만 그 내용은 <임금을> 견책하는 것입니다. 하지만 그 말은 예부터 있던 것이지 제가 만들어 낸 것이 아닙니다. 이와 같은 사람은 비록 강직하더라도 자신에게 해롭지 않을 것이니 이것을 일컬어 옛사람과 같은 무리가 되었다고 합니다. 이와 같이 하면 되겠습니까?"

중니가 이렇게 말했다.

"어찌 되겠는가. 바로잡는 방법이 많고 법도를 지키면서 치우치지 않으니 비록 진실로 죄를 얻지는 않을 것이지만 그 정도에 그칠 뿐, 어찌 상대를 감화시키는 데까지 미칠 수 있겠는가. 여전히 자신의 成心을 스승으로 삼기 때문이다."

안회가 말했다.

"저는 더 나은 방도가 없습니다. 어찌해야 할지 감히 그 방법을 여쭤 보겠습니다."

중니가 말했다.

"우선 齋戒하도록 하라. <그런 뒤에> 내 너에게 말해 주겠노라. 사심을 가지고 재계하려고 하면 그것이 쉽겠는가. 그것을 쉽게 여기는 사람은 밝은 하늘이 마땅하게 여기지 않을 것이다."

안회가 말했다.

"저는 집안이 가난하여 술을 전혀 마시지 않고 葷菜를 먹지 못한 지 몇 달이 되었으니 이 정도면 재계했다고 할 만하지 않습니까?"

중니가 말했다.

"그것은 제사 지낼 때의 재계이지 마음을 재계하는 것이 아니다."

안회가 말했다.

"감히 마음을 재계하는 것이 무엇인지 여쭙니다."

중니가 말했다.

"너는 뜻을 한결같이 해야 한다. 사물의 소리를 귀로 듣지 말고 마음으로 들으며, 또 마음으로 듣지 말고 氣로 들어야 한다. 귀는 感覺的인 소리를 듣는 데에 그치고 마음은 知覺에서 멈추지만 氣는 마음을 비워서 사물을 기다리는 것이다. 道는 오직 마음을 비우는 곳에 응집된다. 마음을 비우는 것이 마음을 재계하는 것이다."

안회가 말했다.

"제가 아직 마음을 재계하지 않았을 때에는 실로 제 자신이 있었는데 마음을 재계하고 난 뒤에는 처음부터 아예 안회가 있지 않게 되었습니다. 이 정도면 마음을 비웠다고 말할 수 있겠습니까."

【역주】

1) 與古爲徒 : 옛사람과 한 무리가 됨. 與古人爲徒의 줄임.

2) 其言雖教 讁之實也 : 그 말이 비록 가르침이지만 견책하는 내용임. 郭象은 "비록 일상적인 가르침이지만 실제로는 諷諫하는 뜻이 있다[雖是常教 實有諷責之旨]."고 풀이했다.

3) 古之有也 非吾有也 : 예부터 있던 것이지 내가 만들어 낸 것이 아님. 成玄英은 "오랜 옛날부터 이와 같은 忠諫이 있었던 것이지 내가 오늘 홀로 바로잡아 주는 것이 아니다[敻古以來 有此忠諫 非我今日獨起箴規者也]."는 뜻으로 풀이했다.

4) 雖直不爲病 : 비록 강직하더라도 病이 되지 않음. 곧 강직한 태도를 지니더라도 자신에게 해롭지 않다는 뜻.

5) 大(태)多政 法而不諜 : 바로잡는 방법이 너무 많고 법도를 지키면서 치우치지 않음. 大는 崔譔本에서는 太로 되어 있음. 政은 正의 뜻. 그런데 成玄英, 林希逸, 釋德淸, 褚伯秀, 宣穎 등은 모두 '大多政法而不諜'으로 이어서 구두하고 "바로잡는 방법[正人之法]이 너무 많고 마땅하지 않다."는 뜻으로 풀이했지만, 여기서는 兪樾이 '大多政 法而不諜'으로 끊어서 구두하고 法而不諜을 "법도를 지키면서 치우치지 않는다[有法度而不偏僻]."는 뜻으로 보는 풀이를 따라 번역하였다. 바로 뒤의 '雖固亦無罪'는 죄를 얻지 않는다는 내용이기 때문에 이 구절을 긍정적인 내용으로 풀이하는 유월의 견해가 옳은 듯하다. 한편 朴世堂은 諜을 信의 뜻[諜信也]으로 보고, "술수를 너무 많이 부리면 사람들이 반드시 믿지 않을 것이다[爲術太多 人必不信]."로 풀이했는데 참고할 만한 견해이다.

6) 雖固亦無罪 : 비록 진실로 죄를 얻지는 않을 것임. 안회가 말한 방법을 따르면 당연히 衛君에게 죄를 얻지는 않을 것이라는 뜻. 固를 고루하다는 뜻으로 보아 '비록 고루한 것 같으나 또한 죄를 얻지는 않을 것'이라고 해석할 수도 있으나 취하지 않는다.

7) 雖然止是耳矣 : 비록 그렇지만 그 정도에 그칠 뿐임. 곧 죄를 얻지 않는 정도에 그친다는 뜻.

8) 夫胡可以及化 : 어찌 상대를 감화시키는 데까지 미칠 수 있겠는가. 夫는 발어사. 胡는 어찌.

9) 猶師心者也 : 여전히 자신의 成心을 스승으로 삼기 때문임. 心은 成心, 곧 자신의 주관적인 견해를 따라 행동한다는 뜻. 여기서 心을 成心으로 번역하고, 이 成心을 부정적인 의미로 사용하였는데 <齊物論>편 제1장에 보이는 '隨其成心'의 경우와는 다른 의미로 쓴 것임을 添言해 둔다.

10) 吾無以進矣 : 나는 더 나아갈 수 없음. 곧 앞에서 말한 내용보다 더 나은 방도가 없음을 뜻한다. 朴世堂은 "無以進은 나는 더 이상 여기에 더할 것이 없음을 말한 것이다[無以進言吾無以復加於此也]."라고 풀이했다.

11) 齋 : 우선 齋戒하도록 하라. 齋의 구체적인 내용은 <知北遊>편의 '汝齋戒 疏瀹而心 澡雪而精神 掊擊而知'라는 내용을 참고할 만하다(方勇・陸永品).

12) 吾將語若 : 내 너에게 말해 주겠노라. 若은 2인칭.

13) 有<心>而爲之 其易(이)邪 : 私心을 가지고 재계하려고 하면 그것이 쉽겠는가. 心자가 없는 本도 있으나 ≪闕誤≫에 인용한 張君房본에 의거하여 보완하였다. 心字를 보완하지 않은 경우에도 郭象은 그것을 '有其心而爲之者'라고 풀이하였다.

14) 易之者 皞天不宜 : 그것을 쉽게 여기는 사람은 밝은 하늘이 마땅하게 여기지 않을 것임. 사심을 가지고 재계하는 것을 쉽게 여기는 사람은 하늘이 돌보지 않는다는 뜻. 皞天을 自

然으로 보고 자연의 이치와 서로 부합되지 않는다고 풀이한 주석도 있다(向秀).

15) 唯不飮酒 不茹葷者 數月矣 : 술을 마시지 않고 훈채를 먹지 못한 지 몇 달이 되었음. 唯는 오직, 전혀, 완전히. 茹는 먹는다는 뜻. 葷은 매운 맛을 내는 채소[辛菜]로 파·마늘 따위.

16) 是祭祀之齋 非心齋也 : 이것은 제사 지낼 때의 재계이지 心齋가 아님. 林希逸은 "제사 지낼 때의 재계는 외모를 단정히 하는 데 있고, 心齋는 내심을 단정히 하는 데 있다[祭祀之齋在外 心齋在內]."라고 풀이했다.

17) 若一志 : 너는 뜻을 한결같이 해야 한다. 若은 2인칭. 聞一多는 '一若志'로 보고 "너의 뜻을 한결같이 해야 한다."는 뜻으로 풀이했지만 그대로 두고 번역해도 무리가 없기 때문에 굳이 본문을 바꾸지 않았다.

18) 無聽之以耳 而聽之以心 : 귀로 듣지 말고 마음으로 들음. 곧 사물의 소리를 귀로 듣지 말고 마음으로 듣는다는 뜻.

19) 無聽之以心 而聽之以氣 : 마음으로 듣지 말고 氣로 들음. 聽之以氣의 구체적인 내용은 아래의 '虛而待物'을 참조할 것.

20) 聽止於耳 : 귀는 듣는 데에 그침. 곧 귀의 작용은 감각적인 소리를 수동적으로 듣는 데에 그친다는 뜻. 兪樾의 주장을 따라 耳止於聽으로 보고 번역하였다.

21) 心止於符 : 마음은 知覺에서 멈춤. 符는 符合된다는 뜻(成玄英)으로 외부 사물을 지각하는 작용을 의미한다.

22) 氣也者 虛而待物者也 : 氣라고 하는 것은 마음을 비워서 사물을 기다리는 것임. 곧 氣로 듣는다는 것은 마음을 비워서 사물을 있는 그대로 받아들이는 태도라는 뜻이다. 여기서 마음을 비운다는 것은 일체의 감각 작용과 편견을 없앤 상태를 의미한다. 氣也者는 聽之以氣也者를 줄인 표현이다.

23) 唯道集虛 : 道는 오직 마음을 비우는 곳에 응집됨. 集은 凝集의 뜻이다. 郭象은 "마음을 비우면 至道가 마음 속에 응집된다[虛其心 則至道集於懷也]."고 풀이했다.

24) 虛者心齋也 : 마음을 비우는 것이 마음을 齋戒하는 것임. 虛는 虛心.

25) 回之未始得使 實自回也 : 제가 아직 마음을 재계하지 않았을 때에는 실로 제 자신이 있었음. 使는 공자의 가르침을 받아 마음을 재계함을 의미한다. 得使를 得使齋와 같은 뜻으로 보아 心齋하도록 命을 받는 뜻으로 보는 견해도 있는데 같은 뜻이다. 郭象은 이 구절을 두고 "아직 마음을 재계하지 않았기 때문에 자기 몸이 있었다[未始使心齋 故有其身]."고 풀이했다.

26) 得使之也 未始有回也 : 그렇게 한 뒤에는 처음부터 아예 안회가 있지 않게 되었음. 未始有回는 <제물론>편의 '吾喪我'와 같은 맥락으로 마음을 가지런히 한 뒤에는 다른 존재와 상대되는 의미의 자신이 사라지게 되었다는 뜻으로 이해할 수 있다.

27) 可謂虛乎 : 곧 心齋를 이루었다고 말할 수 있겠느냐는 물음.

夫子曰 盡矣[1]로다 吾語若[2]호리라 若이 能入遊其樊이오 而無感其名[3]하며 入則鳴하고 不入則止[4]하며 無門無毒[5]하야 一宅[6]而寓於不得已면 則幾矣[7]리라 絶迹은 易커니와 無行地는 難[8]하니라 爲人使면 易以僞어니와 爲天使면 難以僞[9]니라 聞以有翼으로 飛者矣오 未聞以無翼으로 飛者也[10]케라 聞以有知로 知者矣오 未聞以無知로 知者也[11]케라 瞻彼闋者[12]하라 虛室에 生白[13]하나니 吉祥이 止止[14]로다 夫且不止[15]할새 是之謂坐馳[16]니라

공자가 말했다.

"극진하다. 내 너에게 말해주겠다. 네가 세속의 울타리 속에 들어가 노닐면서도 명예 따위에 마음이 움직이지 아니하며, 자신의 말이 상대방의 귀에 들어가면 말을 하고 상대방의 귀에 들어가지 않으면 멈추며, <마음에> 문과 담장을 치지 않고 오로지 道를 거처로 삼아 부득이 할 때에만 말할 수 있다면 거의 가까울 것이다.

세속으로부터 자취를 끊는 것은 쉽지만 세속에 살면서 땅 위를 걸어다니지 않기는 어렵다. 남에게 부림을 받는 처지가 되면 거짓을 저지르기가 쉽고, 하늘의 부림을 받는 처지가 되면 거짓을 저지르기 어렵다. 날개를 가지고 난다는 이야기는 들었어도 <자연에 맡겨> 날개 없이 난다는 이야기는 아직 듣지 못하였고, 知識을 통해서 안다는 이야기는 들었지만, <무위자연으로> 無知를 통하여 안다는 이야기는 아직 듣지 못하였다. 저 문 닫힌 집을 보라. 비어 있는 방에 햇살이 비치니 吉祥은 고요한 곳에 머무르는 것이다. 또한 <길상이 머물지 않는 것은> 마음이 고요히 머물지 않기 때문이니 이것을 일러 몸은 가만히 앉아 있지만 마음이 이리저리 치닫는다고 한다."

【역주】

1) 盡矣 : 극진함. 안회가 도달한 경지가 虛의 도리를 극진히 했다고 이를 만하다는 뜻. 朴世堂은 "극진하다는 것은 허무의 도를 극진히 함을 말한 것이다[盡者 謂於虛無之道能盡也]."라

고 풀이했다.

2) 若 : 2인칭.

3) 能入遊其樊 而無感其名 : 세속의 울타리 속에 들어가 노닐면서도 명예 따위에 마음이 움직이지 아니함. 곧 衛나라에 들어가서 그 속에서 노닐더라도 헛된 名譽에 감동하지 않는다는 뜻(王先謙)이다. 樊은 울타리, 곧 위나라 국경 안(또는 위나라 宮廷)을 지칭하지만 궁극적으로는 禮敎에 속박된 세속 세계, 인간을 속박하는 굴레에 빗댄 표현이다.

4) 入則鳴 不入則止 : 들어가면 말을 하고 들어가지 않으면 멈춤. 자신의 말을 위나라 군주가 받아들이면 말을 하고 위나라 군주가 받아들이지 않으면 멈춘다는 뜻. 入은 嘉納의 뜻.

5) 無門無毒 : 마음에 문과 담장을 치지 않음. 곧 안팎을 구별하는 인위적인 기준을 버린다는 뜻이다. 郭象과 成玄英 등은 모두 毒을 治의 뜻으로 풀이했지만, 이렇게 풀이하면 李楨의 지적처럼 門과 毒의 對文이 성립되지 않기 때문에 李楨과 張行孚의 주장을 따라 壔(도)의 假借字로 보고 번역하였다. 한편 韓元震은 無門無毒을 "들어오지 않으면 그만두는 것이 無門이고, 들어오면 거절하지 않는 것이 無毒이니, 오는 이를 거절하지 않고 가는 이를 붙잡지 않는다는 뜻과 같다[無門無毒 不入則止 是無門也 入則不拒 是無毒也 如來者不拒 往者不追之意]."라고 풀이했는데, ≪孟子≫ <盡心 下>의 '往者不追 來者不拒'의 뜻과 같다고 본 것이다.

6) 一宅 : 한결같이 道를 居處로 삼음. 성현영은 "宅은 거처이고, 마음을 至一의 道에 둔다[宅居處也 處心至一之道]."고 풀이하였다. 韓元震은 "一은 純一함이고 宅은 心齋이니 心齋에 한결같음이다[一 純也 宅 心齋也 純於心齋也]."라고 풀이했다.

7) 寓於不得已則幾矣 : 부득이함에 맡길 수 있다면 가까울 것임. 곧 부득이한 경우에만 말한다면 도에 가까울 것이라는 뜻. 成玄英은 '그만둘 수 없는 경우에 응답하는 것[不得止而應之]'으로 풀이했다.

8) 絶迹易(이) 無行地難 : 자취를 끊는 것은 쉽지만 땅 위를 걷지 않기는 어려움. 곧 세속에서 자취를 끊고 은거하기는 쉽지만 세속에 살면서 세속적인 행위를 하지 않기는 어렵다는 뜻. 郭象은 "걸어가지 않는 것은 쉽지만 걸어가고자 하면서 땅을 밟지 않는 것은 불가능하며, 일체의 행위를 하지 않는 無爲는 하기 쉽지만 행위를 하면서 본성을 해치지 않기는 어렵다[不行則易 欲行而不踐地 不可能也 無爲則易 欲爲而不傷性 不可得也]."라고 풀이했다.

9) 爲人使 易以僞 爲天使 難以僞 : 남에게 부림을 받는 처지가 되면 거짓을 저지르기가 쉽고 하늘의 부림을 받는 처지가 되면 거짓을 저지르기 어려움. 곧 사람의 욕망을 따르면 그 욕망

에 부응하기 위해 억지로 거짓을 저지르게 되지만, 사람의 욕망을 排除하고 자연의 도를 따르면 거짓을 저지르지 않게 된다는 뜻. 林希逸은 "人欲의 부림을 받게 되면 쉽게 거짓에 이르게 되지만 마음을 비우고 조물자[道]가 시키는 대로 따르면 거짓을 용납함이 없게 된다[爲人欲所役 則易至于欺僞 唯冥心而聽造物之所使 則無所容僞矣]."라고 풀이했다.

10) 聞以有翼飛者矣 未聞以無翼飛者也 : 날개를 가지고 난다는 이야기는 들었어도 <자연에 맡겨> 날개 없이 난다는 이야기는 아직 듣지 못함. 통상 '聞……未聞……'으로 이루어진 문장은 聞에 해당하는 내용을 옳다고 인정하고 未聞에 해당하는 내용을 부정하는 것이 일반적이다. 郭象은 이 말의 뜻을 "반드시 道具가 있어야 그 일을 능히 할 수 있다. 이제 至虛의 집(道)이 없으면 化物의 實을 거둘 방법이 없다[言必有其具 乃能其事 今無至虛之宅 無由有化物之實也]."라고 하였고 池田知久가 이 견해를 따르고 있다. 그러나 반대로 未聞에 해당하는 내용을 긍정하는 경우로 보아야 한다는 주장이 또한 만만치 않다. 곧 날개 없이 난다는 이야기는 아직 듣지 못했는데 바로 그렇게 할 수 있어야 道의 경지에 도달할 수 있다는 맥락으로 이해하는 것이다. 林希逸은 이 구절을 두고 "새는 반드시 날개를 가지고 날지만 날개 없이 날 수 있어야 바로 빨리 가려 하지 않아도 저절로 빠르고 걸어가지 않아도 저절로 도달할 수 있으니 이것이 이른바 神의 경지이다[鳥之飛 必以翼也 無翼而飛便是不疾而速 不行而至 此所謂神也]."라고 풀이하여 날개 없이 날 수 있어야 함을 강조한 뜻으로 보았다. 安東林, 李基東, 赤塚忠, 福永光司, 金谷治 등도 모두 林希逸과 같은 견해이다. 安炳周는 처음에는 郭注나 池田知久의 해석과 마찬가지로 이 부분의 글에는 특별한 철학적 의미를 부여할 것 없이 단순한 必須道具說 정도의 뜻으로 읽는 것이 타당하다 생각하였으나, 郭象의 주석은 앞의 '絶迹易 無行地難'이나 뒤의 '虛室生白 吉祥止止' 등의 뜻과 어울리지 않기 때문에 취하지 않는 것이 可하다는 田好根의 견해를 따르기로 하였다. 自然에 맡겨 나는 것이 '無翼而飛'이다.

11) 聞以有知知者矣 未聞以無知知者也 : 지식을 통해서 안다는 이야기는 많이 들었지만, 無知를 통하여 안다는 이야기는 아직 듣지 못하였다. 역시 앞구절과 마찬가지로 無知를 통하여 알 수 있어야 神人의 경지에 도달할 수 있다는 뜻으로 이해해야 한다. 林希逸은 "지식이 있는 것을 지식으로 여기는 것은 보통사람들이고, 오직 자기가 알지 못하는 것을 알아야 無知의 知가 될 수 있으니 이것이 도에 나아가는 신묘한 방법이다[以有知爲知 人之常也 唯知其所不知 則爲無知之知 此則造道之妙矣]."라고 풀이했다.

12) 瞻彼闋(결)者 : 저 문 닫힌 집을 보라. 闋은 空의 뜻(司馬彪). 成玄英은 "瞻은 觀照하는 것이

고 彼는 눈 앞의 경물이며 闋은 空으로 보고[瞻 觀照也 彼 前境也 闋 空也] 萬有를 觀照한다."는 뜻으로 풀이했다.

13) 虛室生白 : 비어 있는 방에 햇살이 비침. 사마표는 "室은 마음을 비유한 것으로 마음을 공허하게 비우면 純白이 홀로 생긴다[室比喩心 心能空虛 則純白獨生也]."라고 풀이했다. 崔譔은 白을 "햇빛이 비치는 것이다[日光所照也]."라고 풀이했다.

14) 吉祥止止 : 吉祥은 고요한 곳에 머묾. 앞의 止는 동사로 머문다는 뜻이고, 뒤의 止는 명사로 고요한 곳, 비어 있는 곳을 의미한다. 林希逸은 '뒤의 止자를 빈 곳[下止字 是虛處也]'이라고 풀이했다. 본문의 번역은 임희일의 주장을 따랐지만, 兪樾과 王叔岷 등은 ≪淮南子≫ <俶眞>의 '虛室生白 吉祥止也', ≪新論≫ <淸神>편의 '吉祥至矣' 등의 기록에 근거하여 뒤의 止자를 也 또는 矣자의 誤字라고 보았는데 참고할 만하다.

15) 夫且不止 : 또한 <길상이 머물지 않는 것은> 마음이 고요히 머물지 않기 때문임. 不止는 마음을 고요하게 하지 못한다는 뜻. 夫는 發語辭.

16) 是之謂坐馳 : 이것을 일러 坐馳라 함. 坐馳는 몸은 가만히 앉아 있지만 마음이 이리저리 치닫는다는 뜻으로 <大宗師>편 제7장의 '坐忘'과 정반대의 개념이다. 釋德淸은 "몸은 이곳에 앉아 있지만 마음은 저 곳으로 달려가는 것을 坐馳라 한다[身坐於此而心馳於彼 是之謂坐馳]."라고 했다. 朴世堂은 "마음이 머무르지 않는 것을 坐馳라고 이름하였다[心之不止 是名坐馳]."고 풀이했다.

夫徇耳目[1]하야 內通하나 而外於心知[2]하면 鬼神도 將來舍온 而況人乎[3]따녀 是萬物之化也[4]니라 禹舜之所紐也[5]며 伏戲几蘧之所行終[6]이온 而況散焉者乎[7]따녀

"耳目이 전해 주는 것을 따라 외부의 사물을 안으로 받아들이고 안에 있는 교활한 心知를 버리면 귀신도 와서 머무르려 할 것인데 하물며 사람이겠는가. 이것이 만물을 감화시키는 방법이다. 禹임금과 舜임금이 지켰던 방법이고 伏戲氏와 几蘧氏가 죽을 때까지 실천했던 일인데 하물며 이들만 못한 보통사람이겠는가."

【역주】

1) 徇耳目 : 耳目을 따름. 통상 耳目은 耳目口鼻의 욕망, 곧 감각적인 욕망을 뜻하지만, 여기서는 耳目의 감각기관이 전해 주는 외부 사물의 모습이라는 뜻으로 徇은 그것을 왜곡함이 없이 그대로 따른다는 긍정적인 의미이다. 韓元震 또한 "耳目이 바라는 것을 따른다[徇耳目之

所欲也].”라고 하여 이목의 욕망이라는 뜻으로 풀이했다.

2) 內通而外於心知 : 안으로 통하게 하고 心知를 度外視함. 곧 외부의 사물을 안으로 받아들이고 안에 있는 교활한 심지는 버린다는 뜻. 韓元震은 “內通은 道가 안으로 마음에 통함이고, 外於心知는 이목을 따르는 것이 비록 안으로 통하지만 또한 이 때문에 마음이 동요하지 않는 것이다[內通謂其道內通於心也 外於心知 言耳目之所徇 雖通於內 而亦不以此動其心也].”라고 풀이했다.

3) 鬼神將來舍 而況人乎 : 귀신도 와서 머무르려 할 것인데 하물며 사람이겠는가. 來舍는 와서 머문다는 뜻.

4) 是萬物之化也 : 이것이 만물을 감화시키는 것임. 萬物之化의 之는 '의'의 뜻으로 읽으면 뜻이 정확하지 않게 된다. 萬物을 곧 이것을(之) 감화시킨다는 뜻으로 읽는 것이 정확하다. 곧 이렇게 하는 것은 만물을 감화시키는 要諦이므로 衛나라 군주도 반드시 감화될 것이라는 뜻이다. 이 구절은 위의 '夫胡可以及化'를 이어서 말한 것이다(方勇·陸永品).

5) 禹舜之所紐也 : 禹임금과 舜임금이 지켰던 방법임. 所紐는 근본 원리로 하였던 바, 결부되어 있던 바의 뜻인데, 여기에서는 所紐之法 또는 所紐之道의 줄임. 우임금이나 순임금도 心齋를 통해 천하를 다스렸다는 뜻이다.

6) 伏戲几蘧之所行終 : 복희씨와 궤거씨가 죽을 때까지 실천했던 일임. 所行終은 所行而終身의 줄임. 복희씨는 大皞(태호) 복희씨(伏戲氏). 三皇의 하나로 八卦를 그리고 書契 문자를 만들었으며 사람의 머리에 뱀의 몸뚱이를 지녔다[人頭蛇身]고 알려져 있다. 궤거씨는 옛날의 제왕(向秀), 상고시대의 제왕(李頤), 삼황 이전의 군주(成玄英)라는 주석이 있지만 모두 자세하지 않다.

7) 況散焉者乎 : 하물며 이들보다 못한 보통사람이겠는가. 散焉은 散於彼者, 곧 그들보다 못한 사람이라는 뜻. 崔譔은 散을 '德이 聖王에 미치지 못하는 것[德不及聖王爲散]'을 의미한다고 풀이했고, 林希逸은 '보통사람[尋常之人]'이라고 풀이했다.

## 第2章

葉公子高[1] 將使於齊할새 問於仲尼曰 王이 使諸梁也는 甚重[2]하고 齊之待使者는 蓋將甚敬이나 而不急[3]하리니 匹夫도 猶未可動이온 而況諸侯乎[4]따녀 吾는 甚慄之

5)하노라

葉公子高가 齊나라에 사신으로 떠나려 할 적에 仲尼에게 이렇게 물었다.

"楚나라 왕이 나를 사신으로 보낼 때는 사명이 매우 중대하다고 여겨서입니다. 그러나 제나라에서 사신을 응대할 때 <겉으로는> 몹시 공경하겠지만 실제로는 <이쪽에서 가져간 案件을> 급하게 여기지 않을 것입니다. 보통사람도 그 마음을 움직이기가 어려운데 하물며 諸侯이겠습니까. 나는 이것이 매우 두렵습니다."

【역주】

1) 葉(섭)公子高 : 楚나라 莊王의 玄孫 尹成子. 姓은 沈, 이름은 諸梁, 字는 子高(成玄英, 陸德明).

2) 王使(시)諸梁也甚重 : 왕이 諸梁을 사신으로 보내는 것은 매우 중대하다고 여겨서임. 곧 왕이 자신을 사신으로 보내는 까닭은 국가의 중대한 일이 걸려 있기 때문이라는 뜻. 使는 뒤의 '齊之待使者'처럼 사신이라는 명사로 쓰일 때는 音이 '사'이지만 사신으로 보낸다는 뜻일 때는 '시'.

3) 甚敬而不急 : 겉으로는 몹시 공경하겠지만 실제로는 급하게 여기지 않음. 郭象은 "한갓 공경만 갖출 뿐 초나라의 요구에 급히 응하려 하지 않는다[直空報其敬 而不肯急應其求也]."는 뜻으로 풀이하였다.

4) 匹夫猶未可動 而況諸侯乎 : 보통사람도 움직이기 어려운데 하물며 諸侯이겠는가. 未可動은 현토본 등 諸本에는 未可動也로 되어 있다.

5) 吾甚慄之 : 내 그것을 매우 두려워함. 慄은 두려워함.

子嘗語諸梁也하야 曰1) 凡事 若小若大2)에 寡不道以懽成3)하나니 事若不成이면 則必有人道之患4)이오 事若成이면 則必有陰陽之患5)하리니 若成若不成에 而後無患者6)는 唯有德者야 能之7)라하더시니 吾食也에 執粗하고 而不臧8)하며 爨에 無欲淸之人9)이어늘 今에 吾朝受命이오 而夕飮氷10)호니 我는 其內熱與11)인저 吾未至乎事之情하야서 而旣有陰陽之患矣12)로니 事若不成이면 必有人道之患하리니 是는 兩也13)라 爲人臣者 不足以任之14)로소니 子는 其有以語我來15)하라

"선생께서는 일찍이 저에게 이렇게 말씀하셨습니다. '무릇 작든 크든 일을 처리할 때에 도리에 어긋나게 하고서 만족스럽게 성취하기란 매우 어렵다. 일이 만일 이루어지지 않으면 반드시 人道의 근심이 있게 되고, 일이 만일 이루어지면 반드시 陰陽의 조화가 어긋나는 재앙이 생길 것이니, 성공하든 성공하지 못하든 그 뒤에 뒷탈이 없게 하는 것은 오직 덕이 있는 사람이라야 할 수 있다.' 저는 음식을 먹을 때는 거친 음식을 먹고 맛있는 것을 먹지 않으며, 밥을 지을 때는 시원하기를 바라는 사람이 없을 정도로 불을 많이 사용하지 않았는데, 지금 제가 아침에 명령을 받고 나서 저녁에 얼음을 마셔대니 저는 아무래도 몸 속에 열이 있는 것 같습니다. 저는 아직 일의 실상에 직접 부딪치지도 않고서 이미 음양의 재앙이 생겼는데, 일이 만일 성공하지 못하면 人道의 근심이 있게 될 것이니 이것은 두 가지 재앙이 한꺼번에 닥치는 것입니다. 남의 신하된 사람으로서 충분히 감당할 수가 없으니 선생께서는 저에게 가르침을 주시기 바랍니다."

【역주】

1) 子嘗語諸梁也曰 : 선생은 일찍이 諸梁에게 이렇게 말함. 子는 2인칭. 여기서는 孔子를 지칭한 것이다.

2) 若小若大 : 작든 크든. 곧 작은 일, 큰 일을 막론하고의 뜻.

3) 寡不道以懽成 : 도리에 어긋나게 하고서 만족스럽게 성취하기란 매우 어렵다. 不道는 "마땅한 도리로 하지 않는다[不以其道]."는 뜻. 寡는 드물다[少]는 뜻. 陳景元은 江南 古藏본에 근거하여 이 구절을 "寡有不道以成懽(도리에 어긋나게 하고서 기쁨을 이루는 경우는 드물다)"으로 고쳤는데 이렇게 보면 大義에는 큰 차이가 없지만 文法的 구조가 좀더 명확해지므로 참고할 만하다. 또 "道를 가지고 만족스럽게 이루려 하지 않는 사람이 없다."는 해석과 "이렇게 함으로써 성공을 기뻐한다고 말하지 아니할 자가 없다."는 해석도 있지만 취하지 않는다.

4) 事若不成 則必有人道之患 : 일이 만일 이루어지지 않으면 반드시 人道의 근심이 있게 됨. 일을 이루지 못하면 군주의 견책, 곧 인간사회의 처벌이 따른다는 뜻이다. 林希逸은 "나라를 위해 일을 도모하다가 만약 이루지 못하면 반드시 형벌과 견책이 따르기 때문에 인도의 근심이라고 말했다[爲國謀事 若不成 則必有刑責 故曰人道之患]."라고 풀이했다.

5) 事若成則必有陰陽之患 : 일이 만일 이루어지면 반드시 음양의 조화가 어긋나는 재앙이 생김. 일에 골몰하여 一喜一悲하다가 결국 몸의 기운이 어긋나는 질병을 얻게 된다는 뜻. 郭象은 "인도의 근심은 비록 없어지더라도 기쁨과 두려움이 마음 속에서 싸워서 이미 冷氣와

熱氣가 오장 속에 맺힌다[人患雖去 然喜懼戰於胸中 固已結冰炭於五臟矣].”라고 풀이했고, 成玄英은 “기쁨과 두려움이 한 마음 속에 모두 결집되어 陰氣와 陽氣가 五臟에서 싸우게 된다[喜懼交集於一心 陰陽勃戰於五臟].”라고 풀이했는데 모두 심리적인 원인으로 말미암아 질병이 생긴다는 뜻이다.

6) 若成若不成 而後無患者 : 성공하든 성공하지 못하든 그 뒤에 뒷탈이 없게 하는 것. 後無患은 의미상 無後患과 같다.

7) 唯有德者能之 : 오직 德이 있는 사람이라야 그것을 할 수 있음. 덕이 있는 사람이라야 인도의 근심과 음양의 근심이 생기지 않게 할 수 있다는 뜻.

8) 食也執粗而不臧 : 음식을 먹을 때는 거친 음식을 먹고 맛있는 것을 먹지 않음. 곧 淡白한 음식을 먹고 자극적인 음식을 먹지 않는다는 뜻. 臧은 美의 뜻으로 여기서는 여러 가지 양념을 가미하여 맛있게 만든 음식을 뜻한다. 곧 자극적인 음식의 섭취는 몸에 열기를 발생시키는데 그런 음식을 먹지 않는다는 맥락이다. 向秀는 “맛있는 음식을 먹으면 반드시 몸 안에 열이 생긴다[食美食者 必內熱].”라고 했다.

9) 爨無欲淸之人 : 밥을 지을 때 시원하기를 바라는 사람이 없음. 곧 음식을 조리할 때 불을 많이 사용하지 않는다는 뜻. 음식을 호화스럽게 장만하려면 불을 여러 군데 때므로 요리사가 시원하기를 바라는데 자신은 그렇게 하지 않음. 위의 구절과 마찬가지로 몸에 열기가 발생할 만한 원인이 없다는 뜻으로 쓴 것이다.

10) 朝受命而夕飮氷 : 아침에 명령을 받고 나서 <걱정이 되어> 저녁에 얼음을 마심. 몸 속에 열이 생겼다는 징후를 이렇게 말한 것이다. 淸末 梁啓超는 飮氷室이라 號하여 그의 文集을 飮氷室文集이라 하였는데 아마 여기서 의미를 취한 듯하다.

11) 其內熱與 : 아무래도 몸 속에 열이 있는 듯함. 成玄英은 “諸梁이 아침에 명령을 받고 저녁에 얼음을 마셔대니 두려움과 근심으로 인해 속이 타는 것을 충분히 알 수 있다[諸梁晨朝受詔 暮夕飮冰 足明怖懼憂愁 內心燻灼].”고 했다. ‘其…與’는 추측을 나타내는 의문형 문장.

12) 未至乎事之情 而旣有陰陽之患矣 : 아직 일의 실상에 미치지도 않았는데 이미 음양의 재앙이 생김. 情은 實의 뜻.

13) 是兩也 : 두 가지 재앙이 한꺼번에 닥치는 것임. 곧 人道의 근심과 陰陽의 근심이 한꺼번에 닥친 것이라는 뜻. 兩은 二重苦, 엎친 데 덮친 격이라는 뜻이다.

14) 不足以任之 : 그것을 감당하기에 부족함. 任은 勝으로 이겨내다, 감당하다의 뜻.

15) 其有以語我來 : 말해 주시기 바람. 곧 앞에서 든 이중의 어려움을 피할 수 있는 방법을 일

러 달라는 뜻. 來는 권고, 요청을 나타내는 어조사.

仲尼曰 天下에 有大戒二[1)]하니 其一은 命也요 其一은 義也[2)]라 子之愛親은 命也[3)]라 不可解於心[4)]이며 臣之事君은 義也니 無適而非君也[5)]니 無所逃於天地之間[6)]이라 是之謂大戒[7)]니라 是以로 夫事其親者는 不擇地而安之[8)]하나니 孝之至也[9)]라 夫事其君者는 不擇事而安之[10)]하나니 忠之盛也[11)]니라 自事其心者[12)]는 哀樂에 不易施乎前[13)]하야 知其不可奈何而安之若命[14)]하나니 德之至也[15)]니라 爲人臣子者는 固有所不得已[16)]라 行事之情이오 而忘其身[17)]이언정 何暇에 至於悅生而惡死[18)]리오 夫子는 其行이 可矣[19)]니라

仲尼가 말했다.

"천하에는 크게 경계해야 할 일이 두 가지가 있으니, 하나는 천명이고 또 하나는 의리(인간사회의 규범)이다. 자식이 어버이를 사랑하는 것은 천명인지라 마음 속에서 버릴 수 없으며, 신하가 임금을 섬기는 것은 의리이니 어디에 간들 임금 없는 곳이 없으니 천지간에 도망갈 곳이 없다. 이것을 일컬어 크게 경계해야 할 일이라고 말한다. 이 때문에 어버이를 섬기는 자는 처지를 가리지 않고 어버이를 편안하게 해드리니 이것이 孝의 지극함이다. 또 임금을 섬기는 자는 임금이 어떤 일을 시키더라도 임금을 편안히 섬기나니 이것이 忠의 성대함이다. 스스로 자신의 마음을 섬기는 자는 슬퍼하고 즐거워하는 감정이 닥친 처지나 해야 할 일 앞에서 바뀌거나 옮겨지지 않아서 그것을 어찌할 수 없음을 알아 마음을 편안히 하고 천명을 따르니 덕의 지극함이다. 남의 신하 되고 자식 된 자는 이처럼 본디 그만둘 수 없는 바가 있으니 일의 실상과 부딪치고 자기 몸의 安危를 잊을지언정 어느 겨를에 삶을 좋아하고 죽음을 싫어하는 데에 이를 수 있겠는가. 그대는 떠나는 것이 옳다."

【역주】

1) 有大戒二 : 크게 경계해야 할 일이 두 가지가 있음. 곧 반드시 경계해야 할 일을 두 가지(命과 義)로 나누어 말할 수 있다는 뜻.

2) 其一義也 : 또 하나는 의리임. 義는 인간사회의 규범을 뜻한다. 一은 또 다른 하나라는 뜻.

3) 子之愛親命也 : 자식이 어버이를 사랑하는 것은 天命임. 赤塚忠은 "命은 天命, 宿命의 뜻이

니 인간의 자유로운 意志로는 변경할 수 없는 旣定의 必然性을 말한다. 즉 이 寓話는 父子관계나 孝를 숙명으로 보는 것이다. 이것은 父子의 道를 五倫의 第一로 삼는 儒家의 생각과 비슷하다(義의 경우도 마찬가지). 그러나 儒家는 그것을 宿命보다는 自律的인 規範으로 규정하고 있기 때문에 여기에 儒와 道의 相違点이 있다."고 하였는데, 참고할 만한 설명이다.

4) 不可解於心 : 마음 속에서 버려서는 안 됨. 解는 마음 속에 맺어[結] 두지 않고 풀어버린다는 뜻. 棄, 除去의 뜻.

5) 無適而非君也 : 어디에 간들 임금 없는 곳이 없음. 가는 곳마다 모두 임금이 있다는 뜻.

6) 無所逃於天地之間 : 천지 사이에 도망갈 곳이 없음. 無所逃는 피할 곳이 없다는 뜻. 無所逃於天地之間에 대해 黃宗羲는 ≪明夷待訪錄≫ <原君>편에서 "小儒들은 견식이 좁아서 君臣의 義는 天地 사이에 도망할 데가 없다[君臣之義 無所逃於天地之間]고 여긴다."고 비판하고 있는데 이는 守名論的 名分論者들이 君臣之分의 절대성을 주장하는 데에 대한 비판이다. 물론 莊子가 한 말로 이해하지 않고 小儒들의 말로 이해하고서 한 말이기는 하지만, 여기서 한 번 仲尼 곧 莊子의 이 말이 宿命의 뜻임을 상기할 필요가 있다.

7) 是之謂大戒 : 이것을 일러 大戒라 함. 陸西星(長庚)은 大戒를 大經大法이라고 풀이했다.

8) 夫事其親者 不擇地而安之 : 어버이를 섬기는 자는 처지를 가리지 않고 어버이를 편안하게 해드림. 처지를 가리지 않는다는 것은 地位의 高下나 俸祿의 多寡를 따지지 않고 벼슬하여 부모를 봉양한다는 뜻이다. 成玄英은 "벼슬길에 오르고 봉록을 구할 때 고하를 가리지 않는다[登仕求祿 不擇高卑]."라고 풀이했다.

9) 孝之至也 : 효의 지극함이다. 곧 효성이 지극한 사람이라는 뜻.

10) 夫事其君者 不擇事而安之 : 임금을 섬기는 자는 일을 가리지 않고 편안히 섬김. 곧 임금이 아무리 어려운 일을 시키더라도 따른다는 뜻.

11) 忠之盛也 : 忠의 성대함이다. 지극한 忠信이라는 뜻.

12) 自事其心者 : 스스로 자기 마음을 섬기는 자. 成玄英은 '道를 추구하는 사람[爲道之士]'으로 풀이했다.

13) 哀樂不易施(역이)乎前 : 슬퍼하고 즐거워하는 감정이 닥친 처지나 해야 할 일 앞에서 바뀌거나 옮겨지지 않음. 표현상으로는 감정이 目前의 일 때문에 바뀌지 않는다는 뜻이지만, 내용상으로는 일의 성패로 인해 슬퍼하거나 즐거워하지 않는다는 뜻. 곧 일의 성패가 자신에게 영향을 끼치지 못한다는 의미이다. 崔譔은 施를 移로 풀이했다.

14) 知其不可奈何而安之若命 : 어찌할 수 없음을 알아 마음을 편안히 하고 천명을 따름. 不可

奈何는 어찌할 수 없다는 뜻. 若은 따른다[順]의 뜻. 成玄英은 安之若命을 "마음을 편안히 하고 천명을 따른다[安心順命]."라고 풀이했고, 林希逸도 若命을 順命으로 풀이했다.

15) 德之至也 : 덕의 지극함이다. 지극한 덕을 가진 사람이라는 뜻.

16) 固有所不得已 : 본디 그만둘 수 없는 바가 있음. 固는 본디.

17) 行事之情 而忘其身 : 일의 실상과 부딪치고 자기를 잊음. 곧 최선을 다해 일을 수행하고 자신의 安危를 돌보지 않는다는 뜻.

18) 何暇至於悅生而惡死 : 어느 겨를에 삶을 좋아하고 죽음을 싫어하는 데에 이를 수 있겠는가. 자기 개인의 安危를 돌아볼 겨를이 없다는 뜻. 悅生惡死는 장자 사상의 中核의 하나이다. <齊物論>편 제4장의 '予惡乎知說生之非惑邪 予惡乎知惡死之非弱喪而不知歸者邪' 등의 문장을 참조할 것.

19) 夫子其行可矣 : 그대는 떠나는 것이 옳다. 자신의 안위를 念頭에 두지 않고 사신으로 떠나는 것이 마땅한 도리라는 뜻.

丘는 請復以所聞[1]하노라 凡交[2]近이면 則必相靡以信[3]하고 遠이면 則必忠之以言[4]하나니 言은 必或이 傳之[5]하나니 夫傳兩喜兩怒之言이 天下之難者也[6]라 夫兩喜는 必多溢美之言[7]하고 兩怒는 必多溢惡之言[8]하나니 凡溢之類는 妄[9]이니 妄이면 則其信之也 莫[10]하고 莫이면 則傳言者 殃[11]하나니라 故法言曰[12] 傳其常情이언정 無傳其溢言이면 則幾乎全[13]이라하도다 且以巧로 鬪力者[14]는 始乎陽이라가 常卒乎陰[15]하나니 大(泰)至하면 則多奇巧[16]하나니라 以禮로 飮酒者[17]는 始乎治라가 常卒乎亂[18]하나니 大(泰)至면 則多奇樂[19]하나니라 凡事 亦然[20]하야 始乎諒이라가 常卒乎鄙[21]하며 其作始也簡[22]코 其將畢也에 必巨[23]하나니라

"나는 청컨대 내가 들은 바를 일러 주고자 한다. 무릇 나라와 나라 사이의 外交는 거리가 가까우면 반드시 서로 信義로 맺고 거리가 멀면 반드시 말로써 진실한 관계를 맺어야 한다. 말은 반드시 누군가가 전해야 하는데 두 나라의 君主가 다 같이 기뻐하고 다 같이 노여워할 말을 전하는 것은 천하에서 가장 어려운 일이다. 두 나라 군주를 모두 기쁘게 하려는 경우는 반드시 칭찬하는 말을 넘치게 하기 마련이고, 두 나라 군주를 모두 성내게 하려는 경우는 비난

하는 말을 넘치게 하기 마련이다. 무릇 넘치게 하는 행위는 거짓이니, 거짓을 말하면 군주가 믿어주는 마음이 막연하고, 믿음이 막연해지면 말을 전한 사람이 화를 당한다. 그 때문에 法言에 이르기를 '떳떳한 진실을 전할지언정 넘치는 말을 전하지 않으면 온전함에 가까울 것이다.' 고 했다.

또 奇巧로 힘을 겨루는 경우에 처음에는 서로 기쁜 마음으로 시작하다가 마침내는 서로 노여워하는 마음으로 끝나니, 노여워하는 감정이 극에 이르면 정도에 어긋난 기교까지 쓰게 된다. 예를 갖추어 술을 마시는 경우에도 처음에는 올바른 정신에서 시작하다가 항상 어지러워지는 것으로 끝나니 快樂을 추구하는 마음이 극에 이르면 괴상한 노래나 춤을 추게 된다. 모든 일이 그와 같아서 처음에는 좋은 마음에서 시작하다가 항상 끝에 가서는 비루함에 이르게 되며, 시작할 때에는 간단했던 일이 마칠 때에는 반드시 중대한 일이 되고 만다."

【역주】

1) 請復(복)以所聞 : 내가 들은 바를 일러 주고자 함. 陸德明은 復의 음을 '부'로 표기하고 있고, 宣穎이나 方勇·陸永品 등 대부분의 주석가들이 다시 일러주다[復告 再告]는 뜻으로 보고 있지만, 여기서는 朴世堂이 復(복)을 告로 풀이한 견해를 따라 '복'으로 읽고 일러주다의 뜻으로 번역하였다. 復이 白 또는 告의 뜻으로 쓰이는 용례는 ≪孟子≫ <梁惠王 上>의 '有復於王者曰' 등에서 찾아볼 수 있다.

2) 交 : 交際. 여기서는 국가 간의 외교라는 뜻으로 쓰였다.

3) 近則必相靡(미)以信 : 거리가 가까우면 반드시 서로 信義로 맺어야 함. 거리가 가까운 나라는 직접 만날 수 있기 때문에 信을 직접 보여 주면서 관계를 맺어야 한다는 뜻이다. 相靡는 靡를 縻(미)와 같은 글자로 보는 王敔의 견해를 따라 서로 관계를 맺는다는 뜻으로 번역했다. 郭象과 成玄英 등은 靡를 順으로 풀이했지만 문의가 자연스럽지 않기 때문에 취하지 않았다.

4) 遠則必忠之以言 : 거리가 멀면 반드시 말로써 진실한 관계를 맺어야 함. 거리가 멀면 직접 만날 수 없기 때문에 말을 통해서 서로 진실한 관계를 맺는다는 뜻.

5) 言必或傳之 : 말은 반드시 누군가가 전해야 함. 누군가 두 나라의 君主를 대신해서 전달해야 한다는 뜻. 곧 사신을 통해 군주의 뜻을 전달한다는 의미.

6) 傳兩喜兩怒之言 天下之難者也 : 두 나라의 군주가 다 같이 기뻐하고 다 같이 노여워할 말을 전하는 것은 천하에서 가장 어려운 일임. 의견의 일치를 구하기가 어려움을 나타낸 말이다.

7) 兩喜必多溢美之言 : 두 나라 군주를 모두 기쁘게 하려는 경우는 반드시 칭찬하는 말을 넘치게 하기 마련임. 溢美之言은 美가 넘치는 말.

8) 兩怒必多溢惡之言 : 두 나라 군주를 모두 성내게 하려는 경우는 비난하는 말을 넘치게 하기 마련임. 溢은 넘침, 곧 실상을 그대로 전하지 않고 과장한다는 뜻. 곽상과 성현영 모두 溢을 過로 풀이했다. 溢惡(일악)을 池田知久, 金谷治, 曹礎基 등은 과장한 악으로 보았다.

9) 溢之類妄 : 넘치게 하는 행위는 거짓임. 妄은 거짓.

10) 妄則其信之也莫 : 거짓을 말하면 군주가 믿어주는 마음이 막연해짐. 郭象은 '막연히 의심한다[莫然疑之也].'고 풀이했고, 成玄英은 莫을 '의심하는 모양[莫致疑貌也]'이라고 풀이했다. 莫에 대하여는, 兪樾은 無의 뜻으로 보고 그것을 따른 福永光司는 '其信之也莫'을 '莫信之也'의 倒置形文章으로 보았다.

11) 莫則傳言者殃 : 믿음이 막연해지면 말을 전한 사람은 화를 당하게 됨. 곧 군주가 의심하게 되면 말을 전한 사람이 화를 당한다는 뜻.

12) 故法言曰 : 그 때문에 법언에 이렇게 말함. 法言은 실제로 이런 책이 있었다기 보다는 가탁해서 하는 말로 보는 것이 무난하다. 成玄英은 法言을 '先聖들의 格言[先聖之格言]'이라 했고, 林希逸은 "옛날에 이런 책이 있었다[古有此書也]."고 했지만 모두 자세하지 않다.

13) 傳其常情 無傳其溢言則幾乎全 : 떳떳한 진실을 전할지언정 넘치는 말을 전하지 않으면 온전함에 가까움. 溢言은 溢美之言과 溢惡之言. 全은 재앙을 피해서 자기 몸을 온전히 보존한다는 뜻.

14) 以巧鬪力者 : 기교로 힘을 겨루는 자. 또는 그런 경우. 장난삼아 서로 힘겨루기를 하는 경우. 成玄英은 "힘을 비교하기 위해서 서로 장난친다[較力相戲]."는 뜻으로 풀이했다. 林希逸은 "鬪力을 지금(宋代)의 相搏놀이(서로 상대를 때려서 힘을 겨루는 장난질)와 같다. 처음에 약하게 손이 오갈 때는 단지 장난에 지나지 않지만 마침내는 실제로 상대를 치게 된다[以巧鬪力 今之戲相搏者 其始等閑格手 其終常至於實實爭打]."라고 풀이했다.

15) 始乎陽 常卒乎陰 : 기쁜 마음으로 시작하다가 노여워하는 마음으로 끝남. 成玄英은 陽을 기쁜 감정[喜], 陰을 노여워하는 감정[怒]이라고 풀이했다. 곧 처음에는 장난스럽게 시작하다가 마침내 분노하여 상대를 실제로 친다는 뜻이다. 처음에는 公開的인 페어플레이[陽]로 하다가 마침내는 은밀한 더티플레이를 한다는 뜻으로 보아도 된다.

16) 大(泰)至則多奇巧 : 노여워하는 감정이 극에 이르면 정도에 어긋난 기교까지 쓰게 됨. 林希逸은 "장난이 너무 지나치면 적당한 수준을 넘어서는 경우가 많다[其戲太甚 則多有過當]."라고 풀이했다.

17) 以禮飮酒者 : 예를 갖추어 술을 마시는 자. 또는 그런 경우.

18) 始乎治 常卒乎亂 : 처음에는 올바른 정신에서 시작하다가 항상 어지러워지는 것으로 끝남. 治는 술 마시는 예법을 지킨다는 뜻. 亂은 술에 취하여 어지러워진다는 뜻.

19) 大(泰)至則多奇樂(락) : 쾌락을 추구하는 마음이 극에 이르면 괴상한 노래나 춤을 추게 됨. 奇樂은 비정상적인 즐거움을 뜻한다.

20) 凡事亦然 : 모든 일이 그와 같음. 인간사의 모든 일이 처음에는 잘 나가다가 나중에는 엉망이 된다는 뜻.

21) 始乎諒常卒乎鄙 : 처음에는 좋은 마음에서 시작하다가 항상 끝에 가서는 비루해짐. 兪樾은 위의 '陰'과 '陽', '治'와 '亂'이 모두 對文인데 여기의 諒과 鄙만 대문이 성립하지 않는 것은 글자의 오류라고 보았다. 곧 都자와 諸자가 서로 통용되고 諸자와 諒자가 서로 비슷하기 때문에 결국 都자가 諒자로 잘못 표기된 것이라고 하면서 ≪淮南子≫ <詮訓>편의 '故始於都者 常大於鄙'를 예로 들어 都와 鄙가 對文이라고 주장했다. 都는 세련되고 교양있는 것을 뜻하고 鄙는 촌스럽고 비루하다는 뜻. 아울러 方勇·陸永品의 ≪莊子詮評≫에서는 다시 유월의 주장을 반박하여, 諒과 鄙는 각각 誠信과 詐欺의 뜻이므로 對文이 성립한다고 주장하고 있는데 이 주장도 참고할 만하다. 본문에서는 유월을 주장을 따라 번역하였다.

22) 其作始也簡 : 시작할 때에는 간단함. 처음에는 별다른 문제가 없다는 뜻.

23) 其將畢也必巨 : 마칠 때에는 반드시 중대해짐. 끝내는 문제가 심각해져서 돌이킬 수 없는 지경에 빠진다는 뜻.

[夫]言者는 風波也[1]요 行者는 實喪也[2]라 <夫>風波는 易以動[3]하고 實喪은 易以危[4]하나니 故忿設이 無由하니 巧言偏辭[5]로다 獸死에 不擇音하야 氣息이 茀然[6]하야 於是에 竝生心厲[7]하나니 剋核大至하면 則必有不肖之心으로 應之[8]하야 而不知其然也[9]하나니 苟爲不知其然也면 孰知其所終[10]이리오 故法言曰 無遷令[11]하며 無勸成[12]하리니 過度면 益也[13]라하니라 遷令과 勸成은 殆事[14]니라 美成은 在久[15]하고 惡成은 不及改[16]하나니 可不愼與아 且夫乘物以遊心[17]하야 託不得已하야 以養中[18]하면 至矣니 何作爲하야 報也[19]리오 莫若爲致命[20]이니 此其難者[21]아

"말은 바람이 일으킨 물결처럼 일정한 모습이 없고 행동은 得失이 있다. 바람이 일으킨 물결

은 쉽게 움직이고 득실은 쉽게 위태로워진다. 그 때문에 분노가 일어나는 것은 다른 이유가 없고 교묘한 말과 치우친 말 때문이다. 짐승이 죽을 때는 마구 짖어대서 숨소리가 거칠어지는데 이때에 거친 마음이 아울러 생긴다. 엄한 問責이 극에 달하면 반드시 어리석은 마음으로 대응해서 스스로 그런 줄 알지 못할 것이니, 만약 참으로 그런 줄 알지 못한다면 그 결과를 누가 알겠는가. 그 때문에 法言에 이르기를 '군주의 명령을 멋대로 바꾸지 말며 억지로 이루려고 하지 말아야 할 것이니 정도를 지나치면 넘치는 말이 된다.'고 했다. 명령을 바꾸고 억지로 이루는 것은 위태로운 일이다. 일이 잘 이루어지는 데에는 오랜 시간이 걸리고 일이 한 번 잘못된 것은 미처 고칠 수 없으니 삼가지 않을 수 있겠는가.

또 사물의 자연스러움을 타고 마음을 자유롭게 노닐게 해서 어쩔 수 없음에 맡겨서 마음 속의 본성을 기르면 지극할 것이니 어찌 꾸며서 상대 군주에게 보고하겠는가. 楚나라 군주의 명령대로 전하는 것보다 좋은 방법이 없으니, 이것이 뭐 그리 어려운 일이겠는가."

【역주】

1) [夫]言者風波也 : 말은 바람이 일으킨 물결처럼 일정한 모습이 없음. 成玄英은 "물이 바람 때문에 파도가 일어나는 것을 마음이 말로 인해 기뻐하기도 하고 노여워하기도 함에 비유한 것이다[水因風而起波 譬心因言而喜怒也]."라고 풀이했다. 郭慶藩은 波를 播와 통용하는 글자로 보아 風波를 바람이 흩어진다는 뜻으로 보아야 하며 波를 波浪의 뜻으로 보는 것은 옳지 않다고 했지만 대의에는 큰 차이가 없기 때문에 취하지 않았다. 夫자는 世德堂本에 의거하여 아래 風波 앞으로 옮겼다.

2) 行者實喪也 : 행동에는 득실이 있음. 행동에는 결과에 따른 得失이 있다는 뜻. 成玄英은 "파도와 같은 말을 따라서 희로의 감정을 나타내는 것이다[因此風波之言而行喜怒]."로 풀이하여 行을 감정을 밖으로 드러낸다는 뜻으로 보았다.

3) 風波易以動 : 바람이 일으킨 물결은 쉽게 움직임. 변하기 쉽다는 뜻을 품고 있음. 말을 하기는 쉽다는 뜻.

4) 實喪易以危 : 득실은 쉽게 위태로워짐. 행동의 결과는 사람을 위태롭게 하는 경우가 많다는 뜻.

5) 忿設無由 巧言偏辭 : 분노가 일어나는 것은 다른 이유가 없고 교묘한 말과 치우친 말 때문임. 郭象은 "분노가 일어나는 것은 다른 까닭이 없고 항상 교묘한 말이 실제보다 지나치고 치우친 말이 올바름을 잃은 데서 말미암을 뿐이다[夫忿怒之作 無他由也 常由巧言過實 偏辭失當耳]."라고 풀이했다. 忿設은 분노가 일어난다는 뜻.

6) 獸死不擇音 氣息茀(발)然 : 짐승이 죽을 때는 마구 짖어대서 숨소리가 거칠어짐. 氣息은 숨쉬는 소리. 茀은 숨결이 거칠다는 뜻으로 音 발.

7) 於是竝生心厲 : 이때에 거친 마음이 아울러 생김. 於是는 於是之際, 곧 이때. 心厲는 거친 마음, 厲心과 같다.

8) 剋核大至 則必有不肖之心應之 : 엄한 문책이 극에 달하면 반드시 어리석은 마음으로 대응하게 됨. 剋核은 급박하게 사실을 문책한다는 뜻. 剋은 急과 같은 뜻(池田知久)이고 核은 覈의 假借字이다(馬敍倫). 大至의 大는 音 태.

9) 不知其然也 : 그러한 것을 알지 못함. 스스로 자신이 어리석은 마음으로 대응하고 있다는 사실을 깨닫지 못한다는 뜻.

10) 孰知其所終 : 누가 그 결과를 알겠는가. 아무도 그 결과를 알 수 없다는 뜻.

11) 無遷令 : 君主의 명령을 멋대로 바꾸지 말아야 함. 遷令은 명령을 바꾼다는 뜻.

12) 無勸成 : 억지로 이루려고 하지 말아야 함. 勸成은 일이 이루어지도록 상대방에게 권한다는 뜻. 郭象은 “강권해서 억지로 이룬다[强勸成之].”는 뜻으로 풀이했고, 成玄英도 같은 뜻으로 풀이했다.

13) 過度益(일)也 : 정도를 지나치면 넘치는 말이 됨. 곽상과 성현영은 益자를 그대로 두고 풀이했지만, 여기서는 “마땅히 溢자로 읽어야 한다[當讀爲溢].”는 兪樾의 주장을 따라 溢자로 보고 번역하였다. 溢은 곧 앞의 ‘溢美之言’과 ‘溢惡之言’을 말한다.

14) 遷令勸成殆事 : 명령을 바꾸고 억지로 이루는 것은 위태로운 일임. 殆事는 자신을 위태롭게 하는 일이라는 뜻.

15) 美成在久 : 久는 오랜 시간. 在는 ~에 달려 있다는 뜻.

16) 惡成不及改 : 일이 한 번 잘못된 것은 미처 고칠 수 없음. 惡의 이루어짐은 미처 그것을 고칠 겨를이 없을 정도로 빠르다는 뜻. 郭注와 成疏가 惡을 惡(오)의 뜻, 미워한다는 뜻으로 보고 ≪釋文≫이 音을 ‘오’(烏路反)로 달고 있지만 兪樾, 陶鴻慶 등이 지적한 대로 그것은 잘못이다. 이보다 앞서 이미 宋의 羅勉道는 “아름다움을 이루기는 매우 어려우니 오랜 시간이 지난 뒤에 이루어지고, 악을 이루기는 매우 빠르니 고치려고 할 때에는 이미 미치지 못한다[美之成甚難 歷久而後成 惡之成甚速 不及於欲改].”라고 풀이했다(池田知久).

17) 乘物以遊心 : 사물의 자연스러움을 타고 마음을 자유롭게 노닐게 함. 곧 명령을 바꾸거나 억지로 이루려 하지 말고 오로지 자연에 맡긴다는 뜻. 乘物以遊心 이하는 여기서는 구체적으로 使臣으로서의 처신을 말한 것이지만, 마음을 자유로이 해방한다는 철학적인 뜻으로

引伸되어 이 장의 결론만이 아닌 人間世편 전체의 결론으로서 큰 의미를 갖는다.

18) 託不得已以養中 : 어쩔 수 없음에 맡겨서 마음 속의 본성을 기름. 林希逸은 中을 中心으로 보아 '마음을 기르는 것[以養其中心]'이라고 풀이하였다.

19) 何作爲報也 : 어찌 꾸며서 상대 君主에게 보고하겠는가. 作爲는 거짓을 꾸미는 人爲的인 행위.

20) 莫若爲致命 : 명령대로 전하는 것보다 좋은 방법이 없음. 곧 명령을 바꾸거나 억지로 이루려고 하지 말고 楚나라 군주의 명령을 그대로 전하는 것이 가장 좋은 방법이라는 뜻.

21) 此其難者 : 이것이 뭐 그리 어려운 일이겠는가. 쉽다는 뜻. 성현영은 "어찌 어려움이 있겠는가……此其難者는 어렵지 않음을 말한 것이다[豈有難邪……此其難者 言不難]."라고 풀이했다. 이 구절을 평서문으로 보고 바로 이것이 어려운 일이라는 뜻으로 보는 주석(郭象 등)이 많지만, 앞의 '致命'이 어려운 일이 아니기 때문에 의문형 문장으로 번역하였다. 陶鴻慶은 이 句末에 '乎'字가 있는 것과 같은 뜻으로 보아 反語로 읽었다. 여기서도 그것을 따라 현토도 '此其難者아'로 고쳤음.

## 第3章

顔闔[1)]이 將傅衛靈公의 大子[2)]할새 而問於蘧伯玉[3)]하야 曰 有人於此[4)]하니 其德이 天殺[5)]이라 與之爲無方인댄 則危吾國[6)]하며 與之爲有方인댄 則危吾身[7)]하리라 其知適足以知人之過하고 而不知其所以過[8)]하나니 若然者는 吾奈之何[9)]오 蘧伯玉曰 善哉라 問乎여 戒之愼之하야 正女身也哉[10)]어다 形은 莫若就[11)]오 心은 莫若和[12)]니 雖然이나 之二者도 有患[13)]하니 就不欲入[14)]이오 和不欲出[15)]호리니 形就而入[16)]이면 且爲顚爲滅하며 爲崩爲蹶[17)]하며 心和而出이면 且爲聲爲名하며 爲妖爲孼[18)]하리니 彼且爲嬰兒어든 亦與之爲嬰兒[19)]하고 彼且爲無町畦어든 亦與之爲無町畦[20)]하며 彼且爲無崖어든 亦與之爲無崖[21)]하야 達之[22)]하면 入於無疵[23)]하리라

顔闔이 衛靈公의 태자를 가르치는 스승이 되었을 때 蘧伯玉에게 물었다.

"여기에 어떤 사람이 있는데 그 德이 나면서부터 잔인합니다. 만약 제가 그와 함께 무도한 짓을 저지른다면 우리나라를 위태롭게 할 것이고 그와 더불어 법도에 맞는 일을 실천하려고 한다면 제 몸을 위태롭게 할 것입니다. 그 사람의 지혜는 다만 다른 사람의 과실을 아는 데 충

분할 뿐이고 자신의 과실을 알지는 못하니 제가 그 같은 사람을 어찌하면 좋겠습니까?"

거백옥이 이렇게 말했다.

"좋구나, 질문이여! 경계하고 삼가서 네 몸을 바르게 해야 할 것이다. 겉모습은 그를 따르는 것보다 좋은 방법이 없고, 마음은 그와 화합하면서 그를 감화시키는 것보다 좋은 방법이 없다. 비록 그러하나 이 두 가지 입장을 취한다 하더라도 재앙이 있을 것이니 겉으로 그를 따르더라도 자신이 빠져 들어가지 않게 하고 마음으로 그와 화합하더라도 그를 감화시키려는 속마음이 겉으로 드러나지 않게 해야 할 것이다. 겉으로 따르다가 빠져 들어가게 되면 자신이 顚倒되고 滅息되며 붕괴되고 넘어질 것이고, 마음으로 화합하려고 하다가 그를 감화하려는 속마음이 겉으로 드러나면 명성이 널리 알려져서 재앙을 초래할 것이다. 그가 어린아이처럼 행동하면 그대도 그와 함께 어린아이처럼 행동하고, 그가 절도 없이 멋대로 행동하면 그대도 그와 함께 절도 없이 멋대로 행동하고, 그가 터무니없는 행동을 하면 그대도 그와 함께 터무니없는 행동을 해야 할 것이니, 이런 식의 행동에 통달하게 되면 마침내 허물이 없는 처지에 들어가게 될 것이다."

【역주】

1) 顔闔 : 姓은 顔, 이름은 闔, 노나라의 賢人으로 전해진다. 뒤의 <讓王>편과 <列御寇>편에도 나온다.

2) 將傅衛靈公大(태)子 : 위령공의 태자를 가르치는 스승이 되려 했을 때. 곧 衛靈公의 太子傅가 되려 했다는 뜻. 위령공의 太子는 훗날의 위나라 莊公이 된 蒯聵로 폭정을 저지른 인물로 알려져 있다. 大(태)는 太로 되어 있는 텍스트가 있다.

3) 蘧伯玉 : 성은 蘧, 이름은 瑗, 伯玉은 字. 衛나라의 賢人. <則陽>편에도 나온다. ≪論語≫(<憲問>·<衛靈公>편)에도 보인다.

4) 有人於此 : 여기에 어떤 사람이 있음. 태자 蒯聵를 두고 가정해서 하는 말이다.

5) 其德天殺 : 그 덕이 나면서부터 잔인합니다. 劉辰翁은 "天殺은 각박한 사람으로 태어났다고 말한 것과 같다[天殺 猶言生成刻薄人也]."고 풀이했다. 成玄英은 "蒯聵가 天然의 凶德을 받고 태어나 殺戮을 흡족하게 여긴다[蒯聵稟天然之凶德 持殺戮以快心]."는 뜻으로 풀이했다.

6) 與之爲無方 則危吾國 : 만약 그와 함께 무도한 짓을 저지른다면 우리나라를 위태롭게 할 것임. 方은 道와 통용한다.

7) 與之爲有方 則危吾身 : 그와 더불어 법도에 맞는 일을 실천하려고 한다면 내 몸을 위태롭게 할 것임. 법도에 맞는 일을 실천하게 하려면 상대가 無道한 일을 저지르지 않도록 諫해야

할 터인데, 그렇게 하면 자신이 위태롭게 될 것이라는 뜻이다.

8) 其知適足以知人之過 而不知其所以過 : 그 사람의 지혜는 다만 다른 사람의 과실을 아는 데 충분할 뿐이고 자신의 과실을 알지는 못함. 適은 다만. 人之過는 다른 사람의 과실. 其所以過는 자기가 저지른 과실. 남(백성들)의 잘못의 원인이 자기에게 있음을 알지 못한다는 뜻.

9) 若然者吾奈之何 : 그 같은 사람을 내가 어찌하면 좋겠습니까? '奈…何'는 '如…何'와 같다.

10) 正女身也哉 : 네 몸을 바르게 해야 할 것이다. 女는 汝와 같이 2인칭. 哉는 감탄형 종결사.

11) 形莫若就 : 겉모습은 그를 따르는 것보다 좋은 방법이 없음. 形은 겉으로 행동하는 모습. 就는 상대를 공경하고 상대의 의견에 순응하는 태도. 林希逸은 "從也 隨順之也"라고 하였다.

12) 心莫若和 : 마음은 그와 화합하면서 그를 감화시키는 것보다 좋은 방법이 없음. 心은 內心. 곧 내심으로는 그를 감화시켜 善으로 인도하려는 의도를 지니고 있다는 뜻.

13) 之二者有患 : 이 두 가지 입장을 취한다 하더라도 재앙이 있을 것임. 之는 <逍遙遊>편의 '之二蟲'과 마찬가지로 此 또는 彼 등과 같이 지시대명사로 쓰였다. 두 가지[二者]는 就와 和를 지칭한다.

14) 就不欲入 : 겉으로 그를 따르더라도 자신이 빠져 들어가지 않게 함. 그를 따르는 태도를 지니더라도 그와 同化되어 자신을 잃어버리는 지경에 빠지지 말아야 한다는 뜻.

15) 和不欲出 : 마음으로 그와 화합하더라도 그를 감화시키려는 속마음이 겉으로 드러나지 않게 함. 郭象은 出을 '스스로 드러내고 자랑하는 것[自顯伐也]'이라고 풀이했다.

16) 形就而入 : 겉으로 따르다가 빠져 들어감.

17) 爲顚爲滅 爲崩爲蹶 : 전도되고 멸식되며 붕괴되고 넘어짐. 顚·滅·崩·蹶은 모두 부정적인 의미로 상대와 동화되어 惡을 저지름으로써 자신이 상실됨을 비유한 표현이다.

18) 心和而出 且爲聲爲名 爲妖爲孼 : 마음으로 화합하려고 하다가 그를 감화하려는 속마음이 겉으로 드러나면 명성이 널리 알려져서 재앙을 초래할 것이다. 郭象은 "蒯聵가 顔闔이 자신을 이기려고 하는 것을 미워하여 재앙을 일으킬 것이다[彼將惡其勝己 妄生妖孼]."라고 풀이했다.

19) 彼且爲嬰兒 亦與之爲嬰兒 : 그가 어린아이처럼 행동하면 그대 또한 그와 함께 어린아이처럼 행동함. 嬰兒에 대해서 李頤는 無意로 풀이했고, 崔譔은 '교만하게 행동한다[驕遊]'는 뜻으로 풀이했는데 뒤의 '無町畦'와 '無崖'의 뜻과 비교해 볼 때 崔譔의 주장이 옳은 듯하다.

20) 彼且爲無町畦 亦與之爲無町畦 : 그가 절도 없이 멋대로 행동하면 그대 또한 그와 함께 절

도 없이 멋대로 행동함. 町畦는 밭두둑. 곧 토지의 경계를 표시하는데 여기서는 행위의 한계, 行爲規範을 나타내는 뜻으로 쓰였다.

21) 彼且爲無崖 亦與之爲無崖 : 그가 터무니없는 행동을 하면 그대 또한 터무니없는 행동을 함. 無崖는 끝없는 행동, 곧 규범을 따르지 않는 터무니없이 방탕한 행위를 뜻한다.

22) 達之 : 이런 식의 행동에 통달함. 之는 위에서 말한 嬰兒, 無町畦, 無崖 같은 행동을 지칭하는데 모두 形就와 心和의 방법이다.

23) 入於無疵 : 허물이 없는 처지에 들어가게 됨. 자신을 위태롭게 하거나 자신을 상실하게 되는 지경에 빠지지 않는다는 뜻. 郭象은 "조금도 모난 구석을 가지고 그의 기분을 거스르지 않는다[不小立圭角以逆其鱗也]."는 뜻으로 풀이했다.

汝는 不知夫螳蜋乎[1]아 怒其臂하야 以當車轍[2]하야 不知其不勝任也[3]하나니 是其才之美者也[4]니라 戒之愼之하라 積伐而美者는 以犯之[5]라 幾矣[6]니라 汝는 不知夫養虎者乎아 不敢以生物로 與之[7]는 爲其殺之之怒也[8]요 不敢以全物로 與之[9]는 爲其決之之怒也[10]니라 時其飢飽하야 達其怒心[11]이면 虎之與人이 異類로대 而媚養己者는 順也[12]일새니 故其殺者는 逆也[13]라 夫愛馬者[14] 以筐으로 盛矢코 以蜄으로 盛溺[15]하다가 適有蚊虻이 僕緣커든 而拊之不時[16]하면 則缺銜하며 毁首하며 碎胸[17]하나니 意有所至하면 而愛有所亡[18]하나니 可不愼邪아

"그대도 螳蜋의 일을 알고 있을 것이다. 당랑은 앞발을 들고 수레바퀴에 맞서 자신이 감당할 수 없음을 알지 못하니 이것은 자신의 재능이 뛰어나다고 생각하기 때문이다. 경계하고 삼가라. 자신의 능력을 자랑하여 남을 업신여기는 자는 그것으로 태자를 거슬리는 것이니 위태롭다. 그대는 또 범을 사육하는 사람에 대해 알고 있을 것이다. 감히 산 채로 음식을 주지 않는 것은 범이 그것을 죽이려는 성냄을 일으킬까 두려워하기 때문이다. 또 감히 <죽은 동물이라 하더라도> 한 마리를 통째로 주지 않는 것은 범이 그것을 찢어발기려는 성냄을 일으킬까 두려워하기 때문이다. 범의 배고픔과 배부름에 꼭 맞추어 음식을 주어서 성내는 마음이 <다른 곳으로> 발산되게 하면 범과 사람은 종류를 달리하지만 범이 자신을 사육하는 사람을 잘 따르는 것은 <사육하는 사람이> 범의 자연스런 본성을 따르기 때문이다. 그러므로 간혹 범이 자신을 사육하는

사람을 죽이는 것은 <사육하는 사람이> 범의 자연스런 본성을 거슬렀기 때문이다. 말을 아끼는 사람이 네모난 대광주리에 말똥을 담고 커다란 조개껍질에 말오줌을 담<을 정도로 말을 극진히 보살피>다가 마침 모기나 등에가 말등에 붙어 있는 것을 보고 <그것을 잡기 위해> 갑자기 말등을 때리면 <말은 깜짝 놀라> 재갈을 물어뜯고 사육하는 사람의 머리를 들이받아 훼손하고 가슴을 걷어차 박살낼 것이니 이처럼 뜻이 <모기를 쫓아 주어야겠다는> 한 가지 목적에만 사로잡히면 사랑하는 방법을 잃어버리니 삼가지 않을 수 있겠는가."

【역주】

1) 汝不知夫螳蜋乎 : 그대는 당랑을 알지 못하는가. 곧 알고 있으리라는 가정하에 하는 말. 螳蜋은 곤충의 일종으로 버마재비. 成玄英은 斧蟲이라 했다.

2) 怒其臂 以當車轍 : 앞발을 들고 수레바퀴에 맞섬. 怒는 사나운 기세로 휘두른다는 뜻. 臂는 당랑의 앞발. 當은 감당하다는 뜻. 轍은 본래 수레바퀴가 지나간 자국이지만 여기서는 수레바퀴를 의미한다.

3) 不知其不勝任也 : 자신이 감당할 수 없음을 알지 못함.

4) 是其才之美者也 : 이것은 자신의 재능이 뛰어나다고 생각하기 때문임. 林雲銘은 是를 지시대명사로 보지 않고 自是의 뜻으로 보아 스스로 자신의 재능이 뛰어나다고 생각하기 때문이라고 풀이했는데 참고할 만하다. 曹礎基가 是를 作動詞로 보고 "有恃的意思"라고 풀이하는 것도 같은 해석이다.

5) 積伐而美者以犯之 : 자신의 능력을 자랑하여 남을 업신여기는 자는 그것으로 태자를 거슬리는 것이라는 뜻. 현토본의 토에 충실하게 번역한 것인데 讀法에 약간의 異說이 있으나 뜻은 대동소이하므로 略한다. 자신의 능력을 믿고 군주의 안색이 변할 때까지 강직하게 諫한다는 뜻이다. 伐은 자랑한다는 뜻. 而는 2인칭(成玄英). 犯之는 ≪論語≫ <憲問>편의 '勿欺也而犯之'의 犯之와 같은 뜻으로 '犯顔諫爭'(朱熹)의 뜻.

6) 幾矣 : 위태로움. 幾는 殆와 통용한다. 馬敍倫은 ≪爾雅≫에서 "幾 危也"라고 풀이했음을 지적하고 있다.

7) 不敢以生物與之 : 감히 산 채로 음식을 주지 않음. 살아 있는 동물을 범에게 먹이로 주지 않는다는 뜻.

8) 爲其殺之之怒也 : 그것을 죽이려는 성냄을 일으킬까 두려워하기 때문임. 爲는 때문. 殺之의 之는 살아 있는 동물. '죽이려는 성냄'이란 산 채로 준 먹이를 먹기위해 죽일 때의 狂暴함을 말한다.

9) 不敢以全物與之 : 감히 한 마리를 통째로 주지 않음. 全物은 통째. 한 마리 전체를 뜻한다.

10) 爲其決之之怒也 : 그것을 찢어발기려는 성냄을 일으킬까 두려워하기 때문임. 決은 찢어발긴다는 뜻. '찢어발기려는 성냄'도 역시 물어뜯어 찢을 때의 狂暴함을 말한다.

11) 時其飢飽 達其怒心 : 범의 배고픔과 배부름에 꼭 맞추어 음식을 주어서 성내는 마음이 <다른 곳으로> 발산되게 함. 時는 때에 꼭 맞춘다는 뜻. <齊物論>편 제4장에 보이는 '見卵而求時夜'의 時가 伺의 뜻인 것처럼 엿보다, 헤아리다의 뜻으로 보는 주석도 있다. 達은 發散의 뜻으로 성냄을 소멸시킨다는 뜻.

12) 虎之與人異類 而媚養己者順也 : 범과 사람은 종류를 달리하지만 범이 자신을 사육하는 사람을 잘 따르는 것은 <사육하는 사람이> 범의 자연스런 본성을 따르기 때문임.

13) 其殺者逆也 : 범이 자신을 사육하는 사람을 죽이는 것은 범의 자연스런 본성을 거슬렀기 때문임.

14) 夫愛馬者 : 말을 아끼는 사람. 곧 말을 사육하는 사람.

15) 以筐盛矢 以蜄盛溺 : 네모난 대광주리에 말똥을 담고 커다란 조개껍질에 말오줌을 담음. 말을 아껴서 극진히 보살핌을 비유한 표현. 矢는 屎와 통용. 溺(뇨)는 尿溺, 곧 오줌. 蜄은 커다란 조개껍질. 羅勉道와 王敔 등은 조개껍질로 장식한 그릇이라고 풀이했는데 참고할 만하다.

16) 適有蚊虻僕緣 而拊之不時 : 마침 모기나 등에가 말등에 붙어 있는 것을 보고 不時에 말등을 때림. 僕緣은 말 위에 붙어 있다는 뜻. 王念孫은 僕을 붙어 있다[附]는 뜻으로 풀이했다. 拊는 친다[拍]는 뜻(성현영). 拊之不時는 不覺之時, 곧 말이 알지 못하는 사이에 갑자기 때린다는 뜻.

17) 缺銜毁首碎胸 : 재갈을 물어뜯고 사육하는 사람의 머리를 들이받아 훼손하고 가슴을 걷어차 박살냄. 銜은 재갈[勒]. 缺銜은 재갈을 물어뜯는다는 뜻. 陳壽昌은 "재갈을 찢어발긴다[決裂口銜]."고 풀이했다. 毁首는 사람의 머리를 들이받아 다치게 한다는 뜻. 碎胸은 사람을 발로 차 가슴을 부순다는 뜻. 宣穎은 "말의 머리와 가슴의 장식을 부순다[毁碎胸首之飾]."는 뜻으로 풀이했지만 무리한 해석이다.

18) 意有所至 而愛有所亡 : 뜻이 한 가지 목적에 사로잡히면 사랑하는 방법을 잃어버림. 뜻은 말을 사랑하는 데 있었지만 사랑하는 방법을 잃어버렸다는 뜻.

## 第4章

匠石이 之齊[1])할새 至乎曲轅[2])하야 見櫟社樹[3])한대 其大蔽數千牛[4])하고 絜之百圍[5])오 其高臨山[6])하야 十仞而後에 有枝[7])하고 其可以爲舟者 旁十數[8])러니 觀者如市[9])하더라 匠伯이 不顧[10])하고 遂行不輟[11])이어늘 弟子厭觀之[12])하고 走及匠石[13])하야 曰 自吾執斧斤하야 以隨夫子[14])로 未嘗見材如此其美也[15])어늘 先生이 不肯視[16])하시고 行不輟은 何邪잇고

장석이 齊나라에 갈 때 曲轅에 이르러 社에 심어진 상수리나무를 보았는데, 그 크기는 수천 마리의 소를 그늘에 가릴 수 있고, 둘레를 헤아려 보면 백 아름이나 되며, 높이는 산을 내려다볼 정도여서 땅에서 열 길을 올라간 뒤에 비로소 가지가 뻗어 있었으며, 배를 만들 수 있는 것이 거의 수십 척에 달할 정도였다. 나무를 구경하는 사람들이 마치 저잣거리처럼 많이 몰려와 있었는데 장석은 돌아보지도 않고 그대로 길을 가서 걸음을 멈추지 않았다.

장석의 제자는 실컷 그 나무를 보고서 장석에게 황급히 달려가 이렇게 말했다.

"제가 도끼를 잡고 선생님을 따라다닌 이래로 재목이 이토록 아름다운 나무는 아직 보지 못했습니다. 그런데도 선생님께서는 보려 하지도 않으시고 걸음을 멈추지 않고 떠나가시는 것은 무엇 때문입니까?"

【역주】

1) 匠石之齊 : 장석이 제나라로 감. 匠은 工人의 通稱이고 石은 기술자의 이름(成玄英). 之는 動詞로 간다는 뜻.

2) 至乎曲轅 : 曲轅에 이름. 곡원은 지명.

3) 櫟社樹 : 社에 심어진 상수리나무. 櫟은 상수리나무로 여기서는 神木으로 심어진 상수리나무. 社는 土地神에게 제사 지내는 장소.

4) 其大蔽數千牛 : 그 크기가 수천 마리의 소를 그늘에 가릴 수 있음. '其大蔽牛'로 된 판본도 있으나, 뒤에 나오는 '商丘之木'이 사천 필의 말을 묶을 수 있다고 했는데 곡원의 나무가 소 한 마리를 가리는 정도에 그칠 리 없다는 成玄英의 지적이 있고, 또 둘레가 백 아름에 달한다는 표현에 비추어 볼 때 其大蔽數千牛로 된 판본을 따르는 것이 옳을 듯하다.

5) 絜(혈)之百圍 : 둘레를 헤아려 보면 백 아름이나 됨. 絜은 헤아려 본다는 뜻. 百圍는 백 아름.

林希逸은 두 손을 합쳐서 감싸는 것이 一圍라고 했다. 成玄英은 "줄로 묶어 보면 둘레가 대략 백 척에 이른다[以繩束之 圍麤百尺]."고 하여 絜을 끈으로 묶는다는 뜻으로, 百圍를 百尺으로 보았지만 취하지 않았다.

6) 其高臨山 : 높이는 산을 내려다 볼 정도임. 높이가 산보다 더 높다는 뜻. 臨은 ≪詩經≫ <小旻>편의 '如臨深淵'이나 ≪論語≫ <雍也>편의 '以臨其民'의 경우처럼 높은 곳에서 낮은 곳을 내려다보거나 신분이 높은 사람이 아랫사람을 본다는 뜻.

7) 十仞而後有枝 : 땅에서 열 길을 올라간 뒤에 비로소 가지가 뻗어 있음. 仞은 한 길, 당시 사람들의 평균 신장에 해당하는 치수로 보는 것이 무난하다. 仞은 주석가들마다 四尺, 七尺, 八尺 등으로 다른데 각자 당시의 척도법을 따른 것이므로 굳이 따르지 않는다. 十仞이 崔譔본에는 '千仞'으로 되어 있다. 이 寓話의 규모로 보아 千仞을 따르는 것이 옳을지도 모르겠다.

8) 其可以爲舟者旁十數 : 배를 만들 수 있는 것이 거의 수십 척에 달함. 崔譔은 旁을 곁가지[旁枝]로 풀이했고 成玄英 등도 이 입장을 따르고 있지만, 旁을 方의 통용자로 보고 且의 뜻으로 풀이하는 兪樾의 견해가 더 타당하다고 판단하여 '거의~에 달한다'는 뜻으로 번역하였다.

9) 觀者如市 : 나무를 구경하는 사람들이 마치 저잣거리처럼 많이 몰려 와 있음. 市는 사람이 많음을 비유한 표현.

10) 匠伯不顧 : 匠伯이 돌아보지 않음. 匠伯은 곧 匠石, 陸德明은 匠石의 字라고 했다. 崔譔본에는 匠石으로 되어 있다.

11) 遂行不輟 : 그대로 길을 가서 걸음을 멈추지 않음. 不輟은 그만두지 않음. 성현영은 輟을 '걸음을 멈춘다[止]'는 뜻으로 풀이했다.

12) 厭觀之 : 그 나무를 싫도록 봄.

13) 走及匠石 : 달려가 장석에게 미침. 제자가 장석을 따라가다가 장석이 계속 걸어가는 동안 나무를 구경하느라 뒤처졌기 때문에 달려갔다는 뜻.

14) 自吾執斧斤以隨夫子 : 제가 도끼를 잡고 선생님을 따라다닌 이래로. 自는 ~이래로부터.

15) 未嘗見材如此其美也 : 未嘗見은 본 적이 없다는 뜻.

16) 先生不肯視 : 선생이 보려 하지 않음. 不肯視는 기꺼이 보려 하지 않는다는 뜻으로 눈길 한번 주지 않고 그냥 지나갔다는 의미.

曰 已矣[1]라 勿言之矣[2]하라 散木[3]也니라 以爲舟則沈하고 以爲棺槨則速腐하고 以爲器則速毁하고 以爲門戶則液樠[4]하고 以爲柱則蠹하나니 是不材之木也라 無所可用[5]이라 故로 能若是之壽하니라

장석은 이렇게 대답했다.

"그만둬라. 그 나무에 대해 말하지 말아라. 쓸모없는 雜木이다. 배를 만들면 가라앉고, 棺이나 槨을 만들면 빨리 썩고, 그릇을 만들면 빨리 부서지고, 대문이나 방문을 만들면 나무 진액이 흘러 나오고, 기둥을 만들면 좀벌레가 생기니 이 나무는 쓸모없는 나무이다. 쓸 만한 데가 없는지라 그 때문에 이와 같은 장수를 누릴 수 있었던 것이다."

【역주】

1) 已矣 : 그만둬라. 입을 다물라[止]는 뜻(成玄英).

2) 勿言之矣 : 그 나무에 대해 말하지 말라. 쓸데없이 말을 낭비하지 말라는 주의.

3) 散木 : 쓸모없는 잡목. 郭象은 "쓸 만한 항목에 포함되지 않기 때문에 산목이라 했다[不在可用之數 故曰散木]."고 했고, 成玄英은 '不材之木'으로 풀이했는데, 유용성을 기준으로 분류할 때 뚜렷한 쓰임새가 없어서 분류 항목에 포함되지 않는다는 뜻이므로 雜木으로 번역하는 것이 적절하다. 뒤의 '文木'과는 반대의 뜻이다.

4) 以爲門戶則液樠 : 대문이나 방문을 만들면 나무 진액이 흘러 나옴. 門은 두 짝문. 戶는 외짝문.

5) 無所可用 : 쓸 만한 데가 없음. 無所可用之處의 줄임.

匠石이 歸[1]커늘 櫟社見夢[2]하야 曰 女는 將惡乎에 比予哉[3]오 若은 將比予於文木邪[4]아 夫柤梨橘柚[5]는 果蓏之屬[6]이 實熟則剝[7]하고 剝則辱하야 大枝는 折하고 小枝는 泄[8]하나니 此以其能으로 苦其生[9]者也라 故로 不終其天年而中道夭[10]하야 自掊擊於世俗[11]者也니 物이 莫不若是[12]하니라

匠石이 돌아왔는데 社의 상수리나무가 꿈속에 나타나 이렇게 말했다.

"그대는 무엇에다 나를 비교하려 하는가? 그대는 나를 文木에 비교하려 하는가? 아가위나무, 배나무, 귤나무, 유자나무는 나무 열매와 풀 열매 따위의 과실이 익으면 <사람들에게> 잡아

뜯기고, 잡아 뜯기게 되면 욕을 당하게 되어서, 큰 가지는 꺾이고 작은 가지는 찢겨지니, 이것은 그 잘난 능력으로 자신의 삶을 괴롭히는 것이다. 그 때문에 天壽를 마치지 못하고 도중에 夭折해서 스스로 세속 사람들에게 타격을 받는 것들이니, 모든 사물이 이와 같지 않음이 없다."

【역주】

1) 匠石歸 : 장석이 돌아옴. 집으로 돌아왔다는 뜻.

2) 櫟社見(현)夢 : 社의 상수리나무가 꿈속에 나타남.

3) 女將惡乎比予哉 : 그대는 무엇에다 나를 비교하려 하는가. 女는 2인칭.

4) 若將比予於文木邪 : 그대는 나를 文木에 비교하려 하는가. 文木의 文은 紋理를 뜻하므로 나무조직이 치밀하여 좋은 재목으로 쓰이는 나무(方勇·陸永品)를 의미하지만, 뒤의 柤·梨·橘·柚가 모두 재목으로 쓰이는 나무가 아니라 有實樹이기 때문에 앞의 散木과 반대의 의미를 지니는 쓸모 있는 나무 정도로 풀이하는 것이 적절하다. 若은 2인칭. 予는 일인칭.

5) 柤(사)梨橘柚 : 아가위나무, 배나무, 귤나무, 유자나무. 아가위나무는 앵두나무의 일종. 모두 쓸모 있는 有實樹이다.

6) 果蓏之屬 : 과실과 열매. 果는 나무에 열린 것이고, 蓏(라)는 땅에서 자라는 것(方勇·陸永品)이다.

7) 實熟則剝 : 과실이 익으면 <사람들에게> 잡아 뜯김. 剝은 과실이 사람들에 의해 따지는 것을 뜻한다.

8) 大枝折 小枝泄(예) : 큰 가지는 꺾이고 작은 가지는 찢겨짐. 泄은 抴(예)로 잡아당겨져서 찢겨진다는 뜻(兪樾).

9) 以其能苦其生 : 자신의 능력으로 자신의 삶을 괴롭힘. 자신이 지닌 유용성 때문에 도리어 귀한 생명이 손상된다는 뜻.

10) 不終其天年而中道夭 : 天壽를 마치지 못하고 도중에 요절함.

11) 自掊擊於世俗 : 스스로 세속 사람들에게 타격을 받음. 掊는 打와 같은 뜻(成玄英).

12) 物莫不若是 : 모든 사물이 이와 같지 않음이 없음. 成玄英은 "세속의 사람들이 모두 유용함으로써 자신의 생명을 해친다[世俗人物 皆以有用傷夭其生]."는 뜻으로 풀이했다.

且予는 求無所可用이 久矣[1]어늘 幾死아 乃今에 得之[2]하니 爲予의 大用[3]이로다 使予也而有用[4]이런들 且得有此大也邪[5]아 且也若與予也 皆物也[6]어니 奈何哉로

其相物也7)리오 而도 幾死之散人8)이어니 又惡知散木9)이리오

"또한 나는 쓸 데가 없어지기를 추구해 온 지 오래되었는데, 거의 죽을 뻔했다가 비로소 지금 그것을 얻었으니, 그것이 나의 큰 쓸모이다. 가령 내가 만약 쓸모가 있었더라면 이처럼 큰 나무가 될 수 있었겠는가? 또한 그대와 나는 모두 事物인데, 어찌하여 상대방을 事物로 대할 수 있겠는가? 그대도 거의 죽어가는 쓸모없는 사람이니 또 어찌 쓸모없는 나무를 알 수 있겠는가?"

【역주】

1) 予求無所可用久矣 : 나는 쓸 데가 없어지기를 추구해 온 지 오래되었음. 求는 추구한다는 뜻. 予는 일인칭.

2) 幾死乃今得之 : 거의 죽을 뻔했다가 비로소 지금 그것을 얻음. 장석의 제자가 훌륭한 재목이라고 생각하여 싫도록 바라보았을 때는 베여 죽임을 당하는 줄 알았다가 장석의 확인을 통해 비로소 쓸모없는 나무로 인정받았다(成玄英)는 뜻. 韓元震은 "幾死乃今得之는 내가 쓸만한 것이 없게 되기를 바란 지 오래되었지만, 세상사람들이 반드시 내가 쓸모없다는 것을 알지는 못했기 때문에 내가 거의 죽음을 면치 못할 뻔 했는데, 지금 그대를 만나서 내가 쓸모없음이 밝혀졌으니 내가 오랫동안 바라던 쓸 만한 것이 없게됨을 이제 비로소 얻게 되어 나의 大用이 되었음을 말한 것이다[幾死乃今得之 言予之求無所可用 久矣 而世人未必知予之無用 故予幾不免於死矣 乃今遇汝而明予之爲無所用 則予之久於求無所可用者 於今乃得之 而爲予之大用也]."라고 풀이했다.

3) 爲予大用 : 나에게는 大用이 됨. 大用은 無用之用으로 인해 자신의 생명을 보존할 수 있음을 의미한다. 여기 大用이라는 말이 보여 無用之用은 無用之大用으로도 흔히 일컬어지게 된다. 그러나 이 無用之用이나 無用之大用은 어디까지나 세속적 쓸모에 집착하는 세속의 迷妄을 깨우치는 데 그 主眼点이 있음을 주의할 필요가 있다. <山木>편에서는 쓸모없음(不材) 때문에 天壽를 누리게 되는 큰나무의 이야기에서 一轉하여 잘 울지 못하기 때문에 즉 쓸모없음(不材) 때문에 먼저 죽게 되는 거위의 이야기가 보인다.

4) 使予也而有用 : 가령 내가 만약 쓸모가 있었더라면. 使는 假使로 假令의 뜻. 也는 주격조사. 而는 ≪論語≫ <述而>편의 '富而可求'의 而와 마찬가지로 若과 같은 뜻.

5) 且得有此大也邪(야) : 그러고서도 이처럼 큰 나무가 될 수 있었겠는가? 且는 그렇게 하고서도[況且]의 뜻. 邪는 의문사.

6) 且也若與予也 皆物也 : 뿐만 아니라 그대와 나는 모두 사물임. 匠石이 자신보다 우월한 본질적인 근거가 없음을 들어 동등한 사물임을 나타낸 내용이다. 且也는 ≪莊子≫에만 보이는 독특한 부사로 뿐만 아니라의 뜻. 뒤의 <大宗師>편을 비롯하여 수차례 나온다. 予也의 也는 주격조사. 物也의 也는 종결사.

7) 奈何哉 其相物也 : 어찌하여 상대방을 事物로 대할 수 있겠는가? 자신을 주체로 여기고 상대를 객체로 삼아 상대의 有用, 無用을 멋대로 판단하는 것은 옳지 않다는 뜻.

8) 而幾死之散人 : 그대도 거의 죽어가는 쓸모없는 사람임. 而는 2인칭. 散人은 쓸모없는 사람.

9) 又惡知散木 : 또 어찌 쓸모없는 나무를 알 수 있겠는가? 산목의 有用, 無用을 규정할 만한 자격이 없다는 뜻.

匠石이 覺而診其夢[1]한대 弟子曰 趣取無用[2]인댄 則爲社는 何邪[3]잇고 曰 密 若無言[4]하라 彼亦直寄焉[5]이어늘 以爲不知己者의 詬厲也[6]로다 不爲社者인들 且幾有翦乎[7]아 且也彼其所保與衆으로 異[8]어늘 而以義譽之면 不亦遠乎[9]아

匠石이 꿈에서 깨어나 그 꿈의 吉凶을 점치자 제자가 이렇게 말했다.

"스스로의 뜻이 쓸모 없음을 취하는 데 있었다면 社의 神木이 된 것은 무슨 까닭입니까?"

장석이 이렇게 대답했다.

"쉿! 너는 아무 말도 하지 마라. 저 상수리나무는 다만 몸을 社에 기탁했을 따름이다. <저 나무는 네가 하는 말을 두고> 자기를 알아주지 않는 자의 욕지거리 정도로 생각할 것이다. 社의 神木이 되지 않았다 한들 어찌 잘림이 있었을 것이겠는가. 또한 저 상수리나무는 <마음 속에> 보존하고 있는 것이 보통 사람들과는 다른데 세속의 도리를 기준으로 평가한다면 또한 멀지 않은가."

【역주】

1) 匠石覺(교)而診其夢 : 장석이 꿈에서 깨어나 그 꿈의 길흉을 점침. 成玄英은 診을 占친다[診占也]는 뜻으로 풀이했고 司馬彪는 占夢이라고 했다. 王念孫은 뒷구절에 꿈을 점치는 내용]이 없고 꿈에 대해 말하는 내용만 있다는 점을 들어, 診을 畛으로 보고 告의 뜻으로 풀이하여 장석이 깨어나서 그 꿈을 제자에게 일러준 것이라는 견해를 제시했다. 하지만 診을 畛으로 보는 것은 타당하다 하더라도, ≪禮記≫ <曲禮 下>편의 '畛於鬼神'의 경우에서 보듯 畛은 사람과의 대화가 아니라 귀신과의 대화를 뜻하는 글자일 뿐만 아니라, 꿈의 길흉을 점치

면서 함께 있던 제자에게 꿈에 대해 말하는 것은 이상할 것이 없기 때문에 굳이 이 견해를 따르지는 않았다.

2) 趣取無用 : 뜻이 쓸모없음을 취함. 趣는 志趣. 곧 櫟社樹가 추구하는 가치. 趣를 빠를 '촉'으로 읽는 讀法은 취하지 않는다.

3) 爲社何邪 : 社의 神木이 된 것은 무슨 까닭인가? 社에 심어진 신목이 된 것도 일종의 有用性이 아니냐는 반문. 爲社는 爲社之樹의 줄임. 邪는 의문사.

4) 密若無言 : 쉿! 너는 아무 말도 하지 마라. 密은 조용히 하라는 뜻.

5) 彼亦直寄焉 : 저 또한 단지 자신을 기탁한 것일 뿐임. 彼는 胡文英, 陳壽昌, 池田知久 등이 모두 상수리나무를 지칭한 것으로 보았고, 郭象과 成玄英은 社를 지칭한 것으로 보아 社가 와서 상수리나무 곁에 들어선 것으로 풀이하였다. 뒤의 '彼其所保'와 文勢로 볼 때는 전자가 타당하지만, 수령이 수천 년 된 고목이라면 社가 들어서기 이전에 이미 자라고 있었을 것이므로 후자의 해석을 전연 배제할 수는 없다.

6) 以爲不知己者詬厲也 : 자기를 알아주지 않는 자의 욕지거리 정도로 생각할 것임. 곧 제자가 따지는 말을 하찮게 여길 것이라는 뜻. 詬厲는 욕지거리와 비난. 司馬彪는 詬는 욕지거리[辱], 厲는 헐뜯음, 비난[病]으로 풀이했다.

7) 不爲社者 且幾有翦乎 : 社의 神木이 되지 않았다한들 어찌 잘림이 있었겠는가. 大意는 같으면서도 郭象과 成玄英의 注解에서는 幾를 近의 뜻으로 보아 '거의'라고 보았기 때문에 문맥이 명확치 않았는데, 王念孫은 이 幾를 豈로 읽어 그 뜻을 "비록 社의 神木이 되지 않았다 하더라도 또한 어찌 翦伐의 害를 당함이 있었겠는가[雖不爲社 亦豈有翦伐之害乎]"라고 풀이하여 문맥을 명확하게 하였다. 반대로 王孝魚, 方勇·陸永品의 풀이에 따라 '만약 社의 신목이 되지 않았더라면 잘림이 있지 않았겠는가(아마도 잘림이 있었을 것이다)'로 읽는 독법도 유력하나 이때는 豈를 '아마도'의 뜻으로 읽어야 하고, 또 幾를 그대로 두어 '거의 …… 가까울 것이다'로 읽는다 하더라도 모두 현토는 '……아'가 아닌 '……인저'로 하지 않으면 안된다. 林希逸 ≪口義≫의 우리나라 현토본에서는 '不爲社者인들 且幾有翦乎아'로 토를 달고 있어 이것을 따르기로 하였다. 林希逸의 注에서는 "비록 社의 신목이 되지 않았다 한들 또한 어찌 사람에 의해 잘림이 있겠는가[縱不爲社 亦豈有人翦伐之]"라고 하였다.

8) 彼其所保與衆異 : 저 상수리나무는 보존하고 있는 것이 보통사람들과는 다름. 상수리나무가 유용하다고 생각하는 것은 사람들이 유용하다고 생각하는 것과는 다르다는 뜻. 所保는 所保之心으로 상수리나무가 마음 속에 보존하고 있는 것, 곧 유용하다고 생각하는 가치를 의미

한다.

9) 以義譽之 不亦遠乎 : 세속의 도리를 기준으로 평가한다면 또한 멀지 않은가. 義는 인간 사회의 規範. 譽는 반드시 칭찬한다는 뜻보다는 평가한다는 의미로 풀이하는 것이 문맥상 적절하다. 인간 사회의 기준으로 상수리나무의 태도를 曰可曰否하는 것은 참다운 평가와는 거리가 있다는 뜻.

## 第5章

南伯子綦[1] 遊乎商之丘[2]할새 見大木焉하니 有異[3]하더니 結駟千乘[4]을 隱將芘其所藾[5]어늘 子綦曰 此는 何木也哉오 此必有異材夫[6]인저하고 仰而視其細枝[7]한대 則拳曲하야 而不可以爲棟梁[8]이오 俯而見其大根[9]한대 則軸解하야 而不可以爲棺槨[10]이오 咶其葉[11]한대 則口爛而爲傷[12]이며 嗅之[13]則使人으로 狂酲[14]三日而不已[15]하더니 子綦曰 此果不材之木也라 以至於此其大也[16]로다 嗟乎[17]라 神人도 以此不材[18]하나니라

南伯子綦가 商丘의 폐허에서 노닐 때 커다란 나무를 보았는데 보통 나무와는 다른 점이 있었다. 그 나무는 말 네필을 묶은 수레 천 대를 그 그늘에 덮어서 가릴 수 있을 정도였다. 남백자기가 이렇게 말했다.

"이것은 무슨 나무인가? 이것은 반드시 특별한 쓸모가 있을 것이다."

하고, 위로 가지를 살펴보았더니 구불구불해서 대들보로 쓸 수 없었고, 아래로 커다란 뿌리를 살펴보았더니 가운데가 갈라져서 관을 만들 수도 없었고, 잎사귀를 혓바닥으로 핥아봤더니 불에 덴 것처럼 상처가 나며, 냄새를 맡으면 사람으로 하여금 미친 것처럼 취하게 하여 사흘이 지나도록 가라앉지 않았다. 자기는 이렇게 말했다.

"이 나무는 과연 쓸모없는 나무로구나. 그 때문에 이처럼 크게 자람에 이르렀구나. 아! 神人들도 이처럼 쓸모없음으로써 자신의 생명을 보존했을 것이다."

【역주】

1) 南伯子綦 : 人名. <齊物論>편의 南郭子綦와 동일 인물로 보는 학자들이 많다(池田知久, 方勇·陸永品 등). 동일 문헌 안에서 각기 다른 호칭을 쓰는 것이 의아할 수 있지만, 바로 앞

4장에서 匠石을 匠伯으로 호칭한 사례로 미루어볼 때 참고할 만한 견해라 할 수 있다.

2) 遊乎商之丘 : 商丘에서 노닒. 商丘는 지명. 商之丘의 之는 人名이나 地名 사이에 붙는 어조사.

3) 有異 : 보통 나무와는 다른 점이 있음. 다름의 구체적인 내용은 바로 뒷구절의 내용. 林希逸은 "그 크기가 보통 나무와 다른 점이 있었음을 말한 것이다[言其大有異於尋常也]."라고 풀이했다. 馬敍倫은 이 두 글자가 잘못 끼어든 글자라고 했는데 文勢가 좀 더 자연스러워 좋으나 원문에 너무 자주 손 댈 필요는 없다.

4) 結駟千乘 : 말 네 필을 묶은 수레 천 대. 말 네 필 묶은 수레 천 대를 한꺼번에 연결해 둔 것으로 보는 견해도 있다(赤塚忠). 駟는 말 네 필. 乘은 말 네 필을 묶은 수레 한 대.

5) 隱將芘其所藾 : 그 그늘에 덮어서 가릴 수 있음. 隱將을 將隱으로 보고 隱芘를 연용하여 가린다는 뜻으로 풀이하는 주석(郭象·林希逸 등)이 많고, 將隱으로 기록된 판본(張君房본)도 있다. 그러나 여기서는 林雲銘이 "그 가지의 그늘에 千乘을 덮어서 가릴 수 있다[其枝所蔭千乘可隱而芘焉]."고 풀이한 것을 따라, 隱將芘를 隱而芘와 같은 표현으로 보고 隱과 芘를 분리하여 덮어서 가린다고 번역하였다. 芘는 庇와 통용하는 글자. 藾는 그늘[蔭].

6) 此必有異材夫 : 이것은 반드시 특별한 쓸모가 있을 것임. 有異材의 有를 爲로 풀이하는 견해(劉如瑛)가 있지만 그대로 두고 번역해도 문제가 없기 때문에 굳이 지리한 해석을 취할 것은 없다. 異材는 특별한 쓸모. 夫는 감탄형 종결사.

7) 仰而視其細枝 : 위로 가지를 살펴봄. 細枝는 문자 그대로 풀이하면 가느다란 가지이지만 여기서는 아래의 大根과 對句를 맞추기 위해 넣은 것일 뿐이다. 따라서 가지의 굵기가 실제로 가늘다는 뜻으로 보아서는 안 된다.

8) 拳曲而不可以爲棟梁 : 구불구불해서 대들보로 쓸 수 없음. 拳은 卷의 假借字(池田知久).

9) 俯而見其大根 : 아래로 커다란 뿌리를 살펴봄. 大根은 뿌리 쪽의 줄기(方勇·陸永品). 世德堂本에는 見이 視로 되어 있다.

10) 軸解而不可以爲棺槨 : 가운데가 갈라져서 棺槨을 만들 수 없음. 軸解는 나무 조직이 치밀하지 못하여 이러저리 갈라졌다는 뜻(方勇·陸永品).

11) 咶(시)其葉 : 잎사귀를 핥음. 咶는 餂(첨)과 같은 뜻. 혀로 물건을 핥는 것[以舌取物曰餂]이 餂이다(朱熹).

12) 口爛而爲傷 : 입에 불이 난 것처럼 상처가 남. 곧 혓바닥이 불에 덴 것처럼 상처가 난다는 뜻.

13) 嗅之 : 냄새를 맡아봄. 之는 나뭇잎을 지칭하는 대명사.

14) 使人狂酲(정) : 사람을 미친 듯 취하게 함.

15) 三日而不已 : 사흘이 지나도 취기가 가시지 않음.

16) 以至於此其大也 : 그 때문에 이처럼 크게 자라기에 이름. 以는 그렇게 함으로써, 곧 以不材의 뜻.

17) 嗟乎 : 아! 탄식하는 소리.

18) 神人以此不材 : 神人들도 이처럼 쓸모없음으로써 함. 곧 쓸모없음으로써 자신의 생명을 보존한다는 뜻. 林希逸은 "옛날 신인들이 자신의 생명을 온전히 보존했던 것도 또한 이처럼 쓸모없음을 방법으로 삼았을 따름이다[古之神人所以全其生者 亦以此不材而已]."라고 풀이했다.

## 第6章

宋에 有荊氏者[1] 宜楸柏桑[2]이러니 其拱把而上者[3]란 求狙猴之杙者斬之[4]하고 三圍四圍[5]란 求高名之麗者[6]斬之하고 七圍八圍란 貴人富商之家에 求樿傍[7]者斬之라 故로 未終其天年[8]하야 而中道之夭於斧斤[9]하나니 此材之患也라 故로 解[10]之에 以牛之白顙者[11]와 與豚之亢鼻者[12]와 與人이 有痔病者[13]와는 不可以適河[14]라하니 此皆巫祝이 以知之矣[15]라 所以爲不祥也[16]나 此乃神人之所以爲大祥也[17]니라

宋나라에 荊氏라고 하는 땅이 있는데 가래나무, 잣나무, 뽕나무가 土質에 맞았다. 그중에서 둘레가 한두 줌 이상 되는 것은 원숭이 말뚝감을 찾는 사람이 베어가고, 세 아름 네 아름 정도로 자란 나무는 높고 큰 집의 대들봇감을 찾는 사람이 베어가고, 일곱 아름 여덟 아름 정도로 자란 나무는 신분이 높은 사람이나 부유한 상인의 집에서 관 옆에 붙이는 판목을 찾는 사람들이 베어간다. 그 때문에 자신의 天壽를 다 마치지 못하고 중도에 도끼와 자귀에 의해 일찍 죽게 되니 이것이 쓸모 있음으로 인해 초래되는 재앙이다.

그 때문에 解祀를 지낼 때에, 이마가 흰 소와 들창코인 돼지와 치질을 앓고 있는 사람은 黃河의 神에게 맞는 犧牲이 될 수 없다고 하니, 이것은 모두 巫祝人들이 이미 알고 있으며 그것들을 불길

하다고 여기는 것이다. 그러나 이것이 도리어 道를 체득한 神人이 大吉하다고 여기는 것이다.

【역주】

1) 宋有荊氏者 : 송나라에 荊氏라고 하는 땅이 있음. 氏는 地名에 붙는 접미사.

2) 宜楸柏桑 : 土質이 가래나무, 잣나무, 뽕나무가 자라기에 적합함.

3) 其拱把而上者 : 그중 둘레가 한두 줌 이상 되는 나무. 拱은 '두 손을 합쳐서 감쌀 수 있는 굵기[兩手所圍也]'이고, 把는 '한 손으로 감쌀 수 있는 굵기[一手所握也]'이다(朱熹).

4) 求狙猴之杙者斬之 : 원숭이 말뚝감을 찾는 사람이 베어감. 狙猴는 원숭이. 杙은 말뚝.

5) 三圍四圍 : 둘레가 세 아름 네 아름 되는 나무.

6) 求高名之麗者 : 높고 큰 집의 대들봇감을 찾는 사람. 郭慶藩은 名을 大로 풀이했다. 麗는 대들보, 欐와 통한다(方勇·陸永品).

7) 樿(선)傍 : 관 옆에 붙이는 판목. 樿은 禪으로 되어있는 텍스트도 있는데 樿이 옳다. 관 옆면 전체에 붙이는 한 장짜리 큰 판목이다(成玄英).

8) 未終其天年 : 천수를 다 마치지 못함. 天年은 天壽.

9) 中道之夭於斧斤 : 중도에 도끼와 자귀에 의해 일찍 죽게 됨. 성현영은 "중도에 공인의 손에 요절한다[中途夭於工人之手]."고 풀이했다. 林希逸 ≪口義≫의 懸吐本과 朴世堂의 ≪莊子註解刪補≫에는 之자 없이 '中道夭於斧斤'으로 되어 있다. 金谷治는 之는 而와 같은 뜻으로 읽는다고 하였다.

10) 解 : 제사의 명칭. 일종의 伸寃굿. 곽상은 "무당이 액땜굿을 한다[巫祝解除]."고 풀이했다. 解에 대해서는 書名(임희일), 地名(兪樾) 등 제설이 분분하지만 아래의 내용을 볼 때 모두 적절치 않다. 方勇·陸永品은 ≪莊子詮評≫에서 ≪漢書≫ <郊祀志>의 '古天子以春解祠'와 ≪淮南子≫ <修務訓>의 '禹之爲水 以身解於陽眄之河' 등의 예를 들어 解가 제사의 명칭임을 입증했다. 解之의 之는 어조사(方勇·陸永品). 黃河에 던지는 희생으로 人身을 쓴 일도 있었다고 한다.

11) 牛之白顙者 : 소 중에서 이마가 흰 것. 곧 이마가 흰 소. 흰색은 凶色이고 검은색은 吉色이다. ≪禮記≫ <檀弓 上>에서 '夏后氏尙黑……牲用玄 殷人尙白……牲用白 周人尙赤……牲用騂'이라 한 기록과, ≪禮記≫ <明堂位>에서 '夏后氏牲尙黑 殷白牡 周騂剛'이라 한 기록에 의하면 夏代에는 黑色, 殷代에는 白色, 그리고 周代에는 赤色을 犧牲으로 썼음을 알 수 있다. 그러나 ≪論語≫ <堯曰>편에서 '予小子履 敢用玄牡'라 한 기록에 근거하면 殷의 湯王도 검은 수소를 희생으로 썼음을 알 수 있다.

12) 豚之亢鼻者 : 돼지 중에서 코가 하늘을 보고 있는 것. 곧 들창코인 돼지. 崔譔은 亢을 '하늘을 보고 있는 것[亢仰也]'으로 풀이했다.

13) 人有痔病者 : 사람 중에 치질이 있는 자. 곧 치질에 걸린 사람. 위의 '牛之白顙', '豚之亢鼻'와 마찬가지로 모두 外形에 문제가 있기 때문에 희생물로 적합치 않다고 여긴 듯하다.

14) 不可以適河 : 河神에게 적합하지 않음. 適은 適合의 뜻. 司馬彪는 適河를 '사람을 황하에 빠뜨려 제사지내는 것[沈人於河祭也]'이라 했고 馬敍倫은 適을 擿의 假借字로 보고 '던진다[投]'는 뜻으로 풀이하고 현토본(林希逸)에서는 "適은 往의 뜻이니 이것을 가지고 황하에 가서 제사하여서는 아니됨을 말한다[適者往也 言不可以之往祭於河也]"고 하였는데 참고할 만하다.

15) 巫祝以知之矣 : 무축인들이 이미 알고 있음. 以는 已와 통한다(羅勉道, 溪侗, 方勇・陸永品 등).

16) 所以爲不祥也 : 불길하다고 여기는 바이다. 所以는 여기서는 반드시 까닭, 때문 등으로 번역할 것 없이 '……한 바' 정도로 이해하면 된다. 不祥은 不祥之物의 뜻.

17) 此乃神人之所以爲大祥也 : 이것이, 즉 巫祝이 불길하다고 보아 희생으로 쓰지 않는 것이 도리어 <살아 남게 되는 것이므로> 道를 체득한 神人이 크게 吉하다고 여기는 것이다. 여기 所以도 역시 '……하는 바' 정도의 뜻.

## 第7章

支離疏[1)]者는 頤隱於臍[2)]하며 肩高於頂[3)]하며 會撮指天[4)]하며 五管在上[5)]하며 兩髀爲脅[6)]이로대 挫鍼治繲[7)]하야 足以餬口[8)]하며 鼓筴播精[9)]하야 足以食十人[10)]이러니 上徵武士[11)]어든 則支離攘臂而遊於其間[12)]코 上有大役[13)]이어든 則支離以有常疾이라 不受功[14)]하고 上與病者粟[15)]이어든 則受三鍾과 與十束薪[16)]이러라 夫支離其形者[17)]도 猶足以養其身[18)]하며 終其天年이온 又況支離其德者乎[19)]아

支離疏는 턱이 배꼽 아래에 숨어 있고, 어깨가 이마보다도 높고, 상투는 하늘을 가리키고, 오장이 위에 있으며, 두 넓적다리는 옆구리에 닿아 있다. 바느질과 세탁으로 충분히 입에 풀칠할 수 있으며, 키를 까불고 쌀을 골라내서 생기는 곡식으로 족히 열 사람을 먹여 살린다. 나라

에서 군인을 징집하면 지리소는 팔뚝을 걷어붙이고 그 사이를 휘젓고 돌아다니며, 나라에 큰 부역이 있으면 지리소는 일정한 병이 있으므로 일을 받지 않고, 나라에서 병자에게 곡식을 나눠주게 되면 3鍾의 곡식과 열 다발의 땔나무를 받는다. 그 몸을 지리하게 한 사람도 충분히 자기 몸을 잘 기르고 天壽를 마치는데, 또 하물며 그 덕을 지리하게 한 사람이겠는가.

【역주】

1) 支離疏 : 人名. 가공의 인물. 支는 肢, 離는 정상과 다르다는 뜻. 疏는 이름. 지리는 사지가 지리멸렬한 사람, 곧 肢體障碍人을 뜻한다. <至樂>편의 '支離叔', <列御寇>편의 '支離益'도 여기의 支離疏와 동일한 맥락의 인물로 모두 자신의 몸을 支離하게 함으로써 생명을 온전하게 보존할 수 있음을 비유한 것이다.

2) 頤隱於臍 : 턱이 배꼽 아래에 숨어 있음. 臍는 齊로 되어 있는 텍스트도 있다. 臍와 齊는 같은 뜻(배꼽).

3) 肩高於頂 : 어깨가 이마보다도 높음. 於는 '~보다'로 비교를 나타내는 어조사.

4) 會撮(괄최)指天 : 상투는 하늘을 가리킴. 崔譔은 會撮를 項椎라 했고 사마표는 髻라고 하여 모두 상투로 풀이했다. <大宗師>편에는 '句贅指天'으로 되어 있는데, 李頤는 句贅를 역시 項椎로 풀이했다.

5) 五管在上 : 五臟이 위에 있음. 五管은 五臟.

6) 兩髀爲脅 : 두 넓적다리는 옆구리에 닿아 있음. 朴世堂은 "여기의 爲脅 이상은 지리소의 용모를 표현한 것이고 아래의 挫鍼 이하는 지리소의 능력을 표현한 것[爲脅以上 狀其容 挫鍼以下 形其能]"이라고 풀이했다.

7) 挫鍼治繲 : 바느질과 세탁. 挫鍼은 바늘로 꿰맨다는 뜻. 繲는 헌 옷. 司馬彪는 挫鍼을 縫衣, 治繲는 浣衣로 풀이했다.

8) 足以餬口 : 충분히 입에 풀칠함. 먹고 살기에 충분하다는 뜻.

9) 鼓筴播精 : 키를 까불고 쌀을 골라냄. 곧 버려진 곡식을 가져와서 먹을 수 있는 알갱이를 골라낸다는 뜻. 筴은 쌀을 까부는 키, 精은 곡식알갱이(성현영). 司馬彪는 "쌀알을 골라내는 것을 精이라 한다[簡米曰精]."고 풀이했다. 崔譔은 鼓筴播精을 "점괘를 뽑는 것으로 보고 점을 쳐주고 대가를 받아 먹고 사는 것이다[賣卜]."라고 풀이하였고 成玄英도 이 견해를 따르고 있지만 취하지 않는다.

10) 足以食(사)十人 : 족히 열 사람을 먹임. 食는 먹이다의 뜻으로 '사'로 읽는다.

11) 上徵武士 : 나라에서 군인을 징집함. 徵은 징발, 징집, 징용의 뜻.

12) 攘臂而遊於其間 : 팔뚝을 걷어붙이고 그 사이를 휘젓고 돌아다님. 보통사람들은 전쟁에 끌려갈까 두려워하기 때문에 피하려 하는데, 지리소는 끌려갈 염려가 없기 때문에 태연하다는 뜻. 而遊 두 글자가 없는 텍스트도 많다. 郭慶藩의 ≪集釋≫에서도 世德堂本에는 而遊 두 글자가 없다고 하고 있다.

13) 上有大役 : 나라에 큰 부역이 있음. 役은 賦役.

14) 以有常疾不受功 : 일정한 병이 있으므로 일을 받지 않음. 병 때문에 할당량(功)을 받지 않는다는 뜻.

15) 上與病者粟 : 나라에서 병자에게 곡식을 나눠 줌. 上與之病者以粟의 생략.

16) 受三鍾 與十束薪 : 3鍾의 곡식과 열 다발의 땔나무를 받음. 鍾은 六斛四斗로 곡식의 양을 헤아리는 단위.

17) 支離其形者 : 몸을 지리하게 한 사람. 곧 자기의 몸을 쓸모없게 한 사람.

18) 猶足以養其身 : 그런 사람조차도 충분히 자기 몸을 잘 기름. 猶는 조차도.

19) 況支離其德者乎 : 하물며 그 德을 지리하게 한 사람이겠는가. 福永光司는 "支離其德 즉 정신(德)의 不具化는 儒家的禮教主義와 僞善을 내던져 버린다는 뜻이다. 유가의 예교주의에 대한 莊子의 痛烈한 反擊과 辛辣한 風刺를 여기에서 볼 수 있다. 그로테스크한 것에 대한 장자의 嗜好와 아브노밀한 것에 대한 장자의 憧憬이 여기에 보인다."고 하고 있다.

## 第8章

孔子 適楚하야늘 楚狂接輿[1] 遊其門曰 鳳兮鳳兮[2]여 何如德之衰也[3]오 來世도 不可待며 往世도 不可追也[4]니라 天下有道어든 聖人成焉[5]하고 天下無道어든 聖人生焉[6]하나니 方今之時하야는 僅免刑焉[7]이니라 福輕乎羽어늘 莫之知載하고 禍重乎地어늘 莫之知避[8]로다 已乎已乎인저 臨人以德[9]이여 殆乎殆乎인저 畫地而趨[10]로다 迷陽[11]迷陽이여 無傷吾行[12]이어다 吾行卻曲[13]하야 無傷吾足하리라

孔子가 楚나라에 갔을 때 초나라의 미치광이 接輿가 공자가 묵고 있던 숙소의 문앞에서 노닐면서 이렇게 노래했다.

봉새여 봉새여 어찌하여 덕이 이렇게 쇠미하였는가.

앞으로 오는 세상은 기다릴 수 없고, 지나간 옛날은 따라갈 수 없네.
천하에 도가 있으면 성인은 그것을 완성시키고,
천하에 도가 없으면 성인은 자신의 생명이나 지키며,
지금 같은 때를 만나서는 겨우 형벌을 면할 뿐이네.
복은 깃털보다도 가벼운데 그것을 손바닥 위에 올려놓을 줄 모르며,
재앙은 땅덩어리보다도 무거운데 피할 줄 모르는구나.
그만둘지어다 그만둘지어다. 도덕으로 세상 사람들에게 나아감이여.
위태롭고 위태롭다. 땅에 금을 그어 놓고 달려가는구나.
가시풀이여! 가시풀이여! 내 다리를 찌르지 마라.
내 물러나기도 하고 돌아가기도 하여 내 발을 다치게 하지 않으리.

【역주】

1) 楚狂接輿 : 초나라의 미치광이 접여. <逍遙遊>편의 註에 자세하다. 이 故事는 ≪論語≫ <微子>편과 ≪史記≫ <孔子世家>에도 나오지만 내용과 문자에 異同이 있다. 韓元震은 "이 문단은 무도한 세상에서는 출사해서는 안 됨을 말한 것이다[接輿一段 言無道之世不可出也]." 라고 풀이했다.

2) 鳳兮鳳兮 : 봉새여 봉새여. 내용상으로는 봉새로 孔子를 비유한 것인데, 聞一多는 鳳과 孔의 발음이 유사하다는 점을 들어 공자를 은유적으로 嘲笑한 것이라고 풀이했다.

3) 何如德之衰也 : 어쩌면 그렇게도 덕이 쇠미하였는가. 何如는 何와 같다. ≪論語≫ <微子>편에는 如자가 빠져 있다. 德之衰也何如의 倒置形. 그런데 兪樾은 '如'를 '女' 또는 '而'와 같은 字로 보고 '너'의 뜻으로 보았다. 女德之衰也何의 도치형 문장으로 볼 수도 있을 것이다. 여기서는 글자 그대로 해석한다.

4) 來世不可待 往世不可追也 : 앞으로 오는 세상은 기다릴 수 없고 지나간 옛날은 따라갈 수 없음. 혹 ≪論語≫ <微子>편에 '往者不可諫 來者猶可追'로 되어 있음을 들어 문맥상 '來者猶可追'로 보는 것이 더 자연스럽다고 하는 주석가도 있으나, 과거의 일은 이미 부질없고 미래의 일도 기약할 수 없는 암담한 상황을 나타낸 것이라면 來世不可待가 도리어 자연스럽다. 來世는 아직 오지 않은 未來의 세상. 往世는 이미 지나간 과거의 일.

5) 聖人成焉 : 성인은 그것을 완성시킴. 곧 천하에 도가 있으면 성인이 그 도를 완성한다는 뜻.

6) 聖人生焉 : 성인은 자신의 생명을 지킴. 몸을 숨기고 그저 살아갈 따름이라는 뜻. 林希逸은 '성인은 자신의 생명을 온전히 지킬 뿐[聖人全其生而已]'이라고 풀이했다.

7) 方今之時 僅免刑焉 : 지금 같은 때를 만나서는 겨우 형벌을 면할 뿐임. 方은 當과 같이 만난다는 뜻.

8) 福輕乎羽 莫之知載 禍重乎地 莫之知避 : 복은 깃털보다도 가벼운데 실을 줄 모르고, 화는 땅덩어리보다 무거운데 피할 줄 모름. 福輕乎羽는 복을 잃어버리기 쉬움을 비유한 표현이고, 禍重乎地는 재앙의 정도가 심함을 비유한 표현이다. 章炳麟은 이 구절을 먼 길을 떠나는 일을 비유한 것으로 보았는데, 그의 주장을 따르면 길 가는 사람이 가벼운 복은 싣지 않고 도리어 무거운 재앙을 싣고 가는 어리석은 태도를 비유한 것으로 풀이할 수 있다. 莫之의 之는 어조사.

9) 臨人以德 : 도덕으로 세상 사람들에게 나아감. 자신의 덕을 드러내고서 사람들을 대한다는 뜻.

10) 畫(획)地而趨 : 땅에 금을 그어놓고 달려감. 쓸데없이 規範主義를 내세움으로써 스스로 한계 속에 갇힘을 비유한 표현이다.

11) 迷陽 : 가시풀. 池田知久는 王應麟의 ≪困學紀聞≫에 인용된 胡明仲의 주장을 따라 迷陽을 초나라 지역에서 자라는 풀로 줄기에 가시가 있다고 풀이했는데 이 해석을 따른다. 曹礎基도 '一種多棘的草'라 하였으며, 方勇·陸永品 등도 모두 이같은 해석을 따랐다. 郭象과 成玄英은 모두 迷陽을 亡陽으로 보아 자신의 덕을 감춘다는 뜻으로 보았고, 司馬彪는 거짓 미친 체하는 행위[詐狂]로 보아 迷陽迷陽 無傷吾行을 "거짓 미치광이 노릇하면 나의 가는 길 재앙 없으리" 라고 해석하였으나 모두 취하지 않는다.

12) 無傷吾行 : 내 다리를 찌르지 마라. 無는 禁止辭. 傷은 가시가 찌르는 것(池田知久). 行은 胻의 假借字(聞一多, 高亨).

13) 吾行卻(각)曲 : 내 걸음을 물러나기도 하고 돌아가기도 함. 郭慶藩, 馬敍倫 등은 卻曲을 屈曲으로 풀이했다. 吾行卻曲 無傷吾足은 나의 걸음걸이를 정면충돌로 부딪쳐 가지 않고 屈曲시켜 後退하기도 하고 迂回하기도 하여 나의 발을 다치게 하지 않는다는 뜻.

## 第9章

山木自寇也[1]며 膏火自煎也하며 桂可食故로 伐之[2]하며 漆可用故로 割之하나니 人이 皆知有用之用[3]이오 而莫知無用之用也[4]하나다

산의 나무는 스스로 자신을 해치며, 기름 등잔불은 스스로를 태우며, 계피는 먹을 수 있기 때문에 사람들이 베어 가며, 옻나무는 쓸모가 있기 때문에 사람들이 잘라간다. 사람들은 모두 쓸모 있음의 쓸모만을 알고, 쓸모없음의 쓸모는 아무도 알지 못한다.

【역주】

1) 山木自寇也 : 산의 나무는 스스로 자신을 해침. 이 구절을 포함한 이하의 네 가지 비유는 모두 자신의 쓸모 때문에 도리어 스스로를 해치는 사례로 제시한 것이다.

2) 桂可食故伐之 : 계피는 먹을 수 있기 때문에 사람들이 베어감. 桂는 계피나무. 伐은 伐木.

3) 人皆知有用之用 : 사람들은 모두 쓸모 있음의 쓸모를 앎. 모든 사람이 쓸모 있음의 쓸모는 안다는 뜻.

4) 莫知無用之用也 : 쓸모없음의 쓸모는 아무도 알지 못함. 莫知는 아무도 알지 못한다는 뜻. 無用之用이나 無用之大用에 대해서는 본 편 4장의 '且予求無所可用久矣'節의 역주 3), 爲予大用과 <逍遙遊>편 제5장의 '莊子曰子獨不見狸狌乎'節의 역주 9), 不能執鼠를 참고할 것.

# 第5篇 德充符

**【해설】**

德充符란 德이 充滿한 符(표시)라는 뜻으로 道를 체득한 人物의 內面性이 밖으로 드러나는 모습, 형상을 의미한다. 그러나 장자의 본뜻은 德이 충만한 人物에 부합하는 形象이 따로 있다는 의미가 아니라, 실은 형상에 구애되지 아니하는 것, 형상을 초월한 형상을 드러내 밝히고자 하는 데 있다. 莊子는 이 편에서 세속 인간들의 形骸(육체적 조건)에 대한 집착을 타파하고 참다운 德은 形象을 超越한 높은 內面性에 있음을 明白히 하고 있기 때문이다.

莊子는 이를 위해 세속의 사람들이 가장 醜하다고 하는 발 잘린 절름발이나, 꼽추, 언청이 같은 不具者를 들어 그들의 입으로 道를 말하게 한다. 그로테스크한 畸形不具의 인간들이야말로 도를 가장 잘 아는 사람이라는 역설적 우언을 통해 莊子는 외형적인 모습에 구애받고 그것을 꾸미는데 집착하는 鄭子産과 같은 세속 人間들의 슬픈 어리석음을 크게 소리내어 웃고 있다. <德充符>편은 이 哄笑의 메아리로 가득 차 있다. 이 편의 우언 중 장자의 이와 같은 홍소가 가장 잘 드러나는 부분은 제2장과 제4장이다.

제2장 申徒嘉와 子産의 說話에서 子産은 世俗的 價値, 곧 貴와 榮의 상징이며, 절름발이 賢者인 申徒嘉는 世俗的으로는 無價値, 곧 賤과 辱의 상징이다. 莊子는 이 두 사람을 超越者인 伯昏無人 앞에 세워놓고, 참으로 德이 充實한 사람은 貴賤을 다 잊고, 美醜를 다 포용하고, 萬物을 품 속에 노닐게 하는 사람임을 말하고 있다. 간결한 표현 속에 해탈자의 면목이 분명하게 드러나 있는데 그들은 모두 세상에서 상처받은 사람, 학대받는 사람, 醜한 사람, 賤한 사람들이다. 그래서 이 편의 내용은 버림받은 사람들에게 구제와 해방이라는 무엇보다 중요한 가치를 일깨워주는 福音으로 받아들여지기도 한다.

제4장에서는 곱사등이 哀駘它를 절대자로 묘사하고 그의 입을 빌어 이렇게 말한다.

"혹은 生하고 혹은 死하고 혹은 길이 존재하고 혹은 亡하는 인간 사회의 천변만화가 모두 '事之變, 命之行' 곧 만상의 끊임없는 변화, 운명의 유전에 지나지 않는다."

이와 같이 시시각각 멈춤이 없는 一切萬象의 변화, 運命의 流轉은 밤낮으로 우리의 눈앞에 교대로 나타나 멈춤이 없는데 인간의 인식능력으로는 도저히 그것을 규명해 낼 수 없다. 그 때문에 장자는 그러한 변화는 변화 그대로에 그냥 내맡겨 두어야 한다고 말한다. 장자가 말하는 절대자는 형상을 초월하여 유동변화하는 실재에 자신을 맡겨 그것과 일체가 되기 때문에 만상의 변화와 유전도 마음의 평안을 어지럽히지 못한다. 성현영이 말하고 있는 것처럼 제4장의 절대자인 哀駘它는 첫째, 권세가 없고, 둘째, 이익이나 재산이 없으며, 셋째, 매력적인 외모가 없고, 넷째, 뛰어난 언변이 없으며, 다섯째, 지적인 능력이 없다[一無權勢 二無利祿 三無色貌 四無言說 五無知慮]. 그러나 이러한 능력이 없음에도 불구하고 수많은 남녀들이 그 앞에 모여들 정도로 感化力과 德化力은 偉大하다.

福永光司는 제4장의 내용을 두고,

"공자의 애제자인 閔子騫 앞에서 공자를 德友라고까지 부르게 한 장자는, 세속적 권력에 대한 도덕적 가치의 우위를 강하게 강조하고 있으나, 더 나아가 공자로 하여금 애태타의 위대함을 찬송하게 하고 있는데 이 점이 흥미롭다. 여기에 장자의 공자식 도덕에 대한 야유와 도전이 보인다."

고 평론했다. 그러나 ≪장자≫에 나오는 공자가 비록 야유와 조소의 대상이 되는 경우가 많지만, 때로는 장자의 대변자가 되기도 하기 때문에 <德充符>편의 이 글까지 공자에 대한 야유와 도전이라고 말하는 데는 찬성하기 어려운 점이 있다. 儒家에서는 인간의 왜소성을 반성하면서 道德의 完成을 통하여 왜소한 인간의 巨人化를 시도하지만, 장자는 '獨成其天'을 통하여 巨人化를 시도하고 있다는 점에서 서로 일치점을 찾을 수 있기 때문이다.

## 第1章

魯에 有兀者[1)]王駘[2)]어늘 從之遊者[3)] 與仲尼로 相若[4)]하더니 常季[5)]問於仲尼曰 王駘는 兀者也로대 從之遊者與夫子로 中分魯하야 立不敎하며 坐不議[6)]호대 虛而往하야 實而歸하나니 固有不言之敎와 無形而心成者邪[7)]인저 是何人也오 仲尼曰 夫子는 聖人也니 丘也는 直後而未往耳[8)]로라 丘도 將以爲師[9)]온 而況不若丘者

乎따녀 奚假魯國[10]이리오 丘는 將引天下하야 而從之[11]호리라

魯나라에 발 잘리는 형벌[刖刑]을 받은 王駘란 사람이 있었는데, 그를 따라 배우는 제자의 수가 仲尼와 같았다. 常季가 중니에게 물었다.

"왕태는 절름발이입니다. 그런데도 그를 따라 배우는 이가 선생님과 함께 노나라를 반분하고 있습니다. 그는 서서도 가르치지 않고 앉아서도 토론 한 번 하지 않는데도 <배우는 이들은> 텅빈 채로 가서는 가득 채워서 돌아옵니다. 참으로 말하지 않는 가르침과 겉으로 드러남이 없으면서도 마음으로 이루는 것이 있는 것이겠지요. 이 사람은 어떤 사람입니까?"

중니가 말했다.

"그분은 성인이다. 나는 다만 때를 놓쳐서 아직 가지 못했을 뿐이다. 나도 그를 스승으로 삼으려 하는데 하물며 나만 못한 사람들이겠는가. 어찌 다만 노나라 사람뿐이겠는가? 나는 온 천하 사람을 이끌고 그를 따라 배울 것이다."

【역주】

1) 兀(올)者 : 발 잘리는 형벌[刖刑]을 받은 사람, 절름발이. 李頤는 "발뒤꿈치 베는 것을 兀이라고 한다. 내 생각에 전서체의 兀과 介는 글자 모양이 비슷하다[刖足曰兀 案篆書兀介字相似]."고 풀이했고 馬叙倫은 　(월)이 생략된 글자[省文]라고 했다.

2) 王駘(왕태) : 人名. 成玄英은 "성은 王이고 이름은 駘이며 노나라 사람이다[姓王 名駘 魯人也]."고 했지만 이 또한 장자가 寓意를 붙여 架空한 인물로 보는 것이 적절하다. 駘는 노둔한 말로 둔하다, 어리석다는 뜻.

3) 從之遊者 : 그를 따라 배우는 자. 곧 왕태에게 배우는 제자. 之는 왕태를 가리킨다.

4) 相若 : 서로 같음. 陸德明은 "若은 如와 같다. 제자의 수가 공자처럼 많았다[若如也 弟子如夫子多少也]."고 풀이했다.

5) 常季 : 공자의 제자. 成玄英은 "성은 常이고 이름은 季이며 노나라의 賢人이다[姓常 名季 魯之賢人也]."라고 했지만, 이것도 장자가 凡庸한 젊은이라는 寓意를 붙여 創作한 人物로 보는 것이 적절하다.

6) 立不教 坐不議 : 서서도 가르치지 않고 앉아서도 토론 한 번 하지 않음. 司馬彪는 "서서 가르쳐 주지 않고 앉아서 토의하지 않는다[立不教授 坐不議論]."라고 풀이했다.

7) 固有不言之教 無形而心成者邪 : 참으로 말하지 않는 가르침과 겉으로 드러남이 없으면서도 마음으로 이루는 것이 있는 것이겠지요. 있는 것인가, 없는 것인가의 여부를 묻는다기보다

는 있는 것임을 확인하는 투로 묻는 말. 그래서 현토본에서도 '……邪인저'하고 현토하고 있음. 林希逸은 "常季가 그를 이와 같이 보았기 때문에 의심하여 질문한 것이다[常季見其如此故疑以爲問]."라고 하였다. 不言之敎는 ≪老子≫ 2장에 '聖人居無爲之事 行不言之敎'라고 보인다. 林希逸은 無形而心成者를 두고 "無形은 보이는 것이 없는 것이고, 心成은 마음으로 느껴 스스로 변화해서 이루는 것이다[無形無所見也 心成心感之而自化成也]."라고 풀이했다. 乃는 곧, 바로, 도리어.

8) 丘也直後而未往耳 : 나는 다만 뒤처져 있기 때문에 아직 가지 못했을 뿐임. 直은 다만. 後는 뒤처져 있다, 때를 놓쳤다는 뜻. 李頤는 "스스로 여러 사람들 뒤에 있기 때문에 아직 가서 그를 스승으로 모시지 못하고 있을 뿐이다[自在衆人後 未得往師之耳]."라고 풀이했다.

9) 丘將以爲師 : 나도 그를 스승으로 삼으려 함. 丘는 孔子의 이름. 여기서는 공자의 自稱.

10) 奚假魯國 : 어찌 노나라 사람뿐이겠는가. 曹礎基는 "假는 다만이며, 奚假는 '어찌…뿐이겠는가'이다[假但 奚假何止]."라고 풀이했다. 魯國은 魯國之人.

11) 丘將引天下而從之 : 나는 온 천하 사람을 이끌고 그를 따라 배울 것임. 天下는 天下之人.

常季曰 彼는 兀者也로대 而王先生[1)]하니 其與庸으로 亦遠矣[2)]로소이다 若然者는 其用心也 獨若之何[3)]잇고 仲尼曰 死生이 亦大矣나 而不得與之變[4)]하나니라 雖天地覆墜[5)]하야도 亦將不與之遺[6)]하며 審乎無假[7)]하야 而不與物로 遷[8)]이오 命物之化[9)]하야 而守其宗也[10)]하나니라 常季曰 何謂也잇고

常季가 말했다.

"그는 절름발이인데도 선생님보다 더 훌륭하다고 하니, 저희 같은 보통 사람보다 훨씬 뛰어난 분이시겠습니다. 그 같은 사람은 마음 씀씀이가 도대체 어떠합니까?"

중니가 말했다.

"죽고 사는 문제 또한 중대한 것이지만, 그 때문에 동요하지 않는다. 비록 하늘이 무너지고 땅이 꺼진다 하더라도 또한 그와 함께 떨어지지 않으며, 거짓 없는 참된 도를 잘 살펴서, 事物과 함께 옮겨 다니지 않고, 만물의 변화를 命으로 받아들여 근본인 道를 지킨다."

상계가 말했다.

"무슨 말씀이십니까?"

【역주】

1) 王先生 : 선생님보다 더 훌륭함. 王於先生의 줄임. 李頤는 王을 더 나음[勝]으로 풀이했다. 旺의 假借字라고 보는 견해(朱駿聲)도 있다. 王敔와 林雲銘 등은 '사람들이 王駘를 부르는 호칭'이라고 했지만 맥락을 따져볼 때 적절치 않다.

2) 其與庸亦遠矣 : 저희 같은 보통 사람보다 훨씬 뛰어난 분일 것임. 글자 그대로 번역하면 "저희 같은 보통 사람과는 또한 멀겠습니다."로 보통 사람과 비교하면 그 차이가 훨씬 클 것이라는 뜻이다. 庸은 凡庸으로 평범한 보통 사람. 崔譔과 林希逸은 常人으로 풀이했다.

3) 其用心也 獨若之何 : 그 마음 씀씀이가 도대체 어떠합니까. 도대체 어떠한 마음가짐의 소유자인지를 묻는 질문. 獨은 유독, 도대체의 뜻. 若之何는 如之何와 같고, 之는 마음 씀씀이를 가리키는 대명사.

4) 死生亦大矣 而不得與之變 : 죽고 사는 문제 또한 중대한 것이지만, 그 때문에 동요하지 않음. 不得與之變의 之를 死生으로 보는 견해(方勇·陸永品)를 따라 "死生과 함께 변화하게 할 수 없다."는 맥락으로 번역했다. 之를 王駘로 보고 "死生이 그(왕태)를 변화시킬 수 없다."는 식의 번역도 가능하지만, 뒤의 '不與之遺 不與物遷'과 같은 구조로 보고 앞의 견해를 따랐다. 어떤 견해를 따르든 "사람들이 가장 두려워하고 슬퍼하는 死生의 변화조차도 그의 마음을 흔들어 놓을 수 없다."는 의미는 같다.

5) 天地覆(복)墜 : 하늘이 무너지고 땅이 꺼짐. 天崩地解와 같은 말로, 天崩地解는 黃宗羲의 ≪明夷待訪錄≫에 보인다.

6) 不與之遺 : 그와 함께 떨어지지 않음. 之는 天地覆墜를 가리킨다. 羅勉道는 遺를 떨어지다[落也]로 풀이했다.

7) 審乎無假 : 거짓 없는 참된 도를 잘 살핌. 審(심)은 잘 살펴서 안다는 뜻. 林希逸은 '분명히 아는 것[見之盡也]'이라고 풀이했다. 無假는 거짓이 없음, 곧 眞實無妄의 道를 지칭한다. 한편 郭慶藩은 ≪淮南子≫ <精神訓>에 '審乎無瑕'로 되어 있는 것을 근거로 假를 瑕로 보아야 한다고 주장했지만, 池田知久의 지적처럼 여기의 假는 <在宥>편 '以觀無妄'의 妄과 같이 眞의 반대말로 보는 것이 타당하다. 朱桂曜, 曹受坤, 王叔岷, 劉武, 安東林 등도 모두 같은 해석을 따랐다.

8) 不與物遷 : 事物과 함께 옮겨다니지 않음. 物은 實相이 아닌 假象의 事物로 無假의 道와 상대되는 말. 곧 사물에 의해 부림을 당하지 않는다는 뜻.

9) 命物之化 : 만물의 변화를 命으로 받아들임. 郭象은 "변화를 命으로 여겨 거스름이 없다[以

化爲命 而無乖迕].”고 풀이했고, 林希逸은 “만물의 변화가 모두 나에게서 명령을 받는다[萬物之變化 皆受命於我].”고 달리 풀이하였는데, 이 부분을 어떻게 해석하느냐에 따라 장자 사상에 대한 이해가 크게 달라질 수 있다. 곽상의 경우는 莊子의 道를 ‘변화의 흐름 그 자체’라고 보는 입장이다. 福永光司는 ‘일체의 만물이 생성 변화하는 모습[相]을 命으로 삼는 것, 만물의 변화를 天(自然)으로 여기는 것’이라고 풀이했는데 역시 곽상의 견해를 따른 것이다. 반면 林希逸의 해석은 莊子의 道를 ‘萬物의 主宰者’로 보는 입장이다. 宣穎 또한 林希逸의 견해를 따라 ‘만물의 변화를 주재하는 것[主宰物化]’으로 풀이하였고, 曹礎基, 池田知久, 方勇・陸永品 등이 이런 입장이다. 그러나 ≪장자≫의 일부 내용 중에 비록 道를 主宰者로 이해할 수 있는 부분이 전혀 없는 것은 아니라 하더라도, 역자는 장자 사상 전체를 그런 맥락에 국한시켜 이해하지 않기 때문에 여기서는 앞의 견해를 따라 번역하였다.

10) 守其宗也 : 근본인 도를 지킴. 여기서 宗은 근원, 곧 道를 가리킨다. 宗(道)의 내용 역시 앞의 ‘命物之化’를 해석하는 두 가지 입장에 따라 각기 다른 맥락으로 이해할 수 있다. 곧 莊子의 道를 만물의 운동변화 자체로 이해하는 郭象의 경우는 “지극히 마땅한 곳에서 벗어나지 않는 것이다[不離至當之極].”로 풀이하지만, 道를 만물의 주재자로 이해하는 林雲銘의 경우는 “그 주재를 지킨다[而守其主宰].”는 뜻으로 풀이하였다.

## 仲尼曰 自其異者로 視之컨댄 肝膽이 楚越也[1]요 自其同者로 視之컨댄 萬物이 皆一也[2]니라

중니가 말했다.

“다른 것을 기준으로 보면 간과 쓸개도 <그 차이가> 초나라와 월나라처럼 멀고, 같은 것을 기준으로 보면 만물이 모두 하나이다.”

【역주】

1) 自其異者視之 肝膽楚越也 : 다른 것을 기준으로 보면 간과 쓸개도 <그 차이가> 초나라와 월나라처럼 멀다. 王先謙은 “하나의 몸에 있는데 세속 사람들은 그것을 다르게 본다[本一身而世俗異視之].”고 풀이했는데 簡易 直截하다.

2) 自其同者視之 萬物皆一也 : 같은 것을 기준으로 보면 만물이 모두 하나임. 王先謙은 “모두 천지 사이의 一物이다[皆天地間一物].”라고 풀이했다. 池田知久는 이 구절에서 인식의 주관성에 대한 강조로 말미암아 萬物齊同의 철학이 後退하여 거의 없어져 가고 있는 점에 유의

할 필요가 있음을 지적하고, 이 사상은 뒤의 <天下>편에서 惠施가 "만물은 物로서는 모두 같고 개개의 一物로서는 모두 다르다. 이러한 큰 규모의 同異의 관계를 大同異라 한다[萬物畢同畢異 此之謂大同異]."고 한 명제와 같다고 주장했다. 그러나 뒤에 이어지는 '物視其所一' 등의 내용을 살펴보면 萬物齊同의 입장이 여전히 유지되고 있음을 알 수 있다.

夫若然者는 且不知耳目之所宜[1]하고 而遊心乎德之和[2]하나니라 物을 視其所一[3]하고 而不見其所喪[4]하야 視喪其足호대 猶遺土也[5]하나니라 常季曰 彼爲己[6]라 以其知로 得其心하고 以其心으로 得其常心[7]이어늘 物이 何爲最之哉[8]오

"이 같은 사람은 또한 耳目 등의 감각기관이 마땅하다고 여기는 것을 초월하여, 마음을 덕의 융화 속에서 노닐게 한다. 만물을 동일한 견지에서 바라보며, 발 하나 잃어버린 것에 얽매이지 않아서, 자기 발 잃어버리는 것을 마치 흙덩어리 하나 내다 버리는 것과 같이 여긴다."

常季가 말했다.

"그렇다면 그는 자기를 위해 공부를 한 것입니다. 자기의 知를 가지고 자기의 마음을 터득하고, 자기의 마음을 가지고 변하지 않는 마음[常心]을 터득한 것인데, 다른 사람들이 무엇 때문에 그에게 몰려듭니까?"

【역주】

1) 不知耳目之所宜 : 耳目 등의 감각기관이 마땅하다고 여기는 것을 알지 못함. 곧 耳目 등의 감각기관이 저마다 마땅하다고 여기는 것을 초월한다는 뜻. 不知는 의식하지 않고 뛰어넘는다는 뜻. 곧 구애되지 않고 초월한다는 의미이다. 耳目之所宜는 '耳目 등의 감각기관에 의해 각기 다르게 인식되는 差別的 知識으로 각기 다른 소리, 다른 형태 등으로 파악되는 物의 差別的 속성'을 가리키며, 나아가 '감각기관을 통해서 느끼게 되는 美醜好惡의 감정' 또는 '감각을 매개로 한 일체의 주관적 價値判斷'을 가리킨다.

2) 遊心乎德之和 : 마음을 덕의 융화 속에서 노닐게 함. 곧 일체의 차별적 규정을 넘어서 萬物齊同의 世界 속에서 노닌다는 뜻. 德之和는 德의 調和, 德의 渾然한 融和의 경지로 앞의 감각적 차별지와 상대되는 만물의 동일성에 대한 직관적 통찰을 의미한다.

3) 物視其所一 : 만물을 동일한 견지에서 바라봄. 일체의 차별상을 넘어서 萬物을 萬物齊同의 경지에서 본다는 뜻. 物視는 視物의 倒置形[物視猶視物也](成玄英).

4) 不見其所喪 : 발 하나 잃어버린 것을 보지 않음. 곧 절름발이인 왕태는 자신이 발 하나 잃어

버린 것에 얽매이지 않고 그것을 초월한다는 뜻. 不見 또한 앞의 '不知'와 마찬가지로 초월하다, 뛰어넘다는 뜻으로 이해해야 한다. 所喪은 잃어버린 것 곧 왕태가 잃어버린 발 하나.

5) 猶遺土也 : 흙덩어리 하나 내다 버리는 것과 같음. 土는 土芥로 흙덩어리나 지푸라기 등의 하찮은 물건을 비유.

6) 彼爲己 : 그는 자기를 위해 공부를 한 것임. 郭象, 成玄英, 林希逸 등은 彼爲己와 以其知를 연결하여 '彼爲己以其知 得其心以其心 得其常心'으로 絶句하였으나, 여기서는 兪樾이 彼爲己를 독립구로 간주하고 '以其知 得其心 以其心 得其常心'을 彼爲己의 구체적인 내용을 설명한 견해를 따라 번역했다. 褚伯秀, 呂惠卿 등도 이와 같은 입장이다. 또 成玄英은 爲를 수양하다[修]는 뜻으로 보았지만 이에 따르지 않고, 朱得之가 ≪莊子通義≫에서 ≪論語≫ <憲問>편의 "옛날 학자들은 자기를 위해 공부했는데, 요즈음의 학자들은 남에게 보이기 위하여 공부한다[古之學者爲己 今之學者爲人]."는 내용과 같은 맥락으로 보고, "彼爲己란 그 학문이 남을 위한 것이 아닌 데도 남들이 그를 존경하는 것은 무엇 때문인가를 말한 것이다[彼爲己 言其學非爲人 而人乃尊之 何也]."라고 풀이한 견해를 따랐다. 池田知久의 補注를 참조. 그런데 儒家의 爲己와 道家의 爲己를 구별하고자 한다면 유가의 爲己는 倫理實踐의 주체로서 自主自律의 나[己]를 확립하는 것이고 도가의 爲己는 道와 一體[己]가 되는 것[爲]이라고 할 수 있다.

7) 以其知得其心 以其心得其常心 : 자기의 知를 가지고 자기의 마음을 터득하고, 자기의 마음을 가지고 변하지 않는 마음[常心]을 터득함. 陳鼓應은 "자신의 지혜를 써서 마음을 깨닫고 다시 이 마음에 근거해서 상심으로 돌아간다[用他的智慧去領悟心 再根據這個心返回到常心]."고 풀이했다. 劉武는 常心을 "항상 변하지 않는 마음으로 앞에 나온 '죽음과 삶에도 동요되지 않고, 하늘이 무너지고 땅이 꺼진다 하더라도 흔들리지 않는 마음'을 가리킨다[常 恒不變之心 指上死生不變 天地覆墜不遺之心也]."고 풀이했고, 郭嵩燾는 '거짓이 없는 본체[無妄之本體]'라고 했는데 이 견해를 따른다. 知는 누구나 가지고 있는 일반적인 分別智(池田知久).

8) 物何爲最之哉 : 다른 사람들이 무엇 때문에 그에게 몰려듭니까. 物은 人物로 다른 사람을 뜻한다(林希逸). 最는 聚로 모인다는 뜻(司馬彪).

仲尼曰 人이 莫鑑於流水요 而鑑於止水하나니 唯止아 能止衆止[1]하나니라 受命於

地[2]는 唯松柏이 獨也<正>하니 在冬夏靑靑[3]하고 受命於天[4]은 唯<堯>舜이 獨也正하시니 <在萬物之首>[5] 幸能正生하사 以正衆生[6]하시니라 夫保始之徵[7]은 不懼之實[8]이니라 勇士一人이 雄入於九軍[9]하야 將求名而能自要者도 而猶若是[10]온 而況官天地[11]하며 府萬物[12]하야 直寓六骸[13]하며 象耳目[14]하야 一知之所知[15]하고 而心이 未嘗死者乎[16]따녀 彼는 且擇日하야 而登假[17]리니 人則從是也하나니 彼且何肯以物로 爲事乎리오

중니가 말했다.

"사람은 누구나 흐르는 물을 거울로 삼지 않고 멈추어 있는 물을 거울로 삼는다. 오직 멈추어 있는 존재만이 멈춤을 구하는 여러 사물을 멈출 수 있다. 땅에서 생명을 받은 것 중에서는 오직 소나무와 잣나무만이 올바르니, 홀로 사철 푸르디 푸르고, 하늘에서 생명을 받은 무리들 중에서는 오직 요임금과 순임금만이 홀로 올바르니, 만물의 으뜸이라, 다행히 자신의 삶을 바로 세워 중생들의 삶을 바로잡을 수 있었다. 사람에게 始源의 道가 보존되어 있다는 徵驗은 두려워하지 않는 실제로 나타난다. 용사 한 사람이 적의 대군 속으로 용감하게 쳐들어가 명성을 바라고 그것에 집착하는 자도 오히려 이와 같은데, 하물며 천지를 마음대로 부리고 만물을 어루만져서, 육체를 단지 잠깐 머물다 가는 거처로만 여기며, 耳目의 감각을 허상으로 여기며 인간의 지식으로 아는 대상을 모두 하나로 여겨서, 마음이 한 번도 사멸된 적이 없는 사람이겠는가. 그는 또 언젠가 날짜를 가려서 도의 경지에 올라갈 것이다. 사람들은 바로 이러한 점을 따르는 것이니, 그가 또 굳이 어찌 제자 모으는 일 따위를 일삼겠는가."

【역주】

1) 唯止能止衆止 : 오직 멈추어 있는 존재만이 멈춤을 구하는 여러 사물을 멈출 수 있음. 자신의 모습(정지된 모습)을 비추어 보고자 하는 사람들이 멈추어 있는 물에 모이는 것처럼, 자신의 참된 모습(멈추어 있는 모습)을 찾고자 하는 사람들이 멈추어 있는 사람에게 모여든다는 뜻. 宣穎은 "참으로 멈추어 있기 때문에 멈춤을 구하는 여러 사람들을 멈추게 하여 그들이 떠나지 않게 할 수 있다[惟眞止 故能止衆之求止者而不他去也]."고 풀이했다. 唯止의 止는 앞에 나온 죽음과 삶에도 동요되지 않고, 하늘이 무너지고 땅이 꺼진다 하더라도 흔들리지 않는 마음[死生不變 天地覆墜不遺之心], 곧 常心을 지닌 사람을 의미한다.

2) 受命於地 : 땅에서 생명을 받은 것. 땅에 뿌리를 박고 사는 식물 따위를 지칭. 郭象은, 受命於

地와 受命於天을 각각 '아래로 머리를 둔 것[下首]'과 '위로 머리를 둔 것[上首]'으로 풀이했는데, 成玄英은 곽상의 주석을 다시 "사람의 머리는 위에 있기 때문에 위를 자르면 죽고, 나무의 머리는 아래에 있기 때문에 아래를 베어내면 죽는다. 그 때문에 사람을 上首라고 부르고 나무를 下首라고 부른 것이다[人頭在上 去上則死 木頭在下 去下則死 是以 呼人爲上首 呼木爲下首]."라고 풀이했다.

3) 在冬夏青青 : 사철 푸르디 푸름. 곧 겨울과 여름을 가리지 않고 사철 푸르다는 뜻. 冬夏는 春秋와 마찬가지로 일년 전체를 의미한다. 在는 於와 같다.

4) 受命於天 : 하늘에서 생명을 받은 것. 여기서는 사람을 지칭한다(郭象, 成玄英).

5) 唯松柏 獨也<正> 在冬夏青青 受命於天 唯<堯>舜 獨也正 <在萬物之首> : 正, 堯, 在萬物之首의 일곱 글자는 陳景元의 ≪闕誤≫에 인용된 張君房 본에 의거하여 보충했는데, 松柏과 堯舜, 두 구절의 獨也正, 在冬夏青青과 在萬物之首의 대구가 명확하기 때문에 이 견해를 따라 번역하였다. 韓元震은 "소나무나 잣나무가 겨울과 여름에 걸쳐 변하지 않음을 인용하여 성인이 생사에 대해 변하지 않음을 증명한 것이다[引松柏之冬夏不變 以證聖人之死生不變]."라고 풀이했다.

6) 幸能正生 以正衆生 : 다행히 자신의 삶을 바로 세워 중생들의 삶을 바로잡을 수 있었음. 林希逸은 "자기가 타고난 것을 바로 세워 중인이 타고난 것을 바르게 함이다. 여기의 生자는 바로 性자이다[能正其所生 以正衆人之所生 此生字只是性字]."고 풀이하였고, 宣穎은 "순임금이 자기의 性을 바르게 세우자 만물의 性이 저절로 모두 바르게 되었다[舜能正己之性 而物性自皆受正]."고 풀이하여 生을 性으로 풀이하고 있다. 그러나 性자를 生자로 풀이하는 경우는 많지만, 生자를 性자로 풀이하는 경우는 상대적으로 적을 뿐만 아니라, 후세에 성립된 성리학의 개념어를 가지고 이 부분을 해석하는 것은 혼동의 소지가 있기 때문에 굳이 따르지는 않았다. 여기의 生은 앞의 '受命於地', '受命於天'의 命과 호응하는 글자이므로 본래 글자 그대로 생명의 뜻으로 보고 삶으로 번역하였다.

7) 保始之徵 : 始源의 道를 보존하고 있다는 徵驗. 곧 사람이 시원의 도를 보존하고 있다는 증거. 始는 시작, 시원의 뜻으로 곧 시원의 道를 지칭. 徵은 징험, 증거. 韓元震은 "保始는 바로 윗글의 守宗을 일컬음이다[保始 卽上文守宗之謂也]."라고 풀이했다.

8) 不懼之實 : 두려워하지 않는 실제. 實은 '保始之徵'의 徵과 상대되는 말로 실제의 행위로 나타나는 것을 의미한다. 赤塚忠과 池田知久는 實을 충실로 보아 不懼之實을 두려워하지 않는 용기의 충실로 보고 있다.

9) 雄入於九軍 : 적의 대군 속으로 용감하게 쳐들어감. 雄은 용감하게 라는 의미의 부사. 九軍은 적의 10만 대군. 一軍은 12,500명. 成玄英은 崔譔, 李頤 등의 주석을 따라, "天子는 六軍을 거느리고 諸侯는 三軍을 거느리기 때문에 九軍이라 했다[天子六軍 諸侯三軍 故九軍也]."고 풀이했고, 簡文帝는 ≪孫子≫ <形>편의 '善守者 藏於九地之下 善攻者 動於九天之上'이라 한 구절에 근거하여, "병서에서 이렇게 함으로써 九天을 공격하고 九地를 거두어들인다고 했기 때문에 九軍이라 했다[兵書以攻九天 收九地 故謂之九軍]."고 풀이했다. 그러나 여기서는 林希逸이 많은 군사[衆兵]라고 한 간명한 해설을 따랐다.

10) 將求名而能自要者而猶若是 : 명성을 바라고 스스로에게 요구할 줄 아는 자(집착하는 자)도 오히려 이와 같음. 宣穎은 "용감하다는 명성을 얻기 위해 반드시 성취할 것을 기약하는 자조차도 生死를 잊는다[將沽勇名 而能期於必成者 尙忘生死]."고 풀이했다.

11) 官天地 : 천지에 관직을 줌. 천지를 마음대로 부림. 成玄英은 "兩儀를 主宰하는 것을 官天地라고 한다[綱維二儀曰官天地]."고 풀이했다.

12) 府萬物 : 만물을 어루만짐. 만물을 포용함. 府는 창고 속에 넣어 둔다는 의미. 成玄英은 "만물을 감싸 안는다[苞藏萬物].'고 풀이했고, 羅勉道는 "만물을 나의 창고 속 물건으로 삼는다[萬物爲吾府藏之物也]."고 풀이했다.

13) 直寓六骸(해) : 다만 육체를 잠깐 머물다 가는 거처로 여김. 宣穎은 "六骸를 내가 잠시 머무는 거처로 여긴다[以六骸爲吾寄寓]."고 풀이했다. 直은 다만. 寓는 잠시 머무는 임시 거처. 郭象은 逆旅(여행자가 머무는 객사, 여관)라고 풀이했다. 成玄英은 六骸를 몸체와 머리, 사지[身首四肢]로 풀이했는데 여기서는 一身, 곧 육체의 뜻으로 쓰였다.

14) 象耳目 : 耳目의 감각을 허상으로 여김. 곧 耳目 등의 감각기관은 모습만 본뜨는 허상으로 여긴다는 뜻. 宣穎은 "이목을 나의 印象으로 여긴다[以耳目爲吾迹象]."고 풀이했다. 赤塚忠은 ≪管子≫ <白心>편과 ≪韓非子≫ <解老>편에 근거하여 '象은 인상을 구성하는 것'이라고 하면서 귀나 눈의 器官에게 감각을 영위하게 한다는 뜻으로 보았다.

15) 一知之所知 : 인간의 지식으로 아는 대상을 모두 하나로 여김. 知之所知는 인간의 지식으로 아는 것, 곧 차별적으로 드러나는 모든 대상을 의미하며, 一은 그 대상을 모두 한 가지로 여긴다는 뜻. 결국 일체의 차별을 극복하고 萬物齊同의 경지에서 대상을 바라본다는 의미이다. 林雲銘은 앞의 '物視其所一 而不見其所喪'과 같은 의미라고 풀이했다.

16) 心未嘗死者乎 : 마음이 한번도 사멸된 적이 없는 사람이겠는가. 정신적으로 마음이 죽는 일이 없는 사람은 더 말할 것도 없다. 郭象은 이 부분에 대하여 "마음이 死生과 함께 변화

하니, 어느 때이거나 生이 아닌 경우가 없다. 이것이 마음이 아직까지 한번도 죽지 않은 것이다[心與死生順 則無時而非生 此心之未嘗死也]."라고 설명하였고, 林雲銘은 "죽음이나 삶에도 변하지 않고 천지의 붕괴에도 추락하지 않는다[死生不變 覆墜不遺]."라 하고 宣穎은 "이와 같이 그 常心을 터득한 사람이 어찌 오히려 死生에 의해서 변화되겠는가[得其常心如此人 豈猶爲死生所變乎]."라 했다.

17) 擇日而登假(하) : 날짜를 가려서 아득한 곳에 올라갈 것임. 곧 언젠가는 도의 경지에 올라갈 것이라는 뜻으로, 왕태의 죽음을 도의 세계에 들어가는 것으로 표현한 것이다. 登假(하)는 昇遐와 같다. 林希逸, 羅勉道, 郭慶藩 등은 ≪說文解字≫의 풀이에 근거하여, 假를 격(格)으로 읽고 이른다[至]는 뜻으로 보아야 한다고 주장했고, 宣穎, 奚侗, 朱桂曜, 聞一多, 王叔岷 등은 ≪爾雅≫에 근거하여, 假를 遐(하) 또는 霞(하)로 보아야 한다고 주장했는데, 여기서는 뒤의 견해를 따라 번역하였다.

## 第2章

申徒嘉[1]는 兀者也니 而與鄭子産[2]으로 同師於伯昏無人[3]이러니 子産이 謂申徒嘉曰 我先出則子止하고 子先出則我止[4]호리라 其明日에 又與合堂同席而坐하야 子産이 謂申徒嘉曰 我先出則子止하고 子先出則我止라호니 今我將出하노니 子는 可以止乎아 其未邪아 且子見執政而不違[5]하나니 子 齊執政乎[6]아

申徒嘉는 절름발이인데 정나라 子産과 함께 伯昏無人을 스승으로 모셨다. <병신과 나란히 걷는 것이 싫어서> 자산이 신도가에게 말했다.

"내가 먼저 나가면 자네가 남아 있고, 자네가 먼저 나가면 내가 남아 있겠네."

그 다음날에 또 같은 집에 모여 자리를 함께하고 앉아 있었는데, 자산이 신도가에게 말했다.

"<어제> 내가 먼저 나가면 자네가 남아 있고, 자네가 먼저 나가면 내가 남아 있겠다고 말했는데, 지금 내가 나가려 하니, 자네가 남아 있어 주겠는가? 아니면 그렇게 할 수 없겠는가? 또 자네는 執政者를 보고도 피하지 않으니, 자네가 집정자와 같은 신분인가?"

【역주】

1) 申徒嘉(신도가) : 人名. 成玄英은 姓은 申徒, 이름은 嘉, 鄭나라의 賢者라고 했는데 역시 架空의 人物이다.

2) 鄭子產 : 人名. 成玄英은 姓은 公孫, 이름은 僑(교), 字는 子產, 鄭나라의 현명한 大夫라고 했다. 子產은 春秋時代 後期의 뛰어난 정치가로, 당시 楚나라와 晉나라 같은 강대국 사이에서 압박받던 鄭나라를 교묘한 外交政策과 內政改革을 통해 유지함으로써 공자에 의해 군자로 칭송되었다. 鄭나라는 子產 등이 활약하던 시대가 지나가자 점차 쇠퇴해져서, 戰國時代 초기 韓나라에 의해 멸망되었다. 따라서 이 문답이 쓰여진 무렵에는 이미 鄭나라는 존재하지 않았을 것이다(池田知久).

3) 同師於伯昏無人 : 함께 백혼무인을 스승으로 모심. 伯昏無人은 人名. 가공의 인물로, <田子方>편, <列禦寇>편에는 列子의 선생으로 나오며, <列禦寇>편에는 伯昏瞀人으로 되어 있다.

4) 我先出則子止 子先出則我止 : 내가 먼저 나가면 자네가 남아 있고, 자네가 먼저 나가면 내가 남아 있겠네. 郭象은 "刖刑을 받은 절름발이와 함께 다니는 것을 부끄럽게 여긴 것이다[羞與刖者並行]."라고 풀이했다.

5) 見執政而不違 : 執政者를 보고도 피하지 않음. 執政은 執政者, 곧 宰相인 子產이 스스로를 세력을 지닌 권력자라고 일컬은 호칭이다. 不違는 자리나 길을 비켜주지 않는다는 뜻.

6) 子齊執政乎 : 자네가 집정자와 같은 신분인가. 齊는 齊準의 뜻으로 가지런함. 여기서는 신분이 동등함을 뜻한다.

申徒嘉曰 先生之門에 固有執政焉이 如此哉[1]아 子而說子之執政하야 而後人者也[2]로다 聞之호니 曰[3] 鑑明則塵垢不止[4]하나니 止則不明也[5]라호니 久與賢人으로 處하면 則無過[6]라 今子之所取大者[7]는 先生也로대 而猶出言이 若是하니 不亦過乎아

신도가가 말했다.

"선생님의 문하에서도 참으로 이와 같이 집정자니 뭐니 하는 구분이 있는가? 자네는 바로 자신의 권력을 믿고 남을 함부로 업신여기는 사람이다. 내가 듣건대, '거울이 깨끗하면 티끌이나 때가 붙지 않는다. 티끌이나 때가 붙으면 그 거울은 밝게 비추지지 못한다.'라고 하니 오랫동안 현인과 함께 있으면 허물이 없어진다. 지금 자네가 큰 道를 배우겠다고 모시는 사람은 바로 선생님인데, 아직도 이와 같이 말을 하니 또한 잘못이 아니겠는가."

【역주】

1) 固有執政焉 如此哉 : 참으로 이와 같이 집정자니 뭐니 하는 구분이 있는가. 郭象은 “이곳은 덕을 논의하는 곳이지 지위를 따지는 곳이 아니다[此論德之處 非計位也].”라고 말한 것이라고 풀이했다.

2) 子而說(열)子之執政 而後人者也 : 자네는 바로 집정이라는 자신의 지위를 믿고 남을 함부로 업신여기는 사람임. 子而는 子乃와 같고, 說(열)은 기뻐하다는 뜻으로 여기서는 恃와 같은 의미로 쓰였다. 後人은 “다른 사람을 뒤로 여기다.”는 뜻으로 남을 업신여긴다는 의미. 林希逸은 “남을 뒤로 하는 자는 자신을 앞세운다. 자신을 앞세우고 남을 뒤로 하면 자신을 귀하게 여기고 다른 사람을 천하게 여긴다[後人者 先已也 先已而後人 則貴我而賤物].”고 풀이했다.

3) 聞之曰 : 내가 듣건대. 이하의 인용구를 成玄英, 郭慶藩, 曹礎基, 福永光司 및 林希逸注의 현토본 등은 ‘久與賢人處則無過’까지 이어지는 것으로 보았지만 여기서는 赤塚忠, 池田知久 등의 견해를 따라 ‘止則不明也’까지로 보고 이하의 내용은 인용구에 대한 설명으로 본다.

4) 鑑明則塵垢不止 : 거울이 깨끗하면 티끌이나 때가 붙지 않음. 鑑明은 거울이 밝다는 뜻으로 인간의 마음을 비유한 표현이고, 塵垢는 티끌과 때로 過誤를 비유한 것이다. 止는 付着의 뜻.

5) 止則不明也 : 티끌이나 때가 붙으면 밝게 비추지지 못함. 不明은 거울이 흐려진다는 뜻.

6) 久與賢人處則無過 : 오랫동안 현인과 함께 있으면 허물이 없어짐. 오랫동안 현인과 함께 머물면 때를 씻어내게 됨을 비유.

7) 今子之所取大者 : 지금 자네가 큰 道를 배우겠다고 모시는 사람. 所取大者는 ‘大道를 取하는 바의 사람’, 곧 도를 배우겠다고 모시는 사람으로 해석할 수도 있고, ‘위대하다고 여겨서 따르는 사람’이라는 두 가지 해석이 모두 가능하지만 여기서는 大를 大道로 보고 번역하였다.

子産曰 子既若是矣[1)]어늘 猶與堯로 爭善[2)]이로다 計子之德혼댄 不足以自反邪[3)]아

자산이 말했다.

“자네가 이미 이와 같이 되었는데도 여전히 堯임금과 더불어 善을 다투려 드니, 자네의 德을 헤아려 본다면 <그런 말을 해서 좋은지 나쁜지를 충분히> 스스로 반성할 수 있지 않은가.”

【역주】

1) 子既若是矣 : 자네가 이미 이와 같이 됨. 곧 刖刑을 받아 절름발이 신세가 된 신도가의 처지

를 비천하게 여기는 표현이다.

2) 猶與堯爭善 : 여전히 堯임금과 더불어 善을 다툼. 成玄英, 赤塚忠 등은 자산이 자신을 堯임금에 비겨서 말한 것이라 했고, 曹礎基 등은 堯를 子産의 이름인 僑가 잘못된 것이라고 주장했다. 이들의 견해를 따르면 與堯爭善을 '나(子産)와 선을 다툰다.'는 뜻으로 이해해야 한다. 그러나 여기선 宣穎이 "堯임금은 善이 지극한 사람이기 때문에 그를 들어 말한 것이다[堯乃善之至者 故以爲言]."고 풀이한 것을 따랐다.

3) 計子之德 不足以自反邪 : 자네의 덕이 부족함을 헤아려 본다면 그런 말 해서는 아니됨을 충분히 반성할 수 있지 않은가. 신도가를 자신의 분수도 모르고 덕이 높은 사람과 견주는 사람으로 비하한 표현.

申徒嘉曰 自狀其過하야 以不當亡者衆하고 不狀其過하야 以不當存者寡[1)]하니 知不可奈何하야 而安之若命[2)]은 唯有德者야 能之[3)]하나니라 遊於羿之彀中[4)]하면 中央者는 中地也라 然而不中者는 命也[5)]라 人이 以其全足으로 笑吾의 不全足者 多矣어든 我 怫然而怒[6)]하다가 而適先生之所[7)]하야는 則廢然而反[8)]하노니 不知케라 先生之洗我以善邪아 〈吾之自寤邪〉[9)]아 吾與夫子로 遊十九年[10)]矣로대 而未嘗知吾의 兀者也[11)]러니 今에 子與我로 遊於形骸之內[12)]호대 而子索我於形骸之外[13)]하나니 不亦過乎아

신도가가 말했다.

"<자기의 잘못으로 발 잘리는 형벌에 처해지고서도> 스스로 자신의 잘못에 대해 변명의 말을 꾸며 대어 발이 잘려 없어지는 것이 부당하다고 생각하는 이는 많고, <잘못을 인정하여> 자신의 잘못을 꾸며대지 않고서 발이 남아 있게 되는 것이 <오히려> 부당하다고 여기는 사람은 적다. 어찌할 수 없음을 알아서 마치 운명처럼 그것을 편안히 여기는 것은 오직 덕이 있는 사람만이 할 수 있다. 羿가 활쏘는 射程圈 안에서 놀면, 그 과녁의 한가운데는 화살이 적중하는 자리이다. 그런데도 화살에 맞지 않는 것은 운명이다. 사람들 중에는 자신의 온전한 발을 가지고 온전치 못한 내 발을 비웃는 자들이 많다. 그때 나는 발끈하고 성을 내다가도 선생님이 계신 곳에만 가면 깡그리 잊어버리고 본래의 평정한 마음으로 돌아오게 되니, 선생님께서 훌륭한 道

로 나를 인도해주신 것인지 아니면 내가 스스로 깨우친 것인지 잘 모르겠다. 내가 선생님과 노닌 지 19년이 되었는데, 한번도 내가 절름발이임을 의식하지 않았다. 그런데 지금 그대는 나와 육체의 내면에서 交遊하고 있는데도, 그대는 나를 육체의 밖으로 드러나는 모습에서 찾고 있으니, 또한 잘못이 아닌가?"

【역주】

1) 自狀(상)其過 以不當亡者衆 不狀其過 以不當存者寡 : 스스로 자신의 과실을 꾸며 다리가 잘려 없어지는 것이 부당하다고 생각하는 이는 많고, 자신의 과실을 꾸미지 않고 다리가 남아 있게 되는 것이 부당하다고 여기는 사람은 적음. 郭象은 "대부분 스스로 잘못을 저지른 상황을 변명하면서 자기가 죽는 것은 부당하다고 여기는 자가 많고, 말없이 자기 잘못을 알고서 스스로 죽어 마땅하다고 여기는 자는 적다[多自陳其過狀 以己爲不當亡者衆也 默然知過 自以爲應死者少也]."라고 풀이했다. 그러나 狀을 '陳述하는 것, 자신의 잘못을 변명하는 것'으로 보고 亡과 存은 발을 두고 말한 것이라는 林希逸의 견해가 적절하다. 朴世堂 또한 "狀은 꾸미는 것[狀 文飾也]"이라고 풀이하여 임희일과 같은 견해를 제시했다.

2) 知不可奈何 而安之若命 : 어찌할 수 없음을 알아서 마치 운명처럼 그것을 편안히 여김. 成玄英은 若을 따르다[順也]는 뜻으로 보아 마음을 편안히 하고 운명을 따른다는 뜻으로 풀어 若命을 順命으로 보는 것이 일반적이기는 하나 安에 順의 의미가 이미 들어가 있기 때문에 安之如命으로 보는 것이 적절할 것 같다.

3) 唯有德者能之 : 오직 덕이 있는 사람만이 할 수 있음. 신도가가 스스로 덕이 있는 사람임을 주장하는 내용. 林雲銘은 "子産이 네 덕을 헤아려 보라고 한 구절에 대해 답한 것이다[答他計子之德句]."라고 풀이했다.

4) 遊於羿(예)之彀(구)中 : 예가 활쏘는 사정권 안에서 놀다. 羿는 人名. 陸德明은 "활 잘 쏘는 사람으로 唐·夏시대에 있었다. 일설에는 有窮의 임금으로 夏를 찬탈한 사람이라고도 한다[善射人 唐夏有之 一云 有窮之君簒夏者也]."고 했다. 예에 관한 기록은 여러 문헌에 나오며 또 각각 다른 시대에 걸쳐 나오는데, 王夫之의 견해처럼 고대에 실제로 활 잘 쏘는 사람인 예가 있었고, 그 이후 활 잘 쏘는 사람을 모두 예라고 부르게 되었다고 보는 것이 적절하다(≪四書稗疏≫). 彀는 활을 당기는 것(陸德明), 과녁(高亨) 등 여러 견해가 있지만 어느 쪽이든 곽상이 '화살이 미치는 곳이 彀中'이라고 한 대의에는 변함이 없다. 林希逸은 "彀中은 바로 반드시 적중하는 곳으로 세상의 위험이 이와 같음을 비유한 것이다. 하물며 전국시대에는 이 말이 더욱 마음에 절실했을 것이다[彀中乃必中之地 喩世之危如此 況在戰國之時 此語

尤切心].”라고 풀이했다. 이 앞뒤의 趣旨는 褚伯秀가 “예의 사정권 안에서 놀면 적중하지 않는 곳이 없다. 설령 적중하지 않더라도 요행이 면한 것일 뿐이다. 사람들이 세간에 사는 것도 우환 아닌 것이 없으니 만일 우환을 면한다 하더라도 역시 요행일 뿐이다[遊羿彀中 莫非中地 設有不中 幸免耳 人處世間 莫非憂患 苟得免患 亦幸耳].”라고 풀이한 것이 적절하다(池田知久).

5) 不中者命也 : 화살에 맞지 않는 것은 운명임. 자산이 형벌에 걸리지 않고 두 발을 보존하게 된 것은 그의 덕이 훌륭하기 때문이 아니라 요행히 면한 것일 뿐임을 비유한 것이다.

6) 怫(불)然而怒 : 발끈하고 성을 냄. 怫然은 얼굴이 험상궂게 변하는 모양으로 勃然과 통한다(方勇·陸永品). 이 句의 앞에 보이는 ‘笑吾不足全者多矣’의 多는 世德堂本 등 다른 텍스트에는 衆으로 되어 있다. 불연은 비연으로 발음하기도 한다.

7) 適先生之所 : 선생님이 계신 곳에 감. 適은 나아간다는 뜻. 先生之所는 선생이 계신 곳.

8) 廢然而反 : 깡그리 잊어버리고 본래의 평정한 마음으로 돌아옴. 廢然은 깡그리 잊어버리는 모양. 反은 발끈하고 성을 냈다가 본래의 고요한 마음으로 돌아온다는 뜻.

9) 不知先生之洗我以善邪 <吾之自寤邪> : 잘 모르겠구나. 선생님께서 훌륭한 道로 나를 인도해주신 것인지 아니면 내가 스스로 깨우친 것인지. 吾之自寤邪의 다섯 글자는 陳景元이 張君房本에 근거하여 보충한 것을 따랐다. 곽상은 “선생님이 나를 좋은 도리로 씻어 주었기 때문인지 아니면 내가 스스로 돌이킬 수 있었기 때문인지 모르겠다[不知先生洗我以善道故耶 我爲能自反耶].”고 풀이했고, 成玄英도 “선생님이 좋은 물로 나를 씻어 주었기 때문인지 아니면 나의 성정이 스스로 돌이킬 수 있었기 때문인지 모르겠다[不知師以善水洗滌我心 爲是我之性情能自反覆].”고 풀이했는데, 郭注와 成疏에 ‘我爲能自反耶’와 ‘我之性情能自反覆’이라는 구절이 있는 걸로 보아 郭象과 成玄英이 본 판본에는 吾之自寤邪의 다섯 글자가 있었던 것으로 추정된다. 不知는 不識과 통용하며, 문장 맨 앞에서 “～인지 아닌지 잘 모르겠다.”는 뜻으로 쓰인다. 不識의 경우는 “그런 사실이 있었는지 잘 모르겠다[不識有諸].”(≪孟子≫ <梁惠王 上>) “과인이 뵐 수 있을지 잘 모르겠다[不識可使寡人得見乎].”(≪孟子≫ <公孫丑 下>), “지금쯤 도착했을지 아닐지 잘 모르겠다[不識能至否乎].”(≪孟子≫ <公孫丑 下>) 등에 보인다. 만약 吾之自寤邪의 다섯 글자가 없는 것으로 간주하고 번역하면 不知를 “～인지 아닌지 잘 모르겠지만 아마도 ～일 것이다.”는 추측의 의미로 보아 “아마도 선생님께서 훌륭한 덕으로 나를 씻어주셨기 때문인 것 같다.”로 번역해야 한다. 洗는 奚侗이 先의 假借字로 본 것을 따라 ‘인도하다’로 번역하였다.

10) 十九年 : <養生主> 편의 경우와 마찬가지로 道를 터득하는데 걸리는 오랜 시간을 뜻한다.

11) 未嘗知吾兀者也 : 한번도 내가 절름발이임을 의식하지 않음. 이 문장의 주어를 伯昏無人으로 보느냐, 申徒嘉 자신으로 보느냐에 따라 "선생님은 한번도 내가 절름발이라는 사실을 의식한 적이 없었다."고 해석할 수도 있고, "한번도 나 자신이 절름발이라는 사실을 스스로 의식한 적이 없었다."고 해석할 수도 있지만, 未嘗知의 知자를 '自覺하다'는 뜻으로 보면 후자의 경우가 비교적 적절하다. 하지만 어느 경우든 대의에는 큰 차이가 없기 때문에 우선 成玄英과 福永光司 등의 견해를 따라 뒤의 뜻으로 번역하였다.

12) 遊於形骸之內 : 육체의 내면에서 교유함. 形骸之內는 외형에 구애되지 않는 정신 세계를 뜻한다.

13) 索我於形骸之外 : 나를 육체의 밖으로 드러나는 모습에서 찾음. 索은 찾는다는 뜻으로 여기서는 자산이 신도가의 외형, 곧 절름발이라는 사실을 기준으로 규정하고 인식한다는 의미이다. 韓元震은 "形骸之外는 바로 밖에 있는 육체를 말한 것이니 外字는 形骸와 차이가 없다[形骸之外 卽形骸之在外者 外字與形骸者 無辨]."고 풀이했다.

## 子產이 蹴然[1)]改容更貌[2)]曰 子는 無乃稱[3)]하라

자산이 깜짝 놀라면서 얼굴색을 바꾸고 태도를 고치고서 말했다.
"자네는 더 이상 말하지 않아도 되네."

【역주】

1) 蹴然 : 깜짝 놀라는 모습. 성현영은 '놀라고 부끄러워하는 모양[驚慚貌]'이라고 풀이했다.

2) 改容更(경)貌 : 얼굴색을 바꾸고 태도를 고침. 容은 容色, 貌는 體貌.

3) 子無乃稱 : 자네는 더 이상 말하지 않아도 되네. 다시 그런 말을 하지 않아도 잘 알아듣겠다는 뜻. 자산이 스스로의 잘못을 시인하는 표현이다. 乃는 王闓雲, 奚侗, 馬叙倫, 武延緖 등 모두 仍자로 보고 再의 뜻으로 풀이하였다. 따라서 無乃는 '더이상 …하지 말라'는 의미. 韓元震은 "無乃稱은 일컬을 수 없다는 뜻이니 ≪論語≫에서 이른바 백성들이 일컬을 수 없다고 한 것과 같다[無乃稱 無得以稱也 猶論語所謂民無得以稱焉者也]."고 풀이했는데, 이 견해는 이 부분을 ≪論語≫ <泰伯>편에서 "세 번 천하를 사양한 태백의 지극한 덕을 백성들이 일컬을 수 없었다[三以天下讓 民無得而稱焉]."고 한 내용과 같다고 보고 子產이 申徒嘉를 극찬한 말로 이해한 것이다.

## 第3章

魯有兀者叔山無趾1)하더니 踵見仲尼2)한대 仲尼曰 子不謹前3)하야 旣犯患이 若是矣4)로소니 雖今에 來한들 何及矣리오

魯나라에 절름발이인 叔山無趾란 사람이 있었는데 仲尼를 찾아와 뵈었다. 중니가 말했다. "그대는 이전에 행동을 삼가지 않아 이미 죄를 범해서 이 지경이 되었으니, 비록 지금 나에게 와서 배운들 어찌 미칠 수 있겠는가."

【역주】

1) 叔山無趾 : 人名. 架空의 人物. 無趾는 발가락이 잘려서 없는 사람을 뜻한다. 成玄英은 叔山이 字라고 했지만 굳이 짜 맞출 필요가 없다.

2) 踵見(현)仲尼 : 중니를 찾아와 뵘. 踵에 대해서는 異說이 분분하다. 郭象과 成玄英은 '踵은 자주라는 뜻[踵頻也]'이라고 풀이했고, 崔譔은 "발가락이 없기 때문에 발뒤꿈치로 걸어간 것이다[無趾故踵行]."라고 풀이했으며, 林希逸은 따라오다[繼], 朱桂曜는 이르다[至], 赤塚忠은 ≪說文解字≫의 '踵 追也'에 근거하여 좇아가다는 뜻으로 보았다. 그러나 ≪孟子≫ <滕文公上>에 '踵門而告文公'이라는 구절이 있고, 踵門은 "발이 문에 닿다[足至門也]."는 뜻(朱熹)으로 '자주'라는 의미나 발걸음의 모양과는 전혀 상관 없는 뜻이다. 따라서 이 구절 또한 "발걸음이 문 앞에 당도하여 중니를 뵈었다[踵門而見仲尼]."의 뜻으로 이해하고 "중니를 찾아와 뵈었다."고 번역하는 것이 적절하다. 또 뒤에 공자가 "어째서 들어오지 않으십니까[夫子胡不入乎]."하고 말한 내용을 보면 숙산무지가 중니의 집 문 앞에 서 있었음을 확인할 수 있다.

3) 不謹前 : 이전에 행동을 삼가지 않음. 前은 前行. 이 구절은 子不謹에서 끊고 前을 뒷구절에 연결하여 '前旣犯患若是矣'로 보는 견해(成玄英, 劉武, 赤塚忠 등)도 있으나 池田知久의 지적처럼 다음 문장에 '前行之惡'이라는 구절이 나오므로 '子不謹前'으로 끊는 것이 옳다. 林希逸注의 현토본에서도 '子不謹前하야'로 끊고 있다.

4) 旣犯患若是矣 : 이미 죄를 범해서 이 지경이 됨. 若是는 이와 같이 되다, 곧 刖刑을 받은 신세가 되었다는 뜻.

無趾曰 吾唯不知務[1] 而輕用吾身[2]하야 吾是以亡足[3]이어니와 今吾來也는 猶有尊足者存[4]하니 吾是以로 務全之也하노라 夫天無不覆하며 地無不載하나니 吾以夫子로 爲天地[5]러니 安知夫子之猶若是也[6]리오

叔山無趾가 말했다.

"나는 다만 세상의 일에 힘쓸 줄 몰라 내 몸을 함부로 하였으니 내가 이 때문에 발을 잃어버린 것입니다. 허나 지금 내가 온 것은 아직 발보다 더 중요한 것이 남아 있기 때문이니 내가 이 때문에 그것을 보존하려고 애씁니다. 하늘은 덮어주지 아니함이 없으며, 땅은 실어주지 아니함이 없습니다. 나는 선생님을 하늘과 땅이라고 여겼는데 어찌 선생님이 이 같을 줄 알았겠습니까?"

【역주】

1) 不知務 : 나는 다만 세상의 일에 힘쓸 줄 모름. 임희일은 '세상일에 어둡다는 것과 같은 말[猶言不曉事也]'이라고 풀이했고, 宣穎은 "세상일을 잘 모른다[不知世務]."고 풀이했다. 또 務 다음에 學을 붙여 "도를 배우는데 힘쓰다."라는 의미로 보아야 한다는 주장(馬叙倫, 安東林)이 있으나, "세상 물정을 잘 몰랐기 때문에 재앙을 당하게 되었다."는 맥락으로 이해하는 앞의 견해가 보다 簡明하다.

2) 輕用吾身 : 내 몸을 가벼이 씀. 처신을 함부로 했다는 뜻.

3) 吾是以亡足 : 내 이 때문에 발을 잃어버림. 是以는 앞의 唯와 呼應하여 '다만 이 때문에'의 뜻이다.

4) 猶有尊足者存 : 아직 발보다 더 중요한 것이 남아 있음. 尊足者은 尊於足者의 줄임. '有~存'은 남은 것이[存] 있다[有]는 뜻.

5) 以夫子爲天地 : 선생님을 하늘과 땅이라고 여김. 하늘과 땅이 차별없이 덮어주고 실어주는 것처럼 포용해 줄 줄 알았다는 뜻. 夫子는 孔子를 지칭.

6) 安知夫子之猶若是也 : 어찌 선생님이 이 같을 줄 알았겠습니까? 이 같이 박절하게 거절할 줄 몰랐다는 뜻.

孔子曰 丘則陋矣라 夫子는 胡不入乎[1]아 請講以所聞호리라

공자가 말했다.

"제가 생각이 얕았습니다. 선생께서는 들어오십시오. 청컨대 제가 들은 것을 이야기해보겠습니다."

【역주】

1) 丘則陋矣 夫子胡不入乎 : 제가 생각이 얕았습니다. 선생님께서는 어찌 들어오지 않으십니까. 陋는 賤陋로 식견이 얕고 좁음을 의미한다(曹礎基). 이 구절의 夫子는 숙산무지에 대한 孔子의 敬語이다. 그러나 유일하게 우리나라에서 간행된 懸吐본에서만, 夫를 앞문장에 붙여 '丘則陋矣夫 子胡不入乎'로 絶句하였는데, 아마도 孔子가 다른 사람에게 夫子라고 할 수 없다고 보아서 의도적으로 絶句를 달리한 듯하다.

## 無趾出[1]커늘 孔子曰 弟子아 勉之어다 夫無趾는 兀者也로대 猶務學하야 以復補前行之惡[2]이온 而況全德之人乎[3]따녀

숙산무지가 나가고 나자 공자가 말했다.

"제자들은 힘쓸지어다. 숙산무지는 절름발이인데도 오히려 배움에 힘을 써서 다시 이전에 저지른 과오를 보완하려 하는데 하물며 덕이 온전한 사람이겠는가."

【역주】

1) 無趾出 : 무지가 공자의 말을 듣고 난 뒤에 나감. 郭象은 "공자의 이야기를 듣고 나갔다[聞所聞而去]."고 풀이했다. 한편 成玄英은 "무지가 듣기 싫었기 때문에 아무 말 않고 나가버렸다[無趾惡聞 故默然而出也]."고 풀이했고, 宣穎은 "곧바로 나가버린 것[徑去]", 曹礎基는 "공자가 들어오기를 청하였지만, 무지는 들어오지 않았을 뿐 아니라 도리어 떠나버렸으니, 아예 공자를 상대하지 않았음을 나타낸 것이다[孔子請入 無趾不但不入 反而出 表示根本看不起孔丘]."라고 풀이했다. 張默生, 王叔岷 등도 같은 견해이다. 공자와 숙산무지가 나누었을 법한 이후의 대화 내용이 기록되어 있지 않기 때문에 이런 견해가 나온 듯하다. 그러나 ≪論語≫ <八佾>편에서도 儀封人이 공자를 만나고 나와서 제자들에게 말할 때에도 공자와 의봉인이 나눈 대화를 기록하지 않은 것처럼, 여기에 숙산무지와 공자가 따로 나눈 대화가 기록되어 있지는 않지만 그 때문에 두 사람이 대화를 나누지 않았다고 보는 것은 다소 무리이다. 또 出이라는 표현은 일단 들어왔다가 나갔다는 표현이며, 만약 숙산무지가 들어오지도 않고 가버린 것이라면 不入이나 去 등의 표현을 썼을 것이다. 더욱이 다음의 문장에서 孔子가 숙산무지를 칭찬하고 있는 점으로 미루어 볼 때 "숙산무지가 공자의 이야기를 듣고 난 뒤에 나

갔다."는 郭象의 견해가 옳다.

2) 以復(부)補前行之惡 : 다시 이전에 저지른 과오를 보완하려 함. 補는 결함을 보충한다는 뜻. 復는 여기서는 '다시 부'로 보았으나 復補(복보)로 읽는 독법도 可하다.

3) 況全德之人乎 : 하물며 덕이 온전한 사람이겠는가. 全德之人은 아무런 죄도 짓지 않아서 덕이 온전한 사람. 全德을 全體(釋德淸) 또는 全形(張默生)으로 보고 몸이 온전한 사람으로 해석하는 학자들이 많다. 절름발이[兀者]와 온전한 사람[全體・全形]의 대비가 명확하다는 점에서 간명한 해석이기는 하지만 全德之人을 '몸이 온전한 사람'으로만 국한시켜 해석하는 것은 다소 맥락을 놓친 견해이다. 池田知久의 경우 全德을 全體(釋德淸) 또는 全形으로 보면 作者의 孔子에 대한 야유가 약해질 뿐만 아니라, <天地>편과 <田子方>편에도 각각 '全德之人'과 '全德之君子'가 나오므로, 全德을 全體 또는 全形으로 보는 견해는 옳지 않다고 비판했는데, 이 견해를 따른다.

無趾 語老聃하야 曰 孔丘之於至人에 其未邪[1)]인저 彼何賓賓以學子爲[2)]오 彼且蘄以諔詭幻怪之名으로 聞[3)]이오 不知至人之以是로 爲己의 桎梏邪[4)]따녀

숙산무지가 老聃에게 말했다.

"孔丘는 至人의 경지에는 아직 멀었습니다. 그는 어찌하여 자꾸만 선생에게 배우려고 하는 걸까요. 그는 또 수수께끼나 속임수 따위의 명성으로 소문나기를 바라는데, 지인은 그런 명성을 자신의 桎梏으로 여긴다는 것을 모르고 있습니다."

【역주】

1) 孔丘之於至人 其未邪 : 孔丘는 至人에게는 아직 멀었음. 공구는 아직 지인의 경지에 도달하지 못했다는 뜻.

2) 彼何賓賓以學子爲 : 그는 어찌하여 자꾸만 선생에게 배우려고 하는 걸까요. 賓賓은 자주(頻頻)의 뜻(兪樾). 子는 老聃을 지칭(郭象, 成玄英). 何以~爲는 <逍遙遊>편에 '奚以之九萬里而南爲'에서 이미 나온 표현. 이때 爲는 의문형 종결사. 劉淇와 王引之 등은 反語를 나타내는 助字(≪助字辨略≫, ≪經傳釋詞≫)라 했고 曹礎基는 疑問助辭로 풀이했다.

3) 彼且蘄以諔詭幻怪之名聞 : 그는 또 수수께끼나 속임수 따위의 명성으로 소문나기를 바람. 諔詭幻怪에 대해서는 이설이 분분하다. 陸德明은 諔詭를 기이한 것[奇異也] 이라고 풀이했고, 方勇・陸永品은 <제물론>편의 恢恑憰怪와 같은 의미로 보았는데, 恢恑憰怪는 각각 엄

청나게 큰 것, 법도에 어긋난 것, 속임수, 괴이한 것으로 모두 정상에서 벗어난 것들을 의미한다. 그러나 여기서는 兪樾이 諔詭를 <제물론>편의 弔詭(적궤)와 같다고 보는 견해를 따라, 諔詭를 수수께끼, 幻怪를 속임수로 번역하였다. 諔詭는 <천하>편에도 보이는데, 章炳麟은 <천하>편의 諔詭와 <제물론>편의 弔詭를 같은 것으로 보았다. <천하>편의 諔詭는 諔과 詭의 두 가지로 보기에는 무리가 있기 때문에 여기의 諔詭幻怪도 네 가지로 보기 보다는 諔詭와 幻怪의 두 가지로 보는 것이 비교적 자연스럽다. 弔詭는 보통 사람은 이해하기 어려운 수수께끼 같은 말을 뜻한다.

4) 不知至人之以是爲己桎梏邪 : 지인은 그런 명성을 자신의 질곡으로 여긴다는 것을 모르고 있음. 桎은 죄인의 발을 묶는 차꼬이고, 梏은 죄인의 손에 채우는 수갑이다.

## 老聃曰 胡不[1)]直使彼로 以死生으로 爲一條하며 以可不可로 爲一貫者[2)]하야 解其桎梏이 其可乎[3)]오

노담이 말했다.

"다만 그로 하여금 죽고 사는 것을 같은 이치로 여기며, 옳고 옳지 않은 것을 같은 이치로 여기게 하여 그 桎梏을 풀게 하는 것이 좋겠다."

【역주】

1) 胡不 : 어찌하여 ~하지 않는가. '其可乎'까지 연결되므로 '~하는 것이 좋겠다.'는 권유의 표현으로 번역하는 것이 자연스럽다.

2) 使彼以死生爲一條 以可不可爲一貫者 : 그로 하여금 죽고 사는 것을 같은 이치로 여기며, 옳고 옳지 않은 것을 같은 이치로 여기게 함. 彼는 공자를 지칭한다(成玄英, 張默生). 一條와 一貫은 條貫으로 같이 쓰이는 경우에서 보듯 모두 條理, 理致의 뜻이다. 成玄英은 이 구절을 "무지가 전에 공자를 만나 이야기하던 날에, 어찌하여 공자로 하여금 仁義를 잊고 생사를 한 가지로 보고 옳고 그름을 가지런하게 보게 하지 않았는가[無趾前見仲尼講談之日 何不使孔丘忘於仁義 混同生死 齊一是非]."로 老聃이 無趾를 힐책한 내용으로 보았다. 본문의 번역은 者를 어조사로 보고 번역했지만, 者를 彼와 연결되는 것으로 보고 使彼……者를 '저 生死를 같은 이치로 여기며, 옳고 옳지 않은 것을 같은 이치로 여기는 <萬物齊同의 체득>자로 하여금'으로 번역하는 것도 가능하다. 王叔岷은 者를 ≪史記≫ <魏世家>, ≪戰國策≫ <魏策>, ≪文選≫의 <任彦昇爲齊明帝讓宣城郡公表注> 등에 인용된 문장에 근거하여 邪와 같

다고 보았는데 참고할 만하다.

3) 解其桎梏 其可乎 : 그 질곡을 풀게 하는 것이 좋을 것임. 其~乎는 아마도 ~일 것이라는 추측을 나타내는 표현.

無趾曰 天刑之어늘 安可解[1]리오

무지가 말했다.

"하늘이 그에게 형벌을 내렸는데, 어찌 풀 수 있겠습니까?"

【역주】

1) 天刑之 安可解 : 하늘이 그에게 형벌을 내렸는데, 어찌 풀 수 있겠습니까. 天刑之는 <養生主> 편의 '遁天之刑'과 유사한 의미이다. 之는 孔子를 가리킴.

## 第4章

魯哀公[1]이 問於仲尼하야 曰 衛에 有惡人焉[2]하니 曰哀駘它[3]니 丈夫 與之處者 思而不能去也[4]하며 婦人이 見之하고 請於父母하야 曰 與爲人妻론 寧爲夫子妾者[5] 十數而未止也[6]로대 未嘗有聞其唱者也[7]요 常和人而已矣[8]며

魯나라 哀公이 공자에게 물었다.

"衛나라에 용모가 추악한 사람이 있는데, 哀駘它라고 합니다. 남자들 중에 그와 함께 지내본 사람은 그를 사모하여 떠나지 못하며, 여자들은 그를 보고 나면 자기 부모에게 '다른 사람의 아내가 되느니 차라리 그의 첩이 되겠다.'고 청하는 사람이 몇십 명인데도 그런 사람이 그치지 않습니다. 그런데 아직 그가 남보다 앞서 唱導하는 것을 들어본 적이 없고, 항상 다른 사람을 따라갈 뿐입니다."

【역주】

1) 魯哀公 : 春秋時代 末期의 魯나라 君主. 定公의 아들로, 이름은 蔣이며, 在位기간은 B.C.494~B.C.468년이다. 孔子는 여러 나라를 편력하다가 B.C.484년에 魯나라로 돌아와 B.C.479년에 죽었다. 따라서 이 문답은 孔子 68세 이후(魯哀公의 靑年期)의 일로 추정할 수 있지만 이 문답은 물론 寓話이지 역사적 사실은 아니다(池田知久).

2) 衛有惡(악)人焉 : 위나라에 용모가 추악한 사람이 있음. 惡은 醜惡의 뜻.

3) 哀駘它(애태타) : 人名. 가공의 인물(宣穎). 李頤는 "哀駘는 추악한 용모이며 它는 그의 이름이다[哀駘醜貌 它其名]."라고 하였고, 兪樾은 哀駘를 姓이라 했다. 馬叙倫은 哀가 姓이고 駘它가 이름이라고 보았는데, ≪說文解字≫에서 "佁는 어리석은 모양이니 騃와 같이 읽는다[佁癡貌 讀若騃]."고 한 기록에 근거하여, 駘를 佁의 假借字라고 풀이하고, 어리석은 모양[癡]을 駘它라고 부르는 용례는 현대 중국어에도 있다고 설명했다. 한편 方以智는 它를 駝자로 보고 등이 낙타처럼 불룩한 곱사등이를 지칭한 것이라고 풀이했는데 참고할 만하다.

4) 丈夫與之處者 思而不能去也 : 남자들 중에 그와 함께 지내본 사람은 그를 사모하여 떠나지 못함. 丈夫는 남자로 뒤의 婦人과 상대되는 말. 思는 思慕함.

5) 請於父母曰 與爲人妻 寧爲夫子妾者 : 자기 부모에게 '다른 사람의 아내가 되느니 차라리 그의 첩이 되겠다'고 청하는 자. '與~寧~'은 '~하느니 차라리(寧)~하겠다.'는 구문. 人妻는 다른 사람의 嫡妻. 夫子妾은 애태타의 後妻.

6) 十數而未止也 : 몇십 명인데도 그치지 않음. 십 단위로 세어도 그치지 않는다는 뜻. 趙諫議본에는 十數가 數十으로 되어 있다(郭慶藩). 十數는 以十數之, 곧 십 단위로 헤아리다는 뜻. 未止는 '그치지 않음'. 따라서 "그런 사람이 몇십 명이 넘었는데도 계속 그런 사람이 나온다."는 뜻이다.

7) 未嘗有聞其唱者也 : 아직 그가 남보다 앞서 주장하는 것을 들어본 적이 없음. 唱은 唱導 또는 先唱으로 앞서서 인도하다, 자기 주장을 먼저 내세우다, 먼저 노래하다는 뜻. 뒤의 和와 상대되는 말이다.

8) 常和人而已矣 : 항상 다른 사람의 주장에 화답할 뿐임. 和는 앞의 唱과 상대되는 말로 남의 뒤를 따르다, 남을 주장을 따르다, 남의 노래에 화답하다는 뜻이다.

無君人之位하야 以濟乎人之死[1])하며 無聚祿하야 以望人之腹[2])하며 又以惡으로 駭天下[3])하고 和而不唱하며 知不出乎四域[4])호대 且而雌雄이 合乎前[5])하노소니 是必有異乎人者也[6])로다 寡人이 召而觀之호니 果以惡으로 駭天下하더라

"임금의 지위로 사람들의 죽음을 구제할 수 있는 것도 아니며, 재물을 모아서 사람들의 배를 채워 줄 수 있는 것도 아니며, 게다가 그 추악한 꼴이란 천하 사람들을 놀라게 할 만하고, 남의 주장을 따르기만 하고 먼저 나서서 인도하지 않으며, 지식이 사방의 다른 사람들보다 뛰어난 것도 아닌데 모든 남녀가 그 앞에 모여드니 이 사람은 반드시 보통 사람과는 다른 사람일 것입

니다. 과인이 불러서 살펴보았더니 과연 추한 용모로 천하를 놀라게 할 만합디다."

【역주】

1) 無君人之位 以濟乎人之死 : 임금의 지위로 사람들의 죽음을 구제할 수 있는 것도 아님. '無~以濟'는 救濟할 수 없다는 뜻.

2) 無聚祿 以望人之腹 : 재물을 모아서 사람들의 배를 채워 줄 수 있는 것도 아님. '無~以望'은 채울 수 없다는 뜻. 李楨은 望자를 ≪周易≫의 <小畜> 上九, <歸妹> 六五, <中孚> 六四 등의 爻辭에 나오는 '月幾望(달이 거의 가득 참)'의 望과 같이 읽어야 한다고 주장했는데 이 견해를 따라서 充滿의 뜻으로 번역하였다. 望은 곧 滿의 뜻이다.

3) 又以惡駭天下 : 게다가 그 추악한 꼴이란 천하 사람들을 놀라게 할 만함. 駭天下는 천하 사람들을 놀라게 한다는 뜻.

4) 知不出乎四域 : 지식이 사방의 보통 사람들보다 뛰어나지 않음. 出乎四域은 出乎衆, 곧 出衆과 같은 의미로 지식이 출중한 것도 아니라는 뜻. 四域은 사방의 경계로 여기서는 사방의 경계 안에 사는 보통 사람의 뜻. 대부분의 주석이 지식이 四域(나라) 안을 벗어나지 못할 정도로 좁다는 뜻으로 보고 있는데 그런 해석도 가능하다. 물론 大意가 크게 서로 어긋나는 것은 아니다.

5) 雌雄合乎前 : 남녀들이 그 앞에 모여듦. 李頤, 成玄英, 林希逸 등은 雌雄을 짐승의 암컷과 수컷으로 보고 그의 親和力이 짐승에게까지 미친 것으로 보아 "짐승들까지 모여든다."는 맥락으로 해석했지만, 여기서는 褚伯秀가 "丈夫와 婦人들 가운데 그에게 귀의하는 자가 많다[丈夫婦人歸之者衆也]."고 풀이한 것을 따랐다. 한편 劉武는 ≪管子≫ <霸形>편에서 '令其人有喪雌雄'이라 한 구절을 예로 들어 "사람의 남녀를 雌雄으로 호칭하는 경우가 있다."고 지적했는데 타당한 주장이다.

6) 是必有異乎人者也 : 이 사람은 반드시 보통 사람과는 다른 사람일 것임. 人은 보통 사람의 뜻.

與寡人으로 處호대 不至以月로 數[1]로대 而寡人이 有意乎其爲人也[2]러니 不至乎期年하야 而寡人이 信之호라 國無宰커늘 寡人이 傳國[3]焉호니 悶然而後에 應[4]코 氾而若辭[5]하니 寡人이 醜乎卒授之國[6]호니 無幾何也[7]오 去寡人而行하니 寡人이 卹焉하야 若有亡也[8]하며 若無與樂是國也[9]하나니 是는 何人者也오

"과인과 함께 지낸 지 한 달이 채 안 되어 과인은 그 사람됨에 마음이 끌리더니, 1년이 되기 전에 과인은 그를 믿게 되었습니다. 마침 나라에 재상 자리가 비어 있어서 과인이 그에게 국정을 맡기려고 하였더니, 그는 한동안 무심히 있다가 응락하였는데 얽매임이 없어서 마치 사양하는 것 같았습니다. 그래서 과인은 갑자기 그에게 국정을 맡기려고 한 것을 부끄럽게 여겼는데 얼마 안 되어 과인을 버리고 떠나버렸습니다. 과인이 슬퍼서 무엇을 잃어버린 것 같았으며, 이 나라의 즐거움을 함께할 사람이 없는 듯했습니다. 이 사람은 어떤 사람입니까?"

【역주】

1) 不至以月數 : 한 달이 채 안 됨. 곧 한 달을 단위로 헤아리는 데에 미치지 않았다는 뜻. 郭象은 '未經月', 成玄英은 '不過二旬', 陳壽昌은 '數之不及一月', 曹礎基은 '不到一個月' 등 모두 '한 달이 안 되었다.'는 뜻으로 풀이하였다. '몇 달이 지나지 않아서'로 해석하는 견해(池田知久, 福永光司)도 있지만 따르지 않는다.

2) 有意乎其爲人也 : 그 사람됨에 마음이 끌림. 有意는 '마음을 두다.'는 뜻으로 애공이 애태타의 사람됨에 매력을 느꼈다는 의미. 朴世堂은 "有意는 마음으로 좋아한다는 표현[有意 心悅之之辭]"이라고 풀이했다.

3) 傳國 : 나라를 전해 줌. 여기서는 재상의 자리를 주어 국정을 맡긴다는 뜻. 宣穎은 傳자를 傅자의 잘못으로 보고 '나라를 보좌한다.'는 뜻으로 풀이했지만, 뒤에 傳國과 같은 의미인 '卒授之國'이라는 표현이 나오는 것으로 미루어 볼 때 옳지 않다.

4) 悶然而後應 : 한동안 무심히 있다가 응락함. 悶然은 知覺이 없는 모양(李頤), 곧 무심한 모양이다.

5) 氾而若辭 : 얽매임이 없어서 마치 사양하는 듯함. 氾은 얽매임이 없는 모양(陸德明), 곧 무관심한 모양을 뜻하며 泛과 통하며 而자가 없는 本도 있다. 成玄英, 奚侗 등은 氾을 氾若으로 보아야 한다고 주장했고, 武延緖, 陳鼓應 등은 氾然으로 보아야 한다고 주장했지만 원문을 그대로 두고 같은 의미로 해석할 수 있기 때문에 굳이 따르지 않았다.

6) 醜乎卒授之國 : 갑자기 그에게 국정을 맡기려고 한 것을 부끄럽게 여김. 醜는 李頤와 崔譔 모두 '부끄러워하다.'는 뜻으로 풀이했는데 朱桂曜는 恥와 발음이 같아서 통용된 것이라고 풀이했다. 또 '寡人醜乎 卒授之國'으로 絶句하는 것이 成玄英 이래의 독법이며, 이에 따를 경우 "과인이 한편으로 부끄러이 여기면서도 마침내 그에게 국정을 맡겨 주었다."라는 해석(安東林)이 나올 수 있다. 그러나 寡人醜乎를 독립구로 끊는 것은 구문상으로도 어색할 뿐만 아니라, 애공이 스스로 그것을 부끄럽게 여기면서 결국 그에게 나라를 맡겼다는 것은 맥

락상 다소 무리가 있기 때문에 따르지 않는다. 여기서는 王闓雲, 金谷治, 池田知久 등의 견해에 따라 醜乎를 卒授之國과 이어지는 것으로 보고 번역하였다.

7) 無幾何也 : 얼마 안 있다가. 幾何는 '얼마인가?'하고 묻는 의문사로 쓰일 때도 있고, 여기서처럼 잠깐의 시간을 나타내는 표현으로 쓰이기도 한다.

8) 卹(술)焉 若有亡也 : 슬퍼서 무엇을 잃어버린 것 같음. 卹은 恤과 통하는 글자(王叔岷). 焉은 然과 통한다. 朴世堂은 "卹은 마음에 근심하는 바가 있는 것이다[卹者 心有所憂也]."라고 풀이했다. 번역문의 '슬퍼서'를 '근심 걱정 속에'로 바꿔 해석할 수도 있음.

9) 若無與樂是國也 : 이 나라의 즐거움을 함께할 사람이 없는 듯했습니다. 樂是國은 '이 나라 다스리는 것을 즐거워하다'는 뜻.

仲尼曰 丘也 嘗使於楚矣[1]라니 適見㹠子 食於其死母者[2]호니 少焉코 眴若[3]皆棄之而走[4]하더니 不見己焉爾[5]며 不得類焉爾[6]할새니라 所愛其母者는 非愛其形也라 愛使其形者也[7]니라

중니가 말했다.

"제가 초나라에 사신으로 간 적이 있었습니다. 그때 마침 새끼돼지들이 죽은 어미돼지의 젖을 빨고 있는 것을 보았는데, 조금 있다가 깜짝 놀라서 모두 그 어미돼지를 버리고 달아났습니다. 어미돼지의 시선이 자기들을 보지 않고 있었기 때문일 뿐이며 어미돼지가 본래의 모습과 같지 않았기 때문일 뿐입니다. 새끼돼지가 어미돼지를 사랑하는 것은 그 형체를 사랑하는 것이 아니라, 그 형체를 움직이게 하는 것을 사랑하는 것입니다."

【역주】

1) 嘗使(시)於楚矣 : 초나라에 사신으로 간 적이 있었음. 使는 여기서처럼 본동사로 쓰일 때는 '시'로 읽는다.

2) 適見㹠(돈)子 食於其死母者 : 마침 새끼돼지들이 죽은 어미돼지의 젖을 빨고 있는 것을 봄. 㹠子는 새끼돼지. 㹠은 豚과 같다. 食은 젖을 빨아 먹음(郭象). 朴世堂은 "새끼돼지들이 어미의 젖을 빠는 이야기는 사랑은 덕에 있는 것이지 형체에 있는 것이 아님을 비유한 것이다[㹠子食母 喩愛之在德 而不在形]."라고 풀이했다.

3) 眴(현)若 : 깜짝 놀라는 모양. 司馬彪, 林希逸, 兪樾 등 모두 놀라는 모양으로 풀이했고, 성현영은 '눈동자가 움직이는 잠깐의 시간[眴目之頃]'으로 풀이했는데, 羅勉道는 이 두 견해를

절충하여 '깜짝 놀라 눈동자가 흔들리는 모양[驚覺而動目也]'이라고 풀이했다. 崔譔은 '죽은 어미의 눈이 움직인 것[死母目動]'으로 풀이했는데 옳지 않다.

4) 皆棄之而走 : 모두 어미돼지를 버리고 달아남. 之는 죽은 어미돼지를 가리키는 대명사.

5) 不見己焉爾 : 어미돼지의 시선이 자기들을 보지 않았기 때문일 뿐임. 釋德淸은 "어미돼지의 눈이 자기들을 보지 않음을 말한다[謂母之目 不見己也]."고 풀이했다. 焉爾는 단정을 나타내는 종결사.

6) 不得類焉爾 : 어미돼지가 본래의 모습과 같지 않았기 때문일 뿐임. 석덕청은 "몸이 뻣뻣하여 전날 어미에게 젖을 빨던 때와 같지 않았음을 말한 것이다[言形僵不同前者之食於母]."로 풀이했는데 이 견해를 따랐다. 林雲銘은 "그 어미가 보지 못하고 어미의 육체가 움직이지 못하기 때문에 자신들과 다르다고 여겼다[以其母不能視 母形不能動 與己不類]."고 풀이하여 不得類를 자신들과 다르다는 뜻으로 이해했다.

7) 所愛其母者 非愛其形也 愛使其形者也 : 새끼돼지가 어미돼지를 사랑하는 것은 그 형체를 사랑한 것이 아니라, 그 형체를 움직이게 하는 것을 사랑하는 것임. 使其形은 육체를 움직이게 하는 것. 林雲銘은 "使其形은 육체를 움직이는 것이다. 이것은 그 덕 없이 단지 그 육체만 있다면 비록 모자지간이라도 그 정을 굳게 결속시킬 수 없다는 말이다[使其形 是運動此形者 此言無其德而但有其形 雖母子不能固其情也]."라고 풀이했다. 郭象은 使其形을 才德으로 풀이했고, 成玄英은 다시 才德을 精神이라고 풀이했다. 林希逸은 "새끼돼지의 비유는 사람들이 좋아하고 싫어하는 것이 외형의 미추에 달려 있지 않음을 말한 것이다[豘子之喩 謂人之愛惡不在於形骸之美惡也]."라고 풀이했다.

## 戰而死者[1]를 其人之葬也에 不以翣으로 資[2]하며 刖者之屨를 無爲愛之[3]하나니 皆無其本矣[4]일새니라

"전쟁터에서 싸우다 죽은 사람은 그 사람을 장례 치를 적에 雲翣으로 장식하여 보내지 아니하며, 발 잘린 사람은 신발을 아끼지 않습니다. 모두 그 근본이 없어져 버렸기 때문입니다."

【역주】

1) 戰而死者 : 싸우다 죽은 사람. 곧 전쟁터에서 싸우다가 몸이 성하지 않은 상태로 죽은 사람.

2) 不以翣(삽)資 : 새의 깃털로 장식하여 보내지 아니함. 翣에 대해서는 부채(陸德明), 武飾(宋均), 棺의 裝飾(王闓運) 등 여러 해설이 있으나 여기서는 ≪說文解字≫의 '관을 장식하는 새

의 깃털[棺羽飾]'이라는 풀이를 따랐다. 褚伯秀는 "육체도 온전히 갖추어지지 못했는데 어찌 예물이 완비되기를 바라겠는가[形且不得全備 何望儀物之備哉]."라고 풀이했다. 資는 보내다는 뜻(李頤)으로 장례 치르는 것을 送終之禮라고 표현하는 것과 같은 의미이다. 范應元, 武延緒 등은 '不以翣 資刖者之屨'로 絶句하여 資를 주다[給也]는 뜻으로 해석했지만 부적절하다.

3) 刖者之屨 無爲愛之 : 발 잘린 사람은 신발을 아끼지 않음. 刖者之屨는 刖者之於屨의 줄임으로 '발 잘린 사람은 신발에 대해서'의 뜻. 이미 발이 없어졌기 때문에 신발을 아낄 필요가 없어졌다는 뜻.

4) 皆無其本矣 : 모두 그 근본이 없어져 버렸기 때문임. 棺을 장식하는 이유는 시신을 존중해서이고 신발을 아끼는 이유는 발을 보호하기 위해서인데, 이미 장식의 목적인 屍身이 훼손되고, 신발을 아끼는 목적인 발을 잃어버렸기 때문에 더 이상 장식하지도 않고 아끼지도 않는다는 뜻이다.

## 爲天子之諸御[1]하얀 不爪翦[2]하며 不穿耳[3]하며 取妻者[4]止於外[5]하며 不得復使[6]하나니 形全하야도 猶足以爲爾온 而況全德之人乎[7]따녀

"<이와 반대로> 천자의 後宮이 된 사람들은 손톱을 깎지 않고, 귀를 뚫지 아니하며, 새로 아내를 맞이한 사람은 궁전 밖에 머물게 해서 다시 숙직을 시키지 못합니다. 육체가 완전한 경우에 대해서도 이와 같이 하는데 하물며 德이 완전한 사람이겠습니까."

【역주】

1) 爲天子之諸御 : 천자의 후궁이 되어서는. 御는 천자를 모시는 사람. 여기서는 천자를 모시는 후궁이며 諸御는 그런 사람들의 총칭이다.

2) 不爪翦 : 손톱을 <짧게> 깎지 않음. 육체를 손상시키지 않는다는 뜻. 翦은 剪과 통용하는 글자. 武延緒, 陳鼓應 등은 不剪爪로 고쳐야 한다고 했지만, 古文에서 이처럼 목적어와 술어가 도치되는 경우는 비일비재하기 때문에 따르지 않는다. 馬叙倫은 ≪禮記≫ <曲禮 下>편의 '不蚤鬋'과 같다고 보고, "귀밑머리를 깎지 않는다[不刮鬢也]."는 뜻으로 보았으나 赤塚忠은 不蚤鬋은 大夫나 士가 國外로 추방될 때의 禮이지 女御의 예는 아니라고 하였다.

3) 不穿耳 : 귀를 뚫지 않음. 귀걸이를 하기 위해 귀를 뚫지 않는다는 뜻.

4) 取妻者 : 아내를 맞이한 사람. 관리 중에서 새로 장가든 사람을 뜻한다. 取는 娶와 통용한다.

5) 止於外 : 밖에 머무르게 함. 外는 궁궐 밖, 곧 관리의 私宅을 의미한다. 朴世堂은 "밖에 머문다는 것은 밖에 나가 자기 집에 거처하여 다시 공소에 들어와 복역하지 않는 것이다[止於外 言出居私室 不復入役於公也]."라고 풀이하였다.

6) 不得復使 : 다시 숙직을 시키지 못함. 崔譔은 '不得復使入'으로 보고 "다시는 숙직 근무를 서지 않는다[不得入直也]."는 뜻으로 풀이했다. 林希逸은 ≪禮記≫ <禮運>편의 "삼년상을 치르는 자와 새로 결혼한 자는 1년 동안 부리지 않는다[三年之喪與新有昏者 期不使]."는 기록을 근거로 삼아 일정 기간 동안 직무를 면제해 주는 것으로 풀이했다.

7) 形全 猶足以爲爾 而況全德之人乎 : 육체가 완전한 것에 대해서도 오히려 이와 같이 하는데 그런데 하물며 <哀駘它처럼> 內面의 덕이 완전한 사람일까 보냐. 내면의 덕이 완전한 사람에 대해서는 사람들이 전부 그를 존경하고 사랑하게 될 것이다. 猶足以爲에서 爲는 할 수 있다, 爾는 이와 같음, 이와 같은 대접을 가리킴.

今에 哀駘它 未言而信[1)]하며 無功而親[2)]하야 使人으로 授己國호대 唯恐其不受也케하니 是는 必才全而德不形者也[3)]로소이다

"지금 哀駘它는 말을 하지 않아도 사람들이 믿으며, 공적이 없어도 君主가 친애해서, 사람으로 하여금 자기 나라를 맡기게 하면서도 오직 그가 받지 않을까 두려워하게 하였으니, 이 사람은 틀림없이 才能이 완전하고 德이 밖으로 드러나지 않은 사람일 것입니다."

【역주】

1) 未言而信 : 말을 하지 않아도 사람들이 믿음. 훌륭한 말을 하지 않아도 사람들이 스스로 그가 훌륭하다고 믿는다는 뜻.

2) 無功而親 : 공적이 없어도 군주가 친애함. 親은 親愛.

3) 才全而德不形者也 : 재능이 완전하고 덕이 밖으로 드러나지 않은 사람. 才全은 바로 뒤의 문장에 자세한 내용이 나온다.

哀公曰 何謂才全고 仲尼曰 死生存亡과 窮達貧富와 賢與不肖와 毁譽飢渴과 寒暑[1)]는 是事之變이며 命之行也[2)]니라 日夜에 相代乎前[3)]이어든 而知不能規乎其始者也[4)]라 故不足以滑和[5)]며 不可入於靈府[6)]요 使之로 和豫通而不失於兌[7)]하며

使日夜에 無郤[8]而與物로 爲春[9]하나니 是 接而生時於心[10]者也니 是之謂才全이니이다

哀公이 말했다.

"무엇을 일러 재능이 완전하다고 합니까?"

孔子가 말했다.

"죽음과 삶, 보존과 패망, 곤궁함과 영달, 가난함과 부유함, 현명함과 어리석음, 치욕과 명예, 배고픔과 목마름, 춥고 더움 따위는 사물의 변화이며 天命이 유행하는 것입니다. 밤낮으로 앞에서 교대하는데, 인간의 知能으로는 그 시작을 헤아릴 수 없습니다. 그 때문에 마음의 평안을 어지럽히기에는 부족하며 마음 속에 들어오지 않게 해야 하며, 그런 변화로 하여금 조화되고 즐겁게 하여 막힘없이 통하게 하여 기쁨을 잃어버리지 않게 해야 하며, 밤낮으로 쉴 새 없이 만물과 더불어 따뜻한 봄과 같은 관계를 이루어야 하니 이것은 만물과 접촉하여 마음 속에서 때를 만들어 내는 것이니 이것을 일러 재능이 완전하다고 합니다."

【역주】

1) 死生存亡 窮達貧富 賢與不肖 毁譽飢渴寒暑 : 죽음과 삶, 보존과 패망, 곤궁함과 영달, 가난함과 부유함, 현명함과 어리석음, 치욕과 명예, 배고픔과 목마름, 춥고 더움. 인간이 살면서 마주치는 외부 세계의 다양한 변화와 그에 대한 인간의 반응을 의미한다.

2) 是事之變 命之行也 : 사물의 변화이며 천명이 유행하는 것임. 成玄英은 "모두 사물의 변화이고 천명이 유행하는 것이다[並是事物之變化 天命之流行]."라고 풀이했다. 福永光司는 事之變을 萬象의 끊임없는 변화, 命之行을 運命의 流轉의 相이라 하였다.

3) 日夜相代乎前 : 밤낮으로 우리의 眼前에서 교대함. 앞의 온갖 변화가 끊임없이 인간의 삶에 간섭한다는 뜻. 이 표현은 <齊物論>편에도 보이는데, "인간의 감정적 변화가 밤낮으로 끊임없이 앞에 나타난다."는 뜻으로 쓰였다. 前은 앞의 상태. 寒과 교대하여 暑가 오듯 교대하여 나타난다는 뜻으로 풀이할 수도 있지만, 目前, 우리의 眼前의 뜻으로 보는 것이 간명하다.

4) 知不能規乎其始者也 : 인간의 지능으로는 그 시작을 헤아릴 수 없음. 인간의 지능으로는 온갖 변화의 근본원인을 파악할 수 없다는 뜻. 規는 求하다(林希逸), 헤아리다(安東林)의 뜻. 馬叙倫, 陳鼓應 등은 窺를 생략한 글자라고 했다.

5) 不足以滑(골)和 : 마음의 평안을 어지럽히기에는 부족함. 그런 변화를 따라가면서 마음의 평정을 어지럽힐 만한 가치가 없다는 뜻. 滑은 어지럽히다(成玄英)는 뜻. 和는 마음의 평안.

福永光司는 事之變과 命之行을 流轉變化 그 자체에 맡겨 억지로 간섭하지 아니하니, 그것이 足히 內面(마음)의 평안을 어지럽히지 못한다고 하였다.

6) 不可入於靈府 : 마음 속에 들어오지 않게 함. 그런 변화가 마음 속에 침입하지 않게 한다는 뜻. 郭象과 成玄英은 靈府를 '정신이 머무는 곳[精神之宅]', 곧 마음으로 풀이했다.

7) 使之和豫通 而不失於兌(열) : 그로 하여금 조화되고 즐겁게 하여 막힘 없이 통하게 하여 기쁨을 잃어버리지 않음. 使之의 之는 앞에서 말한 死生存亡 등의 여러 가지 변화를 지칭한다. 豫는 樂과 같다. 通은 "막힘없이 흘러 통하다[流通也]."는 뜻(林希逸). 兌는 悅과 같다(李頤). '열'로 발음한다.

8) 使日夜無郤(극) : 밤낮으로 쉴 새 없이. 郤은 틈(李頤).

9) 與物爲春 : 流轉變化하는 만물과 더불어 따뜻한 봄과 같은 따뜻한 관계를 이룸. 봄이 만물을 생성시켜 주는 것처럼 따뜻한 안식처가 된다는 뜻. 곽상은 "여러 생물들이 의지하는 바이다[群生之所賴也]."로 풀이했다. 林希逸은 "여기의 春字는 앞의 兌字와 같다[此春字 與兌字同]."고 풀이했다. <大宗師>편에 '煖(훤)然似春'으로 유사한 내용이 나온다.

10) 接而生時於心 : 만물과 접촉하여 마음 속에서 때를 만들어 냄. 生時於心은 마음 속에서 변화의 때, 변화의 흐름을 만들어낸다는 뜻. 李頤는 "만물과 접하여 생명을 베풀어 주고, 사계절에 따라 함께 생명활동을 이룬다[接萬物而施生 順四時而俱作]."고 풀이했고, 林雲銘은 "가슴 속에 스스로 사계절의 운행을 가지고 있다[胸中自有四時之行]."고 풀이했다.

何謂德不形고 曰 平者는 水停之盛也[1)]라 其可以爲法也니 內保之하고 而外不蕩也[2)]할새니라 德者成和之脩也[3)]라 德不形者는 物不能離也[4)]하나니라

"무엇을 일러 덕이 밖으로 드러나지 않는다고 합니까?"

중니가 말했다.

"평평한 것으로는 정지하고 있는 물이 가장 성대합니다. 그것이 기준이 될 수 있으니, 안에서 잘 보전되고, 밖으로 波動하지 않기 때문입니다. 덕이란 완전한 평정을 닦은 것입니다. 덕이 밖으로 드러나지 않는 사람은 다른 사람들이 떠날 수 없습니다."

【역주】

1) 平者 水停之盛也 : 평평한 것으로는 정지하고 있는 물이 가장 성대함. 성대함은 곧 완벽함인

데 평평한 것의 비유로는 정지하고 있는 물이 가장 적절하다는 뜻. 水停者 平之盛也의 도치 형태로 이해하는 것이 적절하다.

2) 內保之 而外不蕩也 : 안에서 잘 보전되고, 밖으로 波動하지 않음. 蕩은 움직인다는 뜻.

3) 成和之脩也 : 완전한 평정을 닦은 것임. 異說이 분분한 구절이다. 여기서는 成은 완전함, 和는 마음의 平靜으로 보고 林希逸이 "成은 완전히 함이다. 이 性 속의 和를 완전하게 하는 것, 이것이 덕을 닦는 것이다[成者全也 全此性中之和 是其德之修也]."라고 풀이한 것을 따라 '마음 속의 평정을 완전하게 닦은 것'이라는 뜻으로 번역하였다.

4) 德不形者 物不能離也 : 덕이 밖으로 드러나지 않는 사람은 다른 사람들이 떠날 수 없음. 곧 완전한 평정을 이룬 사람은 마치 물이 모든 평면의 기준이 되는 것처럼, 일체만물의 모범이 되므로 사람들이 그의 곁에서 떠날 수 없다는 뜻. 陸樹芝는 "덕이 드러나지 않는 것은 마치 물이 안으로 고요함을 간직하여 흔들리지 않는 것과 같으니, 만물(사람들)이 스스로 법도로 삼아 떠날 수 없다[德不形 猶水內保而不蕩 則物自取法而不可離也]."고 풀이했다. 物을 '사람들'이라는 뜻으로 보는 것은 ≪老子≫ 24章에 보이는 '物或惡之'의 物과 같다.

哀公이 異日에 以告閔子[1]하야 曰 始也에 吾以南面而君天下[2]하야 執民之紀[3]하야 而憂其死[4]하야 吾自以爲至通矣[5]러니 今에 吾聞至人之言[6]하고 恐吾無其實하야 輕用吾身하야 而亡其國하노니 吾與孔丘로 非君臣也라 德友[7]而已矣니라

애공이 다른 날에 이 말을 閔子에게 말했다.

"처음에 나는 임금으로서 천하에 君臨하여 백성들을 다스리는 권력을 잡고 백성들이 죽을까 근심하였소. 나는 스스로 이것이 지극한 道理라고 생각하였는데, 지금 내가 至人에 대한 말을 듣고 나서는 내가 실제의 德은 아무 것도 없이 내 몸을 함부로 움직여서 우리나라를 망칠까 두려워하게 되었소. 나는 孔丘와 임금과 신하의 사이가 아니오. 덕으로 맺어진 벗일 따름이오."

【역주】

1) 閔子 : 인명. 공자의 제자로 이름은 損, 字는 子騫. 魯나라 사람. 효행으로 유명하며 孔門四科 중 德行科에 속하는 인물이다.

2) 以南面而君天下 : 임금으로서 천하에 君臨함. 예로부터 군주는 북쪽에서 남쪽을 향하여 앉는다. 따라서 南面은 군주를 가리키며 北面은 신하를 가리킨다. 君天下의 君은 군림하다는 뜻의 동사.

3) 執民之紀 : 백성들의 紀綱을 잡음. 紀는 백성들을 다스리는 법, 지배권력을 의미한다.

4) 憂其死 : 백성들이 죽을까 염려함. 백성들의 어려움을 구제하기 위해 노력한다는 뜻. 憂는 儒教的 憂患意識의 한 표현.

5) 吾自以爲至通矣 : 내 스스로 지극한 道理라고 생각함. 至通은 至道와 같다.

6) 聞至人之言 : 至人에 관한 말을 들음. 至人을 孔丘라고 풀이하는 견해(成玄英, 王叔岷, 安東林, 方勇・陸永品)가 많지만, 莊子가 孔子를 至人으로 평가했다고 보기는 어렵기 때문에, 宣穎이 "공자가 애태타에 대해 말한 것이다[孔子之言哀駘它]."라고 풀이한 것을 따라, 至人은 哀駘它를 지칭하는 것으로 보고 "공자가 至人인 哀駘它에 관해 한 말을 들었다."고 보는 것이 타당하다.

7) 德友 : 덕으로 사귀는 벗. 朴世堂은 "德友라고 말한 것은 천승 제후국의 군주로서 士를 벗으로 사귄다고 말한 것과 같다[德友 猶云千乘以友士]."고 풀이했는데, 이는 ≪孟子≫ <萬章下>에 나오는 '千乘之國以友士'의 예로 비유한 것이다.

## 第5章

闉跂支離無脤[1]이 說衛靈公[2]한대 靈公이 說之[3]하야 而視全人[4]호대 其脰肩肩[5]하며 甕㼜大癭[6]이 說齊桓公한대 桓公이 說之하야 而視全人호대 其脰肩肩이러라 故로 德有所長이면 而形有所忘[7]이어늘 人이 不忘其所忘하고 而忘其所不忘[8]하나니 此謂誠忘[9]이니라 故로 聖人은 有所遊라 而知를 爲孽[10]하며 約을 爲膠[11]하며 德을 爲接[12]하며 工을 爲商[13]하나니 聖人은 不謀어니 惡用知[14]며 不斲이어니 惡用膠[15]며 無喪이어니 惡用德[16]이며 不貨어니 惡用商[17]이리오 四者는 天鬻也[18]니 天鬻者는 天食[19]也라 旣受食於天이어니 又惡用人[20]이리오 有人之形하고 無人之情[21]하니라 有人之形이론 故로 羣於人[22]하고 無人之情이론 故로 是非不得於身[23]하나니라 眇乎小哉라 所以屬於人也[24]여 謷乎大哉라 獨成其天[25]이여

闉跂支離無脤이 衛靈公에게 遊說하자 영공이 기뻐하였는데 그 이후로 온전한 사람들을 보면 목이 가늘고 길어 이상하게 느껴졌다. 甕㼜對癭이 齊桓公에게 유세하자 환공이 기뻐하였는데

그 이후로 온전한 사람을 보면 목이 가늘고 길어 이상하게 느껴졌다. 그 때문에 덕이 뛰어나면 외형 따위는 잊어버리는데 세상 사람들은 잊어버려야 할 것은 잊지 않고, 잊지 말아야 할 것을 잊어버리니 이것을 일러 정말 잊어버렸다고 한다.

그 때문에 성인은 자유롭게 노닐어서 지식을 잉여물로 여기며, 사람을 구속하는 예의를 아교풀로 여기며, 세속의 덕을 기워 붙이는 것으로 여기며, 기술을 장삿속이라고 생각한다. 성인은 억지로 도모하지 않으니 어디에 지식을 쓰겠으며, 깎아 장식하지 않으니 어디에 아교풀을 쓰겠으며, 본래의 자기[道]를 잃어버리지 않으니 어디에 세간의 덕을 쓰겠으며, 팔지 않으니 어디에 장삿속을 쓰겠는가. 이 네 가지는 자연이 길러주는 것이니, 자연이 길러준다는 것은 하늘이 먹여주는 것이다. 이미 자연에서 먹을 것을 받았으니 또 어디에다 인위적인 것을 쓰겠는가.

사람의 육체를 가지고 있지만, 희노애락의 감정은 없다. 사람의 육체를 가지고 있기 때문에 사람들과 무리지어 살고, 희노애락의 감정이 없기 때문에 시비의 분별이 몸에 침입하지 못한다. 아득히 작은 존재로구나! 인간에게 속한 것이여. 놀랄 만큼 크구나! 홀로 자연의 덕을 이룸이여.

【역주】

1) 闉跂支離無脤(인기지리무순) : 인명. 절름발이에다 곱사등이에다 언청이인 가공의 인물. 宣穎이 "여러 가지 추한 형상을 총괄해서 호칭으로 삼은 것이다[總其諸般醜形以爲之號]."라고 풀이한 것처럼 전체적인 신체 장애를 이름처럼 부른 것이다. 闉은 구부러지다는 뜻(司馬彪), 跂는 肢의 假借(馬敍倫)로 다리의 뜻(林雲銘), 따라서 崔譔이 절름발이[偃者]라고 풀이한 것이 적절하다. 支離는 四肢가 支離滅裂하다는 뜻으로 그 형용은 <人間世>편의 본문에 자세하다. 羅勉道는 '육체가 온전하지 않은 모습[形不全之貌]'이라고 풀이했고, 崔譔과 임희일은 곱추[傴]라고 했다. 脤(순)은 脣과 같다(崔譔). 따라서 無脤은 林希逸의 설명처럼 '입술이 없는 것[無脣也]', 곧 언청이를 의미한다.

2) 說(세)衛靈公 : 위령공에게 유세함. 說는 유세하다, 설득하다는 뜻이며, 여기서는 道에 관하여 말하다는 뜻.

3) 靈公說(열)之 : 영공이 기뻐함. 영공이 闉跂支離無脤의 말을 듣고 기뻐했다는 뜻.

4) 全人 : 온전한 사람. 곧 신체장애인이 아닌 보통 사람들.

5) 其脰(두)肩肩 : 목이 가늘고 김. 脰(두)는 목. 陸德明, 羅勉道 모두 목[頸]으로 풀이했다. 李頤는 肩肩을 '야위고 작은 모양[羸小貌]'이라 하였지만, 羅勉道는 ≪周禮≫ <梓人>의 鄭玄注를 引用하여 '肩과 顧은 같다[蓋肩與顧同]'고 풀이하여 '가늘고 긴 모양[細長之貌]'이라고 풀

이했는데 이 견해를 따른다. 宣穎, 李楨, 朱桂曜, 馬叙倫 등도 같은 견해. 福永光司는 이 闉跂支離無脤을 아래에 나오는 甕盎大癭과 함께 지상최대의 그로테스크라고 하였다.

6) 甕盎大癭(영) : 인명. 항아리만한 큰 혹이 붙어 있는 가공의 인물. 甕과 盎은 모두 항아리[瓦器]를 뜻한다(陳壽昌). 崔譔과 李頤는 '큰 혹의 모양[大癭貌]'이라고 풀이했다. 癭은 혹. 林雲銘은 "목 아래 혹이 생겼는데 크기가 마치 항아리 같다[項下生癭 大如甕盎也]."고 풀이했다.

7) 德有所長 而形有所忘 : 덕이 뛰어나면 외형 따위는 잊어버림. 내면의 덕이 훌륭하면 외형을 잊게 된다는 뜻. 而는 則과 같다.

8) 人不忘其所忘 而忘其所不忘 : 세상 사람들은 잊어버려야 할 것은 잊지 않고 잊지 말아야 할 것을 잊어버림. 잊어버려야 할 外形에 얽매어 그것을 잊지 않고, 잊지 말아야 할 내면의 덕은 잊어버린다는 뜻. 其所忘은 마땅히 잊어버려야 할 것, 곧 外形이고, 其所不忘은 잊지 말아야 할 것, 곧 내면의 德이다. <人間世>편에 "그 몸을 지리하게 한 사람도 충분히 자기 몸을 잘 기르고 천수를 마치는데, 또 하물며 그 덕을 지리하게 한 사람이겠는가[夫支離其形者 猶足以養其身 終其天年 又況支離其德者乎]."라는 구절이 있어 장자가 德을 부정적인 의미로 파악한 경우가 있지만 그 구절은 이 구절과는 맥락이 다르다. <人間世>편의 德은 莊子가 말하는 內面의 德이 아니라, 儒家的 의미의 德으로 보아야 하기 때문이다. 德에 대한 理解의 혼란 때문에 이 구절의 주석은 異說이 분분하다.

9) 此謂誠忘 : 이것을 일러 정말 잊어버렸다고 함. 救濟不能의 자기상실에 빠졌음을 의미한다(福永光司). 따라서 여기서는 誠忘을 부정적으로 본 것이다. 따라서 이곳의 誠忘은 <大宗師>편의 '坐忘'과 같은 의미로 취할 수는 없다. 成玄英이 "이것이 덕이 밖으로 드러나지 않는다는 뜻이다[斯德不形之義也]."라 하여 誠忘을 肯定的으로 파악한 이래로 呂惠卿, 陳景元, 陸西星, 赤塚忠이 이것을 따르고 있으나 적당치 않다(池田知久).

10) 知爲孽(얼) : 지식을 재앙으로 여김. 孽(얼)은 원래 嫡子가 아닌 庶子로 재앙을 의미하지만, 정확하게는 부산물, 또는 잉여물 정도의 의미로 풀이하는 것이 적절하다. 萌蘖에서 萌은 싹이고, 蘖은 싹 중에서 곁으로 나온 것[萌芽也 蘖芽之旁出者也]을 의미(朱熹, ≪孟子集註≫)하기 때문이다. 洪頤煊 또한 "孽은 마땅히 萌蘖의 蘖로 읽어야 한다[孽當讀如萌蘖之蘖]."고 지적했다.

11) 約爲膠 : 사람을 구속하는 예의를 아교풀로 여김. 約은 사람들을 구속하는 禮儀. 林希逸은 "約은 예로써 스스로 검속하는 것이다[約以禮自檢束]."라고 풀이했다. 膠는 아교풀로 여기

서는 사람을 꼼짝하지 못하게 얽매는 인위적인 강제를 의미한다. 宣穎은 "사람을 얽매고 구속하는 예는 바로 아교칠과 같으니 자연스럽게 부합되는 것이 아니다[約束之禮 乃膠漆也 非自然而合者也]."라고 풀이했다.

12) 德爲接 : 세속의 덕을 기워 붙이는 것으로 여김. 여기서의 德은 세속적인 의미의 德으로 世間의 道德, 常識的인 道德價値 등을 가리킨다. 接은 成玄英이 "덕을 수립하여 蒼生과 접한다[樹德以蒼生]."고 풀이한 이래, 다른 사람과 接見한다는 뜻으로 보고 세속적인 덕을 교제의 수단으로 삼는다는 의미로 이해하는 경우가 많지만, 여기서는 宣穎이 "바로 接續이니 마치 중간에 끊어진 것을 다시 잇는 것과 같다[乃接續也 如中斷而復續者]."고 풀이한 것을 따라 억지로 기워 붙이는 것으로 보았다. 그래야 위의 孼, 膠와 같이 부정적인 맥락으로 일관된 해석이 가능하기 때문이다. <庚桑楚>편의 '知者 接也'도 같은 의미이다. 한편 池田知久는 ≪說文解字≫에서 "椄은 나무를 잇는 것이다[椄續木也]."라는 풀이를 따라 接을 椄의 假借로 보는 견해를 제시했는데 참고할 만하다.

13) 工爲商 : 기술을 장삿속이라고 생각함. 司馬彪는 "기술이 교묘해져서 장사가 일어난다[工巧而商賈起]."고 풀이했다. 福永光司는 "聖人은 形骸를 잊은 萬物齊同의 세계에 자기의 自由를 逍遙한다. 그리하여 모든 偏見의 근원인 知的分別을 生命의 剩餘物(孼)로 여기고 인간의 건강한 생명을 속박하는 世俗的規範을 作爲的强制(膠)로 여기고 상식적 도덕가치를 妥協的虛飾(接)으로 여기고 모든 技藝 技巧를 자기를 팔아먹는 수단[商]으로 여긴다."고 하였다.

14) 不謀惡用知 : 억지로 도모하지 않으니 어디에 지식을 쓰겠는가. <庚桑楚>편의 '至知不謀', '知者謨也' 등도 같은 맥락이다(王叔岷, 劉武). 不謀는 결국 無思, 無爲를 의미한다.

15) 不斲惡用膠 : 깎아 장식하지 않으니 어디에 아교풀을 쓰겠는가. 斲은 깎거나 쪼개서 장식하는 것. 쪼개거나 깎아서 분열시키지 않고 원형을 그대로 간직하기 때문에 억지로 갖다 붙이는 아교풀을 쓸 필요가 없다는 뜻이다. ≪老子≫ 28장의 '大制不割'과 유사한 맥락이다.

16) 無喪惡用德 : 본래의 자기[道]를 잃어버리지 않으니 어디에 세간의 덕을 쓰겠는가. 無喪은 본래의 자기, 즉 도를 잃지 않는다는 뜻. 德은 세간의 道德. <秋水>편의 '至德不得'과 유사한 의미이다(劉武).

17) 不貨惡用商 : 팔지 않으니 어디에 장삿속을 쓰겠는가. 貨는 ≪孟子≫ <公孫丑 下>의 '無處而餽之 是貨之也'의 貨와 같은 의미로 자기 자신을 파는 것이다. 成玄英은 不貨를 ≪노

자≫ 3장의 '不貴難得之貨'와 같이 보고 "구하기 어려운 귀한 재물들을 귀하게 여기지 않으니, 힘들게 장사에 종사하지 않는다[不貴難得之貨 無勞商賈]."고 풀이했지만, 商에 대한 해석이 부적절하기 때문에 따르지 않는다. 여기서는 林希逸이 "不貨란 팔리기를 바라지 않는 것이니, 예능 따위를 쓰지 않는 것이다[不貨者 不求售也 則不用藝能矣]."라고 풀이한 것을 따랐다.

18) 四者天鬻(육)也 : 네 가지는 자연이 길러주는 것임. 四者는 不謀, 不斵, 無喪, 不貨의 네 가지. 鬻은 '육'으로 읽으며 기른다는 뜻(陸德明).

19) 天食(사) : 하늘이 먹여 줌. 食는 '사'로 읽으며 먹여 준다는 뜻.

20) 惡用人 : 어디에다 인위적인 것을 쓰겠는가. 人은 인위적인 것. 곧 앞의 知, 膠, 德, 商의 네 가지를 지칭한다.

21) 有人之形 無人之情 : 사람의 육체를 가지고 있지만, 희노애락의 감정은 없음. 희노애락의 감정에 휘둘리거나 얽매이지 않는다는 뜻. 宣穎은 "모습은 인간이지만 知, 膠, 德, 商의 네 가지를 사용하지 않는다[貌則人也 四者不用]."고 풀이했다.

22) 羣於人 : 사람들 속에서 무리지어 삶. 羣은 무리지어 산다는 뜻.

23) 是非不得於身 : 시비의 분별이 몸에 침입하지 못함. 희노애락의 감정에 얽매임이 없기 때문에 그 자신에게 옳으니 그르니 하는 분별이나 감정적인 판단이 없게 된다는 뜻. 是非는 是非의 分別 또는 是非의 分裂.

24) 眇(묘)乎小哉 所以屬於人也 : 아득히 작은 존재로구나! 인간에게 속한 것이여. 眇는 본래 애꾸눈을 뜻하지만 여기서는 朱桂曜의 풀이를 따라 ≪方言≫에서 '眇는 작음이다[眇 小也].'라고 풀이한 것을 따른다. 본문의 내용을 보아도 眇가 작은 모양을 표시한 것임은 분명하다. 馬叙倫은 杪(묘)의 假借字로 보았다. 所以屬於人은 인간에게 속한 것으로 形骸的 存在를 의미한다.

25) 謷乎大哉 獨成其天 : 놀랄 만큼 크구나! 홀로 자연의 덕을 이룸이여. 王念孫은 謷를 크다는 뜻으로 풀이했다. 여기서 天은 자연의 도, 또는 본래의 德, 우주적 존재 등을 의미한다.

## 第6章

惠子謂莊子曰 人이 故無情乎[1)]아 莊子曰 然하다 惠子曰 人而無情이면 何以謂之人이리오 莊子曰 道與之貌하며 天與之形[2)]이어니 惡得不謂之人이리오

惠子가 莊子에게 물었다.

"인간은 본래 감정이 없는가?"

장자가 말했다.

"그렇다."

혜자가 말했다.

"사람이면서 감정이 없다면 어떻게 사람이라 일컬을 수 있겠는가?"

장자가 말했다.

"道가 모습을 주었고 하늘이 형체를 주었으니 어떻게 사람이라고 일컫지 못하겠는가?"

【역주】

1) 人故無情乎 : 인간은 본래 감정이 없는가? 이 장은 앞 장의 '有人之形 無人之情'에 근거하여 構成한 架空의 對話로, 이 물음은 "성인은 인간의 감정이 없다."고 한 莊子의 주장에 대해 惠施가 정말 그러냐고 따지는 내용이다.

2) 道與之貌 天與之形 : 道가 모습을 주었고 하늘이 형체를 주었음. 여기서 道와 天, 貌와 形은 의미의 차이가 없다. 성현영은 道와 天, 貌와 形은 대구에 불과하며, 의미에는 다름이 없다고 풀이했는데 적절하다. 陸樹芝, 赤塚忠 등도 같은 견해.

惠子曰 旣謂之人이면 惡得無情[1]이리오 莊子曰 是는 非吾所謂情也[2]라 吾所謂無情者는 言人之不以好惡로 內傷其身하고 常因自然而不益生也[3]니라

혜자가 말했다.

"이미 사람이라고 말한다면 어떻게 감정이 없을 수 있겠는가?"

장자가 말했다.

"이것은 내가 말하는 감정이 아니다. 내가 감정이 없다고 말한 것은 말하자면 사람이 좋아하고 싫어하는 감정을 가지고 안으로 자신을 해치지 않고, 항상 자연의 도를 따라 무리하게 삶을 연장시키려 하지 않는 것이다."

【역주】

1) 旣謂之人 惡得無情 : 이미 사람이라고 말한다면 어떻게 정이 없을 수 있겠는가? 이미 사람이라고 이름을 붙이고 나면 그 이름에는 반드시 내용에 해당하는 情이 있을 수밖에 없으므로, 감정이 없다는 장자의 주장은 성립할 수 없다는 惠施의 論證이다.

2) 是非吾所謂情也 : 이것은 내가 말하는 감정이 아님. 혜시가 말한 情은 장자 자신이 말하는 감정과 다르다는 뜻. 곧 혜시가 情이라고 한 것은, 사람이라는 명칭에 대비되는 개념인 내용을 情으로 규정한 지시어라면, 장자가 말하는 감정은 뒤에 나오는 인간의 구체적인 감정을 의미한다.

3) 常因自然而不益生也 : 항상 자연의 도를 따라 무리하게 삶을 연장시키려 하지 않음. 益은 무리하게 보태다는 뜻으로 益生은 무리하게 생명을 연장시키려 하는 것을 의미한다. ≪老子≫ 55章에 보이는 "생명을 억지로 늘리려는 것을 不吉이라 한다[益生曰祥]."를 답습한 것.

惠子曰 不益生이면 何以有其身[1]이리오 莊子曰 道與之貌하며 天與之形이어든 無以好惡로 內傷其身이어늘 今子는 外乎子之神하며 勞乎子之精[2]하야 倚樹而吟[3]하며 據槁梧而瞑[4]하나니 天이 選子之形[5]하야늘 子以堅白으로 鳴[6]하도다

혜자가 말했다.

"삶을 연장시키려 애쓰지 않으면 어떻게 그 몸을 보존할 수 있겠는가?"

장자가 말했다.

"道가 모습을 주었고 하늘이 형체를 주었으면, 좋아하고 싫어하는 감정 때문에 안으로 자신을 해치지 않아야 할 터인데, 이제 그대는 그대의 마음을 밖으로 향하게 하며, 그대의 정신을 고달프게 해서, 나무에 기대 신음소리나 내고, 말라버린 오동나무로 만든 안석에 기대 졸기나 하고 있다. 하늘이 그대의 육체를 잘 갖추어주었는데 그대는 堅白論 따위의 궤변을 떠들어 대고 있다."

【역주】

1) 何以有其身 : 어떻게 그 몸을 보존할 수 있겠는가. 有는 유지하다, 보존하다의 뜻.

2) 外乎子之神 勞乎子之精 : 마음을 밖으로 향하게 하여 어지럽히며 정신을 고달프게 함. 外는 밖으로 향하다는 의미의 술어 동사. 林希逸은 마음을 밖에 쓰는 것[神用於外也]이라고 풀이했다.

3) 倚樹而吟 : 나무에 기대 신음소리를 냄. 吟은 혜시의 독특한 음조를 빗대서 야유하는 표현. 유사한 표현으로 <齊物論>편에 '惠子之據梧也'가 나오며 <天運>편에도 '宜倚於槁梧而吟'이 나온다.

4) 據槁梧而瞑 : 말라버린 오동나무로 만든 안석에 기대 졸고 있음. 梧를 거문고로 보는 풀이

(司馬彪)도 있지만 成玄英, 林希逸의 풀이(<齊物論>편 '惠子之據梧也'의 역주 참조)를 따라 오동나무로 만든 안석의 의미로 보았다. 瞑은 존다는 뜻.

5) 天選子之形 : 하늘이 그대의 육체를 잘 갖추어 줌. 成玄英은 選을 주다[授]는 뜻으로 풀이했고, 朱桂曜는 ≪說文解字≫의 "巽은 갖춘다는 말이다[巽 具也]."라고 풀이한 것을 따라 巽의 假借字로 보았는데 이 풀이가 적절하다. 王闓雲, 馬叙倫, 池田知久도 같은 견해.

6) 以堅白鳴 : 堅白論 따위의 궤변을 떠들어 댐. 견백론 따위의 허튼 소리로 세상에 널리 알려졌다는 뜻. 견백은 <齊物論>편에 보이는 堅白同異의 論.

# 第6篇 大宗師

**【해설】**

大는 '대' 또는 '태'로 발음하는데 大學을 태학으로, 大師를 태사로 읽기도 하고 또 先人들이 <大宗師>편의 편명을 太宗師로 기록한 예도 있어 大宗師를 태종사로 발음하기도 한다. 太宗師는 커다란 宗師, 大宗인 스승, 크게 존숭할 스승 등으로 볼 수 있는데 모든 가르침의 으뜸이 되는 道를 바로 大宗師라 할 수 있을 것이다. 제1장에 보이는 '古之眞人'이 바로 大宗師요 제6장에 보이는 許由의 '吾師乎 吾師乎'의 天道가 곧 大宗師이다. 崔譔은 '형체를 버리고 삶을 잊어버리니 마땅히 이 법을 크게 높여야 한다[遺形忘生 當大宗此法也].'고 풀이했고, 郭象은 '비록 천지가 크고 만물이 풍부하지만 그들이 높여서 스승으로 삼아야 할 것은 無心이다[雖天地之大 萬物之富 其所宗而師者 無心也].'고 풀이했으며, 林希逸은 '大宗師는 道이니 성인은 하늘을 본받고 하늘은 도를 본받고 도는 자연을 본받는다고 말한 것과 같다[大宗師者 道也 猶言聖法天 天法道 道法自然也-聖法天 天法道 道法自然은 ≪老子≫ 제25장의 人法地 地法天 天法道 道法自然을 변형한 문장].'고 풀이했다.

한편 王叔岷은 '이 편은 깊이는 있지만 淳厚하지 못해서 神仙思想이나 심지어 法家思想까지 뒤섞여 있기 때문에 장자의 초기 작품이거나 장자를 배우는 무리들이 어지럽힌 바가 있는 것 같다[此篇深而不淳 雜有神仙甚至法家思想 疑是莊子早期作品 或學莊之徒有所竄亂].'고 풀이하였고, 池田知久는 '化'의 思想이 많이 보이는 것을 이 편의 특색으로 꼽고 있다. 池田知久는 또한 "이 化란 物이 그 物로서는 죽어서 다른 物로 태어나는 轉化·轉生이고 이것이 한없이 永劫으로 반복되는 일종의 輪廻인데 변화[化]되는 物의 總和로서의 '萬物'은 항상 自己同一로 유지되고 있다[萬物一體說]."고 하였다. 만물이 항상 自己同一로 유지된다고 하는 것은 <秋水>편에 萬川이 歸之하고 尾閭가 泄之하더라도 바다는 항상 自己同一性을 유지하고 있는 것과 관련된다는 점에서 대단히 흥미롭다. 혹 輪廻轉生의 주장에 대해 異疑할 사람이 있을지도 모르나 이 또한 장자사상을 보다 다양하게 이해할 수 있다는 점에서 참고할 만한 주장이다. “쉿, 물러들 가라. 엄숙한 변화의 작용을 놀라게 하지 말라(방해하지 말라)[叱 避 無怛化].”라는 말에 보이는 ‘化’를 羅勉道는 ‘道家以死爲化’라고 하였다.

제1장에서는 道를 체득한 眞人에 대한 장황한 묘사와 함께 狶韋氏, 伏戲, 維斗, 日月, 堪坏, 馮夷, 肩吾, 黃帝, 顓頊, 禺强, 西王母, 彭祖, 傅說 등 列仙傳을 방불케 하는 수많은 인물이 등장한다. 여기서 장자는 ‘샘이 마르면 물고기들이 땅 위에 남아서 서로 습기를 뿜어내며 서로 거품으로 적셔 주지만 江湖에서 서로를 잊고 사느니만 못하다[泉涸 魚相與處於陸 相呴以濕 相濡以沫 不如相忘於江湖].’고 말하면서 득도자의 입장에서 볼 때 어지러운 세상에서 인간들이 서로를 위해 감싸주는 행위는 부자유의 굴레를 피할 수 없는 하찮은 몸부림에 지나지 않음을 역설적으로 표현하고 있다.

제2장 南伯子葵와 女偶의 대화에서 도는 한편으로는 배울 수 없는 것으로 묘사되면서도 外天下→外物→外生→朝徹→見獨→無古今→入於不死不生에 이르는 도의 단계별 수행과정을 말함으로써 수행을 통해 도에 도달할 수 있는 가능성을 열어두고 있다. 특히 도의 전수과정을 副墨의 아들(문자)←洛誦의 손자(말)←瞻明(직접 道를 본 사람)←聶許(道를 바로 알아듣는 사람)←需役(道를 기르는 사람)←於謳(道를 즐기는 사람)←玄冥(깊고 어두워 알 수 없는 사람)←參寥(텅 비어 있는 道에 참여하는 사람)←疑始(시작을 알 수 없는 경지에 도달한 사람)의 역순으로 묘사하고 있는 것은 의미심장하다.

제3장에서 제8장에 이르기까지는 子祀, 子輿, 子犁, 子來, 子桑戶, 孟子反, 子琴張 등으로 대표되는 方外의 인물과 자공과 공자로 대표되는 方內의 인물이 대비되며, 제7장에서는 안회와 공자의 대화를 통해 坐忘에 대해 말하고 있다. 좌망이란 일체의 인위적이고 차별적인 지식을 잊어버리는 상태로 제2장에서 말한 도에 이르는 단계별 수행과정, 곧 外天下→外物→外生→朝徹→見獨→無古今→入於不死不生의 과정을 한 마디로 총괄하여 표현한 것이라 할 수 있다.

## 第1章

知天之所爲1)하며 知人之所爲2)者 至矣3)니라 知天之所爲者는 天而生也4)요 知人之所爲者는 以其知之所知로 以養其知之所不知5)하야 終其天年하야 而不中

道夭[6]者 是는 知之盛也[7]니라 雖然이나 有患[8]하니 夫知는 有所待而後에야 當[9]하나니 其所待者 特未定也[10]니라 庸詎知吾所謂天之非人乎며 所謂人之非天乎[11]리오 且有眞人而後에야 有眞知[12]니라

自然이 운행하는 이치를 알고 사람이 해야 할 바를 아는 사람은 지극한 존재이다. 자연이 운행하는 이치를 아는 사람은 자연의 도를 따라 살고, 사람이 해야 할 바를 아는 사람은 자기의 지식으로 알고 있는 것을 가지고 자기의 지식으로 알지 못하는 것을 길러서 天壽를 다 마쳐 중도에 夭折하지 않으니 이런 사람은 知가 성대한 사람이다.

비록 그렇지만 한계가 있으니, 知라고 하는 것은 기다리는 바가 있은 뒤라야 합당하게 되는데 기다리는 바가 유독 일정하지 않다. 그러니 어찌 내가 자연이라고 말한 것이 人爲가 아니며 내가 인위라고 말한 것이 자연이 아님을 알 수 있겠는가. 참다운 사람이 있은 뒤라야 참다운 앎이 있는 것이다.

【역주】

1) 知天之所爲 : 하늘이 하는 것을 앎. 天之所爲는 뒤에 나오는 '夜旦之常'과 같은 자연의 일정한 법칙성을 지칭한다(方勇・陸永品). 곧 자연이 운행하는 이치[道]를 안다는 뜻. 郭象과 成玄英 모두 '天은 자연을 말한 것[天者 自然之謂]'이라고 했다. 韓元震은 '천도의 자연[天之所爲 天道之自然]'이라고 풀이했다. 한편 朴世堂은 이같은 사람을 ≪孟子≫ <盡心 下>의 性之者(타고난 본성을 그대로 실천한 堯舜같은 사람)와 같다[知天之所爲者 猶所謂性之者]고 비유했다.

2) 知人之所爲 : 사람이 하는 것을 앎. 人之所爲는 뒤에 나오는 '以刑爲體 以禮爲翼 以知爲時 以德爲循'과 같은 인위적인 활동을 지칭한다(方勇・陸永品). 곧 사람이 마땅히 실천해야 할 바를 안다는 뜻이다. 韓元震은 '인사의 마땅함[人之所爲 人事之當然也]'이라고 풀이했다. 또 朴世堂은 이같은 사람을 역시 ≪孟子≫ <盡心 下>에 나오는 反之者(본성을 잃었다가 회복한 湯武같은 사람)와 같다[知人之所爲者 猶所謂反之者]고 비유했다.

3) 至矣 : 지극함. 자연이 운행하는 이치를 알고 사람이 해야 할 바를 알면 지극한 경지에 나아간 사람이라는 뜻.

4) 天而生也 : 자연의 도에 순응하면서 살아감. 天은 자연의 도를 따른다는 뜻으로 <刻意>편의 '循天之理'와 같은 의미이다. 韓元震은 "이 내용은 ≪中庸≫ 제20장의 生而知之와 같고, 아래의 以其知之所知 以養其知之所不知는 역시 ≪中庸≫ 제20장의 學而知之와 같고, 不中道夭

는 ≪中庸≫ 제11장의 半途而廢 吾弗能已矣와 같은 의미인 중도에 그만두지 않음을 말한 것이다[天而生者 中庸所謂生知也 以其所知 養其不知 如中庸所謂學知也 不中道夭 言不半途而廢也].”라고 풀이했다. 또 朴世堂은 “天而生은 性之(堯舜처럼 타고난 본성을 그대로 실천하는 것)를 일컫는다[天而生者 卽性之之謂也].”고 풀이했다.

5) 以其知之所知 以養其知之所不知 : 자기의 지식으로 알고 있는 것을 가지고 자기의 지식으로 알지 못하는 것을 기름. 곧 자신이 아는 것을 가지고 알지 못하는 것을 기른다는 뜻이다. 宣穎은 “지식으로 아는 것은 자기 생명을 보호하는 기술이고, 지식으로 알지 못하는 것은 살 수 있는 햇수이다[知之所知 衛生之術 知之所不知 年命之數].”라고 했는데, 바로 뒤의 ‘終其天年而不中道夭’를 기준으로 판단하면 이 풀이가 타당하다. 곧 자신이 알고 있는 養生法을 통해 몸을 잘 간수하는 것이 지식으로 아는 것이고, 자연의 道가 부여한 天年(天壽)은 지식으로 알 수 없는 것이다.

6) 終其天年而不中道夭 : 天壽를 마쳐서 중도에 요절하지 않음. 天年은 天壽와 같다.

7) 知之盛也 : 知가 성대함. 知識의 극치를 이룬 사람이라는 뜻.

8) 雖然有患 : 비록 그렇지만 근심거리가 있음. 곧 앞의 조건을 충족시켜서 천수를 다 마치려 한다 하더라도 여전히 해결하기 어려운 근본적인 문제가 남아 있다는 뜻. 患은 患難의 뜻.

9) 知有所待而後當 : 지식은 기다리는 바가 있은 뒤에 합당해짐. 인간의 지식은 반드시 일정한 대상이 있어야 타당한 認識이 가능하다는 뜻. 인간이 가진 인식능력의 불완전성을 지적한 내용이다.

10) 其所待者 特未定也 : 그 기다리는 바가 유독 일정하지 않음. 곧 지식의 대상이 固定不變하는 상태에 머물러 있지 않고 끊임없이 流轉變化하기 때문에 정확하게 인식하기 어렵다는 뜻이다.

11) 庸詎知吾所謂天之非人乎 所謂人之非天乎 : 어찌 내가 自然이라고 말한 것이 人爲가 아니며 내가 인위라고 말한 것이 자연이 아님을 알 수 있겠는가. 庸詎는 어찌. 知는 확신한다는 뜻. 인간의 인식능력은 天과 人의 구분조차 확실히 알기 어려울 정도로 불완전하다는 뜻.

12) 有眞人而後 有眞知 : 대상으로서의 지식보다 실천의 주체인 眞人이 앞선다는 뜻.

何謂眞人고 古之眞人은 不逆寡[1]하며 不雄成[2]하며 不謨士[3]하더니 若然者는 過而弗悔하며 當而不自得也[4]하나니라 若然者는 登高不慄하며 入水不濡하며 入火不熱

5)하나니 是는 知之能登假於道者也 若此6)하니라 古之眞人은 其寢不夢7)하며 其覺無憂8)하며 其食不甘9)하며 其息深深10)하니라 眞人之息은 以踵11)이오 衆人之息은 以喉12)라하나니라

무엇을 일러 眞人이라 하는가. 옛날의 진인은 적다고 해서 거절하지 않으며, 功을 이루어도 뽐내지 아니하며, 인위적으로 일을 도모하지 않았다. 그 같은 사람은 失敗하여도 후회하지 아니하며, 일이 합당하게 이루어져도 우쭐거리지 않는다. 그 같은 사람은 높은 데 올라가도 두려워 떨지 아니하고, 물 속에 들어가도 젖지 아니하며, 불 속에 들어가도 뜨겁지 아니하니, 이것은 지식이 道의 경지에 오름이 이와 같은 것이다.

옛날의 진인은 잠잘 때에는 꿈을 꾸지 않았고, 깨어 있을 때에는 근심이 없었으며, 먹을 때에는 달게 여기지 아니하였으며, 숨은 길고 길었다. 진인의 숨은 발뒤꿈치까지 미치는데, 보통 사람의 숨은 목구멍까지 미칠 뿐이다.

【역주】

1) 不逆寡 : 적은 것을 거절하지 않음. 곧 적다고 해서 거절하지 않는다는 뜻으로 逆境이나 실패에 처해서도 그것을 거스르지 않고 주어진 대로 받아들인다는 의미이다. 屈復은 "적다고 해서 거절하지 않음이니 이른바 善이 작다고 해서 아니하지 말라[不以少而拒之 所謂勿以善小而不爲也]."고 풀이했다. 逆은 拒絶하다는 뜻.

2) 不雄成 : 공을 이루어도 뽐내지 않음. 林希逸은 "공이 비록 이루어져도 자랑하지 않는다[功雖成亦不以爲夸]."고 풀이했다. 雄은 자랑하다, 뽐내다의 뜻.

3) 不謨士 : 인위적으로 일을 도모하지 않음. 모든 일을 자연에 맡긴다는 뜻이다. 謨는 謀와 같고, 士는 事와 같다(林希逸). 陶鴻慶은 郭象이 士를 본래 글자 그대로 보고 群士로 풀이한 것을 잘못이라고 지적하고, ≪說文解字≫에서 "士는 事이다[士事也]."라고 풀이한 것과, ≪管子≫ <君臣>편의 '官謨士'를 근거로 삼아 謨士는 곧 謀事라고 주장했는데 적절한 견해이다.

4) 過而弗悔 當而不自得也 : 일이 실패해도 후회하지 않으며 일이 합당하게 이루어져도 우쭐대지 않음. 곧 일의 成敗 때문에 후회하거나 좋아하지 않는다는 뜻으로, 일의 성패에 마음을 기울이지 않는다는 의미이다. 得은 得計 또는 得意의 뜻.

5) 登高不慄 入水不濡 入火不熱 : 높은 데 올라가도 두려워 떨지 아니하고, 물 속에 들어가도 젖지 아니하며, 불 속에 들어가도 뜨겁지 아니함. <逍遙遊>편의 '之人也 物莫之傷 大浸稽天

而不溺 大旱金石流 土山焦而不熱'과 <達生>편의 '至人潛行不窒 蹈火不熱 行乎萬物之上而不慄'도 이와 유사한 맥락이다.

6) 知之能登假(격)於道者也 若此 : 지식이 道의 경지에 오름이 이와 같음. 登假의 假은 '격'으로 읽으며 도달하다[至]는 뜻이다(陸德明). 郭象은 오르다[登至]로 풀이했고, 成玄英도 같은 견해이다. 屈復은 登假을 ≪論語≫ <憲問>편에 나오는 '下學而上達'의 "上達이라고 말하는 것과 같다[登假 猶言上達也]."고 했는데 참고할 만한 견해이다. 登假의 경우는 <德充符>편 '擇日而登假(하)'에 이미 나왔지만 '擇日而登假(하)'의 登假(등하)는 昇遐와 같은 의미이기 때문에 '하'로 읽고, 여기의 登假(등격)은 道의 경지에 오르다는 뜻으로 쓰였기 때문에 '격'으로 읽어야 한다. 王叔岷의 경우에도 <德充符>편에서는 '하'로 읽었고 여기의 경우는 '격'으로 읽어야 한다고 주장했는데 이 견해가 타당하다. '하'로 읽는 경우는 <德充符>편 '擇日而登假(하)'의 역주 참조. 若此의 此는 앞의 '登高不慄 入水不濡 入火不熱'을 받는 대명사.

7) 其寢不夢 : 잠잘 때에는 꿈을 꾸지 않음. 마음과 몸이 外界 事物에 끌려다니지 않기 때문에 잠잘 때 꿈을 꾸지 않는다는 뜻이다. 郭象은 상념[意想]이 없기 때문이라고 풀이했고, 林希逸은 "꿈꾸지 않는 것은 정신이 안정되어 있기 때문이다[不夢 神定也]."라고 풀이했고, 釋德淸은 "꿈은 망상에서 생기는데 망상이 생기지 않기 때문에 잠잘 때 꿈을 꾸지 않는다[夢發於妄想 妄想不生 故寢無夢]."고 풀이했다.

8) 其覺(교)無憂 : 깨어 있을 때에는 근심이 없음. 郭象은 "만난 바를 합당하게 여겨서 편안하다[當所遇而安也]."고 풀이했다.

9) 其食不甘 : 먹을 때에는 달게 여기지 않음. 스스로 도를 즐기기 때문에 세속적인 맛을 추구하지 않는다는 뜻. 成玄英은 "인간 세상에 뒤섞여 티끌과 함께 하면서 먹으니 맛있는 음식을 耽溺하지 않기 때문에 그 좋은 맛을 알지 못한다[混迹人間 同塵而食 不耽滋味 故不知其美]."고 풀이했다. ≪老子≫ 제35장의 '淡乎其無味', 제63장의 '味無味'와 유사한 맥락이다.

10) 其息深深 : 숨이 길고 깊. 마음이 안정되어 있기 때문에 숨이 조급하지 않다는 뜻. 釋德淸은 "깊다는 것은 끊이지 않고 이어진다는 뜻이다. 숨이 거칠고 얕으면 마음이 동요하게 된다. 眞人은 마음이 태연하고 안정되어 외물에 의해 동요되지 않는다. 그 때문에 그 숨이 깊고 깊다[深者 綿綿之意 息粗而淺 則心浮動 眞人心泰定而不爲物動 故其息深深]."고 풀이했다.

11) 眞人之息以踵 : 眞人은 발뒤꿈치로 숨쉼. 곧 숨이 발뒤꿈치까지 미친다는 뜻. 숨이 길고 편안함을 뜻한다. 宣穎은 "호흡이 발바닥의 涌泉穴까지 통함이니 깊음을 말한 것이다[呼吸通於涌泉 言深也]."라고 풀이했다.

12) 衆人之息以喉 : 보통 사람은 목구멍으로 숨쉼. 곧 숨이 가쁘고 조급하여 목구멍까지만 미친다는 뜻. 向秀는 "헐떡이는 숨은 목구멍을 마디로 삼는다[喘悖之息 以喉爲節]."고 풀이했다.

屈服者는 其嗌言若哇[1]하고 其耆欲深者는 其天機淺[2]하니라 古之眞人은 不知說生하며 不知惡死[3]하야 其出不訢하며 其入不距[4]하야 翛然而往하며 翛然而來而已矣[5]니라 不忘其所始하며 不求其所終[6]하야 受而喜之하며 忘而復之[7]하더니 是之謂不以心捐道하며 不以人助天[8]이라하나니 是之謂眞人이니라

남에게 屈服하는 사람은 목메인 듯 아첨하는 말소리가 마치 토하는 것 같고, 욕망이 깊은 사람은 자연의 기틀이 얕다.

옛날의 眞人은 生을 기뻐할 줄 모르고 죽음을 싫어할 줄도 몰라서, 태어남을 기뻐하지도 아니하며 죽음을 거부하지도 아니하여 홀가분하게 <세상을> 떠나며, 홀가분하게 <세상에> 태어날 따름이다. 자신의 생이 시작된 곳을 잊지 않지만, 그렇다고 해서 끝나는 곳을 알려고 하지 않아서, 생명을 받아서는 그대로 기뻐하고, 생명을 잃게 되어서는 대자연으로 돌아간다. 이것을 일컬어 心知로 道를 손상시키지 아니하고, 인위적인 행위로 무리하게 자연의 운행을 助長하지 않는다고 하니 이런 사람을 일러 진인이라고 한다.

【역주】

1) 屈服者 其嗌(익)言若哇(와) : 남에게 굴복하는 사람은 목메인 듯 아첨하는 말소리가 마치 토하는 것 같음. ≪孟子≫ <滕文公 下>의 "어깨를 움츠리고 아첨하며 웃는 것은 여름날 밭두둑에서 일하는 것보다 더 고생스럽다[脅肩諂笑 病于夏畦]."고 한 것처럼 비굴하게 아첨하는 사람의 모습을 비하하는 표현이다. 宣穎은 屈服을 '의논이 다른 사람에게 굴복당한 자[議論爲人所屈者]'로 풀이하여 논쟁에서 지는 경우로 이해했는데, 논쟁에서 패배한 사람을 두고 嗌言若哇와 같은 모욕적인 표현으로 卑下할 만한 맥락은 찾기 어렵기 때문에 따르지 않는다. 여기서는 羅勉道가 '다른 사람에게 굴복하여 아첨하고 잘 보이려 하는 자[屈服諂媚於人者]'로 풀이한 것을 따랐다. 嗌言은 목메인 말소리. 嗌은 익(益)으로 읽는다(陸德明). 林希逸은 嗌을 목이 메다[咽]는 뜻으로 풀이했고, 朱桂曜와 馬敍倫은 풀이는 같지만 噎(일)의 假借字로 보았는데 이 두 견해를 따랐다. 哇는 吐(林希逸), 嘔(簡文帝)의 뜻으로 토하다는

의미. 한편 成玄英은 "嗌은 목구멍이고 哇는 막힘이다[嗌 喉也 哇 碍也]."로 풀이하여 "목구멍에서 나는 말소리가 막힌 듯하다."는 뜻으로 이해했지만 적절치 않다.

2) 耆欲深者 其天機淺 : 욕망이 깊은 사람은 자연의 기틀이 얕음. 耆는 嗜의 假借字(朱桂曜)로 耽欲의 뜻. 天機는 자연의 기틀로 생명을 지속시키는 근본을 뜻한다. 곧 嗜欲과 天機는 서로 反比例 관계에 있으므로 기욕을 줄이는 것이 천기를 지속시키는 방법이라는 맥락이다. 林希逸은 '嗜欲은 人欲, 天機는 天理[嗜欲者 人欲也 天機者 天理也]'로 풀이하여 "인욕을 막고 천리를 둔다[遏人欲 存天理]."와 같은 맥락으로 이해했지만 적절치 않다.

3) 不知說(열)生 不知惡(오)死 : 生을 기뻐(좋아)할 줄 모르고 죽음을 싫어할 줄 모름. 장자는 상식 세계의 속인들이 삶을 좋아하고 죽음을 싫어하는 것을 ≪장자≫ 전편의 여러 곳에서 비판하고 있다. <至樂>편의 해골[髑髏]과의 대화에서는 오히려 죽음의 세계가 찬양되고 있으며 <齊物論>편에서는 悅生惡死가 미혹[惑]된 태도임을 지적하고 있다. "내 어찌 生을 좋아하는 것이 미혹된 것이 아님을 알 수 있으며, 내 어찌 죽음을 싫어하는 것이 마치 젊어서 고향을 잃고 고향으로 되돌아갈 줄 모르는 것이 아님을 알 수 있겠는가.……내 어찌 죽은 사람이 처음에 살기를 바란 것을 뉘우치지 않는다고 알 수 있겠는가[予惡乎知說生之非惑邪 予惡乎知惡死之非弱喪而不知歸者邪……予惡乎知夫死者不悔其始之蘄生乎]."라고 하였다(제4장).

4) 其出不訢(흔) 其入不距 : 태어남을 기뻐하지도 아니하며 죽음을 거부하지도 아니함. 訢은 흔(欣)으로 읽으며 기쁘다[喜]는 뜻이고 距는 拒逆하다는 뜻으로 拒와 같다(陸德明). 出은 出生, 入은 入死의 뜻.

5) 翛(소)然而往 翛然而來而已矣 : 홀가분하게 떠나며, 홀가분하게 태어날 따름임. 곧 삶과 죽음을 자연스럽게 받아들인다는 뜻. 翛然은 홀가분한 모습. 翛는 소(蕭)로 읽으며 儵(숙)然으로 된 판본도 있다(陸德明). 司馬彪는 儵然으로 보고 빠른 모양[疾貌]이라고 풀이했지만 맥락상 적절치 않다. 본문 해석은 成玄英이 '얽매임이 없는 모양[無係貌]'으로 풀이한 것을 따랐다. 郭象과 崔譔은 '往來함에 어려워하지 않는 모양[往來不難之貌]'이라고 풀이했는데 成玄英의 풀이와 같은 맥락이다. 유사한 표현이 <庚桑楚>편에도 '翛然而往 侗然而來'로 나온다.

6) 不忘其所始 不求其所終 : 자신의 생이 시작된 곳을 잊지 않지만, 그렇다고 해서 끝나는 곳을 알려고 하지 않음. 생명의 근원, 곧 道를 삼가 지키고 죽을 때를 미리 알려고 억지로 추구하지 않는다는 뜻. 不忘其所始는 <德充符>편의 '保始之徵'과 유사한 맥락이다. 屈復은 "하늘에서 받은 것을 지켜서 잃어버리지 않는다[受於天者 守而不失]."로 풀이했다. 전체의 뜻은

成玄英이 "始는 삶이고 終은 죽음이다. 生死를 모두 떠나 보내서 일찍이 집착함이 없으니 어찌 다만 삶의 시작만 잊어버리고 죽는 때만을 알려고 하겠는가. 마침과 시작을 똑같이 대해서 만난 바에 꼭 맞게 한다[始生也 終死也 生死都遣 曾無滯著 豈直獨忘其生而偏求於死邪 終始均平 所遇斯適也]."고 풀이한 것을 따랐다. 馬敍倫, 武延緖, 曹受坤 등은 忘을 忌의 誤字로 보았고, 錢穆, 王叔岷 등은 志의 誤字로 보았지만 취하지 않는다(池田知久). 不忘其所始와 不求其所終이 정확하게 對句를 이루고 있고 忘과 求가 상반된 의미를 지니고 있으므로 본문을 그대로 두고 번역하는 것이 옳다.

7) 受而喜之 忘而復之 : 받으면 기뻐하고 잃으면 돌아감. 곧 생명을 받으면 기뻐하고 생명을 잃게 되면 대자연으로 돌아간다는 뜻. 陸西星은 "이미 태어남을 기뻐하지 않는다고 말하고, 또 생명을 받으면 기뻐한다고 말한 것은 모순된 것이 아니다. 기뻐하지 않는다고 말한 것은 위의 不說生(古之眞人 不知說生)을 이어서 말한 것이고, 여기서 생명을 받으면 기뻐한다고 말한 것은 생명을 받은 뒤에 항상 스스로 기뻐하고 즐거워해서 애초부터 슬퍼하거나 불만스러워하는 뜻이 없음을 말한 것이다[旣曰 其出不訢 又曰 受而喜之 却不相反 蓋不訢 卽承上不說生而言 曰受而喜之 是言有生之後 常自歡喜快樂 初無戚戚不滿之意]."라고 풀이했는데 적절한 견해이다. 忘은 亡의 假借字라는 견해(馬敍倫, 赤塚忠)가 있다. 그러나 池田知久의 지적처럼 亡의 誤字는 아니다. 而는 則과 같다.

8) 不以心捐道 不以人助天 : 心知로 道를 손상시키지 아니하고, 인위적인 행위로 무리하게 자연의 운행을 助長하지 않음. 捐에 대해서는 揖(郭象, 吳汝綸, 章太炎), 楫(崔譔), 偝・背(兪樾), 損(朱桂曜, 武延緖, 王叔岷) 등 諸說이 분분하고, 그 중에서도 損으로 보는 견해가 유력하지만, 본래의 捐자 그대로 풀이해도 무리가 없기 때문에 굳이 본문을 損자로 바꿀 것까지는 없다. 여기서는 成玄英이 '捐은 棄[捐 棄也]'라고 풀이한 것을 따라 捐자를 그대로 두고, 損傷시키다는 뜻으로 번역하였다. 助는 ≪孟子≫ <公孫丑 上>의 '勿助長'의 助와 같은 뜻으로 쓰였다(王敔).

若然者는 其心이 志[1)]하며 其容이 寂[2)]하며 其顙이 頯[3)]하니 凄然似秋하고 煖然似春[4)]하야 喜怒通四時[5)]하야 與物有宜[6)]하야 而莫知其極[7)]이니라 故로 聖人之用兵也[8)]는 亡國하야도 而不失人心[9)]하며 利澤施乎萬世하야도 不爲愛人[10)]하나니라 故로 樂通物이 非聖人也[11)]며 有親이 非仁也[12)]며 天時 非賢也[13)]며 利害不通이 非君

子也[14]며 行名失己 非士也[15]며 亡身不眞이 非役人也[16]若[17]狐不偕[18]와 務光[19]과 伯夷와 叔齊[20]와 箕子[21]와 胥餘[22]와 紀他[23]와 申徒狄[24]은 是役人之役하며 適人之適이라 而不自適其適者也[25]니라

그 같은 사람은 마음이 한 곳에 머물러 있으며, 모습은 고요하며, 이마는 넓고 평평하니, 서늘함은 가을과 같고 따스함은 봄과 같아서, 喜怒의 감정이 四季節과 通하여 사물과 적절하게 어울려서 그 끝을 알지 못한다.

그 때문에 聖人이 군사를 움직일 때는 나라를 멸망시키더라도 인심을 잃지 아니하며, 이익과 혜택을 만세에 미칠 정도로 베풀어도 <백성들은> 은혜를 입었다고 느끼지 않는다. 그 때문에 사물과 통하는 것을 즐기면 성인이 아니며, 친애함이 있으면 仁人이 아니며, 天時에 <일부러> 맞추려고 하면 賢人이 아니며, 이로움과 해로움을 하나로 여기지 않으면 군자가 아니며, 명예를 추구하여 자기를 잃어버리면 선비가 아니며, 자기 몸을 죽여 참된 본성을 저버리면 남을 부리는 사람이 아니다.

狐不偕, 務光, 伯夷, 叔齊, 箕子, 胥餘, 紀他, 申徒狄과 같은 사람은 다른 사람이 할 일을 대신 처리하고 다른 사람의 즐거움을 자기의 즐거움으로 여겨 스스로 자기의 즐거움을 즐거워하지 못한 사람들이다.

【역주】

1) 其心志 : 그 마음이 한 곳에 머물러 있음. 마음 씀씀이가 한결같다는 뜻으로 오로지 道에 집중함을 의미한다. 志는 한결같다[專一]는 뜻(王敔, 方勇・陸永品). 趙以夫, 褚伯秀 등은 忘자로 보았고, 忘자로 된 판본도 있으나 옳지 않다(王敔). 劉武는 "志字는 잘못된 것이 아니다. 만약 忘字라면, 마음을 이미 잊어버렸는데 어떻게 아래 문장에서 말한 것처럼 희로의 감정이 사계절과 통하여 사물과 적절하게 어울릴 수 있겠는가[志字不誤 如作忘 心旣忘矣 安能如下文 喜怒通四時 與物有宜乎]."라고 지적했는데 적절한 견해이다. 따라서 여기의 志字는 ≪論語≫ <里仁>편에서 "참으로 仁에 뜻을 둔다면 악이 없을 것이다[苟志於仁矣 無惡也].", ≪孟子≫ <告子 上>의 "배우는 사람 또한 반드시 활을 당기는데 집중한다[學者 亦必志於彀]."고 했을 때의 志와 같이 專一의 뜻으로 보는 것이 옳다.

2) 其容寂 : 모습이 고요함. 움직임이 고요하다는 뜻. 釋德淸은 "용모가 고요함이니 바로 내면은 담담하고 외모는 안정되어 있음이다[容貌寂然 乃內湛而外定也]."라고 풀이했다.

3) 其顙頯(규) : 이마가 넓고 평평함. 頯는 넓고 평평한 모양. 郭象은 '아주 소박한 모양[大朴之

貌]'이라고 했지만 추상적인 의미로 풀이했기 때문에 충분하지 않다. 여기서는 羅勉道가 '넓고 평평하여 이맛살을 찌푸리지 않음[廣平不蹙也]'이라고 풀이한 견해를 따라 眞人은 소박한 상태를 지키기 때문에 이마조차도 꾸밈(주름)이 없다는 뜻으로 이해하는 것이 적절하다.

4) 凄然似秋 煖(훤)然似春 : 서늘함은 가을과 같고 따스함은 봄과 같음. 煖은 훤(暄)으로 읽는다(陸德明). 郭象은 "만물을 죽이지만 위세를 부리기 위해서가 아니며 만물을 살리지만 仁을 베풀기 위해서가 아니다[殺物非爲威也 生物非爲仁也]."라고 풀이했다. 凄然은 서늘한 모양, 煖然은 따스한 모양. 煖然似春은 <德充符>편의 '與物爲春'과 유사한 맥락이다.

5) 喜怒通四時 : 희로의 감정이 사계절과 통함. 희로의 감정이 春夏秋冬 사계절의 推移와 같이 자연스러움을 뜻한다. 바로 위의 '凄然似秋 煖然似春'을 풀이한 내용이다. ≪淮南子≫ <本經訓>에는 '喜怒和于四時'로 나온다.

6) 與物有宜 : 사물과 적절하게 어울림. 곧 온갖 사물을 차별없이 대하여 사물과 일체가 된다는 뜻이다. 郭象은 "무심하게 사물을 대하기 때문에 사물의 마땅함을 빼앗지 않는다[無心於物 故不奪物宜]."고 풀이했다.

7) 莫知其極 : 그 끝을 알지 못함. 결코 끝나지 않는다는 뜻. '極'은 窮極, 곧 끝이다. 한편 宣穎은 極을 痕迹으로 보고 "일에 따라 마땅함에 부합되기 때문에 자취를 찾을 수 없다[隨事合宜而無迹可尋]."고 풀이하였고, 方勇·陸永品 등이 이 견해를 지지하고 있다. 그러나 여기서의 極은 眞人의 감정이 끊임없이 순환하는 사계절과 통한다는 본문의 맥락을 따져 볼 때, 공간적인 의미의 자취라기보다는 시간의 끝, 단절, 틈을 의미하는 것으로 보는 것이 타당하다. 이와 유사한 <德充符>편의 '日夜無郤 而與物爲春'에서도 郤이 틈의 뜻으로 쓰인 것에서도 확인할 수 있다. 다만 眞人이 만물과 어울리는 과정 속에서 인위적인 흔적을 찾을 수 없다는 뜻으로 풀이한 의미는 취할 만하다. 眞人이란 이처럼 自由自在한 無心의 境地를 스스로의 心境으로 삼는 인간이다.

8) 聖人之用兵也 : 성인이 군사를 움직일 때는. 聞一多는 이하의 내용이 錯簡이라고 주장했지만, 池田知久의 지적처럼 근거가 박약하다.

9) 亡國而不失人心 : 나라를 멸망시켜도 인심을 잃지 않음. 崔譔은 "敵國을 멸망시켜도 그 백성들의 인심을 얻는다[亡敵國而得其人心]."고 풀이했다.

10) 利澤施乎萬世 不爲愛人 : 이익과 혜택을 만세에 미칠 정도로 베풀어도 <백성들은> 은혜를 입었다고 느끼지 않음. 愛는 惠와 같다. 林希逸은 "군사를 움직이는 것은 천하를 해치는 것이고 은택을 베푸는 것은 천하를 사랑하는 것이지만 모두 무심히 시행하기 때문에 나라

가 망한 자도 원망하지 않고 그 은혜를 입은 자 또한 '임금의 힘이 나에게 무슨 상관이 있는가?'라고 말한다[用兵 毒天下也 施澤 愛天下也 皆以無心行之 則亡國者亦不怨 被其德者亦曰帝力於我何有].”고 풀이했는데 이 견해를 따라 번역하였다. 이 편의 6장과 <天道>편에 '澤及萬世而不爲仁'으로 이 구절과 유사한 내용이 보인다(王叔岷).

11) 樂通物 非聖人也 : 사물과 통하는 것을 즐기면 성인이 아님. 곧 사물과 통하는 것을 즐거워해서 인위적으로 그것을 추구하는 것은 성인의 마음이 아니라는 뜻. 釋德淸은 “억지로 사물과 소통하기를 바라는 데에 마음을 두면 자연이 아니다[有心要通於物 非自然矣].”라고 풀이했다. 한편 馬敍倫은 ≪列子≫ <仲尼>편의 張註에 樂窮 두 글자가 연이어 나오는 것을 근거로 여기의 樂通을 樂窮으로 보아야 한다고 주장했지만, 窮자를 衍文으로 보는 楊伯峻의 견해가 적절하기 때문에 옳지 않다(池田知久).

12) 有親非仁也 : 친애함이 있으면 仁人이 아님. 여기서의 親은 차별적인 사랑을 뜻한다. ≪老子≫ 제79장의 '夫天道無親'의 親과 관계가 있을 것(池田知久)이며, ≪淮南子≫ <詮言訓>에도 '大仁無親'이라는 내용이 보인다(王叔岷). 仁은 仁人.

13) 天時非賢也 : 天時에 <일부러> 맞추려고 하면 賢人이 아님. 王闓運은 天을 失의 誤字로 보았고, 王叔岷은 時天이 잘못된 것으로 추정하면서 待天의 뜻으로 풀이했는데, 본문을 그대로 두고 번역하면 술어·동사가 없어서 문법에 맞지 않기 때문에 이 두 견해를 참고할 만하다. 여기서는 일단 '時를 天으로 함은 賢이 아니다'로 읽어, 자연의 때에 일부러 맞추려고 하면 賢人이 아니라는 뜻으로 이해하는 것이 어떨까.

14) 利害不通 非君子也 : 이로움과 해로움을 하나로 여기지 않으면 군자가 아님. 郭象은 “시비의 길을 하나로 여기지 못하여 이익을 추구하고 해로움을 피하면 덕을 손상시키고 외물에 얽매이게 될 것이다[不能一是非之塗而就利違害 則傷德而累當矣].”라고 풀이했고, 林希逸은 利害不通을 “이해를 합쳐서 하나로 여기지 못함이다[未能通利害爲一].”로 풀이했다. 王叔岷은 “<齊物論>편에서 '성인은 …… 이익을 추구하지 아니하며 해로움을 피하지 않는다[聖人……不就利 不違害]'고 한 것이 바로 '通利害'이므로 通利害는 비단 군자만을 두고 한 말이 아님을 알 수 있다.”고 했는데 적절한 견해이다.

15) 行名失己 非士也 : 명예를 추구하여 자기를 잃어버리면 선비가 아님. 行名에 대해서는 異說이 분분하다. 方勇·陸永品은 '거짓을 저질러 명예를 추구함[矯行求名]'으로 풀이하여 行을 거짓을 저지르다는 뜻으로 보았고, 吳汝綸, 聞一多, 王叔岷 등은 行자가 徇자와 자형이 비슷하기 때문에 徇의 잘못된 글자로 보았으나 모두 옳지 않다. 여기의 行名은 爲名을

달리 표현한 것으로 보아야 한다. ≪孟子≫ <梁惠王 上>의 '爲民父母行政'의 行政은 '爲政'과 같은 표현이며, <離婁 下>의 '非仁無爲也 非禮無行也'의 '爲'와 '行'은 같은 뜻을 달리 표현한 것이다. 또 ≪論語≫ <學而>편의 '有所不行'은 '有所不爲'와 같은 뜻으로 쓰였다. 이처럼 行과 爲는 통용되는 글자이기 때문에 본문의 글자를 바꾸는 것은 옳지 않다. 따라서 '爲名失己'와 같이 명예를 위해서 자기를 버린다는 의미로 풀이하는 것이 옳다.

16) 亡身不眞 非役人也 : 자기 몸을 죽여 참된 본성을 저버리면 남을 부리는 사람이 아님. 곧 자신의 참된 본성을 지키지 못하면 세상 사람들을 부리는 眞人이 되지 못하고 도리어 세상 사람들의 부림을 받는 수동적인 존재가 된다는 뜻이다. 郭象은 "스스로 자기 본성을 잃어버리고 거짓으로 다른 사람을 따르게 되면 부림을 당하는 경우가 많을 것이니 어찌 사람을 부릴 수 있겠는가[自失其性而矯以從物 受役多矣 安能役人乎]."라고 풀이했다.

17) 若 : 林希逸 懸吐본에는 若이 없다. 植字할 때 脫字된 것 같다.

18) 狐不偕 : 인명. 司馬彪는 옛날의 賢人[古賢人也]이라 했고, 成玄英은 "姓은 狐이고 字가 不偕이며 옛날 현인이다. 또 堯임금 때의 현인으로 요임금의 禪讓을 받지 않고 河水에 몸을 던져 죽었다고 한다[姓狐 字不偕 古之賢人 又云 堯時賢人 不受堯讓 投河而死]."고 풀이했다. ≪韓非子≫ <說疑>편에는 '狐不稽'로 나온다.

19) 務光 : 인명. 陸德明은 皇甫謐의 말을 인용하여 "黃帝 때의 사람이며 귀의 길이가 七寸이었다[黃帝時人 耳長七寸]."고 풀이했고, 成玄英은 "황제 때의 사람이며 신장이 七尺이었다. 또 夏나라 때 사람으로 약을 먹고 養生하였으며 鼓琴을 좋아했다. 湯이 천하를 선양했지만 받지 않고 스스로 돌을 짊어지고 廬水에 빠져 죽었다고 한다[黃帝時人 身長七尺 又云 夏時人 餌藥養性 好鼓琴 湯讓天下不受 自負石沈於廬水]."고 풀이했는데, 務光을 언급하고 있는 대부분의 문헌에 湯임금과 동시대의 인물로 기록되어 있으므로 夏나라 末期의 인물로 추정하는 것이 타당하다(方勇・陸永品). 湯의 禪讓과 務光에 대한 기록은 <外物>편과 <讓王>편에 보이고, ≪荀子≫ <成相>편에는 '牟光'으로 나오며, ≪史記≫ <伯夷列傳>에도 務光의 이름이 보인다.

20) 伯夷 叔齊 : 두 인명. 司馬彪는 "孤竹國 君主의 두 아들이다[孤竹君之二子]."로 풀이했고, 成玄英은 "백이와 숙제는 遼西 고죽군의 두 아들이며 神農氏의 후손으로 성은 姜씨이다. 아버지가 죽자 형제가 서로 나라를 양보하여 임금 자리를 이으려 하지 않았다. 西伯(文王)이 훌륭한 정치를 베푼다는 소문을 듣고 시험삼아 그에게로 가서 살폈는데, 문왕이 죽고 武王이 紂王을 정벌하는 상황을 만나 말을 두드리며 말렸지만 무왕이 듣지 않자 마침내

河東의 首陽山에 은거하여 곡식을 먹지 않다가 결국 굶어 죽었다[伯夷叔齊 遼西孤竹君之二子 神農之裔 姓姜氏 父死 兄弟相讓 不肯嗣位 聞西伯有道 試往觀焉 逢文王崩 武王伐紂 夷齊扣馬而諫 武王不從 遂隱於河東首陽山 不食其粟 卒餓而死]."고 풀이했다. 두 사람에 대한 기록은 ≪論語≫, ≪孟子≫, ≪韓非子≫, ≪莊子≫를 비롯한 先秦古文獻에는 물론이고, ≪史記≫ <伯夷列傳>에도 자세한 내용이 전한다.

21) 箕子 : 인명. 成玄英은 "殷나라 紂王의 賢臣으로 주왕의 무도함을 말렸지만 주왕이 따르지 않아 마침내 노예로 부려지는 辱을 당했다[殷紂賢臣 諫紂不從 遂遭奴戮]."고 풀이했다. <外物>편에도 나온다.

22) 胥餘 : 인명. 司馬彪, 崔譔 등은 모두 箕子의 이름이라고 했고, 陸德明은 "어떤 사람은 比干의 이름이라고 했다."고 했으며, 成玄英은 箕子의 이름이라는 견해와 함께 楚나라 大夫 伍奢의 아들 伍子胥를 말한 것이라는 異說을 소개하고 있지만 자세하지 않다.

23) 紀他 : 인명. 成玄英은 "姓은 紀이고 이름이 他이며 湯임금 때의 逸人이다. 湯이 務光에게 禪讓했다는 소식을 듣고 자기에게 미칠까 두려워하다가 마침내 제자들을 이끌고 窾(관)水에 빠져 죽었다[姓紀名他 湯時逸人也 聞湯讓務光 恐及乎己 遂將弟子陷於窾水而死]."고 풀이했는데 이 이야기는 <外物>편에 나온다.

24) 申徒狄 : 인명. 崔譔본에는 司徒狄으로 되어 있는데(陸德明), 이 경우 司徒는 官職名이고 狄이 이름이다. 成玄英은 "신도적도 기타의 소식을 듣고 河水에 빠져 죽었다[申徒狄聞之 因以踣河]."고 풀이했는데, 이 이야기 또한 <外物>편에 나온다.

25) 役人之役 適人之適 而不自適其適者也 : 다른 사람이 할 일을 대신 처리하고 다른 사람의 즐거움을 자기의 즐거움으로 여겨 스스로 자기의 즐거움을 누리지 못한 사람들임. 適은 '꼭 맞는 것'을 의미하는데 여기서는 '즐거움'을 뜻한다. 狐不偕를 비롯한 위의 인물들은 모두 자신의 참된 본성을 지키지 못하고 명예를 얻기 위해 목숨을 버렸기 때문에 세상 사람들을 부리는 眞人(役人)이 되지 못하고 도리어 세상 사람들의 부림을 받는 수동적인 존재가 되었음을 비판한 내용이다. 郭象은 "이것들은 모두 자기를 버리고 다른 사람을 본받는 것이니, 다른 사람을 따르고 자기를 상실한 사람들이다[斯皆舍己效人 徇彼傷我者也]."라고 풀이했고, 成玄英은 "이 몇 사람들은 모두 감정을 속이고 거짓된 행위를 저질러 뜻을 높이고 명성을 세워, 자기 본분 이외의 일에 어지럽게 움직였기 때문에 마침내 이런 지경에 이르렀다. 스스로 굶고 스스로 빠져서 수명을 재촉하고 목숨을 끊어서 꽃다운 이름과 아름다운 명예가 사적에 전해졌지만, 바로 이것이 그들이 부림을 당한 까닭이니 어찌 다른 사람

을 부릴 수 있겠는가. 중인들의 耳目을 기쁘게 해 주려고 했으니 어찌 스스로 자기 본성에 꼭 맞게 할 수 있었겠는가[此數子者 皆矯情僞行 亢志立名 分外波蕩 遂至於此 自餓自沈 促齡夭命 而芳名令譽 傳諸史籍 斯乃被他驅使 何能役人 悅樂衆人之耳目 焉能自適其情性耶].” 라고 풀이했다. 憂患意識이 바탕에 깔려 있는 儒家의 先憂後樂사상과 달리 장자의 경우에는 자기의 즐거움을 즐거워할 줄 아는 自適其適의 自由意識이 그 바탕에 깔려 있다. 福永光司는 “역사상 淸廉潔癖의 인물로 추앙받는 인물들을 타인에 의해 뒤흔들리고 타인의 慰安(즐거움)거리가 된 自己喪失者들이라고 장자가 비판한 것이다.”라고 하였다. 곧 참다운 자기의 인생(자기에게 꼭 맞는 자기의 즐거움)을 자기의 인생으로서 산 自由人은 아니었다는 비판으로 장자의 말을 이해한 것이다.

古之眞人은 其狀이 義(峨)而不朋(崩)1)하야 若不足而不承2)하며 與乎其觚而不堅也3)하며 張乎其虛而不華也4)니라 邴邴乎其似喜乎5)하며 崔乎其不得已乎6)하며 滀乎進我色也7)로대 與乎止我德也8)며 厲(廣)乎其似世乎9)로대 謷乎其未可制也10)며 連乎其似好閉也11)로대 悗乎忘其言也12)니라

옛날의 眞人은, 그 모습이 높이 솟은 산처럼 당당하면서도 무너지지 아니하며, 부족한 것 같지만 남에게서 받지 않으며, 몸가짐이 법도에 꼭 맞아 태도가 단정하면서도 고집하지 않으며, 넓고 크게 마음을 비운 듯하면서도 꾸미지 않았다. 환하게 밝은 모습으로 마치 기쁜 일이 있는 듯하며, 臨迫해서 움직여 마지못한 듯하며, 가득하게 자기 안색을 나타내는 일도 있지만 몸가짐이 법도에 맞아 자신의 참다운 德에 머물며, 넓은 도량으로 세속과 함께하는 듯 하지만 傲然히 제약받지 않으며, 아무 말도 하지 않아서 감추는 것을 좋아하는 듯하지만 무심히 모든 말을 다 잊어버린다.

【역주】

1) 義(峨)而不朋(崩) : 높이 솟은 산처럼 당당하면서도 무너지지 아니함. 郭象은 “外物과 더불어 마땅한 관계를 유지하되 붕당을 만들지 않는다[與物同宜而非朋黨].”고 풀이했고, 成玄英, 曹礎基 등이 이를 따르고 있지만 구체적인 모습을 형용하는 내용이 아니기 때문에 취하지 않는다. 여기서는 兪樾과 馬敍倫의 고증을 따라 義를 峨, 朋은 崩으로 고쳐서 높이 솟은 모양[峨]과 무너지다[崩]는 뜻으로 보고 번역하였다. <天道>편의 ‘而狀義然’의 義然도 峨然과

같은 의미이다(兪樾).

2) 若不足而不承 : 부족한 것 같지만 남에게서 받지 않음. 外物에 의지하지 않고 獨立한 모습을 형용한 표현이다. 王敔는 "承은 받는다는 뜻이다. 부족하면 반드시 남에게서 물건을 받게 되는데, 부족한 듯하지만 실제로 부족한 것이 아니니 어찌 다시 자잘한 물건을 받겠는가[承 受也 不足者必受物 若不足 非不足也 寧更受小物耶]."라고 풀이했다.

3) 與乎其觚而不堅也 : 몸가짐이 법도에 꼭 맞아 태도가 단정하면서도 고집하지 않음. 이 구절의 전체적인 의미는 林雲銘이 "지키는 것은 方正하지만 고집하지 않음이다[所守方而不固執也]."라고 풀이한 것이 적절하다. 與乎는 몸가짐이 법도에 꼭 맞는 모양. 觚는 모난 그릇으로 여기서는 모난 그릇처럼 태도가 단정함을 뜻한다. 不堅을 고집하지 않음, 또는 완고하지 않음으로 풀이하는 데에는 주석가들의 견해가 대체로 일치하지만, 與와 觚에 대해서는 이설이 분분하다. 向秀는 與를 '의심스러워하는 모양[疑貌]'으로 풀이했고, 成玄英은 '방황하면서 스스로 만족하는 모양[容與自得]'으로 풀이했는데 모두 音을 豫로 읽고, ≪老子≫ 제15장 '豫焉若冬涉川'의 豫와 같은 의미로 본 듯하지만 觚(두 사람 모두 孤의 뜻으로 본 듯하다.)의 뜻과 어울리지 않는다. 또 觚에 대해서 陸德明은 音을 孤로 기록하고 있고, 崔譔은 棱으로 풀이했다. 王叔之는 "홀로 서서 어울리지 않는다[特立不群也]."는 뜻으로 풀이했고 羅勉道는 '도구 중에서 모서리가 있는 것[器之有棱者]'으로 풀이했다. 이 중 觚에 대한 풀이는 羅勉道의 견해를 따를 만하지만, 그 또한 與를 成玄英과 같이 容與로 풀이하고 있기 때문에 與와 觚에 대한 해석의 일관성이 부족하다. 이 구절의 與는 觚의 모습을 표현한 것일 뿐만 아니라 아래의 '與乎止我德也'에서 볼 수 있는 것처럼 '止我德'의 모습을 표현한 것이기도 하므로 '몸가짐이 단정함을 나타낸 것'으로 보는 것이 적절하다. 또 이하의 구절은 眞人의 모습을 형용한 것으로 모두 '~하면서도 ~하지는 않는다', '~한 것 같지만 ~하지 않다', '~하지만 ~하지는 않는다'는 맥락으로 상식적인 차원에서는 양립하기 어려운 두 가지 모습을 동시에 지닌 것으로 표현되고 있다. 따라서 與乎其觚而不堅也는 아래의 '邴邴乎其似喜乎'의 경우처럼 '與與乎其似觚而不堅也'를 축약한 표현으로 보는 것이 적절하다. 여기서는 與를 ≪論語≫ <鄕黨>편의 '與與如也'의 與與와 같은 표현으로 보고 '與與를 몸가짐이 법도에 꼭 맞는 모양[威儀中適之貌]"이라고 풀이한 朱熹의 견해와, ≪論語≫ <雍也>편의 '觚不觚 觚哉觚哉'에서 역시 주희가 "觚는 모서리이니 酒器라고도 하고 木簡이라고도 하는데 모두 도구 중에서 모서리가 있는 것[觚棱也 或曰酒器 或曰木簡 皆器之有棱者也]"이라고 한 견해를 따라, 與乎는 몸가짐이 법도에 맞는 모양이고 觚는 모난 그릇처럼 태도가 단정함을

뜻하는 것으로 보고 번역하였다.

4) 張乎其虛而不華也 : 넓고 크게 마음을 비운 듯하면서도 꾸미지 않음. 張은 넓고 큰 모양. 成玄英은 '넓고 큰 모양[廣大貌也]'으로 풀이했다. 不華는 화려하게 꾸미지 않는다는 뜻. 成玄英은 '쓸데없이 꾸미지 않음[不浮華]'으로 풀이했다. 위의 與乎其觚를 與乎其似觚로 본 것처럼 아래의 邴邴乎其似喜乎에 근거하여 張乎其似虛而不華也로 보고 번역하였다.

5) 邴邴乎其似喜乎 : 환하게 밝은 모습으로 마치 기쁜 일이 있는 듯함. 邴邴은 환하게 밝은 모양, 곧 기뻐하는 모양. 向秀와 成玄英은 '기뻐하는 모양[喜貌]'으로 풀이했고 簡文帝는 '밝은 모양[明貌]'으로 풀이했는데 大意에 큰 차이는 없다. 嚴靈峯은 上下文의 例에 따라 邴邴에서 한 글자를 빼야 한다고 주장했지만 사물의 모습을 형용하는 副詞로 쓰이는 경우 이처럼 疊語로 표현되는 경우가 오히려 많고, 실제로 陳景元이 지적한 것처럼 아래의 '崔乎'가 崔崔乎로 된 판본도 있기 때문에 취하지 않는다. 其似喜乎의 乎가 也로 된 판본도 있다(陳景元).

6) 崔乎其不得已乎 : 임박해서 움직여 마지못한 듯함. 崔는 임박한 모양으로 不得已한 모습을 표현. 向秀는 '움직이는 모양[動貌]'으로, 簡文帝는 '빠른 모양[速貌]'으로 풀이했지만 적절치 않다. 陳啓天은 催의 가차로 보고 재촉하다[促], 임박하다[迫]의 뜻으로 풀이했는데 이 견해가 적절하다. 이 구절 역시 崔乎其似不得已乎가 축약된 형태로 보고 其不得已乎를 "마지못해서 움직이는 것 같다."는 뜻으로 번역하였다. 崔乎가 崔崔乎로 된 판본도 있고, 其不得已乎의 乎가 也로 된 판본도 있다(陳景元).

7) 滀(축)乎進我色也 : 가득하게 자기의 안색을 나타냄. 곧 자신의 기쁜 감정을 얼굴에 드러낸다는 뜻. 滀은 가득한 모양으로 자기 얼굴색을 드러내는 모습[進我色]을 형용한 표현. **慉**으로 된 판본도 있다(陸德明). 司馬彪는 '얼굴색이 憤起하는 모양[色憤起貌]'으로 풀이했고, 簡文帝는 '모이다[聚]'는 뜻으로 풀이했으며, 林希逸은 簡文帝가 모이다[聚]는 뜻으로 본 것을 따르면서 '기쁨이 충만한 모양[充悅之貌]'이라고 풀이했다. 進은 안색을 가득하게 드러낸다는 뜻으로 바로 뒤에 이어지는 '止我德'의 止와 상반되는 표현이다.

8) 與乎止我德也 : 몸가짐이 법도에 꼭 맞아 자신의 참다운 덕에 머무름. 與乎는 위의 '與乎其觚'와 같이 몸가짐이 법도에 꼭 맞아 태도가 단정한 모습을 의미한다. 止는 위의 進과 상반되는 표현으로 자신의 덕을 안으로 간직하고 드러내지 않는다는 뜻이다.

9) 厲(廣)乎其似世乎 : 넓은 도량으로 세속 사람들과 함께하는 듯함. 厲乎에 대해서는 이설이 분분하다. 崔譔본에는 厲乎가 廣乎로 되어 있고 "포용함이 넓다[苞羅者廣也]."고 풀이했는

데(陸德明), 여기서는 崔譔본을 따라 廣으로 보고 번역하였다. 한편 成玄英은 厲를 危로 풀이했고, 林希逸은 '엄하고 굳센 뜻[嚴毅之意]'으로 풀이했는데 모두 본래 글자 그대로 보고 풀이한 것이지만 世자와 어울리지 않기 때문에 따르지 않았다. 世자에 대해서도 이설이 분분하다. 郭象과 成玄英은 본래 글자 그대로 풀이했지만, 王闓運은 紲와 같다고 보았고, 兪樾은 泰의 假借字로, 聞一多는 泄로 赤塚忠은 抴의 假借字로 보았지만, 상반된 의미를 나타내는 뒤의 '謷乎其未可制也'와 어울리지 않기 때문에 모두 취하지 않고, 본래 글자 그대로 世俗 또는 世人의 뜻으로 보고 번역하였다.

10) 謷乎其未可制也 : 오연히 제약받지 않음. 謷乎는 傲然히 초월한 모양. 謷는 傲와 통하는 글자(方勇・陸永品). 司馬彪는 '뜻이 먼 모양[志遠貌]'이라고 풀이했다. 未可制는 세속적인 규범으로 제약할 수 없다는 뜻.

11) 連乎其似好閉也 : 아무 말도 하지 않아서 감추기를 좋아하는 듯함. 마치 일부러 말을 하지 않고 감추는 듯하다는 뜻이다. 連乎는 諸注가 모두 명확하지 않다. 우선 말하지 않고 침묵하는 모습으로 번역하였다. 閉는 閉藏으로 감춘다는 뜻. 羅勉道는 "연면히 닫히고 막혀서 엿볼 수 없다[連綿閉塞 無可窺焉]."고 하였다.

12) 悗(문)乎忘其言也 : 무심히 모든 말을 다 잊어버림. 일부러 말을 하지 않는 것이 아니라 말을 잊어버렸기 때문에 말하지 않는다는 뜻이다. 悗乎는 無心한 모양. 王敔는 "悗은 心자와 免자로 구성된 글자로 마음 속에 얽매이지 않는다는 뜻이다[悗從心從免 不系於心也]."라고 했는데 적절한 풀이이다.

以刑爲體하며 以禮爲翼[1]하며 以知爲時하고 以德爲循[2]하더니 以刑爲體者는 綽乎其殺也[3]요 以禮爲翼者는 所以行於世也[4]요 以知爲時者는 不得已於事也[5]요 以德爲循者는 言其與有足者로 至於丘也[6]어든 而人은 眞以爲勤行者也[7]라하나다

刑罰을 정치의 본체로 삼고, 禮敎를 보조수단으로 삼고, 지식으로 時宜를 판단하는 기준으로 삼고, 德을 따라야 할 준칙으로 삼아야 한다. 형벌을 본체로 삼는다는 것은 관대하게 죄인을 죽이는 것이고, 예교를 날개로 삼는다는 것은 <진인의 정치가> 세상에 행해지기 위한 것이다. 지식으로 시의를 판단하는 기준으로 삼는다는 것은 부득이 실무에 필요하기 때문이다. 덕을 따라야 할 準則으로 삼는다는 것은 다리가 있는 보통 사람과 함께 걷다 보니 <저절로> 언덕에 도달한 것과 같은데, 사람들은 참으로 부지런히 걸어서 도달한 것이라고 여긴다.

【역주】

1) 以刑爲體 以禮爲翼 : 형벌을 정치의 본체로 삼고, 예교를 보조수단으로 삼음. 體는 정치의 본체. 郭象은 "형벌은 정치의 본체이니 내가 만든 것이 아니다[刑者 治之體 非我爲]."라고 풀이했다. 翼은 새의 날개로 여기서는 보조수단이라는 의미로 쓰였다. 張默生은 이 구절부터 '所以行於世也'까지의 내용은 장자의 사상과 부합하지 않는다고 보고 삭제하는 것이 옳다고 주장했지만 지나친 견해이다. 비록 이하의 내용이 ≪장자≫ 내편의 일반적인 주장과 어긋나는 부분이 있기는 하지만, 내편이 장자의 自著라는 선입견을 버리고, 黃老 사상이나 法家 사상이 皇帝 권력의 强化에 대한 支持나 追認을 위해 개입된, 前漢初期 道家思想의 展開로 보면 무리가 없다(池田知久).

2) 以知爲時 以德爲循 : 지식으로 時宜를 판단하는 기준으로 삼고, 덕을 따라야 할 準則으로 삼음. 時는 時宜를 판단하는 기준. 循은 따라야 할 준칙.

3) 綽乎其殺也 : 관대하게 죄인을 죽임. 綽은 관대한 모양. 崔譔본에는 淖으로 되어 있고(陸德明), 郭象과 成玄英 모두 너그럽다[寬]는 뜻으로 풀이했다.

4) 所以行於世也 : 세상에 행해지기 위해서임. 곧 애초부터 禮敎를 수립하는 데에 뜻이 있어서가 아니라, <眞人의 정치를> 세상에 베풀기 위해서 어쩔 수 없이 예교를 제정한다는 뜻이다. 아래의 不得已於事也와 같은 맥락.

5) 不得已於事也 : 일에 부득이하기 때문임. 곧 實務에 필요하기 때문에 어쩔 수 없이 지식을 수단으로 삼는다는 뜻이다.

6) 與有足者 至於丘也 : 다리가 있는 보통 사람과 함께 걷다 보니 <저절로> 언덕에 도달한 것과 같음. 다리 가진 사람과 함께 걷다 보니 모르는 사이에 목적지에 도달하는 것과 같은 無爲自然의 정치를 의미한다. 陳詳道는 "≪장자≫ 본문에서 山으로 道를 비유하고 언덕으로 德을 비유한 경우가 많다[經中多以山喩道 丘喩德]."고 풀이했는데 이 견해를 따르면 다리[足]는 언덕에 이르는 길[道] 즉 수단을 비유한 것이라 할 것이다(池田知久).

7) 人眞以爲勤行者也 : 사람들은 참으로 부지런히 걸어서 도달한 것이라고 여김. 人은 세속 사람들. 馬敍倫은 人眞을 眞人이 잘못된 것이라고 풀이했는데 그럴 경우 眞人이 부지런히 걸어서 목적지에 도달한 사람이 되므로 오히려 부자연스럽다. 勤行이 ≪老子≫ 41장에 보이는 '上士聞道 勤而行之'와 같을 것으로 생각했기 때문에 빚어진 誤解이다.

故로 其好之也도 一이며 其弗好之也도 一[1)]이며 其一也도 一이며 其不一也도 一이라 其一은 與天爲徒[2)]요 其不一은 與人爲徒[3)]니 天與人이 不相勝也[4)]할새 是之謂眞人이니라

그 때문에 <眞人은> 좋아하는 것도 한가지로 여기며 좋아하지 않는 것도 한가지로 여기며, <좋아하고 좋아하지 않는 것이> 一致되는 것도 한가지로 여기며 <좋아하고 좋아하지 않는 것이> 一致되지 않는 것도 한가지로 여긴다. 한가지로 여기는 것은 하늘과 같은 무리가 되는 것이고, 한가지로 여기지 않는 것은 사람과 같은 무리가 되는 것이다. 하늘과 사람이 서로 이기지 않을 때 이런 사람을 일러 진인이라고 한다.

【역주】

1) 其好之也一 其弗好之也一 : 좋아하는 것도 한가지로 여기며 좋아하지 않는 것도 한가지로 여김. 이하의 내용에 대해서는 異說이 분분하지만 대부분 맥락이 분명하지 않다. 그 중 林希逸의 견해가 大意를 이해하는 데 가장 적절하기 때문에 이 문단 전체를 林希逸의 풀이를 따라 번역하였다. 林希逸은 이 문단을 다음과 같이 풀이하고 있다. "一은 자연이며 조화이다. 好와 不好는 바로 好惡이다. 其一은 好惡가 같음을 말한 것이고 其不一은 好惡가 다름을 말한 것이다. 好惡에 異同이 있는 것은 모두 조화의 밖에 벗어나는 것이 아니다. 그 때문에 일치되는 것도 한가지로 여기며 일치되지 않는 것도 한가지로 여긴다고 말한 것이다. 사람들 중에 好惡를 같은 것으로 여길 줄 아는 이는 하늘을 아는 자이다. 그 때문에 한가지로 여기는 것은 하늘과 같은 무리가 되는 것이라고 말한 것이다. 만약 好惡를 다른 것으로 여기면 사람만 알고 하늘을 알지 못하는 자이다. 그 때문에 한가지로 여기지 않는 것은 사람과 같은 무리가 되는 것이라고 말한 것이다. 사람이 하늘을 이겨도 옳지 않으며 하늘이 사람을 이겨도 또한 옳지 않다. 眞人은 好도 없고 惡도 없으며 異도 없고 同도 없어서 天과 人을 구분함이 없이 단지 자연을 따를 뿐이다[一自然也 造化也 好與不好 卽好惡也 其一 同也 其不一 異也 好惡之有異同 皆不出乎造化之外 故曰 其一也一 其不一也一 人能以好惡爲同 則知天者也 故曰 其一與天爲徒 若以好惡爲異 則知人而不知天者 故曰 其不一與人爲徒 以人勝天 不可也 以天勝人 亦不可也 眞人則無好無惡 無異無同 無分於天人 但循自然而已]." 여기서 '한 가지로 여긴다'는 것은 모든 차별과 대립을 초월해서 하나가 되는 것이므로 자연의 道와 一體가 되는 것을 의미한다. 곧 자연을 따를 뿐[循自然而已]이라는 뜻이다.

2) 其一 與天爲徒 : 한가지로 여기는 것은 하늘과 같은 무리가 되는 것임. 天의 입장에서 보면

인간의 好, 不好도 같은 것이며, 好不好의 일치와 好不好의 불일치도 같은 것이라는 의미.

3) 其不一 與人爲徒 : 한가지로 여기지 않는 것은 사람과 같은 무리가 되는 것임. 인간의 입장에서 보면 好와 不好는 다른 것이며, 일치와 불일치도 다른 것이라는 의미.

4) 天與人 不相勝也 : 하늘과 사람이 서로 이기지 않음. 天과 人이 조화를 이룸을 표현한 내용이다.

死生이 命也니 其有夜旦之常은 天也[1]라 人之有所不得與[2]니 皆物之情也[3]니라 彼特以天爲父하야 而身猶愛之[4]온 而況其卓乎[5]따녀 人이 特以有君으로 爲愈乎己라하야 而身猶死之온 而況其眞乎[6]따녀

죽고 사는 것은 명이다. <죽고 사는 것에> 밤낮처럼 일정함이 있는 것은 자연인지라 사람이 관여할 수 없는 바가 있으니 이것이 사물의 참다운 모습이다. 저 사람들은 단지 하늘을 부모로 여겨서 자기 몸으로 그를 사랑하는데 하물며 그보다 더 빼어난 존재[道]이겠는가. 사람들은 단지 세속의 君主가 자기보다 낫다고 여겨서 몸으로 목숨을 바치는데 하물며 眞君이겠는가.

【역주】

1) 其有夜旦之常 天也 : <죽고 사는 것에> 밤낮처럼 일정함이 있는 것은 자연임. 其는 앞의 死生을 지칭한다. 夜旦은 晝夜, 밤낮을 의미한다. 본문 번역은 有를 본래 글자 그대로 보고 번역하였지만 吳汝綸은 有를 猶의 假借字로 보았는데 참고할 만하다. <至樂>편의 '死生爲晝夜', <田子方>편의 '死生終始將爲晝夜'도 유사한 맥락이다.

2) 人之有所不得與(예) : 사람이 관여할 수 없는 바가 있음. 死生의 문제는 사람이 어찌할 수 있는 것이 아니라는 뜻. 與는 ≪論語≫ <泰伯>편의 '舜禹之有天下也而不與焉'의 與와 마찬가지로 예(預)로 읽고, 관여하다, 참여하다는 뜻으로 쓰였다.

3) 皆物之情也 : 모두 사물의 참다운 모습임. 곧 사람에게 생사가 있고 자연의 운행에 밤낮이 있는 것은 모두 사물의 實狀이라는 뜻. 情은 實情으로 사물의 참다운 모습을 뜻한다.

4) 彼特以天爲父而身猶愛之 : 저 사람들은 단지 하늘을 부모로 여겨서 자기 몸으로 그를 사랑함. 彼는 彼人으로 하늘을 부모로 여기는 사람들. 褚伯秀는 "사람들은 하늘을 어버이로 여겨서 존경하고 사랑한다[人以天爲父而猶尊愛之]."고 풀이했고, 劉武는 "목숨이 하늘에서 생겼기 때문에 하늘을 어버이로 여긴다[命生於天 故以天爲父]."고 풀이했다. 한편 以天爲父를 以父爲天이 잘못된 것으로 보고 "어버이를 하늘로 여기다."는 뜻으로 풀이하는 견해(陶鴻慶, 宣穎 등)도 있다. 이 견해를 따르면 뒷구절의 君과 대구가 자연스럽기는 하지만, 본래 그대

로 두고 번역해도 무리가 없기 때문에 따르지 않았다.

5) 況其卓乎 : 하물며 그보다 더 빼어난 존재[道]이겠는가. 卓은 우뚝한 모양. 곧 道를 지칭한다(劉武). 道를 더 사랑할 것은 말할 것도 없다는 뜻.

6) 況其眞乎 : 하물며 眞君이겠는가. 앞의 君은 세속 세계의 군주를 의미하고 여기의 眞은 眞君, 곧 道를 지칭한다. 眞君을 위해 목숨을 바칠 것은 더 말할 것도 없다는 뜻. 眞君은 <齊物論>편 제1장의 '其有眞君 存焉' 참조.

泉涸[1]이어든 魚相與處於陸하야 相呴以濕하며 相濡以沫[2]하나니 不如相忘於江湖[3]하니라 與其譽堯而非桀也론 不如兩忘而化其道[4]니라

샘이 마르면 물고기들이 땅위에 남아서 서로 습기를 뿜어내며 서로 거품으로 적셔 주지만 江湖에서 서로를 잊고 사느니만 못하다. 堯임금을 찬양하고 桀王을 비난하는 것은 둘 다 잊고 도와 일체가 되느니만 못하다.

【역주】

1) 泉涸(학) : 샘이 마름. 陸德明은 ≪爾雅≫를 인용하여 涸은 다하다[竭]는 뜻이라고 풀이했다.

2) 相呴以濕 相濡以沫 : 서로 습기를 뿜어내며 서로 거품으로 적셔 줌. 呴는 토해낸다는 뜻.

3) 不如相忘於江湖 : 강이나 호수에서 서로를 잊고 사느니만 못함. 이상의 내용은 <天運>편의 孔子와 老聃의 대화 중 老聃의 말로 '泉涸 魚相與處於陸 相呴以濕 相濡以沫 不若相忘於江湖'로 나오며, 이 편 제4장의 孔子와 子貢의 대화 중에도 孔子의 말로 '魚相忘乎江湖 人相忘乎道術'이 나온다.

4) 與其譽堯而非桀也 不如兩忘而化其道 : 堯임금을 찬양하고 桀王을 비난하는 것은 둘 다 잊고 道와 일체가 되느니만 못함. 곧 요임금을 찬양하고 걸왕을 비난하는 것보다는 차라리 둘 다 잊고 道와 일체가 되는 것이 낫다는 뜻. 化其道는 道와 일체가 된다는 뜻. 郭象은 "변화와 일체가 된다[與變化爲一]."고 풀이했고, 釋德淸은 "道와 일체가 된다[與道爲一]."고 풀이했다. '與其~ 不如~'는 "~하는 것은 ~하느니만 못하다."는 뜻의 구문.

夫大塊[1] 載我以形[2]하며 勞我以生[3]하며 佚我以老[4]하며 息我以死하나니 故로 善吾生者 乃所以善吾死也[5]니라

大自然은 육체를 주어 나를 이 세상에 살게 하며, 삶을 주어 나를 수고롭게 하며, 늙음으로 나를 편안하게 해 주며, 죽음으로 나를 쉬게 한다. 그 때문에 나의 삶을 좋은 것으로 여기는 것은 바로 나의 죽음을 좋은 것으로 여기기 위한 것이다.

【역주】

1) 大塊 : 큰 땅덩어리. 大地. 여기서는 대자연 곧 道를 상징한다. <齊物論>편에 이미 나왔다. 褚伯秀는 "大塊는 본래 땅을 말한 것이지만 이 經의 뜻에 근거한다면 造物者를 지칭한 것임을 알 수 있다[大塊 本以言地 據此經意 則指造物]."고 풀이했다. 이 구절부터 다음 문단 '其爲樂 可勝計邪'까지는 ≪淮南子≫ <俶眞訓>에도 실려 있다.

2) 載我以形 : 형체로 나를 실어 줌. 곧 육체를 주었다는 뜻. 吳汝綸은 載를 成으로 풀이했지만, 여기의 載는 땅이 만물을 실어서 살게 해 주는 것처럼, 나의 정신이 깃들 수 있는 육체로 나를 실어 주었다는 뜻이므로 다른 글자로 바꾸어서 해석하는 것은 옳지 않다.

3) 勞我以生 : 삶을 주어 나를 수고롭게 함. 勞는 수고롭게 하다, 일하게 하다는 뜻.

4) 佚我以老 : 늙음으로 나를 편안하게 함. 佚은 安佚로 편안하게 하다는 뜻. ≪淮南子≫ <俶眞訓>에는 '逸我以老'로 되어 있다.

5) 善吾生者 乃所以善吾死也 : 나의 삶을 좋은 것으로 여기는 것은 바로 나의 죽음을 좋은 것으로 여기기 위한 것이다. 곧 삶을 좋은 것으로 여기는 태도는 죽음 또한 좋은 것으로 여기는 태도의 근거가 된다는 의미. 다음 문단의 '善夭善老 善始善終'과 같은 맥락.

夫藏舟於壑하며 藏山於澤[1]하고 謂之固矣[2]라하나 然而夜半[3]에 有力者[4] 負之而走[5]하면 昧者不知也[6]하나다 藏小大有宜[7]하나 猶有所遯[8]이어니와 若夫藏天下於天下면 而不得所遯[9]하리니 是恆物之大情也[10]어늘 特犯人之形하야 而猶喜之[11]하나니 若人之形者는 萬化而未始有極也[12]니 其爲樂은 可勝計邪[13]아 故로 聖人은 將遊於物之所不得遯하야 而皆存[14]하나니라 善妖(夭)善老하며 善始善終[15]은 人猶效之온 又況萬物之所係며 而一化之所待[16]乎따녀

산골짜기에 배를 간직하며 연못 속에 산을 간직하고서 단단히 간직했다고 말한다. 그러나 밤중에 힘이 센 자가 그것을 등에 지고 도망치면 잠자는 사람은 알지 못한다. 작은 것과 큰 것을 간직하는 데는 각기 마땅한 곳이 있으나 그래도 훔쳐서 도주할 곳이 있지만, 천하를 천하

에 간직하면 훔쳐서 도주할 곳이 없다. 이것이 一定不變하는 만물의 큰 진실인데 <세속 사람들은> 사람의 형체를 훔쳐서 세상에 나와서도 오히려 그것만을 유독 기뻐한다. 사람의 형체와 같은 것은 千變萬化하여 처음부터 일정함이 없으니 그 즐거움을 이루 다 헤아릴 수 있겠는가. 그 때문에 성인은 장차 사물을 훔쳐서 도주할 수 없는 <萬物齊同의> 세계에 노닐어 모두 보존한다. 일찍 죽는 것도 좋은 것으로 여기고 오래 사는 것도 좋은 것으로 여기며, 삶도 좋은 것으로 여기고 죽음도 좋은 것으로 여겨 이조차도 사람들이 본받는 바인데, 하물며 만물이 매여 있고 일체의 변화가 의지하는 道이겠는가.

【역주】

1) 藏舟於壑 藏山於澤 : 산골짜기에 배를 간직하며 연못 속에 산을 간직함. 山을 汕(오구)의 假借字로 보는 견해(兪樾), 또 車의 깨진 글자로 보는 견해(王叔岷)가 있지만, 이 구절의 내용은 스스로의 知와 힘을 過信하는 인간들의 약은 꾀가 때로 奇想天外할 정도에 이른다는 의미이므로 본문을 바꾸지 않고, 문자 그대로 연못 속에 산을 간직한다는 뜻으로 이해하는 것이 타당하다. 郭象, 成玄英 모두 본래 글자 그대로 풀이했다.

2) 謂之固矣 : 단단히 간직했다고 말함. 인간들이 자기의 지혜를 과신하여 배를 골짜기 사이에 감추고 산을 연못 속에 감추면 절대로 도난당할 염려가 없다고 생각한다는 뜻.

3) 夜半 : 한밤중. 成玄英은 '진리의 심오함[眞理玄邃]'을 비유한 것이라고 풀이했다.

4) 有力者 : 힘이 있는 자. 힘이 센 사람. 郭象은 有力을 無力之力으로 보고 變化를 비유한 것으로 풀이했고, 成玄英은 造化를 비유한 것으로 풀이했다.

5) 負之而走 : 그것을 등에 지고 도망침. 成玄英은 "조화의 힘이 짊어지고 달려 간다[造化之力擔負而趨]."고 풀이했다.

6) 昧者不知也 : 잠자는 사람은 알지 못함. 昧者는 잠자는 사람, 곧 변화를 자각하지 못하는 어리석은 사람을 비유. 成玄英은 心靈이 愚昧한 사람으로 풀이했다.

7) 藏小大有宜 : 작은 것과 큰 것을 간직하는 데는 각기 마땅한 곳이 있음. 福永光司나 池田知久는 藏小大를 藏小於大로 보고 '작은 것을 큰 것에 감추는 것은 마땅한 조치인 것 같지만'으로 번역하였으나 본문의 내용은 도리어 큰 것은 큰 곳에 작은 것은 작은 곳에 감춘다는 뜻으로 이해하는 것이 타당하기 때문에 적절치 않다. 赤塚忠도 小大를 작고 큰 여러 가지 物의 뜻으로 보았다. 成玄英은 "산골짜기에 배를 간직하며 연못 속에 산을 간직하는 것은 큰 것을 간직하는 것이고, 집 안에 사람을 간직하고 그릇 안에 물건을 간직하는 것은 작은 것을 간직하는 것이다[藏舟於壑 藏山於澤 此藏大也 藏人於室 藏物於器 此藏小也]."라고 풀

이했다.

8) 猶有所遯 : 그래도 도주할 곳이 있음. 훔쳐서 도주할 곳이 있다는 뜻.

9) 藏天下於天下而不得所遯 : 천하를 천하에 간직하면 훔쳐서 도주할 곳이 없음. 천하의 모든 존재를 천하 속에 있는 그대로 존재하게 한다는 뜻. 而는 則과 같다.

10) 恆物之大情也 : 일정불변하는 만물의 커다란 진실. 恆은 常과 같이 일정불변함을 의미. 情은 實情, 實相, 本質, 眞實의 뜻.

11) 特犯人之形而猶喜之 : 사람의 형체를 훔쳐서 세상에 나와 오히려 그것만을 유독 기뻐함. 特은 다만, 오직의 뜻으로 犯人之形을 한정하는 부사로 쓰였다. 곧 오로지 사람의 형체를 얻은 것만을 기뻐한다는 뜻이다. 이 편의 제3장과 ≪淮南子≫ <俶眞訓>에는 特이 一로 되어 있지만 의미의 차이는 없다. 犯人之形은 사람의 형체를 훔쳐서 세상에 태어나다, 곧 사람의 형체로 鑄造되어 세상에 나왔다는 뜻이다. 朱桂曜, 楊樹達 등은 犯을 鑄物을 鑄造한다는 뜻의 範으로 보았고, 王闓運, 奚侗 등은 틀로 본뜨다는 뜻의 笵으로 보았지만 큰 차이는 없다. ≪淮南子≫에는 '範人之形'으로 되어 있고, 이 편의 제3장에서는 天地를 화로에 비유하고 조화를 대장장이로 비유하는 표현(一以天地爲大鑪 以造化爲大冶)이 있기 때문에 이들의 견해가 타당하다. 또한 여기의 犯은 위의 '藏天下於天下而不得所遯'의 藏과 상대되는 글자이며, 동시에 감춰 둔 것을 훔쳐서 도망치다는 뜻의 遯과 같은 의미로 이해하는 것이 적절하기 때문에 範 또는 笵의 뜻으로 보되, 본문의 글자 犯의 뉘앙스를 살려서 훔쳐서 세상에 나오다로 번역하였다. 猶喜之는 오히려 그것을 기뻐함. 도망칠 곳이 없다는 사실을 모르고 기뻐한다는 뜻.

12) 若人之形者 萬化而未始有極也 : 사람의 형체와 같은 것은 천변만화하여 처음부터 일정함이 없음. 인간의 형체는 천변만화 중의 한 가지 형태에 불과할 뿐만 아니라 일정함도 없다는 뜻.

13) 其爲樂 可勝計邪 : 그 즐거움을 이루 다 헤아릴 수 있겠는가. 앞구절의 내용처럼 변화에 일정함이 없기 때문에 즐거움 또한 헤아릴 수 없다는 뜻.

14) 將遊於物之所不得遯而皆存 : 장차 사물을 훔쳐서 도주할 수 없는 곳에 노닐어서 모두 보존함. 도주할 수 없는 곳은 萬物齊同의 세계, 곧 자연을 의미한다. 皆存은 모두 보존한다는 뜻으로 만물을 차별없이 긍정함으로써 사람의 형체만을 유독 기뻐하는 세속 사람들과는 달리, 헤아릴 수 없는 즐거움을 모두 보존한다는 뜻이다. 方勇・陸永品은 存을 '대도와 공존함[與大道共存]'으로 풀이하였지만 적절치 않다.

15) 善妖(夭)善老 善始善終 : 일찍 죽는 것도 좋은 것으로 여기고 오래 사는 것도 좋은 것으로 여기며, 삶도 좋은 것으로 여기고 죽음도 좋은 것으로 여김. 夭와 老는 각각 일찍 죽고, 오래 산다는 뜻이고, 始는 사람으로 태어나는 것, 終은 죽는 것을 뜻한다. 妖(夭)는 ≪釋文≫에서 妖를 揭出하고 一本에서는 夭로 되어 있다고 했는데, 현재 통행되는 諸本에는 모두 夭로 되어 있음.

16) 萬物之所係 一化之所待 : 만물이 매여 있는 것과 一化가 의지하는 것. 곧 道를 의미한다. 一化는 앞의 萬物과 상대되는 표현(池田知久)으로 一切의 變化, 모든 변화를 의미한다.

夫道는 有情有信하며 無爲無形[1])이라 可傳而不可受[2])며 可得而不可見[3])이니 自本自根[4])하야 未有天地로 自古以固存[5])하니라 神鬼神帝[6])하며 生天生地[7])하며 在太極之先而不爲高[8])며 在六極之下而不爲深[9])이며 先天地生而不爲久며 長於上古而不爲老[10])니라

道는 情과 信은 있지만 작용이나 형체는 없는지라, 전해 줄 수는 있지만 받을 수는 없으며, 터득할 수는 있지만 볼 수는 없으니, 스스로를 근본으로 삼아 아직 天地가 있기 이전에 예로부터 이미 엄연히 존재하여 온 것이다. 귀신과 上帝를 神靈하게 하며, 천지를 생성하며, 太極보다 앞서서 존재하면서도 높은 체하지 않으며, 六極의 아래에 머물면서도 깊은 체하지 않으며, 천지보다 앞서 존재하면서도 오래된 체하지 않으며, 上古보다 오래되었으면서도 늙은 체하지 않는다.

【역주】

1) 有情有信 無爲無形 : 情과 信은 있지만 작용이나 형체는 없음. 情과 信은 같은 뜻으로 모두 道가 진실한 존재임을 나타낸 표현이다. 林希逸은 "情은 實이고 信 또한 實이다[情實也 信亦實也]."라고 풀이했고, 朱桂曜도 "情은 實이다. 信과 같은 뜻이다[情實也 與信同義]."라고 풀이했다. <應帝王>편의 '其知情信'과 <秋水>편의 '是信情乎'에서 情과 信이 같은 뜻으로 쓰였는데 모두 實의 뜻으로 풀이하는 것이 적절하다(方勇·陸永品). 無爲無形은 작용이나 형체가 없다는 뜻으로 道의 모습을 감각으로 포착할 수 없음을 형용한 것이다. 成玄英은 "고요하고 적막한 것이 無爲이고 보아도 보이지 않는 것이 無形이다[恬淡寂寞 無爲也 視之不見 無形也]."라고 풀이했다.

2) 可傳而不可受 : <마음으로> 전해 줄 수는 있지만 <손으로 주고> 받을 수는 없음. 傳은 <養生主>편의 '火傳也'의 傳과 같은 맥락의 표현으로 여기서는 정신적인 깨달음을 뜻한다. 受는 손으로 물건을 주고 받는다는 뜻. 곧 道는 깨우침을 통해 알 수는 있지만 물건을 주고 받는 것처럼 지식으로 전달받을 수는 없다는 뜻이다. 王元澤은 "정신으로 깨우칠 수 있다[可以神會]."고 풀이했고, 羅勉道는 "손으로 전해줄 수 없다[不可手授]."고 풀이했는데 모두 참고할 만하다.
3) 可得而不可見 : 터득할 수는 있지만 볼 수는 없음. 곧 마음으로 터득할 수는 있지만 눈으로 볼 수는 없다는 뜻. 대의는 앞의 '可傳而不可受'와 같다. 羅勉道는 "마음으로 터득할 수는 있지만 눈으로 볼 수는 없다[可心得而不可目見]."고 풀이했다.
4) 自本自根 : 스스로를 근본으로 삼음. 道의 無限性과 無依存性을 나타내는 표현.
5) 未有天地 自古以固存 : 아직 천지가 있기 이전에 예로부터 본래 존재함. 未有天地는 未有天地之時, 곧 천지가 있기 이전. 已는 이미, 固는 본디, 엄연히. 道에 앞서는 어떤 사물도 없다는 뜻. 이하의 내용은 모두 道의 無限性과 超越性을 표현한 것이다.
6) 神鬼神帝 : 귀신과 상제를 신령하게 함. 귀신과 상제의 신령함도 모두 道에 근원하고 있다는 뜻. 王先謙은 "아래 문장의 堪坏와 馮夷 등은 鬼이고 狶韋와 伏戲 등은 帝이니 그들의 신령함은 모두 道가 신령하게 한 것이다[下文堪坏馮夷等 鬼也 狶韋伏戲等 帝也 其神皆道神之]."라고 풀이했다. 또 ≪老子≫ 제39장에 "神은 하나를 얻어 신령하다[神得一以靈]."고 한 내용을 참고할 만하다(池田知久).
7) 生天生地 : 하늘과 땅을 생성함. 萬物을 化育하는 天地조차도 道에서 비롯된 이차적인 존재라는 뜻. ≪老子≫ 제1장의 '無名天地之始 有名萬物之母'에서 有名이 天地를 의미하는 것임을 참고할 것.
8) 在太極之先而不爲高 : 태극보다 앞서서 존재하면서도 높은 체하지 않음. 道는 존재의 位階秩序 중에서 최상위에 위치하는 태극보다 더 높은 존재라는 뜻. 兪樾은 이 구절이 아래의 '六極之下'와 대구를 이루고 있을 뿐만 아니라, 不爲高의 高자가 높음을 표현한 것임을 근거로 太極之先을 太極之上으로 보아야 한다고 주장했는데, 池田知久나 方勇·陸永品 등 대부분의 학자들이 이 견해를 有力한 說로 생각하고 있다. 그러나 ≪周易≫ <繫辭傳 上>에 보이는 太極은 만물에 앞서서 존재하는 根源者로 규정되어 있고, 이 구절의 不爲高는 아래의 '不爲深'과 대구이기 때문에 물리적인 위치를 의미하는 것이 아니라 존재의 위계질서를 두고 한 말로 보는 것이 타당하다. 따라서 太極之先, 六極之下 이 둘을 공간적 규정으로만 보

고 上下의 의미에 꿰맞추는 것은 도리어 도가 시공간적 규정을 벗어나 존재하는 초월적 존재임을 말하고 있는 원문의 맥락을 놓친 풀이이다. 때문에 여기서는 太極之先은 선후의 문제를 따진 시간적 규정이고, 六極之下는 上下와 內外의 문제를 따진 공간적 규정으로 보고 이 둘을 道의 시공간적 의미를 표현한 대구로 이해하여 원문 그대로 번역하였다. 六極之下는 <應帝王>편에는 '六極之外'로 나온다.

9) 在六極之下而不爲深 : 六極의 아래에 머물면서도 깊은 체하지 않음. 만물의 根柢에 자리잡고 있는 근원자라는 뜻. 六極은 <齊物論>편의 '六合'과 같이 上下東西南北의 뜻. <應帝王>편에도 보인다.

10) 長於上古而不爲老 : 상고보다 오래되었으면서도 늙은 체하지 않음. 앞구절과 함께 道는 時空間에 얽매이지 않는 초월자임을 의미한다.

狶韋氏[1]得之하야 以挈天地[2]하며 伏戲氏[3]得之하야 以襲氣母[4]하며 維斗[5]得之하야 終古不忒[6]하며 日月이 得之하야 終古不息[7]하며 堪坏[8]得之하야 以襲崐崙[9]하며 馮夷[10]得之하야 以遊大川[11]하며 肩吾[12]得之하야 以處大山[13]하며 黃帝[14]得之하야 以登雲天[15]하며 顓頊[16]得之하야 以處玄宮[17]하며 禺强[18]得之하야 立乎北極[19]하며 西王母[20]得之하야 坐乎少廣[21]하야 莫知其始하며 莫知其終[22]하며 彭祖[23]得之하야 上及有虞하고 下及五伯[24]하며 傅說[25]得之하야 以相武丁[26]하야 奄有天下[27]코 乘東維하며 騎箕尾[28]하야 而比於列星[29]하니라

狶韋氏는 그것을 얻어서 천지를 손에 쥐었으며, 伏戲氏는 그것을 얻어서 氣의 근원을 취했으며, 北斗星은 그것을 얻어서 영원토록 어긋나지 않으며, 日月은 그것을 얻어서 영원토록 쉬지 않으며, 堪坏는 그것을 얻어서 곤륜산을 받아들였으며, 馮夷는 그것을 얻어서 황하에서 노닐었으며, 肩吾는 그것을 얻어서 태산에 머물렀으며, 黃帝는 그것을 얻어서 雲天에 올랐으며, 顓頊은 그것을 얻어서 玄宮에 거처하였으며, 禺强은 그것을 얻어서 북극의 바다에 섰으며, 西王母는 그것을 얻어서 小廣山에 앉아 그 시작을 알 수 없고 그 마침을 알 수 없으며, 彭祖는 그것을 얻어서 위로는 有虞氏에게 미치고 아래로는 五霸에 미쳤으며, 傅說은 그것을 얻어서 武丁을 도와 천하를 모두 소유하였으며 東維星을 타고 箕星과 尾星을 몰아 列星과 나란하게

되었다.

【역주】

1) 狶(시)韋氏 : 인명. 전설 속의 제왕. 陸德明은 狶를 '희'(許豈反)로 독음하였으나 여기서는 李頤가 '豕(시)'로 표기한 音을 따랐다. 成玄英은 "문자로 기록되기 이전 상고시대 제왕의 호칭[文字已前遠古帝王號也]"이라고 풀이했다. 兪樾은 李頤가 狶의 音을 豕로 붙인 것을 들어 殷나라의 패자 중의 한 사람인 豕韋가 그 후손일 것이라고 추정했는데 참고할 만하다. 豕韋는 ≪春秋左氏傳≫과 ≪國語≫ 등에도 보이며, 朱熹의 ≪孟子集註≫ <告子 下>에도 五覇를 풀이하면서, 丁公著가 한 말을 인용하여 "夏나라의 昆吾, 商나라의 大彭과 豕韋, 周나라의 齊桓公과 晉文公을 오패라고 한다[丁氏曰 夏昆吾 商大彭 豕韋 周齊桓晉文 謂之五霸]."고 한 내용이 보인다.

2) 以挈(설)天地 : 천지를 동여맴. 挈은 붙잡다, 동여매다, 이루다는 뜻. 崔譔은 이루다[成]로 풀이했다. 成玄英의 一說은 挈을 契로 보고 兩儀(天地)에 부합된다는 뜻으로 풀이했고 대부분의 학자들이 이 견해를 따르고 있다(朱桂曜, 馬叙倫, 阮毓崧, 王叔岷 등). 그러나 여기의 天地는 앞뒤의 맥락을 고려할 때 만물을 지배하는 능동적 존재이라기보다는, 道에 의해 움직이는 수동적 대상물, 곧 앞문단의 '萬物之所係'의 만물에 가깝기 때문에 "道를 얻어서 천지에 부합된다."는 식으로 天地를 주개념으로 풀이하는 것은 적절치 않다. 따라서 挈자의 본래 뜻 그대로 손에 붙잡다, 다스리다, 이루다는 뜻으로 보고 번역하였다. 成玄英의 一說 또한 '天地를 손에 쥠[提挈二儀]'으로 보고 있다.

3) 伏戲氏 : 인명. 전설 속의 인물로 <人間世>편에 이미 나왔다. 다른 諸本에는 氏가 없다.

4) 以襲氣母 : 氣의 근원을 취함. 襲은 가져오다, 취하다, 받아들이다는 뜻으로 ≪孟子≫ <公孫丑 上>의 '非義襲而取之也'의 襲과 같다. 뒤의 '以襲崑崙'의 襲도 마찬가지. 崔譔은 取로 풀이했고, 司馬彪는 받아들이다[入]는 뜻으로 풀이했다. 成玄英은 부합되다[合]는 뜻으로 풀이하였지만 적절치 않다. 氣母는 기의 근원, 司馬彪는 元氣之母로 풀이했고, 崔譔은 元氣之本으로 풀이했다.

5) 維斗 : 北斗星. 維는 한 글자의 명사 앞에 붙이는 어조사. 維에 대해 李頤는 "천하의 중심축[綱維]이기 때문에 維斗라고 표현했다[所以爲天下綱維]."고 풀이했고, 成玄英도 "뭇 별의 중심축[綱維]이기 때문에 維斗라고 했다[爲衆星綱維 故謂之維斗]."고 풀이했다. 王叔岷, 池田知久, 方勇・陸永品 등 대부분의 학자들이 이 견해를 따르고 있으며, 安東林도 '세계를 매달아 떨어지지 않게 하는 밧줄'이라고 풀이하는 등 같은 입장이지만 모두 牽强附會이다. 維자

에 구체적인 의미가 담긴 것으로 이해하려면 아래의 東維처럼 斗維, 또는 北維라고 표기되어야 가능하다. 그렇지 않고 維斗라고 표기된 것을 보면 이 경우는 東維의 維가 구체적인 의미가 담긴 것과는 달리 글자 수를 맞추기 위해 의미없이 붙이는 어조사로 維자를 활용한 것임을 알 수 있다. 維자가 명사 앞에 붙는 어조사로 쓰이는 경우는 ≪詩經≫에만도 '維葉, 維鵲, 維鳩, 維筐' 등 수십 차례에 이르며, 특히 <召南・小星>의 '維參與昴'의 參과 昴는 별자리 명칭으로 여기의 維斗처럼 별자리 명칭 또는 별의 명칭 앞에 維자를 붙이고 있는데 이것이 결정적인 근거이다.

6) 終古不忒 : 영원토록 어긋나지 않음. 終古의 古는 옛날, 과거의 뜻이 아니라 오랜 시간, 항구적인 시간의 흐름을 의미한다. 崔譔은 오래됨[久]으로 풀이했다.

7) 終古不息 : 영원토록 쉬지 않음. 息은 그만두다, 종식되다의 뜻.

8) 堪坏 : 崐崙山의 神. 司馬彪는 '神의 이름으로 人面獸形[神名 人面獸形]'이라고 풀이했고, 成玄英은 '崐崙山의 神名[崐崙山神名]'이라고 풀이했다.

9) 以襲崐崙 : 崐崙山으로 들어감. 곧 곤륜산을 다스렸다는 뜻. 여기의 襲은 成玄英도 들어가다[入]는 뜻으로 풀이하고 있다. 成玄英은 "崐崙은 산 이름으로 북해의 북쪽에 있다[崐崙山名也 在北海之北]."고 풀이했다.

10) 馮(풍)夷 : 黃河의 신. 곧 河伯. 司馬彪는 ≪淸泠傳≫을 인용하여 "馮夷는 화음 동향 제수사람이다[馮夷華陰潼鄕堤水人也]."라고 풀이했다. 馮夷는 ≪山海經≫에는 '氷夷'로 되어 있고, ≪穆天子傳≫에는 '無夷'로 되어 있다(兪樾). 馮은 인명이나 지명에 쓰일 경우 '풍'으로 읽는다.

11) 以遊大川 : 黃河에서 노닒. 大川은 黃河(陸德明, 成玄英). 崔譔본에는 泰川으로 되어 있다(陸德明). 大川은 큰 물을 의미하는 일반명사로 볼 수도 있지만 여기서는 풍이가 다스린 특정 지역의 고유명사로 보고 번역하였다. 뒤의 大山과 雲天도 모두 마찬가지이다.

12) 肩吾 : 태산의 신. 司馬彪는 山神이라고 풀이했고, 成玄英은 "道를 얻었기 때문에 동악에 머물러 태산의 신이 되었다[得道 故處東岳爲太山之神]."고 풀이했다. 肩吾는 이미 <逍遙遊>편에 나왔으며, 뒤의 <應帝王>편과 <田子方>편에도 나온다. 池田知久는 견오가 다른 편에서는 보통 사람으로 묘사되고 있고, 이 편에 이르러 神仙化 傾向이 강해지고 있다고 언급하고 있는데 참고할 만한 견해이다. 그러나 앞뒤의 맥락을 볼 때 여기의 견오가 다른 편의 견오와는 다른 사람을 지칭한 것일 수도 있다. 곧 다른 편의 견오는 連叔이나 接輿, 孫叔敖 등과 같이 춘추시대에 실재했던 인물을 빗댄 표현이고, 여기의 肩吾는 앞의 狶韋氏

가 殷나라의 패자 豕韋를 지칭한 것처럼, 夏나라의 패자로 전해지는 昆吾의 假借일 가능성도 배제할 수 없다. 昆吾는 ≪山海經≫에는 山이름으로 기록되어 있고, 앞서 인용한 朱熹의 ≪孟子集註≫의 註에 인용된 丁公著의 풀이에는 豕韋와 함께 五伯(霸) 중의 일인으로 되어 있다. 따라서 여기서 거명하고 있는 인물들 중에 伏戲, 黃帝 등은 모두 三皇 중의 일인이고, 顓頊 등은 五帝 중의 일인으로 전설 속의 제왕을 지칭한 것처럼, 狶韋氏와 肩吾 등도 전설 속의 五霸를 지칭한 것이라고 추정할 수 있다.

13) 以處大(태)山 : 태산에 머묾. 곧 태산을 다스렸다는 뜻. 大는 '태'로 읽는다(陸德明).

14) 黃帝 : 인명. 전설 속의 帝王. 伏戲, 神農과 함께 三皇의 하나. 成玄英은 軒轅이라고 풀이했다.

15) 以登雲天 : 雲天에 오름. 雲天은 구름 저쪽의 하늘, 또는 成玄英의 풀이를 따르면 "구름을 타고 龍을 몰아 하늘에 올랐다[乘雲駕龍 以登上天]"는 뜻으로 번역할 수 있지만, 여기서는 황제가 오른 곳의 고유명사로 간주하고 번역하였다. 崔譔은 "道를 얻어서 하늘에 올랐다[得道而上天也]."고 풀이했다. 皇帝가 하늘에 오른 설화는 이 이외에도 ≪史記≫ <封禪書>에 자세하다(池田知久).

16) 顓頊 : 인명. 전설 속의 제왕. 北方의 神으로 일컬어지며 少昊, 帝嚳, 帝堯, 帝舜과 함께 五帝의 하나이다. 李頤는 "전욱은 帝高陽氏이고 玄宮은 북방의 궁이다[顓頊 帝高陽氏 玄宮 北方宮也]."라고 풀이했고, 成玄英은 "황제의 손자 帝高陽으로 玄帝라고도 한다[黃帝之孫 卽帝高陽也 亦曰玄帝]."고 풀이했다.

17) 以處玄宮 : 현궁에 거처함. 곧 북방의 궁에 거처하여 북방을 다스렸다는 뜻. 玄은 五行의 방위를 기준으로 따지면 북방의 色에 해당한다.

18) 禺强 : 인명. 전설 속의 신. 司馬彪는 ≪山海經≫을 인용하여 "사람의 얼굴에 새의 몸을 가진[人面鳥身] 北海의 神"으로 풀이했고, 簡文帝는 "북해의 신으로 禺京이라고도 하며 황제의 손자이다[北海神 一名禺京 是黃帝之孫也]."라고 풀이했다. ≪淮南子≫ <墬形訓>에는 隅强으로 나오는데 高誘의 주석에는 天神으로 풀이하고 있다(王叔岷).

19) 立乎北極 : 북극의 바다에 섬. 北海를 다스렸다는 뜻. 司馬彪와 簡文帝의 견해 및 ≪山海經≫의 기록을 따라 禺强을 북해의 신으로 보고 번역하였다.

20) 西王母 : 인명. 전설 속의 女神. 陸德明은 ≪山海經≫을 인용하여 "모습은 사람과 같은데 개의 꼬리를 지니고 있고, 쑥대강이 모양으로 머리를 장식하였으며 휘파람을 잘 불고 바다의 끝에 거처하였다[狀如人 狗尾 蓬頭戴勝 善嘯 居海水之涯]."고 풀이했다. 지금의 ≪山海

經≫에는 "서왕모는 모습은 사람과 같은데 표범의 꼬리에 범의 이빨을 지니고 있었으며 휘파람을 잘 불었고 쑥대강이 모양으로 머리를 장식하였다[西王母 其狀如人 豹尾虎齒而善嘯 蓬髮戴勝]."고 되어 있다.

21) 坐乎少廣 : 소광산에 앉음. 少廣은 세계의 서쪽 끝에 있다고 하는 산의 이름. 司馬彪는 동굴 명칭[穴名]으로 풀이했고, 崔譔은 산 이름[山名]으로 풀이했으며, 成玄英은 '서쪽 끝의 산 이름[西極山名]'이라고 풀이했는데, 여기서는 崔譔과 成玄英의 견해를 따라 산 이름으로 보고 번역하였다.

22) 莫知其始 莫知其終 : 그 시작을 알 수 없고 그 마침을 알 수 없음. 養生의 道를 터득하여 영원한 생명을 얻었음을 비유.

23) 彭祖 : 인명. <逍遙遊>편 참조.

24) 上及有虞 下及五伯(패) : 위로는 유우씨에게 미치고 아래로는 오패에 미침. 有虞는 舜임금을 지칭하며, 五伯는 흔히 春秋五覇 곧 齊桓公, 晉文公, 宋襄公, 楚莊王, 秦穆公을 지칭하는 것이 일반적이지만, 여기서는 丁公著가 정리한 것처럼 夏나라의 昆吾, 商나라의 大彭과 豕韋, 周나라의 齊桓公과 晉文公으로 보는 것이 적절할 것도 같다.

25) 傳說(열) : 殷나라 고종의 신하. 司馬彪는 은나라의 재상[殷相]이라고 풀이했다. ≪書經≫ <說命 上>편에는 은나라 高宗이 꿈에 상제가 내려 준 훌륭한 신하를 본 뒤, 그림을 그려서 그를 찾게 하였는데 傅巖에 살고 있던 부열이 그 그림과 닮았기 때문에 등용했다는 기록이 전한다.

26) 武丁 : 殷나라 高宗의 이름. 곧 부열을 등용한 임금이다. 司馬彪는 '은나라 왕 고종[殷王高宗也]'이라고 풀이했다.

27) 奄有天下 : 천하를 모두 소유함. 奄은 모두[盡]의 뜻(蔡沈). 王叔岷은 覆의 뜻으로 풀이했고, 馬敍倫은 弇의 假借字로 보았는데 모두 같은 뜻이다.

28) 乘東維 騎箕尾 : 동유성을 타고 기성과 미성을 몲. 동유성은 수레, 기성과 미성은 말에 비유한 표현이다. 따라서 傳說星은 동유성 바로 위에 위치하고 있고(부열이 수레에 타고 있는 모양), 그 앞쪽에 기성과 미성이 나란히 있는 모양(말이 수레를 끄는 모양)으로 추정할 수 있다.

29) 比於列星 : 열성과 나란히 견줌. 곧 傳說이 죽은 뒤 하늘에 올라가 별이 되었음을 표현하고 있다.

## 第2章

南伯子葵[1] 問乎女偊[2]曰 子之年이 長矣[3]로대 而色若孺子[4]는 何也오 曰 吾는 聞道[5]矣로라 南伯子葵曰 道可得學邪아 曰 惡라 惡可[6]리오 子는 非其人也[7]니라 夫卜梁倚[8]는 有聖人之才코 而無聖人之道[9]하며 我는 有聖人之道코 而無聖人之才[10]호니 吾欲以敎之하노니 庶幾其果爲聖人乎[11]인저 不然이라도 以聖人之道로 告聖人之才 亦易矣[12]로다

南伯子葵가 女偊에게 물었다.

"당신의 나이는 상당히 많은데 안색은 마치 어린아이와 같은 것은 무엇 때문입니까?"

여우가 말했다.

"나는 道를 들었다."

남백자규가 말했다.

"道라는 것이 배워서 터득할 수 있는 것입니까?"

여우가 말했다.

"아! 어찌 배울 수 있겠는가. 그대는 그런 사람이 아니다. 卜梁倚 같은 사람은 성인의 재능은 가지고 있지만 성인의 道는 없고, 나는 성인의 道는 지니고 있지만 성인의 재능은 없다. 그래서 내가 복량기에게 <성인의 도를> 가르쳐 주고자 하는데, 바라노니 그가 과연 성인이 될 수 있을 것인가. 비록 그렇게 되지 않는다 하더라도 성인의 도를 성인의 재능이 있는 사람에게 일러 주는 것은 또한 쉬운 일이다."

【역주】

1) 南伯子葵 : 인명. 李頤는 "葵는 마땅히 綦가 되어야 하니 音이 비슷하여 잘못된 것이다[葵當爲綦 聲之誤也]."라고 풀이했다. <齊物論>편의 南郭子綦와 <人間世>편, <徐無鬼>편의 南伯子綦는 모두 동일 인물로 추정된다. 그러나 <齊物論>편의 南郭子綦나 <人間世>편과 <徐無鬼>편의 南伯子綦는 이미 도를 터득한 사람으로 묘사되고 있고, 여기의 南伯子葵는 아직 도를 알지 못하는 사람으로 표현되고 있다는 점이 다르다. 자세한 내용은 <齊物論>편 제1장의 역주 참조.

2) 女偊(우) : 인명. 成玄英은 '옛날 道를 품고 있었던 사람[古之懷道人]'이라고 풀이했고, 陳景

元은 '옛날 道를 지니고 있었던 여인[古之有道女人]'이라고 풀이했다.

3) 子之年長矣 : 그대의 나이가 많음. 子는 2인칭. 年長은 나이가 많다는 뜻.

4) 色若孺子 : 안색이 마치 어린아이와 같음. 色은 顔色. 孺子는 어린아이. 李頤는 어린아이[弱子]로 풀이했다.

5) 聞道 : 道를 들음. 王叔岷은 이 구절을 두고 "<知北遊>편에서 '道는 들을 수 없으니 들을 수 있다면 도가 아니다.'라고 했는데 여기서 도를 들었다고 말한 것은 무엇을 말하는가? 도는 귀로 들을 수 없다. 귀는 듣는 데에 그칠 뿐이다. 마땅히 마음으로 들어야 하고 나아가서는 氣로 들어야 한다. <人間世>편에서 '귀로 듣지 말고 마음으로 들으며, 또 마음으로 듣지 말고 氣로 들어야 한다.……氣는 마음을 비워서 物을 기다리는 것이다. 道는 오직 마음을 비우는 곳에 응집된다.'고 한 것이 이 뜻이다[案知北遊篇 道不可聞 聞而非也 此言聞道 何也 蓋道不可以耳聞 耳止於聽而已 當聽之以心 進而聽之以氣 人間世篇 無聽之以耳 而聽之以心 無聽之以心 而聽之以氣……氣也者 虛而待物者也 唯道集虛 是也]."라고 풀이했는데 참고할 만한 견해이다.

6) 惡(오)惡(오)可 : 아! 어찌 되겠는가. 도를 배워서 알 수 없다는 뜻으로 이해하는 것이 일차적이지만, 뒤의 '子 非其人也'를 보면 사람에 따라 도를 배울 수도 있고 그렇지 못할 수도 있다는 뜻으로 이해할 수도 있다. 앞의 惡는 상대의 의견을 반박하는 뜻의 감탄사. 뒤의 惡는 어찌.

7) 子非其人也 : 그대는 그런 사람이 아님. 道를 배울 수 있는 사람이 아니라는 뜻.

8) 卜梁倚(기) : 인명. 李頤는 卜梁은 姓이고 倚는 이름이라고 풀이했다. 成玄英은 '卜梁은 姬姓이고 倚는 이름[卜梁姬姓 倚名也]'이라고 풀이했는데 어디에 근거한 것인지 분명치 않다.

9) 有聖人之才 而無聖人之道 : 성인의 才能은 있지만 성인의 道는 없음. 才는 道와 상대되는 말로 才能 또는 才質의 뜻. 成玄英은 "복량기에게 밖에 쓰이는 才는 있지만 안에 응집되는 道가 없음을 말한 것이다[梁有外用之才 而無內凝之道]."라고 풀이했다.

10) 有聖人之道 而無聖人之才 : 성인의 도는 있지만 성인의 재능은 없음. 成玄英은 "女偊에게 虛淡의 道는 있지만 明敏한 才는 없음을 말한 것이다[女偊有虛淡之道 而無明敏之才]."라고 풀이했다.

11) 庶幾其果爲聖人乎 : 바라노니 과연 성인이 될 수 있을 것인가. 한편으로는 성인이 되기를 바라면서도 한편으로는 과연 성인이 될 수 있을지를 의심하는 표현.

12) 以聖人之道 告聖人之才 亦易(이)矣 : 성인의 도를 성인의 재능이 있는 사람에게 일러 주는

것은 또한 쉬움. 성인의 道를 지니고 있는 사람이 도를 일러 주는 것은 쉽다는 뜻. 成玄英은 "아는 것이 어려운 것이 아니라 실천하는 것이 어려운 것이다[非知之難 行之難也]."를 말한 것이라고 풀이했다.

吾猶守而告之[1)]하니 參日而後에 能外天下코 已外天下[2)]矣어늘 吾又守之[3)]호니 七日而後에 能外物[4)]코 已外物矣어늘 吾又守之호니 九日而後에 能外生[5)]코 已外生矣而後에 能朝徹[6)]하고 朝徹而後에 能見獨[7)]코 見獨而後에 能無古今[8)]코 無古今而後에 能入於不死不生[9)]하니라

"나는 그래도 차근차근히 지켜보면서 그에게 일러 주었는데, 3일이 지난 뒤에 천하를 잊어버렸고, 이미 천하를 잊어버리자 내가 또 그를 지켜보니 7일이 지난 뒤에 모든 事物을 잊어버렸고, 이미 모든 사물을 잊어버리자 내가 또 그를 지켜보니 9일이 지난 뒤에 자기의 삶을 잊어버렸고 이미 삶을 잊어버린 이후에 아침 햇살과 같은 경지에 도달하였고, 아침 햇살과 같은 경지에 도달한 이후에는 홀로 우뚝 선 道를 볼 수 있었고, 홀로 우뚝 선 도를 본 뒤에는 시간의 흐름을 다 잊어버릴 수 있었고, 시간의 흐름을 잊은 이후에 죽지도 않고 살지도 않는 경지에 들어갈 수 있었다."

【역주】

1) 猶守而告之 : 그래도 차근차근히 지켜보면서 일러 줌. 卜梁倚가 성인이 될 수 있을지는 확실하지 않지만 그래도 복량기의 행동을 지켜보면서 차근차근히 道에 관해 일러 주었다는 뜻. 守而告之에 대해서는 이설이 분분하지만 ≪論語≫ <子罕>편의 '循循然善誘人'과 같은 맥락으로 이해하는 것이 적절하다. 곧 "道를 곧바로 일러주지 않고 제자가 수행해 나가는 과정을 지켜보면서 가르치는 차례를 따라 차근차근히 일러주었다."는 뜻이다. 聞一多는 '告而守之'로 보아야 한다고 했지만 근거없는 주장이며, 王先謙은 '守而不去'로 풀이했지만 의미가 불분명하다. 또 安東林은 '신중히 대하다'는 뜻으로 풀이했지만 역시 불충분하다. 여기서는 뒤에 '吾又守之'가 두 차례나 나오는 것을 근거로 삼아서 女偊가 복량기의 행동을 지켜보면서 차례를 따라 차근차근히 도를 일러주었다는 의미로 보았다. 곧 女偊는 外天下→外物→外生→朝徹→見獨→無古今→入於不死不生에 이르는 단계별 수행과정을 따라 道를 전수했다는 뜻이다. 이와 같은 단계별 수행은 <寓言>편의 '一年而野 二年而從 三年而通 四年而物 五年

而來 六年而鬼入 七年而天成 八年而不知死 不知生 九年而大妙'라는 구절에서도 찾아볼 수 있다.

2) 外天下 : 천하를 도외시함. 外는 도외시함, 잊어버리다는 뜻. 천하의 어지러운 人間事를 잊어버렸다는 뜻.

3) 吾又守之 : 내가 또 지켜봄. 吾又守而告之의 줄임이다.

4) 外物 : 모든 사물(만물)을 度外視함. 뒤의 外生과 상대하여 외부의 모든 사물을 잊어버렸다는 뜻이다.

5) 外生 : 삶을 도외시함. 자기의 삶마저 잊어버렸다는 뜻. 앞의 外物에 비해 더 어려운 경지를 의미한다.

6) 朝徹 : 아침 햇살과 같은 경지. 어둠을 꿰뚫는 아침 햇살과 같이 모든 것을 밝게 비춘다는 뜻으로 도를 깨우쳤음을 형용한 표현. 李頤와 兪樾 등은 朝를 早로 보고 일찍의 뜻으로 풀이했지만 적절치 않다. 奚侗은 ≪說文解字≫에서 '朝는 旦이고 旦은 밝음[朝旦也 旦明也]'이라고 풀이한 것을 근거로 여기의 朝徹을 明徹로 풀이했는데, 朝와 明은 갑골문의 글자 형태도 비슷하기 때문에 이 견해를 따르는 것이 적절하다. 徹은 通徹의 뜻으로 밝게 안다는 의미.

7) 見獨 : 홀로 우뚝 선 도를 봄. 林希逸은 "자신은 보지만 다른 사람은 보지 못함이다[自見而人不見也]."로 풀이했는데 통상적인 문법에 어긋나는 풀이일 뿐만 아니라 見의 대상이 불분명해지기 때문에 따르지 않는다. 여기의 獨은 ≪老子≫ 제25장에 나오는 '獨立不改'의 獨으로 道의 절대성을 형용한 것으로 이해하는 것이 적절하다. 方勇·陸永品은 馮友蘭이 ≪中國哲學史新編≫에서 "이른바 見獨은 바로 道와 서로 만났다는 뜻이다. 莊周는 道는 絶對이기 때문에 그것과 서로 對立되는 것이 없다고 생각했다. 그 때문에 獨이라고 일컬은 것이다."라고 분석한 것을 인용하면서 獨을 '우뚝하게 홀로 선 至道[卓然獨立的至道]'라고 풀이했는데 이 견해를 따른다. 이어지는 문단에서 '殺生者 不死 生生者 不生'과 같이 도의 절대성을 강조하는 내용이 나오는 것을 보더라도 이 견해가 타당함을 알 수 있다.

8) 無古今 : 고금을 잊어버림. 곧 시간의 흐름을 잊어버렸다는 뜻. 宣穎은 "고금을 한가지로 여긴다[古今一也]."고 풀이했다. <知北遊>편에 '古猶今也 無古無今'이라는 유사한 표현이 보인다(王叔岷).

9) 入於不死不生 : 不死不生의 경지에 들어감. 곧 죽지도 않고 살지도 않는 道의 경지에 들어섰다는 뜻. <寓言>편의 '不知死 不知生'과 유사한 맥락이다.

殺生者 不死하며 生生者 不生1)이니라 其爲物2)이 無不將也하며 無不迎也3)하며 無不毁也하며 無不成也4)하니 其名이 爲攖寧5)이니 攖寧也者는 攖而後에 成者也6)니라

"살아 있는 것을 死滅시키는 존재는 그 자신이 사멸하지 않으며, 살아 있는 것을 생성하는 존재는 그 자신이 생성되지 않는다. 사물을 보내지 아니함이 없고 맞이하지 아니함이 없으며 허물지 않음이 없고 이루지 않음이 없으니 그 이름을 攖寧이라 한다. 영녕이라고 하는 것은 어지럽게 어울린 뒤에 <대상 사물과> 우호적인 관계를 이루는 것이다."

【역주】

1) 殺生者 不死 生生者 不生 : 살아 있는 것을 사멸시키는 존재[道]는 그 자신이 사멸하지 않으며, 살아 있는 것을 생성하는 존재는 그 자신이 생성되지 않음. 무엇에 의해 사멸되거나 무엇에 의해 생성되지 않는 도의 절대성을 표현한 말. 殺生者와 生生者는 각각 사물을 죽이는 존재[殺物者]와 사물을 생성시키는 존재[生物者]를 의미하며 道를 지칭한다.

2) 其爲物 : 사물에 대해서. 其於物과 같다. 成玄英은 '道의 물됨[道之爲物]', 곧 道의 구체적인 성질이라는 뜻으로 풀이했지만 여기서는 王叔岷이 '爲는 於와 같다[爲猶於也]'고 풀이한 견해를 따랐다. 뒤의 '無不將也 無不迎也 無不毁也 無不成也'는 모두 道, 또는 道를 터득한 사람이 사물에 대해 지니는 편견 없는 태도를 의미하기 때문에 其爲物을 其於物로 풀이하는 것이 적절하다. 또 <應帝王>편에는 이 구절과 유사한 '至人之用心若鏡 不將不迎 應而不藏'이라는 표현이 나오는데 이 경우 "至人의 마음 씀씀이는 마치 거울과 같아서, <사물을> 보내지도 아니하고 <사물을> 맞이하지도 아니하며, 비추어 주기만 하고 모습을 간직하지는 않는다."는 뜻이므로 역시 도를 터득한 사람이 사물을 대하는 태도를 표현한 것이다.

3) 無不將也 無不迎也 : 보내지 아니함이 없고 맞이하지 아니함이 없음. 곧 사물이 가면 가는 대로 내버려 두고 사물이 오면 맞이한다는 뜻이다. 郭象은 "스스로 가게 놓아두기 때문에 보내지 않음이 없고, 스스로 맞이하게 놓아두기 때문에 맞이하지 않음이 없다[任其自將 故無不將 任其自迎 故無不迎]."고 풀이했다. 표현은 다르지만 <應帝王>편의 '不將不迎'과 같은 맥락이다.

4) 無不毁也 無不成也 : 허물지 않음이 없고 이루지 않음이 없음. 허물어지는 것은 허물어지게 놓아두고 이루어지는 것은 이루어지게 내버려 두어서 인위적인 편견으로 간섭하지 않는다는 뜻. 郭象은 "스스로 허물어지게 놓아두기 때문에 허물지 않음이 없고, 스스로 이루어지게

놓아두기 때문에 이루지 않음이 없다[任其自毁 故無不毁 任其自成 故無不成].”고 풀이했다.

5) 其名爲攖寧 : 그 이름을 攖寧이라 함. 攖은 외부의 사물과 어지럽게 얽히고설켜서 함께 어울린다는 뜻이고, 寧은 그렇게 함으로써 외부의 사물과 조화로운 관계를 유지한다는 뜻이다. 郭象은 攖을 縈으로 보고 “사물이 어지러우면 나 또한 함께 어지러워져서 편안하지 않음이 없다[物縈亦縈 未始不寧也].”고 풀이했는데 이 견해가 옳다. 福永光司는 不死不生의 道와 자기가 하나로 抱擁하면서 실현되는 편안한 경지라 하고 이것을 莊子의 絶對世界, 장자의 解脫이라고 풀이했다. 한편 成玄英이 “비록 외부의 사물이 어지러워도 성인의 마음은 편안하다[雖攖而寧].”고 풀이한 이래 ‘어지러움 속의 평온’(오강남) 등으로 이 견해를 따르는 주석가들이 많지만 攖寧은 바로 앞의 ‘無不將也 無不迎也 無不毁也 無不成也’를 攖寧이라는 명칭으로 설명한 것이고, 바로 뒤의 본문에 ‘攖而後 成者也’라는 풀이가 나오기 때문에 攖과 寧을 대립되는 의미로 이해하는 것은 적절치 않다.

6) 攖而後 成者也 : 사물과 어지럽게 어울린 뒤에 편안한 관계를 이룸. 成은 앞의 寧과 같은 뜻으로, ≪春秋左氏傳≫ 隱公 1년의 ‘公立而求成焉(은공이 즉위하여 송나라와 우호를 맺고자 했다)’의 成과 같이 적대적인 관계를 청산하고 우호관계를 맺는 것을 의미한다. 곧 대상 사물과 조화로운 관계를 맺는다는 뜻이다.

南伯子葵曰 子獨惡乎에 聞之[1]오 曰 聞諸副墨之子[2]호라 副墨之子는 聞諸洛誦之孫[3]하고 洛誦之孫은 聞之瞻明[4]하고 瞻明은 聞之聶許[5]코 聶許는 聞之需役[6]하고 需役은 聞之於謳[7]하고 於謳는 聞之玄冥[8]하고 玄冥은 聞之參寥[9]하고 參寥는 聞之疑始[10]하니라

南伯子葵가 말했다.

“선생께서는 홀로 어디에서 그런 것을 들으셨습니까?”

女偶가 말했다.

“나는 그것을 副墨의 아들에게서 들었다. 부묵의 아들은 그것을 洛誦의 손자에게서 들었고, 낙송의 손자는 그것을 瞻明에게서 들었고, 첨명은 그것을 聶許에게서 들었고, 섭허는 그것을 需役에게서 들었고, 수역은 그것을 於謳에게서 들었고, 오구는 그것을 玄冥에게서 들었고, 현명은 그것을 參寥에게서 들었고, 참료는 그것을 疑始에게서 들었다.”

【역주】

1) 子獨惡乎聞之 : 그대는 홀로 어디에서 그런 것을 들었는가. 왕숙민은 獨을 乃와 같다고 풀이했는데 여기의 獨은 홀로의 뜻이 약하기 때문에 참고할 만한 견해이다.

2) 副墨之子 : 부묵의 아들. 副墨은 인명이지만 여기서는 문자를 쓰는 도구인 먹[墨]을 擬人化한 표현이다. 따라서 부묵의 아들은 먹으로 쓰여진 문자를 지칭하며 道를 전달하는 보조수단을 상징한다. 成玄英은 "副는 이차적인 보조수단이고 墨은 翰墨으로 文字를 뜻한다[副副貳也 墨翰墨也 翰墨文字也]."고 풀이했다. 副墨之子 이하 9명은 실재의 인물이 아니고 어떤 철학적 槪念의 擬人化이다. 곧 道의 淵源이 深遠함을 寓意를 통해 표현한 것이다.

3) 洛誦之孫 : 낙송의 손자. 洛誦 또한 인명이지만 여기서는 문자보다 자유로운 표현이 가능한 말을 의인화한 표현이다. 곧 낙송의 손자는 말로 전해지는 모든 것을 상징한다. 成玄英은 洛을 羅洛으로 풀이했고, 李頤는 苞洛으로 풀이했으며, 王先謙은 絡의 가차자로 풀이했는데, 모두 줄줄이 이어져 있는 모습을 표현한 것이다. 誦은 暗誦하다는 뜻. 따라서 洛誦은 책을 보지 않고 줄줄 외우는 것을 의인화한 표현이다. 成玄英은 "책을 보고 읽는 것을 부묵이라 하고 책을 등지고 암송하는 것을 낙송이라 한다[臨本謂之副墨 背文謂之洛誦]."고 풀이했다.

4) 瞻明 : 인명. 눈으로 직접 道를 보고 분명히 안 사람이라는 뜻으로 앞의 부묵의 아들과 낙송의 손자가 도를 문자나 말 따위의 이차적인 도구를 통해 불완전하게 이해한 것이라면, 여기의 첨명은 도를 직접 보았다는 뜻으로 도에 더 가까이 다가갔음을 의미한다. 瞻은 보다는 뜻이고 明은 눈이 밝다는 뜻. 곧 도를 분명히 보았다는 뜻이다. 李頤는 '神明이 洞徹함[神明洞徹也]'이라고 풀이했다. '보고서 분명히 아는 것[視而明之也]'이라 한 朱桂曜의 풀이가 簡易直截하다.

5) 聶許 : 인명. 道를 들으면 바로 알아듣는 사람이라는 뜻. 聶은 귀를 붙잡고 일러 준다는 뜻이고, 許는 일러 주는 말을 들으면 곧바로 이해한다는 뜻. 앞의 瞻明은 道의 체득을 시각적으로 표현한 것이고, 여기의 聶許는 道의 체득을 청각적으로 표현한 것이다. 곧 聶은 瞻과, 許는 明과 상대되는 표현으로 이해할 수 있다. 곧 朱桂曜가 瞻明을 視而明之也로 풀이한 방식을 따르면 聶許는 '듣고서 바로 이해한다[聽而許之也]'는 뜻으로 풀이할 수 있다. 成玄英은 聶을 '귀에 대고 사사로이 일러주는 것[附耳私語]'으로 풀이했고 許를 '스스로 이해하는 것[私自許當]'으로 풀이했다. 陳景元은 "눈으로 理를 본 것을 첨명이라 했고, 귀에 대고 일러주는 것을 섭허라 했다[見理曰瞻明 耳告曰聶許]."고 풀이했고, 釋德淸은 '소리를 들으면 마음속으로 이해하는 것[聲入心通]'으로 풀이했고, 陳壽昌은 '들으면 마음으로 이해하는 것[聽之

而心許]'이라고 풀이했는데 모두 참고할 만하다. 한편 李頤는 聶을 攝으로, 許를 與로 보고 "거두어들여서 보존하기만 하고 베풂이 없다[攝而保之 無所施與也]."고 풀이했는데 부적절하다.

6) 需役 : 인명. 기다렸다가 道를 기르는 사람이라는 뜻. 需는 ≪周易≫ 需卦의 彖傳에서 "需는 기다림이다[需須也]."로 풀이한 것처럼 기다리다[須 또는 待]는 뜻이고, 役은 기른다는 뜻. 需에 대해서는 주석가들의 견해가 대체로 일치하지만, 役은 쓰다[用], 또는 실천하다[行]는 뜻으로 보는 견해(成玄英, 林希逸, 宣穎)와 부림을 당하다[爲役]는 뜻으로 보는 견해(李頤)가 있지만, 여기서는 王叔之가 기르다[亭毒]는 뜻으로 풀이한 것을 따랐다. 役을 실천하다는 일반적인 뜻으로 보게 되면 이것을 '실천적인 試圖를 하는 사람', '실천을 하는 사람'으로 볼 수 있다.

7) 於(오)謳 : 인명. 道를 즐겨서 감탄하고 노래하는 사람이라는 뜻. 林希逸은 "於謳는 말로 부족해서 길게 노래하는 것이고, 於는 감탄하는 것이니 스스로 도를 얻은 것을 즐거워함을 말한 것이다[於謳者 言之不足而詠歌之也 於 嗟嘆也 言其自得之樂也]."라고 풀이했다.

8) 玄冥 : 인명. 깊고 어두워서 알 수 없는 사람이라는 뜻. 玄과 冥은 모두 깊고 어둡다는 뜻으로 道와 일체가 되어서 人智로는 알 수 없는 경지에 도달했음을 형용한 표현이다. 向秀와 郭象은 '無이면서 無가 아님을 일컬은 것[所以名無而非無也]'이라고 풀이했고, 成玄英은 '玄은 깊고 멂을 일컬음이고 冥은 그윽하고 고요함을 일컬음[玄者 深遠之名也 冥者幽寂之稱]'이라고 풀이했다. <秋水>편에는 "玄冥에 시작해 大通으로 돌아간다[始於玄冥 反於大通]."는 표현이 보이는데 이때의 현명과 대통은 모든 것을 깨우쳐 도의 경지에 도달했음을 달리 표현한 것으로 인명으로 쓰인 것은 아니다.

9) 參寥(참료) : 인명. 텅 비어 있는 道에 참여하는 사람, 또는 그것을 깨달은 사람이라는 뜻. 參은 참여하다[參合]는 뜻(羅勉道)이고, 寥는 空虛의 뜻(王叔岷). 곧 아무런 작용이 없는 道의 경지에 도달했음을 형용한 표현이다. 宣穎은 參을 깨우치다[參悟]는 뜻으로 풀이했는데 羅勉道의 견해와 유사하다. 成玄英은 參을 삼(三)으로 읽고 寥를 끊어버리다는 뜻으로 보고, 세 가지를 끊어버린 경지[絶有 絶無 非有非無]에 도달했다는 의미로 풀이했지만 천착에 가까운 견해이다. 또 參을 높다는 뜻으로 보는 견해(李頤)와, 槮(삼)의 假借字로 높은 모양을 뜻한다는 견해(朱駿聲, 王叔岷)가 있지만 앞의 玄冥이나 뒤의 疑始와 어울리지 않기 때문에 따르지 않았다.

10) 疑始 : 인명. 시작을 알 수 없는 경지에 도달한 사람. 道는 스스로를 근본으로 삼기[自本

自根] 때문에 그 시작을 추측할 수 없다는 뜻(方勇·陸永品). 宣穎이 "疑始란 시작이 있는 듯하지만 시작이 없는 것이다[疑始者 似有始而未嘗有始也]."라고 풀이한 것이 적절하다. 한편 池田知久는 疑를 王闓運, 赤塚忠의 견해에 근거하여 凝(응)의 뜻으로 보아, 疑始란 '世界의 根源에 凝佇하는 것'이라고 하였다. 참고할 만하기에 一說로서 언급해 둔다.

## 第3章

子祀와 子輿와 子犁와 子來[1]와 四人이 相與語하야 曰 孰能以無로 爲首하고 以生으로 爲脊하고 以死로 爲尻[2]며 孰知死生存亡之一體者오 吾 與之友矣로리라 四人이 相視而笑하야 莫逆於心[3]이어늘 遂相與爲友러니 俄而오 子輿有病[4]이어늘 子祀 往問之曰 偉哉라 夫造物者 將以予로 爲此拘拘也[5]여 曲僂發背[6]하야 上有五管하며 頤隱於齊하고 肩高於頂하며 句贅指天[7]하더니 陰陽之氣 有沴[8]호대 其心은 閒而無事[9]하더라 跰𨇤而鑑於井[10]하야 曰 嗟乎라 夫造物者여 又將以予로 爲此拘拘也여

子祀, 子輿, 子犁, 子來 네 사람이 함께 이야기를 나누다가 이렇게 말했다.

"누가 無를 머리로 삼고 生을 등뼈로 삼고 死를 꽁무니로 삼을 수 있는가? 누가 生과 死, 存과 亡이 한 몸임을 아는가? <만일 그런 사람이 있다면> 우리는 그와 사귀고 싶다."

그리고는 네 사람이 서로 쳐다보면서 빙그레 웃고 마음에 거슬리는 것이 없자 마침내 서로 더불어 벗이 되었다.

얼마 있다가 자여가 병에 걸리자, 자사가 가서 병의 차도를 물으면서 말했다.

"기이하구나! 조물자가 그대를 이처럼 구부러지게 하였구나."

구부러진 곱사등이 등에 생겨 오장이 위에 붙고, 턱은 배꼽 아래에 숨고, 어깨는 이마보다도 높고, 상투는 하늘을 가리키고 있는데, 음양의 氣가 조화를 잃어버렸는데도 그 마음은 한가로워 아무 일도 없는 것 같았다.

자여가 비틀비틀 걸어가 우물에 자기 모습을 비춰보고는 말했다.

"아아! 저 조물자여, 거듭 나를 이처럼 구부러지게 하는구나."

【역주】

1) 子祀 子輿 子犁 子來 : 네 사람의 인명. 이 네 사람에 대해서는 본문에 나오는 내용 이외에 고찰할 만한 자료가 거의 없다. 子祀에 대해서만은 崔譔이 "≪淮南子≫에는 子永으로 되어 있으며 54년 동안 살다가 곱사등이가 되었다[淮南作子永 行年五十四而病傴僂]."고 풀이하고 있다. 그러나 지금의 ≪淮南子≫ <精神訓>에는 子永이 子求로 표기되어 있을 뿐만 아니라, ≪淮南子≫에 기록된 子求의 사적도 본문에 나오는 子輿의 사적과 일치하고 있다. 따라서 ≪淮南子≫의 子求는 ≪莊子≫ 본문의 子輿와 동일한 인물로 보는 것이 타당하다(方勇・陸永品).

2) 以無爲首 以生爲脊 以死爲尻(고) : 無를 머리로 삼고, 生을 등뼈로 삼고 死를 꽁무니로 삼음. 脊은 등뼈이고 尻는 등뼈 말단의 꼬리뼈. 사람의 몸이 머리와 등, 꽁무니가 이어져 있는 것처럼 사람의 삶과 죽음 또한 한 몸처럼 이어져 있음을 비유한 표현. 이 구절부터 '與之友矣'까지의 내용은 <庚桑楚>편에도 '以無有爲首 以生爲體 以死爲尻 孰知有無死生之一守者 吾與之爲友'로 나온다.

3) 莫逆於心 : 마음에 거슬림이 없음. 네 사람의 생각이 완전하게 일치함을 표현.

4) 俄而子輿有病 : 얼마 있다가 자여가 병에 걸림. 俄而는 얼마 있다가, 이윽고.

5) 偉哉 夫造物者 將以予 爲此拘拘也 : 기이하구나. 조물자가 그대를 이렇게 구부러지게 하였구나. 偉는 기이한 모양. 予는 子의 誤字(車柱環). 拘는 痀로, 拘拘는 등이 구부러진 모양을 형용. 痀가 곱사등이를 형용한 예는 <達生>편의 '見痀僂者'에서 찾아볼 수 있다(王叔岷). 王叔之는 拘拘를 '몸이 펴지지 않는 모양[不申]'으로 풀이했다. 이 구절에 대해서는 崔譔, 成玄英을 비롯한 대부분의 주석가들이 子輿가 스스로 한 말로 보고 있지만, 그렇게 볼 경우 아래에 이어지는 子輿의 말(跰䠞而鑑于井曰 嗟乎 夫造物者 又將以予 爲此拘拘也)과 중복되기 때문에 적절치 않다. 따라서 여기서는 車柱環이 予를 子의 誤字로 보고 子祀가 문병하는 말로 본 견해를 따르기로 한다. 다음 문단의 '偉哉造化 又將奚以女爲 將奚以女適'은 子來가 병에 걸렸을 때 子犁가 문병하는 말인데 予가 아닌 女로 되어 있을 뿐만 아니라, 내용 또한 동일한 서사구조를 갖추고 있다. 따라서 여기의 予가 오자임은 거의 틀림이 없다. 다만 予가 子의 誤字(글자의 모양이 비슷해서 잘못 되었을 가능성)일 수도 있고 女의 誤字(발음이 비슷해서 잘못되었을 가능성)일 수도 있다. 王叔岷 또한 아래의 문장에서 子來가 병에 걸렸을 때 子犁가 가서 문병할 때도 이처럼 묻는 말이 있었음을 들어 車柱環의 견해에 동의하고 있다. 崔譔이 "여기서부터 鑑於井까지는 모두 子祀가 스스로 병의 증세를 말한 것이다[自此

至鑑於井 皆子祀自說病狀也].”라고 풀이한 것은 옳지 않다.

6) 曲僂發背 : 구부러진 곱사등이 등에 생김. 曲僂는 傴僂(곱사등)와 같고 發背는 傴僂가 등에 생겼다는 뜻. 成玄英은 “등과 허리가 구부러지고 곱사등이 등에 드러난 것[傴僂曲腰背骨發露]”으로 풀이하여 曲을 허리가 구부러진 것으로 따로 풀이했지만 적절치 않다. 여기서는 馬敍倫이 曲僂는 傴僂와 같은 뜻으로 풀이한 견해를 따랐다. 池田知久도 같은 견해이다.

7) 上有五管 頤隱於齊 肩高於頂 句贅(췌)指天 : 오장이 위에 붙고, 턱은 배꼽 아래에 숨고, 어깨는 이마보다도 높고, 상투는 하늘을 가리킴. 齊는 배꼽[臍], 句贅는 상투. <人間世>편에는 臍와 會撮(괄촬)로 되어 있다. 이 구절과 동일한 표현이 <人間世>편에 ‘頤隱於臍 肩高於頂 會撮指天 五管在上’으로 나오는데 句贅가 會撮로 되어 있고, 上有五管이 五管在上으로 되어 있을 뿐 거의 같은 표현이다. 자세한 풀이는 <人間世>편의 역주 참조.

8) 陰陽之氣 有沴(려) : 陰陽의 氣가 조화를 잃어버림. 沴는 조화를 잃어버리다는 뜻. 郭象은 沴를 陵亂으로 풀이했고, 奚侗은 ≪漢書≫ <五行志>를 인용하여 “氣가 서로 해치는 것을 沴라 한다[氣相傷謂之沴].”고 풀이했다. 王闓運은 有를 又로 풀이했는데 참고할 만하다.

9) 其心閒(한)而無事 : 그 마음이 한가로워 아무 일도 없는 듯함. 郭象은 “그것을 근심으로 여기지 않음이다[不以爲患].”라고 풀이했다.

10) 跰(변)躚(선)而鑑於井 : 비틀비틀 걸어 가 우물에 자기 모습을 비춰봄. 跰躚은 비틀비틀 간신히 걸어가는 모양.

子祀曰 汝는 惡之乎아 曰 亡[1]라 予何惡호리오 浸假而化予之左臂하야 以爲雞[2]인댄 予因以求時夜[3]하며 浸假而化予之右臂하야 以爲彈인댄 予因以求鴞炙하며 浸假而化予之尻[4]하야 以爲輪코 以神으로 爲馬[5]인댄 予因而乘之하리니 豈更駕哉[6]요 且夫得者도 時也며 失者도 順也[7]니 安時而處順[8]이면 哀樂이 不能入也[9]하나니 此古之所謂縣解[10]也니 而不能自解者는 物有結之[11]니 且夫物이 不勝天[12]이 久矣온 吾又何惡焉이리오

자사가 말했다.

“그대는 그것이 싫은가?”

자여가 말했다.

"아니다. 내가 무엇을 싫어하겠는가. 가령 나의 왼쪽 팔뚝을 서서히 변화시켜서 닭이 되게 한다면, 나는 그것을 따라 새벽을 알리는 울음을 내게 할 것이고, 가령 나의 오른쪽 팔뚝을 서서히 변화시켜서 탄환이 되게 한다면 나는 그것을 따라 새구이를 구할 것이며, 가령 나의 궁둥이를 변화시켜서 수레바퀴가 되게 하고 나의 정신을 말[馬]이 되게 한다면, 나는 그것을 따라 수레를 탈 것이니 어찌 따로 수레에 멍에하겠는가. 게다가 생명을 얻는 것도 때를 따르는 것이며, 생명을 잃는 것도 때를 따르는 것이니, 태어나는 때를 편안히 맞이하고 죽는 때를 순하게 따르면 슬픔이나 즐거움 따위의 감정이 나의 마음에 들어올 수 없다. 이것이 옛날의 이른바 '거꾸로 매달렸다가 풀려났다'는 것이다. 그런데도 사람들이 스스로 풀려나지 못하는 것은, 사물이 그것을 묶어놓고 있기 때문이다. 또 사물이 天(自然)을 이기지 못한 지 오래되었는데 내가 또 무엇을 싫어하겠는가."

【역주】

1) 亡(무) : 無와 같다(成玄英). 부정하는 말.

2) 浸假而化予之左臂 以爲雞 : 가령 나의 왼쪽 팔뚝을 서서히 변화시켜서 닭이 되게 한다면. 浸은 점차의 뜻(郭象, 向秀)으로 侵의 假借字이다(王叔岷). 假는 假令의 뜻(成玄英). 林希逸은 使로 풀이했는데 같은 뜻이다.

3) 予因以求時夜 : 나는 그것을 따라 새벽을 알리는 울음을 내게 할 것임. 時夜는 司夜 곧 밤을 담당한다는 뜻으로 새벽을 알리는 울음을 낸다는 의미.

4) 尻 : 꽁무니. 여기서는 엉덩이를 뜻한다.

5) 以神爲馬 : 정신을 말로 삼음. 神은 앞에 나온 臂와 尻 등의 육체적인 것과 상대되는 精神을 의미한다.

6) 豈更駕哉 : 어찌 따로 수레에 멍에하겠는가. 달리 말을 구해 와 멍에할 필요가 없다는 뜻.

7) 得者時也 失者順也 : 생명을 얻는 것도 때를 따르는 것이며, 생명을 잃는 것도 때를 따르는 것임. 得과 失은 각각 生과 死를 의미한다.

8) 安時而處順 : 태어나는 때를 편안히 맞이하고 죽는 때를 순하게 따름. 이 구절부터 '古之所謂縣解也'까지는 이미 <養生主>편에도 '安時而處順 哀樂不能入也 古者謂是帝之縣解'로 거의 차이 없이 나왔다. 자세한 풀이는 <養生主>편의 역주 참조.

9) 哀樂不能入也 : 슬픔이나 즐거움 따위의 감정이 나의 마음에 들어올 수 없음. 삶을 즐거워하고 죽음을 슬퍼[悅生惡死]하지 않는다는 뜻.

10) 縣解 : 거꾸로 매달렸다가 풀려남. 자세한 풀이는 <養生主>편의 역주 참조. 向秀는 여기에서 縣解를 '매인 바가 없음[無所係也]'으로 풀이했는데, 王叔岷은 向秀의 주석이 <養生主>편의 縣解에는 없고 이 곳에만 있는 것을 들어, "向秀가 보았던 ≪莊子≫는 <大宗師>편이 <養生主>편 앞에 있었을 가능성이 있다."고 지적했다.

11) 物有結之 : 사물이 그것을 묶어놓고 있음. 外物이 사람으로 하여금 풀려나지 못하게 묶어놓고 있다는 뜻으로, 삶에 대한 愛着이 절대자유의 세계로 돌아가는 縣解를 방해한다는 뜻이다. 物은 外物로 여기서는 외물에 대한 욕망을 뜻한다. 王叔岷은 有를 又와 같다고 풀이했는데 참고할 만하다.

12) 物不勝天 : 사물이 하늘을 이기지 못함. 곧 外物에 대한 집착을 지니고 있는 개별적인 인간은 전체인 자연의 道를 이기지 못한다는 뜻.

俄而오 子來有病하야 喘喘然將死[1]어늘 其妻子環而泣之하더니 子犁往問之하고 曰 叱避[2]하야 無怛化[3]하라 倚其戶하야 與之語하야 曰 偉哉라 造化여 又將奚以汝爲[4]며 將奚以汝適[5]고 以汝로 爲鼠肝[6]乎아 以汝로 爲蟲臂乎아 子來曰 父母於子[7]에 東西南北[8]에 惟命之從하나니 陰陽은 於人에 不翅於父母[9]니라 彼 近吾死[10]어든 而我不聽이면 我則悍矣[11]라 彼何罪焉이리오

또 얼마 있다가 子來가 병에 걸려 헐떡거리면서 막 죽게 되자 그 아내와 자식들이 빙 둘러싸고 울고 있었는데, 子犁가 가서 위문하고 이렇게 말했다.

"쉿! 저리들 비키시오! 이 엄숙한 변화의 작용을 방해하지 마시오."

자리가 문에 기대어 자래에게 말했다.

"기이하구나! 조화여. 또 그대를 무엇으로 만들려 하며, 그대를 어디로 데려가려고 하는가. 그대를 쥐의 간으로 만들 것인가. 그대를 벌레의 다리로 만들 것인가."

자래가 말했다.

"부모란 자식에게 동서남북 어디로 가게 하든 오직 명령을 따라야 하는 존재이다. 陰陽은 사람에게 단지 부모와 같을 뿐만이 아니다. 저 음양이 나를 죽음에 가까이 가게 하는데, 만약 내가 따르지 않는다면 나만 버릇없는 자가 될 뿐이니 저 음양에 무슨 죄가 있겠는가."

【역주】

1) 喘(천)喘然將死 : 헐떡거리면서 막 죽으려 함. 喘喘然은 숨을 급하게 몰아쉬는 모양.

2) 叱避 : 쉿! 저리들 비키시오. 叱은 꾸짖는 소리로 여기서는 소리내어 울지 말고 조용히 하라는 뜻.

3) 無怛(달)化 : 변화를 방해하지 말라. 化는 死와 같고, 怛은 놀라게 하다는 뜻(陸德明)으로 子來의 죽음, 곧 엄숙한 변화의 작용을 방해하지 말라는 뜻. 無는 '~하지 말라'는 뜻의 禁止辭.

4) 將奚以汝爲 : 그대를 무엇으로 만들려는가. 將以汝奚爲의 도치 형태.

5) 將奚以汝適 : 그대를 어디로 데려가려는가. 適은 가다의 뜻. 將以汝奚適의 도치형 문장.

6) 鼠肝 : 쥐의 간. 아래의 蟲臂와 마찬가지로 미세하고 하찮은 사물을 지칭한다.

7) 父母於子 : 부모는 자식에게. 곧 부모가 자식에게 지니는 의미. 父母之於子의 줄임. 之於는 ≪孟子≫ <盡心 上>의 '恥之於人 大矣'의 경우와 마찬가지로 '~이 ~에게 지니는 의미'를 뜻한다. 宣穎은 이 구절을 倒置法으로 보고 子於父母로 고쳐서 읽어야 한다고 주장했고, 王叔岷은 도치법이 아니라 於가 與와 같다고 보고, 부모와 자식의 관계라는 뜻으로 보았지만, 본문을 그대로 두고도 무리 없는 번역이 가능하기 때문에 모두 따르지 않았다.

8) 東西南北 : 동쪽으로 가게 하든 서쪽으로 가게 하든, 남쪽으로 가게 하든, 북쪽으로 가게 하든. 東西南北은 모두 使役의 의미가 담긴 동사로 새겨야 한다.

9) 陰陽於人 不翅於父母 : 음양은 사람에게 부모와 같은 존재일 뿐만이 아님. 陰陽於人 역시 陰陽之於人의 줄임. 不翅는 不啻, 不惟와 같이 '~할 뿐만 아니라'의 뜻.

10) 彼近吾死 : 저 陰陽이 나를 죽음에 가까이 가게 함. 近은 사역의 의미가 담긴 동사로 가까이 가게 하다의 뜻.

11) 我則悍矣 : 나만 버릇없는 자가 될 뿐임. 悍은 사납고 버릇없는 사람을 비유.

夫大塊 載我以形하고 勞我以生하고 佚我以老하고 息我以死하나니 故로 善吾生者乃所以善吾死也[1]니라 今(之)에 大冶[2] 鑄金커든 金이 踊躍[3]하야 曰 我且必爲鏌鋣[4]라하면 大冶必以爲不祥之金이라하리니 今一犯人之形[5]하야 而曰 人耳人耳[6]라하면 夫造化者도 必以爲不祥之人이라하리니 今一以天地로 爲大鑪하고 以造化로

爲大冶하니 惡乎에 往而不可哉7)리오 成然寐8)코 蘧然覺9)어니따녀

대자연은 肉體를 주어 나를 이 세상에 살게 하며, 삶을 주어 나를 수고롭게 하며, 늙음으로 나를 편안하게 해주며, 죽음으로 나를 쉬게 한다. 그 때문에 나의 삶을 좋은 것으로 여기는 것은 바로 나의 죽음을 좋은 것으로 여기기 위한 것이다.

지금 대장장이가 쇠붙이를 녹여서 주물을 만드는데, 쇠붙이가 뛰어 올라와 '나는 장차 반드시 막야와 같은 名劍이 되겠다'고 말한다면, 대장장이는 반드시 상서롭지 못한 쇠붙이라고 여길 것이다. 이제 한 번 인간의 형체를 훔쳐서 세상에 태어나 "나는 언제까지나 오직 사람으로만 살겠다."고 말한다면, 저 造化者도 반드시 상서롭지 못한 사람이라고 생각할 것이니, 지금 한 번 천지를 커다란 용광로로 삼고, 조화를 대장장이로 삼았으니, 어디로 가서 무엇이 된들 좋지 않겠는가? 편안히 잠들었다가 화들짝 깨어날 것이다.

【역주】

1) 夫大塊……乃所以善吾死也 : 이 내용은 제1장에 이미 나왔다. 제1장의 역주 참조.

2) 大冶 : 대장장이. 쇠붙이를 주조하는 기술자. 여기서는 조물자에 비유한 표현. 王先謙은 '쇠를 주조하는 장인[鑄金匠]'으로 풀이했다. 大冶 앞에 '今(之)'로 되어 있는데, 이 之자는 世德堂本에 의거하여 삭제한다고 ≪集釋≫에서 校正하고 있으며 현재 通行되는 諸本에는 모두 之자가 없다.

3) 金踊躍 : 쇠붙이가 뛰어 오름. ≪淮南子≫ <俶眞訓>에 '今夫冶工之鑄器 金踊躍于鑪中'으로 유사한 표현이 나온다.

4) 鏌鋣(막야) : 명검의 이름. '莫邪'로 표기된 문헌도 있다. ≪荀子≫ <性惡>편에는 '吳王 闔閭가 가지고 있었던 보물[闔閭之干將莫邪]'이라는 기록만 보이고, ≪吳越春秋≫와 ≪世說新語≫ 등에는 "오나라 사람 干將이 오왕 합려의 부탁으로 검 두 자루를 만들었는데 그 아내 이름이 莫邪였기 때문에 陽劍을 干將이라 하고 陰劍을 莫邪라고 했다."는 내용이 나온다.

5) 一犯人之形 : 한번 인간의 형체를 훔쳐서 세상에 태어남. 곧 인간의 형체로 鑄造되어 세상에 나왔다는 뜻. 犯은 鑄物을 鑄造한다는 뜻의 範, 또는 틀로 본뜨다는 뜻의 笵과 같다. 자세한 내용은 이 편 제1장 '特犯人之形'의 역주 참조.

6) 人耳人耳 : 사람일 뿐이다. 사람일 뿐이다. 곧 언제까지나 오직 사람으로만 살겠다는 뜻. 중복된 표현을 통해 오직 사람으로만 살겠다는 뜻을 강조한 표현.

7) 惡乎往而不可哉 : 어디로 간들 좋지 않겠는가. 무엇으로 태어나든 모두 자연의 道를 따르는

것이므로 싫어할 이유가 없다는 뜻.

8) 成然寐 : 편안히 잠듦. 李頤는 成然을 '縣解의 모양[縣解之貌]'으로 풀이했고, 成玄英은 '한가로운 모습[閒放之貌]'으로 풀이했으며, 簡文帝는 "成자를 滅자로 고쳐야 한다."고 주장했다. 또 林希逸은 "成은 편안하다는 뜻이니 成然은 잠든 모습이다[成安也 成然寐之狀也]."로 풀이했고, 羅勉道 또한 "成然은 安然과 같다."고 풀이했다. 한편 王叔岷은 "陸德明이 어떤 판본에는 戌자로 되어 있다고 한 것을 근거로, 戌자와 成자의 모양이 비슷하기 때문에 잘못된 것이며 戌의 뜻을 滅로 본 簡文帝의 견해가 옳다."고 주장하는 등 異說이 분분하다. 그러나 여기의 成然이 잠든 모습을 형용한 것임은 분명하고, 또 子來가 편안한 마음으로 자신의 죽음을 받아들이는 맥락의 내용이기 때문에 林希逸과 羅勉道의 견해를 따르는 것이 자연스럽다.

9) 蘧然覺(교) : 화들짝 깨어남. 蘧然은 갑작스러운 상황에 놀라는 모습. 成玄英은 '놀라고 기뻐하는 모양[驚喜之貌]'이라고 풀이했다. 어느 날 갑자기 깨어날 것이라는 뜻으로 <다른 모습을 가지고> 깨어날 날을 기다릴 뿐이라는 뜻.

## 第4章

子桑戶와 孟子反과 子琴張[1] 三人이 相與友[2]하야 曰 孰能相與於無相與며 相爲於無相爲[3]오 孰能登天遊霧[4]하야 撓挑無極[5]하야 相忘以生하야 無所終窮[6]고하야 三人이 相視而笑하야 莫逆於心할새 遂相與爲友[7]러니 莫然有閒[8]코 而子桑戶死하야 未葬이어늘 孔子聞之하고 使子貢[9]으로 往侍事[10]焉하니 或編曲하며 或鼓琴[11]하야 相和而歌하야 曰 嗟來[12]桑戶乎여 嗟來桑戶乎여 而已反其眞이어늘 而我는 猶爲人猗[13]라커늘 子貢이 趨而進하야 曰 敢問하노라 臨尸而歌 禮乎아 二人이 相視而笑하야 曰 是는 惡知禮意[14]리오

子桑戶, 孟子反, 子琴張 세 사람이 서로 사귀면서 말했다.

"누가 서로 사귐이 없는 것을 서로 사귀는 것으로 여기며, 누가 서로 도와줌이 없는 것을 서로 도와주는 것으로 여길 수 있는가. 누가 하늘에 올라 안개 속에 노닐어 한없이 넓은 세계에서 자유롭게 움직여 生을 잊고 끝나고 다하는 바가 없게 할 수 있는가."

세 사람이 서로 얼굴을 마주 보고 빙그레 웃으면서, 각자의 마음에 거스르는 바가 없게 되어 마침내 서로 벗이 되었다.

아무 일 없이 얼마 지난 뒤 子桑戶가 죽어서 아직 장례를 치르지 않았는데, 孔子가 그 소식을 듣고, 子貢으로 하여금 가서 葬事를 도와주게 하였다. <자공이 가 보니> 한 사람은 노래를 부르고, 나머지 한 사람은 거문고를 타면서 서로 화답하면서 노래했다.

"아! 桑戶여. 아! 桑戶여. 그대는 이미 참된 세계로 돌아갔는데 우리는 아직 사람으로 남아 있구나. 아!"

자공이 종종걸음으로 그들 앞에 나아가 말했다.

"감히 묻겠습니다. 屍身을 앞에 놓고 노래하는 것이 禮입니까?"

두 사람이 서로 마주 보고 웃으면서 말했다.

"이 사람이 어찌 禮의 본 뜻을 알겠는가?"

【역주】

1) 子桑戶 孟子反 子琴張 : 세 사람의 이름. 朱熹는 ≪論語集註≫ <雍也>편 제1장의 주에서 "子桑伯子는 魯나라 사람으로 胡明仲이 '바로 장주가 말했던 子桑戶인 것 같다.'고 한 것이 옳다[子桑伯子 魯人 胡氏以爲疑卽莊周所稱子桑戶者是也]."고 했고, 같은 <雍也>편의 '孟之反不伐'의 주에서 "孟之反은 魯나라 대부로 胡明仲이 '反은 바로 장주가 말했던 孟子反인 것 같다.'고 한 것이 옳다[孟之反 魯大夫 名側 胡氏曰 反卽莊周所稱孟子反者是也]."고 했고, ≪孟子集註≫ <盡心 下>의 '如琴張 曾晳 牧皮者 孔子之所謂狂矣'의 주에서 "琴張은 이름은 牢이고 字는 子張이니 子桑戶가 죽자 琴張이 상을 치르는 곳에서 노래를 불렀다. 그 일에 대한 기록이 장자에 나온다[琴張 名牢 字子張 子桑戶死 琴張臨其喪而歌 事見莊子]."고 했다. 이 견해를 따르면 여기의 세 사람은 모두 孔子와 동시대의 인물이다. 한편 池田知久는 子桑戶는 ≪楚辭≫에 子桑扈로 나오며(兪樾, 馬其昶, 朱桂曜), 孟子反과 子琴張은 ≪春秋左氏傳≫에 단편적인 기록이 보인다고 했다.

2) 三人相與友 : 세 사람이 서로 함께 사귐. 제3장의 첫머리에 '四人相與語'로 나오는 것을 근거로 友를 語로 고쳐야 한다는 견해(吳汝綸)도 있고, 뒤의 遂相與友를 遂相與爲友로 보아야 하는 것처럼 여기의 相與友도 相與爲友로 보아야 한다는 주장(王叔岷)이 있지만, 友를 동사로 새기면 본문 그대로 두고도 무리 없는 번역이 가능하기 때문에 따르지 않았다.

3) 相與於無相與 相爲於無相爲 : 서로 사귐이 없는 것을 서로 사귀는 것으로 여기며, 서로 도와줌이 없는 것을 서로 도와주는 것으로 여김. 相與는 서로 사귐이고 無相與는 서로 사귐이

없는 상태. 곧 서로 사귐이 없는 가운데에서 서로 사귄다는 뜻으로, 어떤 의도나 목적을 가지고 사귀는 세속적인 교제를 배제한 상태, 자연 그대로의 상태에서 서로 사귐을 뜻한다. 相爲於無相爲도 같은 맥락. 爲는 위해줌. 곧 도와주다는 뜻.

4) 登天遊霧 : 하늘에 올라 안개 속에 노닒. 霧는 안개로 여기서는 사물의 차별을 인정하지 않는 道의 세계를 비유한 표현이다. 林希逸은 "만물 밖에서 노니는 것이다[遊於物之外也]."라고 풀이했다.

5) 撓(효)挑無極 : 한없이 넓은 세계에서 자유롭게 움직임. 撓挑(효도)는 '이리저리 돌아다닌다[宛轉]'는 뜻(李頤)으로 자유롭게 움직임을 뜻한다. 無極은 한없이 넓은 세계. 역시 道의 세계를 뜻한다. 撓는 어지럽힌다, 굽힌다는 뜻일 때는 音 '뇨', 흔든다는 뜻일 때는 음 '요'이나, 돈다[宛轉]는 뜻으로 쓰일 때는 '효'로 발음한다.

6) 相忘以生 無所終窮 : 生을 잊어버리고 끝나고 다하는 바가 없게 함. 한계가 있는 유한한 生을 잊고 무한한 세계에 자신을 맡긴다는 뜻.

7) 遂相與爲友 : 마침내 서로 벗이 됨. 王叔岷은 "古逸叢書본에는 '遂相與爲友'로 되어 있기 때문에 앞의 三人相與友도 三人相與爲友로 보아야 한다."고 주장했지만, 앞의 경우와 마찬가지로 友를 동사로 새기고 본문 그대로 번역하였다.

8) 莫然有閒 : 아무 일 없이 얼마간 지남. 莫然은 漠然 또는 嘆然과 같다(王叔岷). 소리없이 조용한 모양으로 아무 일도 일어나지 않았음을 나타낸다. 有閒은 잠깐의 시간이 지남. ≪孟子≫ <滕文公 上>의 '憮然爲間', <盡心 下>편의 '爲間不用'의 爲間과 같다(王念孫). 閒은 잠깐의 시간[頃]을 의미(崔譔, 李頤).

9) 子貢 : 인명. 孔子의 제자. 衛나라 출신. 姓은 端木, 이름은 賜. 子貢은 字. ≪史記≫ <仲尼弟子列傳>에 자세하다. <天地>편에도 나온다.

10) 侍事 : 葬事를 도움. 侍는 시중을 든다는 뜻으로 여기서는 돕다의 뜻. 世德堂본을 비롯하여 侍자가 待자로 되어 있는 판본이 많지만, 張君房본에 의거하여 바로잡았다(陳景元, 郭慶藩). 諸本에 따라 侍事를 待事로 읽더라도 이때의 待는 기다린다는 뜻이 아니라 돕는다는 뜻. 이 文章의 往待事焉은 '가서 葬事를 돕게 하였다'는 뜻이 된다.

11) 或編曲 或鼓琴 : 어떤 사람은 노래를 부르고 어떤 사람은 거문고를 뜯음. 曲은 蠶薄 또는 蠶箔(누에를 치는 데 쓰는 채반)으로 編曲은 누에채반을 엮는 것이라는 견해(成玄英, 林希逸, 羅勉道, 馬敍倫, 王叔岷 등)가 지배적이지만, 鼓琴과 어울리지 않을 뿐만 아니라, 각자 다른 일을 하면서 서로 화답한다는 것은 어색하기 때문에 따르지 않았다. 曲자는 ≪國語≫

<周語 上>에 '列士獻詩 瞽獻曲 史獻書'의 경우처럼 樂曲의 뜻으로 쓰이는 경우가 있기 때문에 여기서는 노랫말을 이어붙이는 것을 編曲이라 보고 번역하였다. 宣穎은 '가곡을 차례대로 엮는 것[編次歌曲]'으로 풀이했고, 陳景元은 '辭曲을 차례로 엮어 거문고에 화답한 것[編次辭曲 以和琴也]'으로 풀이했으며, 池田知久, 方勇·陸永品 등이 이들의 견해를 따르고 있다.

12) 嗟來 : 아! 탄식하는 소리. 여기서는 노래 가사 중의 일부이다. 嗟乎와 같다. 來는 어조사로 ≪莊子≫에는 來자가 어조사로 쓰이는 경우가 많다(范耕研, 方勇·陸永品).

13) 而已反其眞 我猶爲人猗 : 그대는 이미 참된 세계로 돌아갔는데 우리는 아직 사람으로 남아 있구나. 아! 猗는 감탄사 啊와 같다(胡懷琛). 而는 2인칭.

14) 是惡知禮意 : 이 사람이 어찌 예의 본뜻을 알겠는가. 子貢을 상대조차 하지 않았음을 나타내는 표현. 是는 子貢을 지칭. 禮意는 禮의 본뜻. 林希逸은 "禮意는 禮의 根本이라고 말한 것과 같다[禮意 猶言禮之本也]."고 풀이했다.

子貢이 反하야 以告孔子하야 曰 彼는 何人者邪잇고 修行無有[1]하고 而外其形骸[2]하야 臨尸而歌하야 顏色이 不變하나니 無以命之[3]로소니 彼는 何人者邪잇고 孔子曰 彼는 遊方之外[4]者也요 而丘는 遊方之內[5]者也로라 外內不相及[6]이어늘 而丘使女往弔之호니 丘則陋矣[7]어니따녀 彼方且與造物者로 爲人[8]하야 而遊乎天地之一氣[9]하야 彼以生으로 爲附贅縣疣[10]하고 以死로 爲決疣潰癰[11]하나니 夫若然者는 又惡知死生先後之所在[12]리오 假於異物하야 託於同體[13]하야 忘其肝膽하며 遺其耳目[14]하야 反覆終始호댄 不知端倪[15]로다 芒然[16]彷徨乎塵垢之外[17]하며 逍遙乎無爲之業[18]이어니 彼又惡能憒憒然[19]爲世俗之禮하야 以觀衆人之耳目[20]哉리오

子貢이 돌아와 이 이야기를 孔子에게 아뢰면서 말했다.

"저들은 도대체 어떤 사람들입니까? 예법에 맞는 행동은 전혀 없고, 생사를 度外視하여 시신을 앞에 두고 노래를 부르면서도 얼굴빛이 조금도 변하지 않았습니다. <그래서> 무어라고 이름을 붙일 수 없으니 저들은 도대체 어떤 사람들입니까?"

孔子가 말했다.

“저들은 예법의 테두리 밖에서 노니는 사람들이고 나는 예법의 테두리 안에서 살아가는 사람이다. 테두리 밖과 안은 서로 관여하지 않는데 내가 너로 하여금 가서 弔問하게 하였으니, 나야말로 생각이 얕았다. 저들은 바야흐로 조물자와 벗이 되어 천지 사이에서 노닐고, 저들은 生을 쓸데없이 붙어 있는 사마귀 정도로 생각하고, 죽음을 종기가 터지는 일 정도로 생각한다. 그 같은 사람들이 또 어찌 死生과 先後의 所在를 알려고 하겠는가. 다른 사물을 빌려 한 몸에 의탁하여 간과 담을 잊어버리며, 귀와 눈의 감각을 없애서 生과 死를 되풀이하여 그 끝을 알 수 없다. 무심히 티끌과 때에 오염된 세속 밖에서 이리저리 노닐며 아무 것도 하지 않는 일에 소요하니 저들이 또 어찌 번거롭게 세속의 예를 갖추어 衆人들의 귀와 눈에 보이게 하겠는가.”

【역주】

1) 修行無有 : 수행함이 없음. 無有修行의 도치형. 예법에 맞는 행동이 전혀 없다는 뜻.

2) 外其形骸 : 形骸를 도외시함. 생사를 도외시한다는 뜻. 形骸는 形體, 곧 身體와 같다.

3) 無以命之 : 이름 붙일 수 없음. 命은 命名의 뜻(成玄英).

4) 方之外 : 예법의 테두리 바깥쪽. 禮敎나 상식 너머의 세계, 곧 道의 세계를 뜻한다. 여기의 方은 ≪禮記≫ <檀弓 上> ‘左右就養無方’의 方과 같이 일정한 한계, 테두리라는 의미를 포함하고 있다. 奚侗은 ≪論語≫ <先進>편 ‘且知方也(方 禮法也-鄭玄註)’의 方과 같이 禮法의 뜻으로 풀이했지만 方의 뜻을 이해하기에는 다소 부족하다.

5) 方之內 : 예법의 안쪽. 예교나 상식의 테두리 안, 세속의 세계를 뜻한다.

6) 外內不相及 : 테두리 밖과 안은 서로 관여하지 않음. 不相及은 서로 관여하는 일이 없다는 뜻으로, 王叔岷이 ≪春秋左氏傳≫ 僖公 4년의 “바람난 소와 말이 서로 미치지 못한다[風馬牛不相及].”의 용례로 제시하여 不相干의 뜻으로 풀이한 견해가 적절하다.

7) 丘則陋矣 : 내 생각이 얕음. 丘는 공자의 이름. 則은 주격조사. 陋는 淺陋로 생각이 얕음.

8) 方且與造物者爲人 : 바야흐로 조물자와 벗이 됨. 方且는 ‘바야흐로 막 ~하다’의 뜻. 人은 벗. 爲人에 대해서 王引之는 “爲偶와 같다[猶爲偶].”고 풀이했고, 林希逸도 같은 견해. 이에 대한 고증은 王叔岷의 ≪莊子校詮≫에 자세하다. <應帝王>편에는 ‘方將與造物者爲人’으로 나오며, <天運>편에는 ‘與化爲人’으로, ≪淮南子≫ <原道訓>에는 ‘與造化者爲人’으로 나온다. 朴世堂은 “조물자와 벗이 된다는 것은 하늘과 같은 무리가 된다고 말한 것과 같다[與造物爲人 猶言與天爲徒].”고 하여 앞의 ‘與天爲徒’와 같은 의미로 풀이하였다.

9) 遊乎天地之一氣 : 天地의 一氣에서 노닒. 곧 천지 사이에서 노닌다는 뜻.

10) 以生爲附贅縣疣(우) : 生을 쓸데없이 붙어 있는 사마귀로 여김. 附와 縣은 같은 뜻이고, 疣는 肬와 같다. 贅와 疣는 모두 사마귀 종류. 王叔岷은 ≪衆經音義≫를 인용하여 "작은 것을 肬라 하고 큰 것을 贅라 한다[小曰肬 大曰贅]."고 풀이했다. 附贅縣疣는 <騈拇>편에도 보인다.

11) 以死爲決疣(환)潰癰 : 죽음을 종기가 터지는 일 정도로 여김. 決은 터지다[決裂]의 뜻이고, 潰도 같은 뜻이다. 疣과 癰은 모두 종기 종류.

12) 惡知死生先後之所在 : 어찌 死生과 先後의 所在를 알려고 하겠는가. 死生과 先後에 관심을 두지 않는다는 뜻. 곧 삶과 죽음의 이유, 태어나기 이전의 모습과 죽고 난 뒤의 모습을 알려고 하지 않는다는 의미. 先後에 대해 郭象과 成玄英은 모두 勝負 또는 優劣의 뜻으로 풀이했지만 적절치 않다. 池田知久는 바로 다음 장의 '不知就先 不知就後'의 先後와 같이 보아야 한다고 주장하고, 先後를 生前의 形體와 死後의 形體로 보아 태어나기 이전(生前)의 모습도 알려고 하지 아니하고 죽고 난 뒤[死後]의 모습도 알려고 하지 않는다는 뜻으로 풀이했는데, 바로 뒤에 이어지는 '假於異物 託於同體' 등의 내용과 부합되기 때문에 이 견해를 따르는 것이 옳다.

13) 假於異物 託於同體 : 다른 사물을 빌려 한 몸에 의탁함. 다른 사물의 형체를 빌려 그와 한 몸이 된다는 뜻. 成玄英은 "여러 사물이 서로 의탁하여 함께 한 몸을 이루는 것이다[衆諸寄託 共成一身]."로 풀이했고, 曹受坤은 "다른 것들을 합쳐서 같은 것을 이루는 것이다[合異以爲同]."라고 풀이했다.

14) 忘其肝膽 遺其耳目 : 간과 담을 잊어버리고 귀와 눈의 감각을 없앰. 간과 담에 의한 生命活動과 귀나 눈에 의한 感覺作用 따위를 깨끗이 잊고 초월한다는 뜻. <達生>편에는 '忘其肝膽 遺其耳目 芒然彷徨乎塵垢之外 逍遙乎無事之業'으로 나온다.

15) 反覆終始 不知端倪(예) : 生과 死를 되풀이하여 그 끝을 알 수 없음. 終始는 生死와 같고 端과 倪는 모두 끝 또는 실마리의 뜻. 成玄英은 "反覆은 往來와 같고 終始는 生死와 같다[反復 猶往來也 終始 猶生死也]."고 풀이했다.

16) 芒然 : 無心한 모양. 李頤는 '얽매임이 없는 모양[無係之貌]'이라고 했고, 成玄英은 '무지한 모양[無知之貌]'으로 풀이했는데 모두 無心과 같은 뜻이다.

17) 彷徨乎塵垢之外 : 티끌과 때에 오염된 세속 밖에서 이리저리 노닒. 彷徨은 <逍遙遊>편 참조. 塵垢는 세속을 비유.

18) 逍遙乎無爲之業 : 아무 것도 하지 않는 일에 소요함. 逍遙와 無爲는 <逍遙遊>편 참조.

19) 憒(궤)憒然 : 번거롭고 어지러운 모양. 成玄英은 煩亂으로 풀이했다. 예법의 번거로움을 나타내는 표현.

20) 觀衆人之耳目 : 衆人들의 귀와 눈에 보이게 함. 觀은 피동의 뜻으로 보이다[示]의 뜻으로 새겨야 한다(陸德明). 郭象은 "衆人들에게 보이다[觀示於衆人]."로 풀이했고, 成玄英은 "衆人들의 耳目을 기쁘게 하다[悅衆人之視聽]."로 풀이했다.

子貢曰 然則夫子는 何方之依[1]리잇고 孔子曰 丘는 天之戮民也[2]로라 雖然이나 吾與汝共之[3]호리라 子貢曰 敢問其方하나이다 孔子曰 魚相造乎水하고 人相造乎道[4]하나니라 相造乎水者는 穿池而養給[5]하고 相造乎道者는 無事而生定[6]하나니 故曰 魚相忘乎江湖커든 人相忘乎道術[7]이라하노라 子貢曰 敢問畸人[8]하노이다 曰 畸人者는 畸於人而侔於天[9]하니 故曰 天之小人은 人之君子요 人之君子는 天之小人也[10]라하노라

자공이 말했다.

"그렇다면 선생님께서는 어느 세계에 의지하시렵니까?"

공자가 말했다.

"나는 하늘로부터 刑戮을 받아 세속세계에 묶여 버린 사람이다. 비록 그렇지만 나는 그대들과 그것을 함께 할 것이다."

자공이 말했다.

"감히 그 방법을 여쭙습니다."

공자가 말했다.

"물고기는 함께 물에 나아가고 사람은 함께 道에 나아간다. 함께 물에 나아가는 경우에는 연못을 파 주면 넉넉히 기를 수 있고, 함께 도에 나아가는 경우에는 간섭하는 일이 없으면 삶이 안정된다. 그 때문에 '물고기는 강과 호수 속에서 서로를 잊고, 사람은 道術의 세계에서 서로 잊고 산다.'고 말하는 것이다."

자공이 말했다.

"감히 畸人에 대해 여쭙습니다."

공자가 말했다.

"기인이란 세속 사람들과는 다르지만 하늘과는 비슷하다. 그 때문에 '하늘의 소인은 인간 세계의 군자이고 하늘의 군자는 인간 세계의 소인이다.'라고 말한다."

【역주】

1) 何方之依 : 어느 쪽에 의지하시렵니까. 方外와 方內 중 어느 쪽에 살고자 하느냐는 물음.

2) 天之戮民也 : 하늘로부터 刑戮을 받은 사람. 戮民은 형륙을 당한 사람이라는 뜻으로 罪人과 같다. <德充符>편의 '天刑之 安可解'를 계승한 말.

3) 雖然 吾與汝共之 : 비록 그렇지만 나는 그대와 그것을 함께 할 것임. 하늘로부터 형륙을 당한 사람임에도 불구하고 子貢과 함께 方外의 세계를 추구하겠다는 뜻. 林雲銘이 "方內의 세계에서 점차 方外의 세계로 나아가 노닐고자 함을 말한 것이다[謂欲從方內而漸遊於方外]."라고 풀이한 견해가 적절하다. 共之의 之는 方外의 세계를 지칭하는 대명사. 이 구절을 자공과 함께 方內의 세계에 남겠다는 뜻으로 풀이하는 견해(安東林, 오강남)가 있지만, 雖然과 共之가 이어지는 맥락을 고려할 때 적절치 않다. 異說들을 좀더 자세히 소개하면 다음과 같다. '吾與汝共之'의 '之'를 '方之外'를 가리키는 것으로 보는 것은 郭注, 成疏 이래의 定說이다. 林雲銘의 說은 이미 앞에 들었는데 金谷治, 福永光司, 赤塚忠이 이것을 따르고 있다. 그러나 池田知久는 呂惠卿의 說을 들어 '之'를 方之內나 世俗之道로 보는 견해에 찬성하고 있다. 呂惠卿은 "天의 戮民이란 天의 刑罰이 풀릴 수 없음을 말한다. 孔子와 같은 이는 자연의 본성과 일체가 되고 神靈스러움을 지니고서 세속에 노니는 사람이니 어찌 무엇인가 의지하는 것을 가지고서 < 그 때문에> 마음을 번거롭게 하겠는가. 그래서 方內에 노닐면서 반드시 方外로 나갈 필요가 없으며 天刑을 편안히 받아들여 반드시 그것을 풀 필요가 없다[天之戮民 言天刑之不可解 若孔子則體性抱神 以遊於俗 安有所依 足以累其心哉 是以遊方內而不必出 安天刑而不必解也]"라고 하였다. 이에 따르면 '吾與汝共之'는 '나는 그대들과 함께 세속의 길을 갈 것이다'로 번역하여야 한다. 여기서는 취하지 않으나 참고할 필요는 있다.

4) 魚相造乎水 人相造乎道 : 물고기는 함께 물에 나아가고 사람은 함께 道에 나아감. 造는 ≪孟子≫ <公孫丑 下>의 '趨造於朝'의 造와 같이 나아가다의 뜻. 陸德明과 成玄英은 모두 詣로 풀이했고, 楊樹達은 就로 풀이했다. 한편 王叔岷은 ≪周易≫ <屯卦> 彖傳의 天造草昧의 造가 生의 뜻으로 쓰인 것을 근거로 여기의 造를 生의 뜻으로 풀이했지만 적절치 않다. ≪莊子≫에서 造자가 나아가다의 뜻으로 쓰인 경우는 <達生>편의 '物之造乎不形而止乎無所化'에서도 찾아볼 수 있다.

5) 穿池而養給 : 연못을 파 주면 넉넉히 기를 수 있음. 給은 足과 같은 뜻. ≪孟子≫ <梁惠王下>의 '秋省斂而助不給'의 給과 같이 넉넉하다, 충분하다의 뜻으로 쓰였다. 而는 則과 같다.

6) 無事而生定 : 간섭하는 일이 없으면 삶이 안정됨. 無事는 無爲와 같지만 여기서는 간섭하지 않는다는 뜻으로 쓰였다. <在宥>편의 '君子不得已而臨莅天下 莫若無爲 無爲也而後安其性命之情'과 같은 맥락으로 이해하는 것이 적절하다. 無爲가 無事로 표현되는 또 다른 경우는 <達生>편의 '逍遙乎無事之業'에서 찾아볼 수 있다.

7) 魚相忘乎江湖 人相忘乎道術 : 물고기는 강과 호수 속에서 서로를 잊고, 사람은 道術의 세계에서 서로 잊고 삶. 孟子反과 子琴張이 道術의 세계에서 노닐기 때문에 子桑戶의 죽음을 잊고 노래할 수 있음을 비유한 내용이다.

8) 畸人 : 세속과 다른 사람. 곧 세속의 기준에 미치지 못하는 사람을 의미한다. 畸는 세속의 기준에 부합되지 못함, 곧 禮敎에 부합되지 못한다는 뜻으로 모자라다, 결핍되다의 뜻을 함축하고 있다. 司馬彪는 畸를 不耦로 풀이하고 "사람들과 부합되지 못함이니 禮敎가 모자람을 말한 것이다[不耦 不耦於人 謂闕於禮敎也]."라고 附言하였는데 이것이 정확한 견해이다. 郭象, 成玄英도 같은 견해. 한편 李頤는 畸를 奇異로 풀이했는데 朱桂曜, 馬敍倫, 王叔岷, 池田知久, 方勇・陸永品, 安東林 등 대부분의 주석가들이 이 견해를 따라 畸자를 奇자와 같다고 보았지만, 이들의 견해는 畸자에 함축된 뜻을 정확하게 파악한 것은 아니다.

9) 畸於人而侔於天 : 세속 사람들과는 다르지만 하늘과는 비슷함. 곧 세속 사람들에게 미치지 못하지만 하늘과는 비슷하다는 뜻. 侔는 같다는 뜻. 司馬彪는 동등함[等]으로 풀이했다.

10) 天之小人 人之君子 人之君子 天之小人也 : 하늘의 소인은 인간 세계의 군자이고 하늘의 군자는 인간 세계의 소인임. 子貢의 기준으로 볼 때 그들은 禮敎를 지키지 않기 때문에 결함이 있는 사람들인 것 같지만 사실은 그들이야말로 하늘에 가까운 완전한 사람(自然의 道를 체득한 사람)들이라는 뜻. 한편 王先謙은 天之小人 人之君子와 人之君子 天之小人이 동어반복이라는 점을 들어 이 구절을 마땅히 天之君子 人之小人으로 고쳐서 읽어야 한다고 주장했는데 참고할 만하다. 奚侗, 武延緖, 馬敍倫, 王叔岷, 金谷治 등도 같은 견해.

## 第5章

顔回 問仲尼하야 曰 孟孫才[1]는 其母死커늘 哭泣無涕[2]하며 中心不戚하며 居喪不哀하야 無是三者로대 以善處喪으로 蓋魯國[3]하니 固有無其實而得其名者乎잇가

回는 壹怪之[4)]하노이다 仲尼曰 夫孟孫氏는 盡之矣라 進於知矣[5)]니라 唯簡之而不得이어늘 夫已有所簡矣[6)]오녀 孟孫氏는 不知所以生하며 不知所以死하며 不知就先하며 不知就後[7)]요 若化爲物하야 以待其所不知之化已乎[8)]인저 且方將化에 惡知不化哉며 方將不化에 惡知已化哉[9)]리오 吾는 特與汝로 其夢을 未始覺者邪[10)]인저

顔回가 仲尼에게 물었다.

"孟孫才는 자기 어머니가 돌아가셨는데, 哭泣할 때 눈물을 흘리지 않았으며, 마음 속에 슬픔을 느끼지 아니하고, 상을 치르면서 서러워하지도 않았습니다. 이 세 가지가 없었는데도 喪禮를 잘 치렀다는 명성이 魯나라를 덮었습니다. 본래 <그 명성에 해당하는> 실제의 행위가 없는데도 명성을 얻는 경우가 있는 것입니까? 저는 오로지 그게 이상합니다."

仲尼가 말했다.

"孟孫氏는 生死의 도리를 극진히 하였다. 그것은 喪禮를 아는 데에서 더 나아간 경지이다. 비록 상례를 간소히 치르려 하다가 뜻대로 하지는 못했지만 이미 간소히 한 바가 있다. 맹손씨는 삶의 이유를 알려고 하지 아니하고, 죽음의 이유도 알려고 하지 아니하며, <태어나기> 이전의 모습을 알려고 하지 아니하고 <죽고 난> 뒤의 모습도 알려고 하지 않고, 변화에 순응하여 사물과 同化되어, 아직 알지 못하는 변화를 기다릴 뿐이다. 또 막 변화했을 때 아직 변화하지 않았던 과거의 모습을 어찌 알 것이며, 아직 변화하지 않았을 때 이미 변화한 이후의 모습을 어찌 알 수 있겠는가. 나와 너는 다만 아직 처음부터 꿈에서 깨어나지 못하고 있는 사람일 것이다."

【역주】

1) 孟孫才 : 인명. 魯나라의 公族. 三桓의 後孫으로 才는 이름(李頤). 池田知久는 ≪論語≫에 孟懿子・孟武伯 父子가 孔子에게 孝에 대해 질문하는 내용과 孟莊子의 효행을 공자가 칭찬하는 내용이 있는 것으로 보아 효와 관계가 깊은 일족인 것 같다고 언급했다.

2) 哭泣無涕 : 哭泣할 때 눈물을 흘리지 않음. 哭은 소리내어 우는 것이고 泣은 눈물 흘리며 우는 것. 여기서는 상례 절차 중의 하나인 哭泣의 禮를 지칭한다.

3) 以善處喪蓋魯國 : 상례를 잘 치른 것으로 노나라를 덮음. 곧 상례를 잘 치렀다는 명성이 魯나라에 자자했다는 뜻. 蓋는 '力拔山氣蓋世'의 蓋와 같이 덮어서 가리다의 뜻. 成玄英은 蓋를

發語辭로 풀이했는데 옳지 않다. 善處喪의 '處'字는 世德堂本 등 諸本에는 없다.

4) 壹怪之 : 오직 그것을 이상하게 여김. 壹은 專一로 오로지의 뜻.

5) 進於知矣 : 喪禮를 아는 데에서 더 나아감. 곧 상례를 아는 사람보다 더 낫다는 뜻이다. 進은 한 차원 더 높은 단계로 나아갔다는 뜻으로 <養生主>편에 나오는 '進乎技矣'의 進과 같지만 여기서는 낫다[勝]는 뜻으로 풀이하는 것이 더욱 적절하다. 羅勉道는 "상례를 아는 이보다 더 낫다[勝於知喪禮者]."고 풀이했다.

6) 唯(수)簡之而不得 夫已有所簡矣 : 비록 상례를 간소히 치르려 하다가 뜻대로 하지는 못했지만 이미 간소히 한 바가 있음. 곧 어쩔 수 없이 哭泣의 禮를 지켜 상례를 치르는 등 자신이 바라던 정도만큼 간소히 치르지는 못했지만 그 정도면 이미 세속의 상례보다 간소히 치렀다고 평가할 수 있다는 뜻이다. 唯는 수(雖)로 읽는다(陶鴻慶, 褚伯秀). 簡은 상례를 간소하게 치른다는 뜻. 郭象과 成玄英은 簡擇으로 풀이했지만 옳지 않다. 不得은 不得其志로 母喪을 자신의 뜻대로 완전히 간소하게 치르지 못했음을 의미.

7) 不知所以生 不知所以死 不知就先 不知就後 : 삶의 이유를 알려고 하지 아니하고 죽음의 이유도 알려고 하지 아니하며, 태어나기 이전의 모습을 알려고 하지 아니하고 죽고 난 뒤의 모습도 알려고 하지 않음. 池田知久는 이 구절이 제4장의 '死生先後之所在'를 자세히 풀이한 것이라고 했는데 적절한 견해이다.

8) 若化爲物 以待其所不知之化已乎 : 변화를 따라 사물이 되어 아직 알지 못하는 변화를 기다릴 뿐임. 곧 자연의 조화에 순응하여 무슨 사물이 되든지 그와 일체가 된다는 뜻. 제3장에서 '어디로 가서 무엇이 된들 좋지 않겠는가[惡乎往而不可哉]'라고 말한 子來의 태도와 같은 맥락. 若은 따르다[順]의 뜻(成玄英). 已는 어조사로 而已와 같다(王叔岷).

9) 方將化 惡知不化哉 方將不化 惡知已化哉 : 막 변화했을 때 아직 변화하지 않았던 과거의 모습을 어찌 알 것이며, 아직 변화하지 않았을 때 이미 변화한 이후의 모습을 어찌 알 수 있겠는가. 곧 태어난 뒤에 태어나기 이전의 모습을 알 수 없고, 죽기 전에 죽어서 변화한 이후의 모습을 알 수 없다는 뜻. 郭象은 "이미 변화하여 태어났을 때 어찌 아직 태어나지 않았을 때를 알겠으며 아직 변화하여 죽기 전에 어찌 이미 죽은 뒤를 알겠는가[已化而生 焉知未生之時哉 未化而死 焉知已死之後哉]."라고 풀이했다.

10) 其夢未始覺(교)者邪 : 아마도 아직 처음부터 꿈에서 깨어나지 못하고 있을 것임. '其~邪'는 '아마도 ~일 것'이라는 뜻으로 '其~乎', '其~與'와 같이 추측을 나타내는 표현.

且彼 有駭形하나 而無損心[1]하며 有旦宅하나 而無情死[2]하니 孟孫氏는 特覺로대 人哭이어든 亦哭하나니 是自其所以乃[3]니라 且也相與는 吾之耳矣[4]일지니 庸詎知吾所謂吾之乎[5]리오 且汝 夢爲鳥하야 而厲乎天하며 夢爲魚하야 而沒於淵[6]하나니 不識[7]케라 今之言者 其覺者乎아 其夢者乎[8]아 造適은 不及笑[9]요 獻笑는 不及排[10]하나니 安排而去化[11]하야아 乃入於寥天一[12]하리라

"또 저 사람은 몸이 놀라는 일은 있어도 마음이 손상당하는 일은 없으며, <마음이 머물고 있는> 집이 동요하는 일은 있지만 <집에 머물고 있는> 마음이 죽는 일은 없으니, 孟孫氏는 홀로 깨어서 <和光同塵해서> 사람들이 곡을 하면 자기도 곡을 하였으니, 이것이 바로 그가 그렇게 할 수 있었던 까닭이다.

또한 세상 사람들은 <잠시> 서로 함께하는 것을 나라고 여기는 것일 뿐이니, 어찌 나 자신이 이른바 나라고 여기는 것이 정말 나라고 확신할 수 있겠는가.

또 너는 꿈에 새가 되어 하늘에 이르며, 꿈에 물고기가 되어 연못에 잠기는데, 알 수 없구나! 지금 이렇게 말하고 있는 사람은 꿈에서 깨어난 것인가, 아직도 꿈을 꾸고 있는 것인가. 잠깐의 즐거움은 웃음에 미치지 못하고, 드러난 웃음은 자연의 推移를 따름에 미치지 못하니, 자연의 추이를 편안히 여겨 그 변화 조차도 잊어버리면 마침내 고요한 하늘과 일체가 되는 경지에 들어가게 될 것이다."

【역주】

1) 彼有駭形而無損心 : 저 사람은 몸이 놀라는 일은 있어도 마음이 손상당하는 일은 없음. 죽음을 앞에 두고(母喪) 겉모습은 마치 놀란 듯하지만 마음은 동요하지 않는다는 뜻으로 생사에 얽매이지 않는 태도를 표현. 彼는 孟孫才.

2) 有旦宅而無情死 : 집이 동요하는 일은 있지만 마음이 죽는 일은 없음. 宅은 마음이 머물고 있는 집으로 신체를 의미, 郭象은 '神이 머무는 집[神之舍]'으로 풀이했다. 情은 신체에 머물고 있는 마음을 지칭. 旦은 怛로 놀라다는 뜻(李頤)으로 제3장에 나온 '無怛化'의 怛과 같다. 郭象과 王叔之는 각각 日新과 改易의 뜻으로 풀이했지만 적절치 않다. 奚侗은 "旦宅은 怛化로 고쳐야 하고 情은 精으로 고쳐야 한다."고 주장했는데 그렇게 볼 경우 有怛化而無精死로 뜻이 분명해지기 때문에 참고할 만하다. 王叔岷도 奚侗과 같은 견해.

3) 是自其所以乃 : 이것이 바로 그가 그렇게 할 수 있었던 까닭임. 이것이 바로 그가 상례를

잘 치렀다는 명성을 얻게 된 까닭이라는 뜻. 乃에 대해서는 이설이 분분하다. 여기서는 章炳麟이 乃를 然의 假借字로 보고 如此의 뜻으로 풀이한 것을 따랐다. 郭象은 宜로 풀이하였는데 林希逸이 비판한 것처럼 정말 아래의 且자와 합쳐서 宜자(乃+且→宜)로 잘못 본 것인지, 아니면 然으로 보고 然자의 뜻을 宜로 풀이한 것인지조차 분명치 않다. 自는 卽과 같다(王叔岷).

4) 且也相與 吾之耳矣 : 또한 세상 사람들은 <잠시> 서로 함께하는 것을 나라고 여기는 것일 뿐임. 세상 사람들이 자기 자신이라고 여기는 것은 수많은 변화 가운데에 잠시 머무는 형체에 지나지 않는다는 뜻. 且也는 또한, 뿐만 아니라의 뜻. <人間世>편에 이미 나왔다. 相與는 지금 함께하고 있는 자신의 신체를 지칭. 吾之는 자기 자신이라고 여긴다는 뜻. 王先謙은 "사람들은 항상 자신이 잠깐 동안 지니는 몸을 보고 서로 자신이라고 여긴다[人每見吾暫有身 則相與吾之]."고 풀이했다.

5) 庸詎知吾所謂吾之乎 : 어찌 나 자신이 이른바 나라고 여기는 것임을 알 수 있겠는가. 자기 자신이라고 여기는 것이 정말 자기 자신임을 어찌 알 수 있겠느냐는 뜻. 王先謙은 "내가 이른바 나라고 여기는 것이 과연 나인가, 아니면 내가 아닌가[吾所謂吾之 果爲吾乎 果非吾乎]."라고 풀이했다. 庸詎知는 어찌 알 수 있겠는가의 뜻으로 확신할 수 없다는 의미.

6) 夢爲鳥而厲乎天 夢爲魚而沒於淵 : 꿈에 새가 되어 하늘에 이르며, 꿈에 물고기가 되어 연못에 잠김. 厲는 이른다는 뜻. ≪詩經≫ <大雅 旱麓>편의 '鳶飛戾天 魚躍于淵'의 戾와 같다.

7) 不識 : 알 수 없구나. 뒷구절과 연결하여 어떤 사실을 확신할 수 없음을 나타내는 표현.

8) 今之言者 其覺者乎 其夢者乎 : 지금 이렇게 말하고 있는 사람은 꿈에서 깨어난 것인가, 아직도 꿈을 꾸고 있는 것인가. 지금 말하고 있는 사람은 孔子가 스스로를 일컫는 말로 보는 것이 자연스럽지만 앞의 '且汝 夢爲鳥~'를 이어보면 顔回를 지칭하는 것일 수도 있고, 두 사람 모두를 지칭하는 것일 수도 있다.

9) 造適 不及笑 : 잠시의 즐거움은 웃음에 미치지 못함. 곧 마음 속에서만 흐뭇함을 느끼는 것은 즐거움이 웃음으로 나타나는 것보다 못하다는 뜻. 造는 造次의 造와 같이(赤塚忠) 잠시의 뜻. 適은 適意(羅勉道)로 곧 마음에 꼭 맞음, 흡족함을 뜻한다. 笑는 소리내어 웃는 것.

10) 獻笑 不及排 : 드러난 웃음은 자연의 推移에 미치지 못함. 獻은 드러났다는 뜻으로 獻笑는 앞에 나온 不及笑의 笑를 구체적으로 표현한 것일 뿐 역시 웃음을 뜻한다. 王叔之는 "드러남이니 뜻에 만족함이 있어 웃음으로 드러났다. 그 때문에 獻笑라 한 것이다[章也 意有適章於笑 故曰獻笑]."로 풀이했다. 排는 자연의 推移(郭象)로 여기서는 자연의 변화를 따른다

는 뜻. 朴世堂은 "排는 天命이 按排하여 결정한 것이다[排者 天命之所排而定者]."라고 풀이했다.

11) 安排而去化 : 자연의 추이를 편안히 받아들여 변화를 잊어버림. 자연의 변화를 편안히 받아들여 변화한다는 사실 자체까지도 잊어버린다는 뜻. 安排는 앞에 나온 '不及排'의 排를 구체적으로 표현한 것. 朴世堂은 去를 잊어버린다는 뜻[去猶忘也]으로 풀이했다.

12) 入於寥天一 : 고요한 하늘과 일체가 되는 경지에 들어감. 王敔는 "고요한 하늘과 일체가 된다[與廖天爲一]."고 풀이했다.

## 第6章

意而子[1] 見許由[2]한대 許由曰 堯는 何以資汝[3]오 意而子曰 堯謂我하사대 汝必躬服仁義而明言是非라하더시다 許由曰 而는 奚來爲軹[4]오 夫堯는 旣已黥汝以仁義하며 而劓汝以是非[5]矣로소니 汝는 將何以遊夫遙蕩恣睢轉徙之塗[6]乎오

意而子가 許由를 만났는데 허유가 말했다.

"堯는 무엇을 그대에게 가르쳐 주던가?"

의이자가 말했다.

"堯는 저에게 말하기를, '그대는 반드시 몸소 仁義를 실천하고 옳고 그른 것을 분명하게 말하라'고 했습니다."

허유가 말했다.

"그대는 무엇 때문에 나에게 왔는가? 堯라는 사람은 이미 仁義를 가지고 그대의 이마에 먹물을 새겨 넣었고, 옳고 그름을 가지고 그대의 코를 베어버렸으니, 그대가 장차 어떻게 제멋대로 소요하면서 마음내키는 대로 행동하고 自由自在로 변화하는 도의 세계에 노닐 수 있겠는가?"

【역주】

1) 意而子 : 인명. 가공의 인물. 어떤 사람을 빗댄 것인지 분명치 않다. 李頤는 賢士라 했고, 成玄英은 '意而는 옛날 현인[古之賢人]'이라고 풀이했다.

2) 許由 : 인명. <逍遙遊>편 第2章 주2) 참조.

3) 何以資汝 : 그대에게 가르쳐 주던가. 資는 보태 주다는 뜻으로 여기서는 가르쳐 주다의 뜻.

4) 而奚來爲軹(지) : 그대는 무엇 때문에 왔는가. 而는 2인칭. 軹는 의문형 종결사. 只, 止 등과

통한다. 崔譔, 成玄英은 語助辭라고 했고 李頤는 是로 보았다.

5) 黥(경)汝以仁義而劓(의)汝以是非 : 인의로 그대의 이마에 먹물을 새기고, 옳고 그름으로 그대의 코를 베어버림. 인의와 시비라는 인위적인 편견으로 인해 自得의 경지(道의 세계)에 노닐 수 없게 되었다는 뜻. 李頤는 "도덕을 훼손하여 인의를 만들었으니 먹을 새기는 것과 비슷하지 않은가. 玄同을 깨뜨려 시비를 만들었으니 코를 베어내는 것과 비슷하지 않은가[毁道德以爲仁義 不似黥乎 破玄同以爲是非 不似劓乎]."라고 풀이했다. 黥은 이마에 글씨를 새기는 刺字刑으로 墨刑이라고도 한다. 劓는 코를 베어내는 형벌. 모두 五刑의 한 가지.

6) 遙蕩恣睢(휴)轉徙之塗 : 제멋대로 소요하면서 마음 내키는 대로 행동하고 자유자재로 변화하는 도의 세계. 遙는 소요함. 蕩은 放으로 제멋대로의 뜻. 王叔之는 遙蕩을 "제멋대로 소요한다[縱散]."는 뜻으로 풀이했고, 郭象은 "방탕하게 소요한다[逍遙放蕩]."는 뜻으로 풀이했다. 恣睢는 마음내키는 대로 행동한다는 뜻. 王叔之와 李頤 모두 '스스로 만족하는 모양[自得貌]'으로 풀이했다. 轉徙는 끊임없이 변화한다는 뜻. 遙蕩, 恣睢, 轉徙는 모두 도의 자유로운 측면을 표현한 말이다.

意而子曰 雖然이나 吾는 願遊於其藩[1]하노라 許由曰 不然하니라 夫盲者는 無以與乎眉目顔色之好[2]하며 瞽者는 無以與乎靑黃黼黻之觀[3]이니라 意而子曰 夫無莊[4]之失其美와 據梁[5]之失其力과 黃帝[6]之亡其知는 皆在鑪捶之間[7]耳니라 庸詎知夫造物者之不息我黥而補我劓[8]하야 使我로 乘成하야 以隨先生[9]邪리오 許由曰 噫라 未可知也로다 我爲汝言其大略호리라 吾師乎여 吾師乎여 䪡萬物而不爲義[10]며 澤及萬世而不爲仁이며 長於上古而不爲老며 覆載天地하며 刻彫衆形而不爲巧니 此所遊已니라

意而子가 말했다.

"비록 그렇지만 저는 그 울타리 언저리에서라도 노닐고자 합니다."

許由가 말했다.

"그렇지 않다. 눈이 어두운 사람은 눈썹과 눈과 얼굴빛의 아름다움에 관여할 수 없으며, 눈이 보이지 않는 사람은 청색과 황색 그리고 흰색과 검은색의 무늬로 이루어진 아름다운 구경거리

에 관여할 수 없다."

意而子가 말했다.

"無莊이 아름다움을 잃어버린 것과, 據梁이 힘을 잃어버린 것과, 黃帝가 지식을 잊어버린 것은 모두 조물자의 조화에 달려 있었을 뿐입니다. 어찌 조화자가 저에게 새겨진 먹물을 지우고 베인 코를 다시 붙여서 저로 하여금 온전한 몸을 갖추어서 선생을 따르게 하지 않으리라고 확신할 수 있겠습니까?"

허유가 말했다.

"아! 그건 알 수 없구나. 그렇다면 내 그대를 위해서 道의 세계에 노니는 대략을 말해 주겠다. 나의 스승이여! 나의 스승이여! 만물을 자잘하게 부수어 만들어 내고서도 의로운 체하지 아니하며, 恩澤이 萬世에 미쳐도 仁厚한 체하지 아니하며, 아주 오랜 옛날보다도 더 오래되었으면서도 늙은 체하지 아니하며, 하늘을 덮고 땅을 싣고 있으며 온갖 형태를 다 조각하고서도 기술이 뛰어난 체하지 않으니, 이것이 자네가 노닐 道의 세계이다."

【역주】

1) 願遊於其藩 : 그 울타리 언저리에서라도 노닐고자 함. 자신의 결함 때문에 도의 세계 안으로 들어가지는 못할지라도 적어도 그 근처에서 노닐고 싶다는 뜻. 藩은 울타리. 곧 근처를 뜻한다. 司馬彪와 向秀는 기슭[崖]으로 풀이했다. <人間世>편의 '若能入遊其樊'의 樊과 같은 뜻(王叔岷).

2) 盲者無以與乎眉目顔色之好 : 눈이 어두운 사람은 눈썹과 눈과 얼굴빛의 아름다움에 관여할 수 없음. 郭象은 "盲者는 눈동자가 있지만 사물을 보지 못하는 사람이고, 瞽者는 북의 가죽처럼 눈동자가 없는 사람이다[眹縫]."라고 풀이하여 盲者와 瞽者를 구분하였는데, 여기서는 陸德明이 眇로 된 판본도 있다고 한 언급을 따라, 盲者는 眇者로 보고 눈이 어두운 사람으로, 瞽者는 눈이 보이지 않는 사람으로 구분하여 번역하였다. 與는 관여하다, 참여하다의 뜻.

3) 瞽者無以與乎青黃黼黻之觀 : 눈이 보이지 않는 사람은 청색과 황색 그리고 흰색과 검은색의 무늬로 이루어진 아름다운 구경거리에 관여할 수 없음. 黼黻은 黼黻文章의 黼黻로 ≪周禮≫ <冬官 考工記>에 "청색과 적색이 섞인 것이 文이고, 적색과 흰색이 섞인 것이 章이고, 흰색과 검은 색이 섞인 것이 黼이고, 검은색과 청색이 섞인 것이 黻이다[青與赤謂之文 赤與白謂之章 白與黑謂之黼 黑與青謂之黻]."라고 했다. 이 구절은 <逍遙遊>편의 '瞽者無以與乎文章之觀 聾者無以與乎鐘鼓之聲'과 유사한 내용이다.

4) 無莊 : 인명. 가공의 인물. 成玄英은 “옛날의 미인으로 도를 들었기 때문에 다시 장식하지 않아서 스스로 자신의 미색을 잊어버렸다[古之美人 爲聞道故 不復莊飾 而自忘其美色也].”고 풀이했다. 李頤는 “無莊은 장식하지 않음[無莊飾]을 뜻한다.”고 풀이했다.

5) 據梁 : 인명. 가공의 인물. 成玄英은 “옛날의 힘센 사람으로 도를 듣고 나서 유약함을 지켰기 때문에 힘을 부리지 않았다[古之多力人 爲聞道守雌 故不勇其力也].”고 풀이했다. 李頤는 强梁의 뜻으로 풀이했다.

6) 黃帝 : 인명. 전설상의 제왕으로 三皇의 一人.

7) 鑪捶之間 : 풀무와 망치 사이. 곧 천지의 조화를 비유한 표현이다. 鑪는 풀무, 捶는 망치. 錘로 된 판본도 있다(陸德明). 崔譔은 鑪를 瓮, 捶를 甀로 보고 盧甀之間은 좁은 곳[小處]을 뜻한다고 풀이했는데 참고할 만하다.

8) 息我黥而補我劓 : 나에게 새겨진 먹물을 지우고 나의 베인 코를 다시 붙임. 息은 지워 없앤다의 뜻.

9) 乘成以隨先生 : 온전한 몸을 갖추어 선생을 따름. 乘成은 ‘온전한 신체로 실어 준다[載].’는 뜻으로 제1장의 ‘載我以形’과 유사한 표현이다. 乘成에 대해서는 이설이 분분하지만 여기서는 郭慶藩이 乘을 載로 成을 備로 풀이한 견해가 타당하다.

10) 𩐋(제)萬物而不爲義 : 만물을 자잘하게 부수고서도 義로 여기지 않음. 𩐋는 자잘하게 부순다는 뜻으로 자잘하게 부수어서 만물을 만들어낸다는 의미. 司馬彪와 成玄英 모두 碎로 풀이했다.

## 第7章

顔回曰 回는 益矣[1]로이다 仲尼曰 何謂也오 曰 回는 忘仁義矣로이다 曰 可矣나 猶未也[2]로다 他日에 復見하야 曰 回는 益矣로이다 曰 何謂也오 曰 回는 忘禮樂矣로이다 曰 可矣나 猶未也로다 他日[3]에 復見하야 曰 回는 益矣로이다 曰 何謂也오 曰 回는 坐忘[4]矣로이다 仲尼 蹴然[5]曰 何謂坐忘고 顔回曰 墮枝體하며 黜聰明[6]하야 離形去知하야 同於大通[7]할새 此謂坐忘이니이다 仲尼曰 同則無好也요 化則無常也[8]니 而는 果其賢乎[9]인저 丘也는 請從而後也호리라

顔回가 말했다.

"저는 더 나아간 것 같습니다."

仲尼가 말했다.

"무슨 말이냐?"

안회가 말했다.

"저는 仁義를 잊어버렸습니다."

중니가 말했다.

"좋기는 하지만 아직은 멀었다."

다른 날 다시 공자를 뵙고 말했다.

"저는 더 나아간 것 같습니다."

중니가 말했다.

"무슨 말이냐?"

안회가 말했다.

"저는 禮樂을 잊어버렸습니다."

중니가 말했다.

"좋긴 하지만 아직은 멀었다."

다른 날 다시 공자를 뵙고 말했다.

"저는 더 나아간 것 같습니다."

중니가 말했다.

"무슨 말이냐?"

안회가 말했다.

"저는 坐忘의 경지에 도달했습니다."

중니가 깜짝 놀라 얼굴빛을 고치면서 말했다.

"무엇을 좌망이라 하는가?"

안회가 말했다.

"四肢百體를 다 버리고, 耳目의 감각작용을 물리치고 육체를 떠나고 지각작용을 없애서 대통의 세계와 같아졌을 때, 이것을 坐忘이라 합니다."

중니가 말했다.

"大通의 세계와 같아지면 좋아하고 싫어하는 것이 없게 되며, 큰 도의 변화와 함께하면 집착이 없게 되니, 너는 과연 현명하구나. 나는 청컨대 너의 뒤를 따르고자 한다.”

【역주】

1) 益矣 : 더함이 있음. 益은 進益으로 원래는 배움에 진보함이 있다는 뜻으로 쓰이지만, 이어지는 내용으로 미루어 볼 때 여기서는 배움이 아니라 도를 추구하여 進益함이 있다는 뜻이다. 따라서 益은 학문을 통해 지식을 증진시켰다는 의미가 아니라 도를 추구하여 인위적인 지식을 더 많이 덜어냈다는 의미로 이해해야 한다. ≪老子≫ 제48장에 “배움을 추구하는 것은 날마다 지식을 더하는 것이고, 도를 추구하는 것은 날마다 지식을 덜어내는 것이다. 끊임없이 덜어내 무위에 이른다[爲學日益 爲道日損 損之又損 以至於無爲].”고 했는데 도를 추구하여 조금씩 無爲의 경지에 나아가는 것[進]을 損으로 표현한 것이다. 郭象이 이 구절을 두고 “덜어낸 것을 더함이라고 말한 것이다[以損之爲益也].”로 풀이한 것도 이와 같은 맥락이다.

2) 可矣猶未也 : 좋기는 하지만 아직 멀었음. 괜찮기는 하지만 아직 道와는 거리가 있다는 뜻. 朱熹는 ≪論語集註≫에서 “可는 겨우 괜찮고 아직 극진하지 못하다[僅可而有所未盡之辭].”와 같은 표현이라고 했다.

3) 他日 : 다른 날. 他日은 때로 전날[前日]의 뜻으로 쓰이기도 하고, 어느 날[一日]의 뜻으로 쓰이기도 하는데 여기서는 後日의 뜻.

4) 坐忘 : 앉아서 모든 것을 잊어버림. 바로 뒤에 顔回가 말하고 있는 四肢百體를 다 버리고, 이목의 감각작용을 물리치고 육체를 떠나고 지각작용을 없애서 대통의 세계와 같아지는 경지로 모든 인위적이고 차별적인 지식을 잊어버리는 상태를 뜻한다. 司馬彪는 “앉아서 스스로 자신의 몸을 잊어버린 것이다[坐而自忘其身].”로 풀이했다. <人間世>편의 ‘坐馳’는 坐忘과 반대말. 坐忘과 관련하여 참조할 만한 내용으로 <齊物論>편의 ‘吾喪我’, <人間世>편의 ‘心齋’, <大宗師>편의 ‘朝徹’ 등을 들 수 있다.

5) 蹴然 : 깜짝 놀라 얼굴빛을 고치는 모습. <德充符>편에 ‘蹴然改容更貌’로 나왔다.

6) 墮(휴)枝體 黜聰明 : 사지백체를 다 버리고, 이목의 감각작용을 물리침. 墮는 무너뜨리다는 뜻. 枝는 四肢로 肢와 같다. 黜聰明은 聰明을 물리침. 곧 耳目의 감각작용을 물리친다는 뜻.

7) 離形去知 同於大通 : 육체를 떠나고 지각작용을 없애서 대통의 세계와 같아짐. 離形과 去知는 각각 앞의 墮枝體와 黜聰明을 이어서 말한 것이다(方勇・陸永品). 同於大通은 大道와 일체가 된다는 뜻. 大通은 大道와 같다(成玄英).

8) 同則無好也 化則無常也 : 대통의 세계와 같아지면 좋아하고 싫어하는 것이 없게 되며, 큰

도의 변화와 함께하면 집착이 없게 됨. 成玄英은 "이미 大道와 같아지면 시비와 호오의 차별이 없어지고 변화에 冥合하기 때문에 일정한 것을 지키는 데 집착하지 않는다[旣同於大道 則無是非好惡 冥於變化 故不執滯守常也]."고 풀이했다.

9) 而果其賢乎 : 너는 과연 현명하구나. 而는 2인칭.

## 第8章

子輿 與子桑으로 友러니 而霖雨[1]十日이어늘 子輿曰 子桑이 殆病矣[2]로다 裹飯而往食之[3]호리라 至子桑之門하니 則若歌若哭하야 鼓琴[4]曰 父邪아 母邪아 天乎아 人乎아하고 有不任其聲[5]而趨擧其詩[6]焉하더니 子輿入曰 子之歌詩 何故若是오 曰 吾思夫使我로 至此極者호대 而弗得也[7]호니 父母豈欲吾貧哉시며 天無私覆하고 地無私載[8]하시니 天地豈私貧我哉리오하야 求其爲之者而不得也[9]호니 然而至此極者는 命也夫[10]인저

子輿가 子桑과 벗으로 사귀었는데, 장맛비가 열흘 동안 내리자, 자여가 "자상이 아마도 배가 고파서 고통을 당하고 있을 터이니 밥을 싸 가지고 가서 먹여 주어야겠다."라 하고는 자상의 집 문앞에 이르렀는데, 집안에서 마치 노래를 부르는 듯 곡하는 듯 거문고를 타면서 노래하는 소리가 들렸다.

"아버지 탓인가? 어머니 탓인가? 하늘 탓인가? 사람 탓인가?"

그리고는 <힘에 부쳐> 그 소리를 감당하지 못하고 詩를 곡조에 맞지 않게 빨리 주워섬기고 있었다.

자여가 들어가서 말했다.

"그대가 詩를 노래함이 어째서 이와 같은가?"

자상이 말했다.

"<누가> 나를 이 지경에 이르게 했는지를 생각해 봤지만 알아내지 못했다. 부모님인들 어찌 내가 가난하기를 바라셨겠으며, 하늘은 사사로이 덮어 줌이 없고, 땅은 사사로이 실어 줌이 없으니, 하늘과 땅인들 어찌 사사로이 나만 가난하게 할 리가 있겠는가? 그래서 나를 이렇게 만든 존재를 찾아보았지만 알 수 없었다. 그러니 내가 이 지경에 이르게 된 것은 운명일

것이다."

【역주】

1) 霖雨 : 장맛비. ≪春秋左氏傳≫ 隱公 9년에 "비가 사흘 이상 내리는 것이 霖이다[凡雨 自三日以往爲霖]."고 했다(陸德明).

2) 殆病矣 : 아마도 병이 들었을 것임. 굶주림으로 고통을 당하고 있을 것이라는 뜻. 殆는 아마도.

3) 裹飯而往食(사)之 : 밥을 싸 가지고 가서 먹임. 食는 사역동사로 먹이다의 뜻. 먹을 식, 먹일 사.

4) 鼓琴 : 거문고를 뜯음. 鼓는 악기를 연주한다는 뜻. 朴世堂의 ≪南華經註解刪補≫에는 琴이 瑟로 되어 있다.

5) 不任其聲 : 그 소리를 감당하지 못함. 힘에 부쳐 곡조를 제대로 부르지 못했다는 뜻. 任은 감당하다의 뜻. 成玄英은 堪으로 풀이했다.

6) 趨擧其詩 : 詩를 빨리 노래함. 곧 시를 곡조에 맞지 않게 대충대충 주워섬겼다는 뜻. 趨는 빠르다의 뜻. 成玄英은 卒疾로 풀이했다. 朴世堂의 ≪南華經註解刪補≫에는 趨가 趣로 되어 있는데 朴世堂은 "趣는 促과 같으니 기가 미약하기 때문에 노래하는 소리가 급해서 짧은 것이다[趣促同 氣微 故其歌聲促以短也]."라고 풀이했다.

7) 思夫使我至此極者而弗得也 : 나를 이 지경에 이르게 한 자를 생각해 봤지만 알아내지 못함. 極은 곤궁한 처지로 ≪孟子≫ <梁惠王 下>에 나오는 '夫何使我至於此極也'의 極과 같다. 弗得은 思而弗得, 곧 생각해 보았지만 알지 못했다는 뜻.

8) 天無私覆(부) 地無私載 : 하늘은 사사로이 덮어 줌이 없고, 땅은 사사로이 실어 줌이 없음. ≪禮記≫ <孔子閒居>편에도 '天無私覆 地無私載'라는 말이 보인다(王叔岷).

9) 求其爲之者而不得也 : 나를 이렇게 만든 존재를 찾아보았지만 알아내지 못함. ≪孟子≫ <萬章 上>의 '莫之爲而爲者 天也 莫之致而至者 命也'의 爲와 같이 어떤 결과를 의도적으로 이룬다[致]는 뜻.

10) 然而至此極者 命也夫 : 그런데도 이 지경에 이르게 된 것은 운명인가 보다. 成玄英은 "나를 이 지경에 이르게 한 것은 모두 나에게 부여된 명이니 또 무슨 애석함이 있겠는가[使我至比窮極者 皆我之賦命也 亦何惜之有哉]."라고 풀이했다.

# 第7篇 應帝王

【해설】

應帝王이라는 편 이름의 의미에 대해서는 몇 가지 다른 견해가 있다.

첫째, 崔譔은 '말 없는 가르침을 행하여, 천하로 하여금 스스로 소나 말이라고 여기게 하니, 이러한 사람이 마땅히 제왕이 되어야 할 자[行不言之敎 使天下自以爲牛馬 應爲帝王者也]'라고 풀이하여 '응당 제왕이 되어야 할 사람'의 뜻으로 보았다. 郭象은 '무심하여 자연스러운 변화에 몸을 맡기는 자가 응당 제왕이 되어야 한다[夫無心而任乎自化者 應爲帝王]'고 풀이했는데 최선의 견해와 같은 입장이다.

둘째, 林希逸은 '제왕의 도는 마땅히 이와 같아야 함을 말한 것이다[言帝王之道 合應如此也]'라고 풀이하여, '마땅히 이와 같아야 할 帝王'의 뜻으로 보았다. 朱得之의 견해도 이와 유사하다.

셋째, 福永光司는 帝王에 '어울리다', '알맞다', '적합하다'라는 뜻으로 보아 '장자적 초월자는 정신세계의 절대자인 동시에, 그 절대성 때문에 현실세계의 최고지배자인 帝王이 되지 않을 수 없다는 의미'로 보았는데 이 견해는 송대의 褚伯秀에서 유래한 것이며 宣穎과 赤塚忠 등이 이를 따르고 있다.

넷째, 李元卓의 ≪莊列十論≫에서는 '제왕은 세상에 응함에 오직 고요히 움직임이 없다[夫帝王之應世 唯寂然不動]'고 풀이하여 '사물에 대응하는 帝王'의 의미로 보았는데 焦竑, 王夫之, 林雲銘 등이 이와 같은 입장이다.

다섯째, 關鋒은 '제왕의 물음에 응답하는 뜻을 포함하고 있다[包含着應帝王之問的意思]'고 풀이했다.

이처럼 편명에 대해서 이론이 분분하지만 본서에서는 세 번째의 견해를 따라 '帝가 되고 王이 되기에 적합한 제왕의 자격'에 대해 이야기하는 것으로 보았다. 그러나 장자의 '帝王'은 세속적 권력의 소유자인 군주가 아니라 제1장의 泰氏, 제2장의 聖人, 제3장의 天根, 제4장의 明王, 제6장의 至人 등과 같이 도를 체득한 사람이라는 뜻으로 보는 것이 적절하다.

한편 王叔岷은 <天道>편의 '靜而聖 動而王'이라는 구절을 들어 <大宗師>편은 內聖의 道를 다한 부분이고[窮內聖之道], <應帝王>편은 外王의 이치를 다한 부분[盡外王之理]이라고 설명하여 유가의 內聖外王論을 적용하여 장자의 편집구조를 이해하고 있는데 비록 독창적인 면이 있지만 전적으로 신뢰하기는 어렵다.

장자는 이 편에서 천하를 다스리지 않고 천하에 맡겨두는 정치야말로 성인의 정치이며, 인위적인 지식으로 사람을 구속하는 통치는 도리어 인간을 파괴하는 비극을 야기할 수밖에 없다는 점을 지적하고 있다.

제1장에서 제7장에 이르기까지 장자는 일관된 입장을 지키면서 '마음을 담담한 곳에 노닐고, 氣를 적막한 곳에 부합시켜서, 物의 自然을 따라 사사로운 욕심을 용납하지 아니하면 천하는 다스려질 것[遊心於淡 合氣於漠 順物自然 而無容私焉 而天下治矣]'이라고 이야기 하면서, 작은 지혜를 써서 천하를 구제하겠다는 세속적 지식인들의 어리석음을 우언을 통해 야유하고 조소하고 있는데, 제7장의 渾沌七竅에 이르러 그 비극성을 극명하게 드러내고 있다.

제2장에서 聖人의 통치는 外面을 다스리는 것이 아니라는 주장은 장자가 자유방임의 정치를 지향하고 있음을 알려주고 있으며, 제5장에서는 季咸과 壺子의 만남을 통해 세속적 계산에 능한 계함같은 무속인보다 한층 더 차원 높은 도인의 경지를 말하는 한편 제7장의 渾沌七竅에서는 인간의 지식과 양립할 수 없는 도의 세계를 절묘한 비유를 통해 암시하고 있다.

## 第1章

齧缺이 問於王倪하야 四問而四不知[1)]라한대 齧缺이 因躍而大喜하야 行以告蒲衣子[2)]한대 蒲衣子曰 而乃今에 知之乎[3)]인저 有虞氏는 不及泰氏[4)]하니라 有虞氏는 其猶藏仁하야 以要人[5)]하니 亦得人矣니 而未始出於非人[6)]이어니와 泰氏는 其臥에 徐徐하고 其覺에 于于[7)]하야 一以己爲馬하며 一以己爲牛[8)]하야도 其知情信이며 其德甚眞[9)]하니 而未始入於非人[10)]하니라

齧缺이 王倪에게 물었는데, 네 번 물어도 네 번 다 모른다고 하였다. 설결이 그로 말미암아

뛸 듯이 크게 기뻐하여, 가서 蒲衣子에게 그 이야기를 했다. 蒲衣子가 말하였다.

"그대는 이제 비로소 그것을 알았는가. 有虞氏도 泰氏에게는 미치지 못했다. 유우씨는 그래도 오히려 자기 마음 속에 仁을 품어서 사람들을 불러 모았으니 또한 백성들을 얻었지만, 애초에 사람이 아닌 자연의 경지로 나아가지는 못하였다. 그러나 태씨는 누워 잠잘 적에는 느긋했고, 깨어 있을 때에는 어수룩해서, 어느 때에는 자신을 말이라고 여기고 때로는 자기를 소라고 여겼다. 그의 知는 참으로 믿을 만하였으며, 그의 德은 매우 진실하였으니 애초부터 사람이 아닌 자연의 경지로 들어가려 하지 않았다."

【역주】

1) 四問而四不知 : 네 번 물어도 네 번 다 모른다고 함. 네 가지를 물었는데 네 가지 다 모른다고 대답했다는 뜻. 向秀는 "이 일은 <제물론>편에 보인다[事在齊物論中]."고 했고, 成玄英은 "<제물론> 중의 네 번의 물음이다[齊物論中四問也]."라고 하였는데, <齊物論>편 제3장에 실려 있는 내용은 설결이 세 번 묻고 왕예가 세 번 다 모른다고 대답한 문답이다. 질문한 내용은 '子知物之所同是乎', '子知子之所不知邪', '然則物無知邪'의 세 가지이지만 뒷부분의 '不知利害'까지 합치면 네 가지가 된다(陳景元, 池田知久). 자세한 내용은 <齊物論>편의 역주 참조.

2) 行以告蒲衣子 : 가서 포의자에게 그 이야기를 함. 蒲衣子는 架空의 人物. 陸德明은 ≪尸子≫를 인용하여 "蒲衣가 8세 때 舜임금이 천하를 禪讓했다[尸子云 蒲衣八歲 舜讓以天下]."고 했고, 崔譔은 "바로 被衣이니 王倪의 스승이다. ≪淮南子≫에 齧缺이 被衣에게 道를 물었다고 기록하고 있다[卽被衣 王倪之師也 淮南子曰 齧缺問道於被衣]."고 했다. 또 <知北遊>편에도 '齧缺問乎被衣'라고 있고, <天地>편에는 '堯之師曰許由 許由之師曰齧缺 齧缺之師曰王倪 王倪之師曰被衣'라고 있다. 林希逸은 "蒲衣는 被衣라고 하는 사람도 있다. 莊子가 말한 인물의 이름은 많은 부분이 虛言이니, 烏有나 亡是公(烏有 亡是公은 司馬相如의 <子虛賦>에 보인다. 周啓成, ≪莊子鬳齋口義校注≫)과 같은 종류의 것으로, 자세하게 천착할 필요는 없다[蒲衣 或曰被衣也 莊子所言人物名字多是虛言 卽烏有亡是公之類 不必致辯]."고 했는데 적절한 지적이다.

3) 而乃今知之乎 : 그대는 이제 비로소 그것을 알았는가. 而는 2인칭 대명사. 현토본의 현토는 '인저'로 되어 있음. 그렇게 보면 '그대는 이제 비로소 그것을 알았구나'의 뜻이 된다. 大意에 차이가 없어 여기에서도 현토본과 같이 현토하였다.

4) 有虞氏 不及泰氏 : 유우씨는 태씨에 미치지 못함. 有虞氏는 舜임금이고, 泰氏는 太昊 伏羲氏

이다. 司馬彪는 有虞氏와 泰氏를 상고시대의 제왕[上古帝王也]이라고 보았고, 李頤는 이름 없는 임금[無名之君]으로 풀이했다. 呂惠卿은 有虞氏와 泰氏라는 이름은 寓意를 지닌 것으로 파악하여, "有虞는 또한 憂虞라는 뜻이고 泰氏는 또한 泰定의 뜻이다. 지식이 있으면 우려함이 있게 되니, 지식이 없으면서 크게 안정됨만 못하다는 것을 이야기한 것이다[有虞亦訓憂虞 泰氏亦泰定之義 謂有知而有虞 不若無知而泰定]."라고 풀이하였다. 한편 池田知久는 ≪淮南子≫ <覽冥>편에 "그러나 여전히 복희씨의 도에는 미치지 못했다[然猶未及 戲氏之道也]."고 한 기록을 근거로 삼아, 成玄英이 "태씨는 바로 태호 복희씨이다[泰氏卽太昊伏羲也]."라고 한 풀이를 따랐는데 이 견해를 따른다.

5) 藏仁以要人 : 자기 마음 속에 仁을 품어서 사람들을 불러 모음. 藏은 ≪孟子≫ <萬章 上>의 '不藏怒焉'의 藏과 마찬가지로 마음 속에 품는다는 뜻. 要는 求하다는 뜻으로 要人은 사람을 불러모으다의 뜻.

6) 未始出於非人 : 애초에 사람이 아닌 자연의 경지로 나아가지는 못함. 이 구절에 대해서는 異說이 분분하다. 林希逸의 경우는 非人이 天을 지칭한다고 보고 사람이 아닌 자연의 경지로 이해하여 出을 "<비인의 경지로> 나아가다."는 뜻으로 풀이했다. 宣穎의 경우는 非人이 사람이 아닌 대상으로서의 外物을 지칭한다고 보고 "非人이란 物이다. 다른 사람을 불러 모으는데 뜻을 두면 도리어 外物에 얽매이게 되니 초연히 物의 밖으로 벗어나지 못한다[非人者物也 有心要人 則猶繫於物 是未能超然出於物之外也]."고 풀이했는데 이 경우는 出을 <非人을> 벗어나다는 의미로 풀이한 것이다. 陳鼓應도 宣穎의 견해를 따라 "유우씨가 仁義를 표방하여 사람들의 마음을 얻기는 하였지만 아직 외물의 얽매임을 벗어나지 못하였다."고 번역하였다. 曹礎基, 張默生 등도 같은 견해. 그러나 여기서는 林希逸의 견해를 따라 非人을 자연의 경지, 하늘의 세계, 인간 이상의 경지로 번역하였다. 林希逸은 "藏은 품음이고 要는 모음이다. 仁을 가지고 사람의 마음을 모으면, 또한 사람을 얻을 수 있지만, 天과 같은 경지에는 나아가지 못했을 뿐이니 단지 하늘과 더불어 같은 무리가 될 수 있을 뿐임을 말한 것이다. 非人은 곧 天이다. 그 때문에 애초에 非人의 경지에 나아가지 못했다고 말한 것이다. '未始出'은 불과 이와 같다고 말한 것과 같다. 天이라고 말하지 않고 非人이라고 말한 것은 모두 그 기이한 필치를 놀린 것이다[藏懷也 要結也 以仁而結人之心 亦可以得人 不出於如天而已 謂其但能與天爲徒也 非人卽天也 故曰未始出於非人 未始出 猶曰不過如此也 不曰天而非人皆是其弄奇筆處]."라고 풀이했다. 한편 福永光司는 "여기의 非人이란 사람이 아닌 것, 곧 天이지만, 非人의 경지에 나아가서 非人의 세계에 들어가지 않는다[出於非人 未始入於非

人].”는 표현은 莊子的 絶對者의 성격을 설명하는 要點이다. ≪莊子≫에서 절대자란, 인간세계를 9만 리 상공에서 비상하는 초월자임과 동시에 현실세계에 내려와 세속과 흙먼지[塵]를 함께 하는 汚瀆의 遊戱者였다. 인간을 초월하면서 인간 속에 있고, 세속을 초월하면서 세속 가운데 逍遙하는 데에, 장자적 절대자의 구속됨이 없는 자유가 있다. 만일 人間 그것을 부정하고 높이 초월의 세계만을 유일한 것으로 고집한다면, 그 고집은 세속에의 고집과 같이 不自由에 떨어질 것이다. 그 때문에 장자는 '出於非人'하는 높은 초월을 이야기하는 동시에 '未始入於非人'이라는 현실세계로의 하강을 이야기한다. 天에 들어가면서 天에 구속당하지 않고, 人에 들어가면서 人에 구속당하지 않는 것에 장자적 절대자의 참된 자유가 있다. 절대자의 지배는 이 참된 자유에서 비로소 가능하게 되는 것이다.”고 풀이했는데 여기의 '未始出於非人'과 뒤의 '未始入於非人'을 연결시켜 이해하는데 참고할 만하다. 또 이외에도 非人을 “다른 사람을 비난하다.”는 뜻으로 보는 경우도 있다. 成玄英은 “아직도 是非의 영역을 벗어나지 못했다[未出於是非之域].”라고 보았으며, 安東林도 이 견해를 따라 未始出於非人을 “<자기 입장만 옳다고 하고> 남을 비난하는 경지에서 전혀 벗어나지 못했다.”라고 해석하였고, 오강남도 “그러나 아직 시비의 경지를 벗어나지 못했다.”고 해석하였다. 또 王叔岷은 “인성을 잃어버리다.”는 뜻으로 보았다. 王叔岷은 이 구절을 <騈拇>편의 '自虞氏招仁義以撓天下也 天下莫不奔命於仁義 是非以仁義易其性與'와 같은 맥락으로 보고, 莊子는 仁義를 인간이 지니고 있는 本性이 아닌 것으로 보았는데, 순임금은 仁을 품고서 사람을 구했기 때문에 仁으로 사람의 본성을 바꾸어서 비록 사람을 얻었어도 사람들은 이미 그 본성을 잃어버리게 되었다고 말한 것이라고 주장하고, 따라서 여기의 未始出於非人은 “人性을 잃어버리는 지경에서 벗어나지 못했다.” 곧 “人性을 仁義로 바꾸어 버렸다.”는 뜻이며 뒤의 未始入於非人은 “人性을 잃어버리는 지경으로 들어가지 않았다.” 곧 人性을 온전히 보전한다는 의미로 보았는데 참고할 만한 견해이다.

7) 其臥徐徐 其覺(교)于于 : 누워 잠잘 적에는 느긋하고, 깨어 있을 때에는 어수룩함. <大宗師>편의 “옛날의 진인은 잠잘 때에는 꿈을 꾸지 않았고, 깨어 있을 때에는 근심이 없었다[古之眞人 其寢不夢 其覺無憂].”는 내용과 같은 맥락이다(張默生). 司馬彪는 “徐徐는 安穩한 모습, 于于는 아는 것이 없는 모습이다[徐徐安穩貌 于于無所知貌].”라고 풀이했다. 曹礎基는 “徐徐는 편안하고 느긋하면서 自得[安閑自得]한 모양이고, 于于는 어리석고 무지[愚昧無知]한 모양이다.”라고 풀이했다.

8) 一以己爲馬 一以己爲牛 : 어느 때에는 자신을 말이라고 여기고 때로는 자기를 소라고 여김.

<天道>편에 '子呼我牛也 而謂之牛 呼我馬也 而謂之馬'라고 한 내용과 유사한 의미(朱桂曜). 林希逸은 "누가 말이라고 하든 소라고 하든 모두 그냥 두고 묻지 않는다는 것이니, 남이 무엇이라고 하는 것을 따른다[或以己爲馬 或以己爲牛 皆置之不問 言聽人謂何也]."고 풀이했다.

9) 其知情信 其德甚眞 : 그의 知는 참으로 믿을 만하며, 그의 德은 매우 진실함. 情과 甚은 모두 정도가 심함을 나타내는 부사. 信과 眞은 모두 진실함을 뜻하는 술어.

10) 未始入於非人 : 애초부터 사람이 아닌 자연의 경지로 들어가려 하지 않음. 林希逸은 "이곳에 이르러서는 '天'자를 가지고도 이름 붙이기에 부족하다. 이것은 自然而然에 맡겨 두는 것이요, 또한 造化의 위에 벗어난 것이다. 그 때문에 非人(天)에 들어가려 하지 않는다고 한 것이다. 앞에서는 出이라고 하고 뒤에서는 入이라고 말했으니 글자가 놓인 맥락을 보아야 한다. 帝王의 道는 자연에 맡겨두는 것일 뿐이니, 이 편을 응제왕이라고 이름붙인 의도가 바로 여기에 있다[到此處 天字又不足以名之 是其任自然而然 又出於造化之上 故曰未始入於非人 前曰出 後曰入 看他下字處 帝王之道 任自然而已 其名篇以應帝王 意正在此]."고 풀이했다.

## 第2章

肩吾見狂接輿[1)]한대 狂接輿曰 日中始는 何以語女[2)]오 肩吾曰 告我호대 君人者[3)]以己로 出經式義度하면 人孰敢不聽而化諸[4)]리오하더라 狂接輿曰 是는 欺德也[5)]니 其於治天下也[6)]에 猶涉海鑿河[7)]며 而使蚊負山也[8)]니라 夫聖人之治也는 治外乎[9)]아 正而後에 行[10)]하야 確乎能其事者而已矣[11)]니라 且鳥高飛하야 以避矰弋之害[12)]하고 鼷鼠深穴乎神丘之下하야 以避熏鑿之患[13)]하나니 而는 曾二蟲之無知[14)]아

肩吾가 狂接輿를 만났는데, 광접여가 말했다.

"요 전날 中始는 그대에게 무엇을 말해 주던가?"

견오가 말했다.

"저에게 이렇게 일러 주었습니다. '군주 노릇하는 자가 자기 스스로 마땅한 법식과 올바른

법도를 실천하면 백성들이 누가 감히 복종하고 교화되지 않겠는가.'"

광접여가 말했다.

"이것은 거짓 덕이니 그런 것으로 천하를 다스린다는 것은 마치 바다를 맨발로 걸어서 건너고 강물을 맨손으로 파서 길을 내며 모기의 등에 산을 짊어지게 하는 것과 같다. 성인의 다스림이 외면을 다스리는 것인가? 자기 자신을 바르게 다스린 뒤에 시행되어서 확고하게 자기가 할 일을 잘할 뿐이다. 또한 새는 높이 날아서 주살의 해를 피할 줄 알고, 생쥐는 신단 아래 깊이 구멍을 파서 연기를 피우거나 파헤쳐지는 재앙을 피할 줄 아는데 자네는 어찌 그래 이 두 벌레의 지혜도 알지 못하는가?"

【역주】

1) 肩吾見狂接輿 : 肩吾와 接輿는 모두 인명으로 <逍遙遊>편 참조.

2) 日中始 何以語女 : 요 전날 중시는 그대에게 무엇을 말해주던가. 中始는 인명. 李頤는 日中始 전체를 사람의 姓名이라고 했지만, 崔譔은 日을 빼고 "中始는 賢人이다[中始賢人也]."라고 했다. 兪樾은 ≪左傳≫의 用例를 들어 日을 "어느 날이라고 말하는 것과 같다[猶曰日者也]."고 풀이했고 朱桂曜는 지난 날[往日]로 풀이했는데 이들의 견해를 따랐다.

3) 君人者 : 백성들에게 군주 노릇하는 자. 君於人者의 줄임.

4) 以己出經式義度 人孰敢不聽而化諸(저) : 자기 스스로 마땅한 법식과 올바른 법도를 실천하면 백성들이 누가 감히 복종하고 교화되지 않겠는가. 陸德明은 이 구절을 出經에서 끊고, 司馬彪와 崔譔의 말을 인용하여 "일정한 법도를 행하다[出典法也]."로 풀이했다. 또 이어지는 문장도 式義度人에서 끊고, "式은 法이다. 崔譔은 式을 用이라고 하였으며, 仁義를 사용하여 사람을 헤아린다[式法也 崔云式用也 用仁義以度人也]."고 풀이했다. 그러나 여기서는 王念孫이 "釋文에서는 出經에서 絶句하고, 式義度人에서 絶句하였는데, 인용한 諸說이 모두 맞지 않는다. 내 생각에 이것은 마땅히 以己出經式義度 人孰敢不聽而化諸로 절구해야 한다[釋文曰 出經絶句 式義度人絶句 引諸說皆未協 案此當以以己出經式義度絶句 人孰敢不聽而化諸絶句]."고 한 견해를 따라 번역하였다. 郭慶藩, 池田知久, 福永光司 등도 같은 견해. 諸는 之於 또는 之乎의 줄임인데 여기서는 후자에 해당한다.

5) 欺德也 : 거짓 덕. 簡文帝는 欺는 거짓[欺妄也]이라고 풀이했다.

6) 其於治天下也 : 그것은 천하를 다스리는 데에. 其는 위의 '以己出經式義度'를 가리킨다.

7) 涉海鑿河 : 바다를 맨발로 걸어서 건너고 황하를 맨손으로 파서 길을 냄. 涉海는 "바다를 걸어서 건너다."는 의미이고, 鑿河는 "큰 河川을 끌로 파거나 손으로 구멍을 뚫다." 곧

강물을 맨손으로 파서 길을 낸다는 뜻이다. 모두 ≪詩經≫ <小旻>과 ≪論語≫ <述而>편에 나오는 '맨손으로 호랑이를 때려잡고 맨발로 황하를 건너는 일[暴虎憑河]'과 같이 무모한 일을 뜻한다. 宣穎은 "바다 속에 나아가 강을 뚫고자 하면 반드시 빠져서 이루지 못할 것이다[欲就海中鑿一河 必溺而無成]."라고 풀이하여 涉海鑿河를 한 가지 일로 보았지만 적절치 않다.

8) 使蚊負山也 : 모기의 등에 산을 짊어지게 함. 터무니없는 일을 요구한다는 뜻.

9) 治外乎 : 외면을 다스리는 것인가? 外는 자신의 내면이 아닌 외면을 뜻한다. 宣穎은 "經과 義가 바로 외면을 다스리는 것이다[經義 正是治外也]."라고 풀이했다.

10) 正而後行 : 자기 자신을 바르게 다스린 뒤에 시행됨. 자신의 내면을 바르게 다스린 후에 비로소 不言之敎와 無爲自然의 정치가 행하여진다는 의미. 正은 "聖人이 자기 몸을 바르게 한다."는 뜻(羅勉道, 宣穎, 劉武, 福永光司, 赤塚忠 등). <德充符>편의 "하늘에서 생명을 받은 무리들 중에서는 오직 요임금과 순임금만이 홀로 올바르니, 만물의 으뜸이다. 다행히 자신의 삶을 바로 세워 중생들의 삶을 바로잡을 수 있었다[受命於天 唯堯舜 獨也正 在萬物之首 幸能正生 以正衆生]."는 내용이나, ≪論語≫ <子路>편의 "자기 몸이 올바르면 명령하지 않아도 시행되고, 자기 몸이 바르지 못하면 명령을 내려도 백성들이 따르지 않는다[其身正 不令而行 其身不正 雖令不從]."고 한 것과 유사한 맥락이다. 한편 馬敍倫과 金谷治 등은 正을 射的(과녁)으로 보았지만 전후의 맥락을 고려할 때 부적절하다.

11) 確乎能其事者而已矣 : 확고하게 자기가 할 일을 잘할 뿐임. 確乎는 ≪周易≫ <乾卦 文言傳>의 '確乎其不可拔'의 確乎와 같이 확고하다는 뜻으로 쓰였다. 其事는 자기의 일로 여기서는 無爲自然의 政治를 의미한다. 林希逸은 "자기의 일을 잘한다는 것은 자연의 일을 극진히 하는 것이다. '確乎'는 단호함이니 그 다스림이 이처럼 단호함을 말한 것이다. 장자의 뜻은 무위를 중심으로 삼기 때문에 그 주장이 이와 같다. 때문에 우리 유가와는 다른 것이다[能其事者 盡此自然之事也 確乎 斷乎也 言其爲治斷斷乎如此 莊子之意 主於無爲 故其說如此 所以異於吾儒]."고 풀이했다.

12) 鳥高飛以避矰(증)弋之害 : 새는 높이 날아서 주살의 해를 피할 줄 앎. 矰弋은 주살로 화살에 실을 매달아 새를 잡는 도구이다.

13) 鼷(혜)鼠深穴乎神丘之下 以避熏鑿之患 : 생쥐는 신단 아래 깊이 구멍을 파서 연기를 피우거나 파헤쳐지는 재앙을 피할 줄 앎. 鼷鼠는 생쥐. 穴은 구멍을 판다는 뜻의 동사. 神丘는 社壇(成玄英)으로 토지신을 모신 社의 神壇이다. 생쥐는 사람들이 신단을 신성시하여 함부

로 접근하거나 허물지 않는다는 것을 알기 때문에 거기에다 구멍을 파서 사람들의 위협을 피한다는 뜻이다. 熏은 연기를 피워서 짐승이 밖으로 나오게 하는 것이고, 鑿은 구멍을 파헤치다는 뜻.

14) 而曾二蟲之無知 : 자네는 어찌 그래 이 두 벌레의 지혜도 알지 못하는가? 而는 2인칭 대명사. 無知는 알지 못한다는 동사로 二蟲이 목적어에 해당하지만 여기서는 도치되었으므로 之를 목적격 조사로 읽는 것이 간편하다. 원래 蟲은 곤충만을 의미하는 것이 아니라 動物一般을 일컫는 말로 <逍遙遊>편의 '之二蟲又何知'에도 나왔다. 한편 章炳麟은 ≪爾雅≫와 ≪詩經≫ 등을 인용하여 知를 匹로 보고, 二蟲之無知를 두 벌레에 필적할 수 없음을 말한 것이라고 풀이하였고 金谷治가 그것을 따르고 있는데 참고할 만하다. 曾은 어찌 하(何)와 같이 쓰이지만 여기서는 ≪論語≫ <爲政>편의 '曾是以爲孝乎'와 <八佾>편의 '曾謂泰山不如林放乎'의 曾과 마찬가지로 '어찌 그래' 정도의 의미로 쓰였다. 따라서 "너는 그래 이 두 벌레가 따로 배우지 않고도 저절로 자기의 生存方式을 터득하고 있는 그 정도의 지혜도 없단 말인가"의 뜻이다. 여기의 현토는 '로다'를 '아'로 고쳤음. 而는 2인칭.

## 第3章

天根[1]이 遊於殷陽[2]할새 至蓼水之上[3]하야 適遭無名人하야 而問焉[4]하야 曰 請問爲天下[5]하노라 無名人이 曰 去하라 汝는 鄙人也[6]호다 何問之不豫也[7]오 予方將與造物者로 爲人[8]이라가 厭則又乘夫莽眇之鳥[9]하야 以出六極之外[10]하야 而遊無何有之鄕[11]하야 以處壙埌之野[12]하나니 汝는 又何帠以治天下로 感予之心爲[13]오 又復問한대 無名人이 曰 汝 遊心於淡하고 合氣於漠[14]하야 順物自然하야 而無容私焉[15]이면 而天下治矣[16]리라

天根이 殷山의 남쪽에서 노닐 적에 蓼水 물가에 이르러 마침 無名人을 만나 그에게 이렇게 물었다.

"청컨대 천하를 다스리는 일에 대해 여쭙습니다."

무명인이 대답했다.

"물러가라. 그대는 비루한 사람이다. 어찌 물음이 이다지도 불쾌한가. 나는 바야흐로 造物者

와 함께 벗이 되었다가 싫증이 나면 또 아득히 멀리 나는 새를 타고 六極의 밖으로 나가서 無何有의 고향에서 노닐고 끝없이 넓은 들판에 머물고자 하는데, 그대는 무엇 때문에 천하를 다스리는 일로 나의 마음을 흔들어대는가?"

천근이 또다시 묻자 무명인이 대답했다.

"그대가 마음을 담담한 곳에 노닐고, 기를 적막한 곳에 부합시켜서, 物의 自然을 따라 사사로운 욕심을 용납하지 아니하면 천하는 다스려질 것이다."

【역주】

1) 天根 : 인명. 自然의 根源을 擬人化한 架空의 人物. 崔譔은 '사람의 이름[人姓名也]'이라고 풀이했고, 陳景元은 '元氣를 비유한 것[喩元氣也]'이라고 풀이했다.

2) 遊於殷陽 : 은산의 남쪽에서 노닒. 殷陽은 殷山의 남쪽. 산의 남쪽과 강의 북쪽을 陽이라고 한다[山南水北曰陽]. 李頤는 '殷은 산의 이름이고, 陽은 산의 남쪽[殷山名 陽山之陽]'이라 하였고, 崔譔은 '殷陽은 地名[殷陽 地名]'이라 하였으며, 司馬彪는 "殷은 무리라는 뜻으로 남쪽으로 놀러간 것을 말한다[殷衆也 言向南遊也]."고 하였다. 또 赤塚忠은 殷을 殷盛의 뜻으로 보고 盛한 陽의 氣, 즉 旺盛한 生命力을 지명으로 삼은 것이라고 풀이했다.

3) 蓼(료)水之上 : 요수 물가. 蓼는 물이름. 李頤는 물이름[水名也]이라 풀이했다. 赤塚忠은 고요한 陰의 氣를 내[川]의 이름으로 삼은 것이라고 풀이했다.

4) 適遭無名人而問焉 : 마침 무명인을 만나 그에게 물음. 適은 마침. 遭는 우연히 만나다는 뜻. 無名人은 無名의 의인화. 곧 세속적인 명성을 추구하지 않고 그것을 초월한 사람이라는 寓意를 담은 인명이다. <逍遙遊>편의 '聖人無名'이나 ≪老子≫ 제1장의 '無名天地之始(帛書-無名 萬物之始也)' 등의 내용처럼 자연[天根]에 앞서는 절대적 자유를 누리는 성인을 의미한다.

5) 請問爲天下 : 청컨대 천하를 다스리는 일에 대해 여쭙습니다. 爲는 다스린다는 뜻.

6) 汝鄙人也 : 그대는 비루한 사람이다. 鄙人은 세속적인 名利를 탐하는 卑賤한 사람.

7) 何問之不豫也 : 어찌 물음이 이다지도 불쾌한가. 질문의 내용이 형편없음을 힐책하는 비난. 司馬彪는 "천천히 즐기지 않고 지나치게 급한 것을 혐오한 것이다[嫌不漸豫 太倉卒也]."라고 풀이하여 "어찌 질문이 이다지도 급한가."라는 뜻으로 보았지만 전후의 맥락과 어울리지 않기 때문에 따르지 않는다. 여기서는 簡文帝가 '豫는 기뻐함[豫悅也]'이라고 한 풀이를 따라 질문의 내용이 좋지 않다고 힐책하는 내용으로 번역했다.

8) 予方將與造物者爲人 : 나는 바야흐로 조물자와 함께 벗이 되어 ~하려 함. 方將은 方且와

같이 '막 ~하다'의 뜻으로 <大宗師>편에는 '方且'로 되어 있다. 與造物者爲人은 <大宗師>편의 역주 참조.

9) 乘夫莽眇之鳥 : 아득히 멀리 나는 새를 탐. 莽眇는 아득하다는 뜻. 劉武는 "바라보이는 것이 그리 분명하지 않은 깊고 먼 곳이다[望之不甚分明之深遠處也]."라고 풀이했다. 朱桂曜는 ≪楚辭≫ <九章>편의 "멀리 아득하여 끝이 없구나, 아스라이 희미하여 모습이 보이지 않네[穆眇眇之無垠兮 莽芒芒之無儀]."의 莽眇와 비슷하다고 했다. 따라서 莽眇之鳥는 아득히 멀리 나는 새를 뜻한다.

10) 出六極之外 : 육극의 밖으로 나감. 六極은 上下東西南北으로 <大宗師>편 참조. 六極之外는 <齊物論>편의 '六合之外'와 같다.

11) 無何有之鄕 : 무하유의 고을. 어떠한 것도 없는 곳. <逍遙遊>편의 역주 참조.

12) 處壙埌(랑)之野 : 끝없이 넓은 들판에 머묾. 壙埌은 끝없이 넓은 모양. <逍遙遊>편의 '廣莫之野'와 같은 뜻.

13) 汝又何帠(예) 以治天下 感予之心爲 : 그대는 또 무슨 까닭으로 천하를 다스리는 일로 나의 마음을 흔들어대는가? 何帠는 무슨 까닭으로, 무엇 때문에의 뜻으로 何以와 같다. 徐邈은 "帠는 音이 예이다[帠音藝]."라고 했고, 司馬彪는 法이라고 풀이했고, 崔譔은 爲로 풀이했다. 林希逸은 "何帠는 何故와 같다. 注에 法字로 풀이했는데, 法 또한 故이다. 崔譔은 爲라고 하였는데 이 또한 何故의 뜻이다[何帠 猶何故也 注訓法字 法亦故也 崔氏作爲 亦是何故之意]."라고 풀이하여 法, 爲, 故가 모두 같은 뜻으로 쓰임을 밝혔다. 그러나 마지막에 의문형 조사 爲가 붙는 문장으로 <德充符>편의 '彼何賓賓以學子爲'와 <逍遙遊>편의 '奚以之九萬里而南爲'의 경우 모두 '何以~爲' 또는 '奚以~爲'로 되어 있고, 帠와 以가 音이 類似하므로 여기의 何帠는 何以로 보는 것이 가장 적절하다. 治天下는 治天下之事의 줄임. 感은 동요시킨다는 뜻.

14) 遊心於淡 合氣於漠 : 마음은 담담한 곳에 노닐고, 氣를 적막한 곳에 부합시킴. 淡은 無欲의 상태를 나타내는 말. 漠은 寂寞의 뜻.

15) 順物自然 而無容私焉 : 物의 自然을 따라 사사로운 욕심을 용납하지 아니함. 物自然은 物의 자연스러운 전개, 容은 용납하다, 끼워넣는다는 의미. 焉은 於此로 無容私焉은 "그 사이에 사사로운 욕심을 끼워넣지 않는다."는 뜻이다.

16) 而天下治矣 : 천하는 다스려질 것임. 앞의 구와 이어서 '~하면 천하는 저절로 다스려질 것'이라는 뜻. 而는 則과 같다.

## 第4章

陽子居[1)]見老聃[2)]하야 曰 有人於此하니 嚮疾彊梁[3)]하며 物徹疏明[4)]하며 學道不勸[5)]하나니 如是者는 可比明王乎[6)]아 老聃曰 是는 於聖人也[7)]에 胥易이며 技係[8)]라 勞形怵心者也[9)]니라 且也虎豹之文은 來田[10)]하며 猨狙之便과 執斄之狗는 來藉[11)]하나니 如是者도 可比明王乎아 陽子居蹴然[12)]曰 敢問明王之治하노라 老聃曰 明王之治는 功蓋天下而似不自己[13)]하며 化貸萬物而民不恃[14)]하며 有를 莫擧名[15)]이나 使物自喜[16)]하야 立乎不測而遊於無有者也[17)]니라

陽子居가 老聃을 만나서 이렇게 말했다.

"여기 어떤 사람이 있는데, 아주 민첩하고 굳세며, 만물을 잘 꿰뚫고 만사를 분명히 알며, 도를 배우는 데 게을리하지 않습니다. 이와 같은 사람은 明王에 견줄 수 있겠습니까?"

노담이 말했다.

"이런 사람은 성인과 비교하면 잡일이나 담당하며 기술에 얽매이는 자들인지라 몸을 수고롭게 하고 마음을 졸일 뿐이다. 게다가 호랑이와 표범의 아름다운 무늬는 사냥꾼을 불러들이고, 원숭이의 민첩함과 살쾡이를 잡는 개는 우리를 불러오는 법이니 이 같은 사람이 明王에 견줄 수 있겠는가."

양자거가 깜짝 놀라 얼굴빛을 고치고 말했다.

"감히 명왕의 다스림에 대해 여쭙습니다."

노담이 대답했다.

"명왕의 다스림은 功이 천하를 뒤덮어도 자기가 한 일로 여기지 않고, 敎化가 만물에 베풀어져도 백성들이 느끼지 못하며, 베풂이 있는데도 아무도 그 이름을 일컫지 않으며, 만물로 하여금 스스로 기뻐하게 하여, 헤아릴 수 없는 초월적인 경지에 서서 아무 것도 없는 근원의 세계에 노니는 것이다."

【역주】

1) 陽子居 : 인명. 楊朱라는 설이 유력하다. 李頤는 "居는 이름이고 子는 남자의 통칭이다[居名也 子男子通稱]."라 했고, 成玄英은 "姓은 陽이고 이름은 朱이며 字는 子居이다[姓陽 名朱

字子居].”라고 했다. 또 奚侗은 孟子와 同時代人인 楊朱라고 했다. 陽子居와 老聃의 문답은 <寓言>편에도 있고, 弟子를 거느린 陽子는 <山木>편에도 등장한다.

2) 老聃 : 인명. <養生主>편의 역주 참조. 이 문답의 내용은 <天地>편의 孔子와 老聃의 問答과 대동소이하다.

3) 嚮疾彊梁 : 아주 민첩하고 굳셈. 嚮疾은 影響처럼 빠르다는 뜻. 彊梁은 강하고 굳센 모양. 崔譔은 “강량한 사람을 미워한다[疾彊梁之人也].”고 하여 疾을 미워한다는 뜻으로 풀이했지만 부적절하다. 李頤는 “민첩하고 빠른 것이 마치 메아리 같다[敏疾如響也].”고 풀이했다. 彊梁은 强良과 같은 뜻으로 신체의 强壯함을 의미한다. 林希逸은 剛健으로 풀이했다. <山木>편에 ‘從其彊梁 隨其曲傅’라고 있으며, ≪老子≫ 42장에도 ‘彊梁者 不得其死’라는 표현이 있다. 朴世堂은 “嚮疾은 일을 재빨리 처리하는 것이고, 彊梁은 덕을 견고하게 붙잡는 것이다[嚮疾 趨事之敏也 彊梁 執德之固也].”라고 풀이했다.

4) 物徹疏明 : 만물을 잘 꿰뚫고 만사를 분명히 앎. 徹은 通과 같이 투철하게 안다는 뜻이고, 疏明은 聰明과 같다. 따라서 物徹疏明은 만물의 이치를 잘 꿰뚫고 만사를 분명히 안다는 뜻이다. 崔譔은 “어느 것이든 통달하지 않은 것이 없고, 어느 것이든 명확하게 이해하지 못하는 것이 없다[無物不達 無物不明].”고 풀이했고, 성현영은 “사물을 살펴 밝게 통찰하고, 탁 트이고 두루 통하여 영민하다[鑑物洞徹 疏通明敏].”고 풀이했다. 朴世堂은 “物徹은 일에 통달함이고, 疏明은 이치를 잘 구분하는 것이다[物徹 通於務 疏明 辨於理].”라고 풀이했다.

5) 學道不勧 : 도를 배우는 데 게을리하지 않음. 不勧은 不倦과 같다. 陳景元, 馬叙倫 등은 “지치지 않는다[不勞也].”로 풀이했다.

6) 如是者 可比明王乎 : 이와 같은 사람은 明王에 견줄 수 있겠습니까? 比는 필적하다, 비교하다, 견주다의 뜻.

7) 是於聖人也 : 이런 사람은 성인과 비교하면. 是는 如是者, 곧 이같은 사람. 於聖人也는 성인과 비교해서의 뜻.

8) 胥易(이)技係 : 잡일이나 담당하며 기술에 얽매이는 자들. 胥易는 胥易之徒로 잡일이나 담당하는 무리라는 뜻이며, 易는 다스리다, 담당하다의 뜻. 林希逸, 羅勉道 등은 胥易를 ‘형벌을 받은 무리들[刑徒也]’이라고 했지만 지나친 견해이다. 孫詒讓이 胥를 諝의 假借字로 보고 “슬기롭다는 뜻이니 지혜로움이다[諝知也].”로 풀이한 이래 章炳麟, 奚侗, 朱桂曜, 馬叙倫, 金谷治 등이 이 견해를 지지했지만 이 구절의 맥락은 형편없는 무리라는 뜻으로 낮추어 표현한 것이기 때문에 다소 부적절하다. 郭慶藩이 胥徒라고 풀이한 것과 阮毓崧이 胥吏라고

풀이한 것이 적절하다. 한편 曹礎基는 ≪周禮≫ <天官>편 '胥十二人'의 疏를 인용하여, 胥를 '有才智而供人役使的小吏'로 풀이했는데 郭慶藩의 풀이와 통한다. 技係는 기술에 얽매인다는 뜻. 沈一貫은 技를 技工으로 풀이했고, 林雲銘은 工技, 王敔는 工, 陸樹芝는 百工으로 풀이했는데 모두 같은 맥락이다. 係는 林希逸은 "기술에 얽매이다[係累技術]."로 풀이했고, 宣穎, 陳壽昌 등은 "이 몸에 얽매이다[係累此身]."라는 뜻으로 풀이했는데 전자가 적절하다. 이와 유사한 구절은 <천지>편에 '是胥易技係 勞形怵心者也 執狸之狗成思 猿狙之便自山林來'로 나오는데 '執狸之狗成思 猿狙之便自山林來'는 이 구절의 맥락과는 다소 다르다.

9) 勞形怵心者也 : 몸을 수고롭게 하고 마음을 졸일 뿐임. 勞形은 몸을 지치게 한다는 뜻이고 怵心은 마음을 깜짝 깜짝 놀라게 한다는 뜻. 成玄英은 "怵을 두려워한다[怵惕]."로 풀이했고, 林希逸은 "그 마음이 벌벌 떠는 것을 말한다[言其心恐恐然也]."고 풀이했다.

10) 虎豹之文來田 : 호랑이와 표범의 아름다운 무늬는 사냥꾼을 불러들임. 文은 가죽무늬의 아름다움. 來는 招來하다, 불러들이다는 뜻. 田은 사냥[獵]으로 來田은 사냥당하는 재앙을 초래한다는 뜻.

11) 猨狙之便 執斄(리)之狗 來藉(적) : 원숭이의 민첩함과 살쾡이를 잡는 개는 우리를 불러옴. 猨狙는 원숭이. 便은 便捷으로 민첩하다는 뜻. 斄는 살쾡이, 너구리 따위. 최선은 斄를 소[旄牛]라고 했지만 빠른 짐승을 예로 든 맥락을 고려할 때 林希逸이 狸로 풀이한 견해가 옳다. 藉은 짐승을 가두는 우리로, 來藉은 우리에 갇히는 재앙을 초래한다."는 뜻. 福永光司는 이 부분을 두고 "인류의 타락과 불행은 모두 인간의 지식과 기교에서 비롯된 것이다. 來田·來藉이 가리키고 있는 것처럼, 知와 巧는 人類가 스스로의 손으로 파 놓은 生命의 陷穽이다."라고 해설했다.

12) 蹴然 : 깜짝 놀라 얼굴빛을 고치는 모습. 陸德明은 '얼굴빛을 고치는 모습[改容之貌]'으로 풀이했고, <德充符>편의 본문에 "깜짝 놀라 얼굴색을 바꾸고 태도를 고쳤다[蹴然 改容更貌]."라고 했다.

13) 功蓋天下而似不自己 : 功이 천하를 뒤덮어도 자기가 한 일로 여기지 않음. 蓋는 덮는다는 뜻의 동사. 自는 말미암는다는 의미의 동사. 업적[功]이 천하를 덮어도 자신에게서 말미암은 것으로 여기지 않는다는 뜻. ≪老子≫ 제2장의 '是以聖人處無爲之事 行不言之教 萬物作焉而不辭 生而不有 爲而不恃 功成而不居 夫惟弗居 是以不居'와 제77장의 '是以聖人爲而不恃 功成而不處' 등과 유사하다.

14) 化貸萬物而民不恃 : 敎化가 만물에 베풀어져도 백성들이 느끼지 못함. 化는 감화, 교화. 貸

는 施와 같다(林希逸). 恃는 의지한다는 뜻으로 民不恃는 백성들이 그의 교화에 의지하지 않는다, 곧 교화를 느끼지 못한다는 뜻.

15) 有莫擧名 : 베풂이 있는데도 아무도 그 이름을 일컫지 않음. 有는 정치나 교화를 베풂이 있다는 뜻. 莫擧名은 아무도 그 이름을 거명하지 않는다는 뜻. <徐無鬼>편에서 "성인은 천지를 아울러 감싸안고, 은택이 천하에 미치지만 아무도 그것이 누구인지 모른다. 살아서 존귀한 爵位가 없고 죽어서 諡號도 없으며, 實利가 몸에 모이지 않고 名聲도 확립되지 않으니, 이런 사람을 일컬어 大人이라 한다[聖人幷包天地 澤及天下 而不知其誰氏 是故生無爵 死無諡 實不聚 名不立 此之謂大人]."고 한 것과, ≪老子≫ 제17장 '太上不知有之 其次……功成事遂 而百姓皆謂我自然', 제34장 '功成不名有', 제41장 '道隱無名 夫唯道 善貸且成'과 유사한 내용이다.

16) 使物自喜 : 만물로 하여금 스스로 기뻐하게 함. 인위적으로 간섭하지 않고 만백성이 스스로 기뻐하게 한다는 뜻.

17) 立乎不測而遊於無有者也 : 헤아릴 수 없는 초월적인 경지에 서서 아무 것도 없는 근원의 세계에 노니는 것이다. 不測은 인간의 인식능력을 넘어선 초월적인 경지로 道와 일체가 된 경지를 의미한다. 無有는 아무 것도 없는 근원의 세계로 無己, 無功, 無名의 정치가 바로 明王의 정치임을 이야기한 것이다.

## 第5章

鄭有神巫[1]하니 曰季咸[2]이니 知人之死生存亡과 禍福壽夭하야 期以歲月旬日[3]若神할새 鄭人이 見之하고 皆棄而走[4]하더니 列子見之而心醉[5]하야 歸以告壺子[6]曰 始吾以夫子之道로 爲至矣러니 則又有至焉者矣[7]로소이다

鄭나라에 미래의 일을 귀신처럼 잘 맞추는 무당이 있었는데 季咸이라고 한다. 사람들의 死生存亡, 禍와 福, 長壽와 夭折 등의 운세를 정확히 알아서, 年月과 상순, 하순 등의 날짜까지 맞추는 것이 꼭 귀신 같았다. 그래서 정나라 사람들은 그를 보면 모두 가지고 있던 물건을 버리고 도망가기에 바빴다.

列子가 그를 만나보고는 심취하여 돌아와서 壺子에게 말했다.

"처음에 저는 선생님의 道를 최고라고 생각했는데 이제 보니 또 선생님보다 더 뛰어난 사람

이 있습니다."

【역주】

1) 神巫 : 귀신처럼 잘 맞추는 무당. 神은 귀신처럼 잘 맞춘다는 뜻.

2) 季咸 : 인명. 李頤는 "여자무당을 巫라 하고, 남자무당을 覡이라 한다. 季咸은 이름이다[女曰巫 男曰覡 季咸 名]."라고 풀이했는데, 이 견해에 의하면 季咸은 女性이다. 그러나 兪樾, 陳壽昌의 주장처럼 男性을 巫라 부르기도 했고, 또 男女를 通稱해서 巫라고 부르기도 했기 때문에 여성으로 확정할 수는 없다(池田知久). 이 설화는 ≪列子≫ <黃帝>편에도 보인다.

3) 期以歲月旬日 : 年月과 상순, 하순 등의 날짜까지 맞춤. 期는 期約하다, 預言하다, 맞추다의 뜻.

4) 皆棄而走 : 모두 가지고 있던 물건을 버리고 도망감. 曹礎基, 張默生, 安東林 등은 ≪列子≫ <黃帝>편에 棄가 避로 되어 있는 것을 근거로 삼아 "그를 피해서 도망치다."는 뜻으로 풀이하였다. 그러나 "빨리 도망치기 위해 방해가 되는 물건을 버리고 도망쳤다."고 이해하는 것이 맥락상 더 적절하고, <山木>편의 "林回가 천금의 구슬을 버리고 어린아이를 등에 업고 도망쳤다[林回棄千金之璧 負赤子而趨]."고 한 표현에 그런 경우가 보이므로 본문을 그대로 두고 번역하는 것이 옳다. 도망치는 이유를 郭象은 자기가 죽는 날짜를 듣는 것을 기뻐할 수 없기 때문으로 보았다[不憙自聞死日也].

5) 列子見之而心醉 : 열자가 그를 만나보고 심취함. 열자가 계함에게 매료되었다는 뜻. 成玄英은 心醉를 "마음 속으로 부러워하고 우러러보아 황홀하여 취한 듯함이다[中心羨仰 恍然如醉]."로 풀이했다. ≪詩經≫ <黍離>의 '中心如醉'와 유사한 표현(池田知久).

6) 壺子 : 인명. 司馬彪는 "이름은 林이고 정나라 사람이며, 列子의 스승이다[名林 鄭人 列子師]."라고 했다. ≪呂氏春秋≫ <下賢>편에는 鄭나라의 子産이 壺丘子林의 弟子로 入門했다는 기록이 있다. 이 說話는 ≪淮南子≫ <精神訓>과 ≪列子≫ <黃帝>편에도 그대로 나온다. 한편 池田知久는 "이 설화에서 壺子가 季咸에게 승리하는 맥락은 ≪莊子≫를 시작으로 하는 道家의 思想이 民間宗教가 아님은 물론, 그들보다 우위에 있는 哲學이라는 사실을 암시해 주고 있는 것으로 주목할 필요가 있다."고 해설했다.

7) 始吾以夫子之道爲至矣 則又有至焉者矣 : 처음에 저는 선생님의 도를 최고라고 생각했는데 이제 보니 또 선생님보다 더 뛰어난 사람이 있습니다. 始는 처음에, 지금까지의 뜻. 則은 이제 와서 보니의 뜻. 王叔岷은 吳昌瑩이 "則은 今과 같다[則猶今也]."고 한 말을 인용하면서, <養生主>편에 '始也吾以爲其人也 而今非也'와 비슷한 句法이라고 보았는데

이 견해를 따랐다. 至는 지극한 데 이르다의 뜻. 焉은 於此와 같으며 여기서는 선생님보다의 뜻으로 쓰였다.

壺子曰 吾與汝[1]로 旣其文하고 未旣其實[2]호니 而는 固得道與[3]아 衆雌而無雄이면 而又奚卵焉[4]이리오 而以道與世亢하야 必信夫[5]라 故로 使人으로 得而相女[6]하도다 嘗試與來[7]하야 以予로 示之[8]하라

壺子가 말했다.

"나는 너를 위해 껍데기는 다 전수해 주었지만, 그 알맹이는 아직 다 전해주지 않았는데, 너는 참으로 도를 터득했다고 생각하는가? 암탉이 아무리 많아도 수탉이 없으면 또 어떻게 알을 부화할 수 있겠는가? 너는 도의 껍데기를 가지고 세상과 겨루어서 세상 사람들의 믿음을 얻으려 했다. 그 때문에 다른 사람으로 하여금 너의 관상을 쉽게 알아맞히게 한 것이다. 어디 시험삼아 그를 데려와서 나를 그에게 보여 보거라."

【역주】

1) 吾與汝 : 나는 너를 위해서. 與는 王引之가 ≪經傳釋詞≫에서 "爲와 같다[猶爲也(此爲字讀去聲)]."고 풀이한 견해를 따르는 것이 옳다(池田知久). 成玄英은 주다[授]는 의미로 보았고 張默生, 曹礎基, 安東林도 같은 견해이지만 구문이 어색하여 따르지 않는다. 뒤의 '旣其文 未旣其實'에서 旣를 盡의 뜻으로 파악할 경우 왕인지의 견해를 따라 爲로 보는 것이 가장 적절하다. 한편 王叔岷은 ≪論語≫ <公冶長>의 '吾與汝弗如也'를 인용하면서 與를 許與하다, 인정하다는 뜻으로 보았는데, 이 견해를 따르면 "호자는 열자가 도의 껍데기를 얻었다는 것은 인정하지만 아직 알맹이를 얻었다고 인정하지는 않았다."는 맥락으로 이해해야 한다. 그러나 王引之의 견해만큼 간명하지 못하다.

2) 旣其文 未旣其實 : 껍데기는 다 전수해 주었지만, 그 알맹이는 아직 다 전해주지 않음. 文과 實은 상대되는 의미로 文은 외형, 형식, 허상, 껍질 등의 의미라면, 實은 내면, 내용, 실상, 알맹이 등의 의미이다. 旣는 통상 이미라는 뜻의 부사로 아직~하지 않는다는 未와 상대되는 의미로 쓰이지만 여기서는 未旣의 경우에서 보듯 다한다는 의미의 술어동사로 쓰였다. 곧 旣는 다 전해주었다는 뜻이고 未旣는 아직 다 전해주지 않았다는 의미이다. 李頤는 旣를 다한다[盡]는 뜻으로 풀이했다.

3) 而固得道與 : 너는 참으로 도를 터득했다고 생각하는가? 而는 2인칭.

4) 衆雌而無雄 而又奚卵焉 : 암탉이 아무리 많아도 수탉이 없으면 또 어떻게 알을 부화할 수 있겠는가? 司馬彪는 "네가 가르침을 받았지만 아직 충분히 익히지 못했기 때문에 아직 도를 이루지 못했으니 마치 암탉은 많아도 수탉이 없으면 알을 부화할 수 없는 것과 같다고 말한 것이다[言汝受訓未熟 故未成 若衆雌無雄則無卵也]."라고 풀이했고, 陳壽昌은 雌는 文을, 雄은 實을, 卵은 得道를 비유한 것이라고 풀이했다. 한편 屈復은 "암탉이 알을 부화할 수 있는 것은 모두 수탉이 계기를 만들어 주었기 때문이다. 수탉이 없으면 암탉이 어떻게 알을 부화할 수 있겠는가. 이처럼 다른 사람이 나의 관상을 볼 수 있는 것은 모두 내가 마음을 보여 주었기 때문이니 마음이 없다면 다른 사람이 어찌 관상을 볼 수 있겠는가[雌所以能卵者 皆雄始其機 無雄則雌奚卵焉 人所以能相者 皆我示以心 無心則人奚相焉]."로 풀이하여 卵을 관상보는 것에 비유한 것이라고 이해하였다. 方勇·陸永品 등이 이 견해를 따르고 있지만, 바로 뒤의 내용이 得道하지 못했기 때문에 다른 사람에 의해 쉽게 관상을 간파당했다고 列子를 질책하는 내용이므로 陳壽昌의 견해를 따르는 것이 옳다. 衆雌而無雄의 而는 '~하고'에 해당하는 접속사이고, 而又奚卵焉의 而는 則과 같이 '~면'에 해당하는 접속사.

5) 而以道與世亢 必信夫 : 너는 도의 껍데기를 가지고 세상과 겨루어서 세상 사람들의 믿음을 얻으려 했다. 而는 2인칭. 成玄英은 而를 너[汝]라고 풀이했다. 한편 池田知久는 而를 접속사로 보고 그런데도의 뜻으로 보았지만 바로 앞문장이 '衆雌而無雄而又奚卵焉'으로 而가 접속사로 두 차례 나오는데 다시 같은 종류의 접속사가 연결되는 구조는 구문상 어색하다. 또 '又奚卵焉'에서 내용이 일단락되기 때문에 焉을 종결사로 처리하고 而를 새로 시작하는 문장의 주어로 파악하는 것이 자연스럽다. 물론 而를 2인칭으로 보더라도 앞문장과의 연결을 위해 그런데도의 의미를 덧붙여서 이해하는 것이 적절하다. 여기의 道는 사람들의 信을 얻기 위한 도구, 수단을 의미하므로 참된 도가 아니라 도의 껍데기를 뜻한다. 겉(껍데기)만의 道를 의미함. 亢은 對抗하다, 겨루다는 뜻. 必信夫는 郭象이 "세상 사람들에게서 믿음을 얻으려 한다[必信於世]."는 뜻으로 풀이한 것을 따랐다. 郭慶藩의 ≪莊子集釋≫본에는 陸德明의 ≪經典釋文≫과 崔譔의 독법을 따라 '必信 夫故'로 絶句하였지만, 여기서는 武延緖, 劉文典이 ≪列子≫를 참고하여 '必信夫'로 絶句한 견해를 따랐다. "너는…사람들의 믿음을 얻으려 했다."를 "너는…사람들의 믿음을 얻으려 하는가."로 읽는 독법도 가능하다.

6) 使人得而相女 : 다른 사람으로 하여금 너의 관상을 쉽게 알아맞히게 함. 相은 관상을 보다는 뜻. 而는 의미없이 붙은 虛辭. ≪孟子≫ <離婁 上>의 '民不可得而治矣', ≪中庸≫ 제20장의 '民不可得而治矣'에 동일한 용례가 보인다. 女는 그대로도 '너'라는 뜻이 되나 世德堂本 등에

의거 汝로 고치는 것이 적절하다.

7) 嘗試與來 : 시험삼아 그를 데려옴. 嘗과 試는 모두 시험해본다는 뜻. 與來는 데리고 오다, 함께 오다의 뜻.

8) 以予示之 : 나를 그에게 보여 보라. 자신의 관상을 보게 하라는 의미.

明日에 列子與之見壺子한대 出而謂列子[1]曰 嘻[2]라 子之先生이 死矣라 弗活矣로소니 不以旬으로 數矣[3]로다 吾見怪焉[4]호니 見濕灰焉[5]호라

다음 날에 열자가 계함과 함께 호자를 만나 뵈었다. <계함이 호자의 관상을 보고 난 뒤> 밖으로 나와 열자에게 이렇게 말했다.

"아! 그대의 선생은 죽을 것이다. 살아날 가망이 없으니 열흘을 넘기지 못할 것이다. 나는 그대의 선생에게서 괴이한 조짐을 보았는데, 젖은 재의 모습을 보았다."

【역주】

1) 出而謂列子 : 나와서 열자에게 말함. ≪太平御覽≫ 871에는 이 내용과 동일한 ≪列子≫ <黃帝>편의 설화를 재인용하고 있는데 出앞에 咸字가 있다(劉文典, ≪莊子補正≫).

2) 嘻 : 아! 탄식하는 소리.

3) 不以旬數矣 : 열흘을 넘기지 못함. 旬은 十日, 곧 열흘을 헤아리지 못한다는 뜻. ≪太平御覽≫ 871의 재인용 부분에는 '不可以旬數矣'로 되어 있고, ≪列子≫ <黃帝>편에도 '不可以旬數矣'로 되어 있다(劉文典).

4) 吾見怪焉 : 괴이한 조짐을 봄. 怪는 괴이한 조짐. 阮毓崧은 "괴이한 징조이니 濕灰를 말한 것이다[卽怪徵 謂濕灰]."라고 풀이했다.

5) 見濕灰焉 : 젖은 재의 모습을 봄. 濕灰는 생기라곤 전혀 없는 모습을 젖은 재에 비유한 표현이다. 林雲銘은 "죽은 재는 그래도 간혹 불이 타오를 때가 있지만, 젖은 재는 그럴 수 없다. 그 때문에 죽어서 살아나지 못하는 모습이다[死灰尙有或燃之時 濕灰則不能 所以爲死而弗活之象]."라고 설명했는데 阮毓崧과 陳鼓應도 같은 견해이다. <齊物論>편의 '말라버린 나무와 죽은 재[枯木死灰]'의 死灰와 유사한 의미이지만, 死灰가 불꺼진 재라면 濕灰는 불꺼진 재가 다시 물에 젖어서 더 이상 타오를 가망이 전혀 없다는 점에서 사멸의 상태를 좀 더 강조한 표현이다.

列子入하야 泣涕沾襟[1]하야 以告壺子하대 壺子曰 鄕[2]吾示之以地文[3]호니 萌乎不震不正(止)[4]하니 是殆見吾杜德機也[5]로다 嘗又與來하라하야늘

列子가 들어와 옷섶을 적시며 울면서 그 말을 壺子에게 전하자 호자가 이렇게 말했다. "아까 나는 그에게 대지의 무늬를 보여 주었다. 멍하니 움직이지도 않고 멈추지도 않았으니 그는 아마도 나의 生機가 막혀 버린 모습을 보았을 것이다. 시험삼아 또 데리고 와 보거라."

【역주】

1) 泣涕沾(첨)襟 : 옷섶을 적시며 눈물을 흘림. 泣涕는 눈물 흘리며 운다는 뜻. 沾襟은 옷섶을 적심.

2) 鄕 : 아까. 지난 번에. 向 또는 嚮과 같이 쓰인다. 馬叙倫은 曏(접때 향)을 생략한 글자라고 풀이했다.

3) 示之以地文 : 대지의 무늬를 그에게 보여 줌. 地文은 대지의 무늬. 崔譔은 "文은 理와 같다[文猶理也]."고 풀이했는데 이때의 理는 '결'의 뜻으로 쓰인 것이다. 向秀는 "마치 흙덩어리 같았다[塊然若土也]."고 풀이했고, 陳景元은 "땅은 움직이지 않는 것을 모습으로 삼는다[地以不動爲文]."고 풀이했는데 이들의 견해가 적절하다. 한편 羅勉道는 "산천초목이 대지의 무늬이다[山川草木 地之文也]."라고 했고, 陸樹芝는 "地文은 땅의 무늬이니 초목과 같은 것이 바로 이것이다[地文者 地之文 如草木之類 是也]."라고 풀이했지만, 본문의 내용은 살아날 가망이 없는 모습을 地文으로 표현한 것이므로, 山川草木을 비유한 것이 地文이라는 이들의 견해는 옳지 않다.

4) 萌乎不震不正(止) : 멍하니 움직이지도 않고 멈추지도 않음. 萌乎는 멍한 모습으로 <齊物論> 편에 나오는 '芒乎'와 같다. 張之純, 阮毓崧 등은 芒乎의 假借라고 했다. 震은 動으로 ≪周易≫ <說卦傳>에서 震卦를 動으로 풀이한 것과 유사한 맥락이다. 따라서 不震不止는 움직이지도 않고 멈추지도 않는다는 뜻. ≪莊子集釋≫ 본에는 不震不正으로 되어 있으나 崔譔本과 ≪列子≫, 그리고 兪樾의 주장에 근거하여 '正'을 '止'로 고쳐 번역하였다. 陳景元 또한 江南古藏本에 근거하여 止로 고치는 것이 옳다고 했다.

5) 是殆見吾杜德機也 : 그는 아마도 나의 生機가 막혀 버린 모습을 보았을 것임. 是는 季咸을 지칭하는 대명사. 殆는 추측을 나타내는 부사로 아마도, 틀림없이의 뜻. 杜는 막(히)다의 뜻. 成玄英은 塞으로 풀이했다. 德은 生과 같은 뜻으로 쓰였는데, ≪周易≫ <繫辭傳 下>의 "천지의 대덕을 생이라 한다[天地之大德曰生]."고 한 맥락과 유사하다. 機를 幾로 보고 조짐이

나 전조의 뜻으로 보는 견해가 많지만, 장자에 나오는 機자는 모두 기계적인 의미의 메카니즘에 가까운 의미로 쓰였기 때문에 부적절하다. 成玄英은 機를 움직임[動]으로 풀이했고, 林希逸은 德機를 生意라고 풀이했는데 이 두 견해를 절충하여 德(生氣)을 발동시키는 기틀이라는 뜻으로 이해하고 生機로 번역하는 것이 마땅하다. <秋水>편의 '天機之所動'과 같은 구절을 참고할 때 機는 움직임 자체가 아니라 움직임을 이끌어내는 근원적인 무엇을 지칭한다. 따라서 林希逸이 生意로 풀이한 것이 본래의 의미에 가장 가깝다.

## 明日에 又與之見壺子한대 出而謂列子曰 幸矣라 子之先生의 遇我也여 有瘳矣[1]라 全然有生矣로다 吾見其杜權矣[2]와라

다음 날에 또 季咸과 함께 호자를 뵈었다. <계함이 호자의 관상을 보고 난 뒤> 밖으로 나와 열자에게 이렇게 말했다.

"다행이다. 그대의 선생은 나를 만난 덕에 병이 다 나았다. 완전히 생기가 회복되었다. <어제는> 내가 <그대의 선생에게서> 생기가 막혀 버린 모습을 보았다. <그 때문에 죽을 것이라고 말했던 것이다>."

【역주】

1) 幸矣 子之先生遇我也 有瘳(추)矣 : 다행이다. 그대의 선생은 나를 만남이여! 병이 다 나았다. 자신을 만난 덕분에 호자의 병이 낫게 되었다는 뜻.

2) 吾見其杜權矣 : <어제는> 내가 <그대의 선생에게서> 생기가 막혀 버린 모습을 보았다. 杜權 두 글자는 매우 難解하다. 그래서 이 구절에 대해서는 이설이 분분하다. 본문의 번역은 郭象의 풀이를 따른 것이다. 林希逸은 "杜權은 움직이지 않는 가운데 움직임이 있는 것이다. 權은 機와 같다. 다만 機는 隱微하지만 權은 드러나 있다. 닫히고 막힌 가운데에 움직임이 이미 나타난 것이다[杜權 不動之動也 權與機同 但機微 而權則露矣 於杜閉之中 動機已露]."라고 풀이하여 杜權을 막힌 가운데에 움직임이 나타나는 것으로 이해하였지만 옳지 않다. 또 羅勉道의 경우도 "닫혀지고 감춰진 속에 도리어 權變이 있으니, 어제 본 것과 대략 같지 않음을 깨달은 것이다[閉藏之中 却有權變 覺與昨日所見 略不同也]."라고 풀이하여 林希逸과 마찬가지로 杜權을 생기가 움직이는 의미로 풀이하였고, 池田知久나 方勇・陸永品 등도 같은 견해이지만 모두 옳지 않다. 무엇보다 權과 機를 같은 의미로 풀이하면서 앞의 杜德機는 생기가 막힌 모습으로 풀이하고 여기의 杜權을 정반대의 의미로 풀이하는 것은 모순이기

때문이다. 다만 機變과 權變이 같은 의미로 쓰이므로 機와 權을 같은 것으로 풀이한 것은 정확한 견해라 할 수 있다. 여기서는 곽상이 "權은 機이다. 이제야 비로소 어제 본 것을 깨달은 것이니 생기가 막힌 것을 보았기 때문에 곧 죽을 것이라고 말한 것이다[權機也 今乃自覺昨日之所見 見其杜權 故謂之將死也]."라고 하여 杜權을 앞의 杜德機와 같은 의미로 이해하고, 계함이 어제 호자에게서 보았던 상을 이제서야 깨닫고 말한 것으로 풀이한 견해를 따른다. 成玄英도 "전날 한번 보았을 때는 젖은 재와 같아서 機權이 막혀 움직임이 전혀 없었는데 오늘 나를 만나고 나서 비로소 완전한 생기를 얻게 되었다[前時一覩 有類濕灰 杜塞機權 全無應動 今日遇我 方得全生]."고 풀이하여 곽상의 견해를 따르고 있다. 다만 郭象의 견해가 완전한 것은 아니다. 곽상은 계함이 이제 비로소 어제 본 모습을 깨달은 것이라고 했지만, 이 구절은 계함이 어제는 호자가 죽을 것이라고 예언했다가 오늘은 다시 살게 되었다고 예언함으로써 스스로 자신의 판단을 뒤집게 된 것을 변명하기 위해서 한 말로 보는 것이 적절하기 때문이다. 뒤에 관상 보기를 포기하면서 "당신 선생의 관상이 일정하지 않기 때문에 내가 관상을 볼 수 없다."고 변명한 것과 같은 맥락으로 이해하는 것이 옳다. 따라서 오늘 비로소 어제 본 모습을 안 것이 아니라 어제는 생기가 막힌 모습을 보았기 때문에 죽을 것이라고 예언했는데, 오늘 보니 생기가 완연하기 때문에 살 것이라고 말한 것이므로 어제 본 모습을 이제서야 알았다고 한 것은 옳지 않다.

列子入하야 以告壺子한대 壺子曰 鄕吾示之以天壤[1)]하니 名實을 不入[2)]호니 而機發於踵[3)]하니 是殆見吾善者機也[4)]하도다 嘗又與來하라하야늘

列子가 들어와 그 말을 壺子에게 전하자 호자가 이렇게 말했다.

"아까 나는 그에게 하늘의 모습을 보여 주었다. 명칭이나 실제가 들어갈 수 없는데 生氣가 발뒤꿈치에서 발생하니 그는 아마도 나의 生機를 보았을 것이다. 시험삼아 또 데리고 와 보거라."

【역주】

1) 示之以天壤 : 하늘의 모습을 보여줌. 天壤은 天相, 곧 天象과 같다(高亨). 壤을 땅[地]의 뜻으로 보고 天壤을 天地로 보는 풀이(司馬彪, 向秀, 成玄英, 陳壽昌, 方勇·陸永品, 安東林 등)가 많지만, 여기의 天壤은 高亨과 池田知久의 지적처럼 앞의 地文과 對句이므로 天地로 보는 견해는 옳지 않다. 天文地理라고 할 때의 文과 理가 같은 의미로 쓰이는 것처럼 여기의 壤도

文과 같은 의미로 풀이하는 것이 옳다. 따라서 高亨이 “곧 天相이고, 또한 天象이다[卽天相亦卽天象也].”고 풀이한 견해를 따른다. 한편 赤塚忠은 “壤은 술을 빚어낸다는 뜻인 釀의 假借字이다.”라고 했는데 참고할 만하다.

2) 名實不入 : 명칭이나 실제가 들어갈 수 없음. 곧 이름을 붙일 수도 없고 내용을 알 수도 없다는 뜻. 관상의 기준으로 天壤을 어떤 상이라고 분류할 수도 없고 내용을 규정할 수도 없음을 표현한 것이다. 郭象은 名實을 名利로 보았고, 成玄英도 “명예나 진실 따위가 마음 속에 들어갈 수 없다[名譽眞實 曾不入於靈府也].”고 풀이하여 名實을 名譽와 眞實로 보았지만, ≪장자≫에 나오는 名實은 대부분 명칭과 실제라는 의미로 쓰이기 때문에 따르지 않는다. 여기서는 陸樹芝가 “그 가운데에서 명칭을 붙이려 하고 실제를 찾으려 해도 되지 않는다[欲於其中 指其名 求其實 則不可得矣].”고 풀이한 것을 따라 명칭과 실제로 본다. 池田知久도 같은 입장인데 그에 의하면 ‘名實不入’은 ‘명칭과 실제가 갖추어져 있지 않은 채로’의 뜻이 된다.

3) 機發於踵 : 生氣가 발뒤꿈치에서 발생함. 機는 앞에 나온 德機, 곧 生機를 말한다. 踵은 발뒤꿈치. <大宗師>편에 ‘眞人之息以踵 衆人之息以喉’라고 유사한 내용이 나왔다. 林希逸은 “그 기가 아래에서부터 위로 올라 오는데 隱微하여 볼 수가 없다. 그 때문에 機라 한 것이다[言其氣自下而上 微而不可見 故曰機].”라고 풀이했고, 宣穎은 “한조각 생기가 발뒤꿈치로부터 발생한다[一段生氣自踵而發].”고 풀이했다.

4) 殆見吾善者機也 : 아마도 나의 生機를 보았을 것임. 善은 生, 곧 앞의 덕과 같다. 宣穎은 善을 生意로 풀이했는데, 林希逸이 德機를 生意로 풀이한 것과 같다. 善者機也의 구문에 대해서는 아직 定說이 없다. 대부분의 주석가들이 이 문제에 대해서 언급하지 않고 있거나 언급한 경우에도 근거가 박약하다. 聞一多의 경우 者善機也의 잘못이라고 보고 殆見吾者善機也로 보았지만 池田知久의 지적처럼 근거가 박약하다. 확정할 수는 없지만 여기의 者는 之나 施와 같이 인명이나 지명 사이에 의미없이 붙는 虛辭(之의 경우는 <齊物論>편 제4장 麗之姬의 역주 참조, 施의 경우는 ≪孟子≫ <公孫丑 上>에서 孟舍를 孟施舍라고 한 경우에서 찾아볼 수 있다)이거나, 본래 ‘殆～者也’의 문장형식으로 ‘아마도 ～일 것’이라는 뜻의 추측을 나타내는 접미사로 쓰인 것으로 추정할 수 있다. 곧 善者機也는 善機者也의 잘못일 가능성이 있다. 하지만 앞의 殆見吾杜德機也와 뒤의 殆見吾衡氣機也의 경우 者가 붙어 있지 않기 때문에 확정하기는 어렵다.

明日에 又與之見壺子한대 出而謂列子曰 子之先生이 不齊[1]라 吾無得而相焉이로다 試齊하야든 且復相之호리라

다음 날에 또 季咸과 함께 壺子를 뵈었다. <계함이 호자의 관상을 보고 난 뒤> 밖으로 나와 열자에게 이렇게 말했다.

“당신 선생의 관상이 일정하지 않기 때문에 내가 관상을 볼 수가 없다. 어디 한번 일정하게 잡아주면 그때 다시 관상을 보겠다.”

【역주】

1) 不齊 : 가지런하지 않음. 곧 관상이 일정하지 않다는 뜻. 齊를 재계한다[齋]는 뜻으로 보는 견해(陸德明)도 있지만, 向秀, 郭象, 兪樾의 견해를 따라 본래 글자 그대로 보는 것이 옳다.

列子入하야 以告壺子한대 壺子曰 吾鄕示之以太沖莫勝[1]호니 是殆見吾의 衡氣機也[2]하도다 鯢桓之審爲淵[3]이며 止水之審爲淵이며 流水之審爲淵이니 淵有九名[4]하니 此 處三焉[5]하니라 嘗又與來하라하야늘

열자가 들어와 그 말을 호자에게 전하자 호자가 이렇게 말했다.

“아까 나는 그에게 더없이 허무하고 흔적이라곤 전혀 없는 모습을 보여 주었다. 그는 아마도 나의 음양의 氣가 평형을 이룬 모습을 보았을 것이다. 고래가 이리저리 헤엄치는 깊은 물도 연못이며, 고요히 멈추어 있는 깊은 물도 연못이며, 흘러가는 깊은 물도 연못이니, 연못에는 아홉 가지의 유형이 있는데, 이번에 季咸에게 보여 준 것은 세 가지에 해당한다. 시험삼아 또 데리고 와 보거라.”

【역주】

1) 太沖莫勝(짐) : 허무하고 흔적이라곤 전혀 없음. 兪樾에 의거 ≪列子≫ <黃帝>편에 ‘太沖莫眹’으로 되어 있는 것을 따라 勝을 眹으로 본다. 章炳麟, 王叔岷, 赤塚忠, 池田知久 등도 모두 같은 견해. 郭象과 成玄英 등은 勝負의 勝으로 풀이했지만 옳지 않다. 福永光司도 역시 莫勝을 ‘일체의 대립과 상극이 超克된 상태’로 보았는데 역시 부적당하다. 陳鼓應은 “太沖은 곧 太虛이고, 莫勝은 곧 無眹이니 太沖莫勝은 太虛하여 아무런 조짐이 없음을 비유한 것이다.” 라고 풀이했다.

2) 衡(형)氣機也 : 氣機가 평형을 이룸. 곧 陰陽의 氣가 치우침 없이 조화된 상태를 말한다. 앞

의 地文이 陰氣를 보여 준 것이고, 다음의 天壤이 陽氣를 보여 준 것이라면 여기의 太沖莫勝은 陰陽의 氣가 고르게 조화된 상태를 보여 준 것으로 이해하는 것이 적절하다. 衡은 平衡을 이루었다는 뜻(成玄英). 林雲銘은 "음양의 두 기가 고르게 되면 屈伸往來하는 어느 순간에도 집착하지 않으니, 삶도 아니고 죽음도 아닌 道이다[陰陽二氣旣平 屈伸往來 有不可執 非生非死之道]."라고 풀이했다.

3) 鯢(예)桓之審爲淵 : 고래가 이리저리 헤엄치는 깊은 물이 연못임. 司馬彪는 鯢桓을 두 물고기 이름[二魚名也]이라고 했지만, ≪列子≫ <黃帝>편에 '鯢旋之潘爲淵'으로 기록되어 있으므로 옳지 않다. 盤桓과 盤旋은 같은 뜻이므로 鯢는 고래이고 桓은 盤桓으로 이러저리 오가는 모습으로 풀이한 簡文帝의 견해가 옳다. 成玄英 역시 "鯢는 큰 물고기이다. 桓은 도는 것이다[鯢大魚也 桓盤也]."라고 풀이했다. 審은 깊다[深]는 뜻(奚侗, 李勉). 곧 물의 종류에는 여러 가지가 있지만 깊은 물을 모두 연못[淵]이라고 일컫는다는 뜻이다.

4) 淵有九名 : 연못에는 아홉 가지 명칭이 있음. 곧 아홉 가지 종류가 있다는 뜻. ≪列子≫ <黃帝>편에는 '鯢旋之潘爲淵 止水之潘爲淵 流水之潘爲淵 濫水之潘爲淵 沃水之潘爲淵 氿水之潘爲淵 雍水之潘爲淵 汧水之潘爲淵 肥水之潘爲淵 是爲九淵焉'으로 九淵이 모두 기록되어 있다.

5) 此處三焉 : 이것은 세 가지에 해당함. 곧 이번에 계함에게 보여 준 것은 아홉 가지 중에서 세 가지에 해당한다는 뜻. 세 개의 淵이 윗 문장의 地文, 天壤, 太沖莫勝의 相을 비유한 것임은 분명하지만, 어느 淵이 어느 相에 맞는지에 대해서는 古來로 일치한 견해가 없다(池田知久). 成玄英은 鯢桓은 衡氣機(太沖莫勝)이고, 止水는 杜德機(地文)이며, 流水는 善者機(天壤)라고 풀이했다. 陳壽昌, 福永光司, 金谷治 등도 같은 견해이다.

明日에 又與之見壺子한대 立未定[1]하야 自失而走[2]커늘 壺子曰 追之하라 列子追之不及하야 反하야 以報壺子하야 曰 已滅矣이며 已失矣라 吾弗及已호이다 壺子曰 鄕吾示之以未始出吾宗[3]호니 吾與之虛而委蛇[4]이라 不知其誰何하야 因以爲弟靡[5]하며 因以爲波流[6]라 故로 逃也하도다

다음 날에 또 계함과 함께 호자를 뵈었다. 선 채로 아직 앉지도 않았는데 계함이 얼이 빠져 달아났다. 호자가 말했다.

"쫓아가 잡아라."

열자가 그를 따라갔지만 미치지 못하고 돌아와 호자에게 말했다.

"벌써 사라졌습니다. 이미 놓쳤습니다. 제가 미치지 못했습니다."

호자가 말했다.

"아까 나는 아직 나의 근본에서 떠나지 않은 자연 그대로의 모습을 보여 주었다. 내가 마음을 비우고 욕심이 전혀 없는 모습으로 그를 대했더니 그는 내가 누구인지 모르게 되었고, 따라서 무엇이 무너져 내린다고 생각하게 되었고, 따라서 무엇인가 怒濤처럼 물결쳐 온다고 생각하게 되었기 때문에 도망친 것이다."

【역주】

1) 立未定 : 선 채로 아직 앉지도 않음. 定은 坐定의 뜻.

2) 自失而走 : 얼이 빠져 달아남. 徐邈은 失의 音을 일[逸]로 표기하고 있는데 逸 또한 달아난다는 뜻이므로 의미에 큰 차이가 없지만, 陸德明이 ≪列子≫의 ≪釋文≫에서 본래 글자 그대로 "정신을 잃고 달아났다[喪失精神而走]."고 풀이한 것이 보다 적절하다.

3) 示之以未始出吾宗 : 그에게 아직 나의 근본에서 떠나지 않은 자연 그대로의 모습을 보여 줌. 吾宗의 宗은 도를 의미하며, 未始出吾宗은 근본인 도에서 떠나지 않은 자연 그대로의 모습을 뜻한다. <德充符>편의 '守其宗也', <天下>편의 '不離於宗'의 宗과 같은 맥락.

4) 與之虛而委蛇(이) : 마음을 비우고 욕심이 전혀 없는 모습으로 그를 대함. 與之의 之는 계함을 지칭하는 대명사. 虛는 마음을 비운다는 뜻으로 陳鼓應은 陳啓天의 말을 인용하여 "집착하는 바가 없고 의도를 드러냄도 없다[無所執着 無所表示]."로 풀이했다. 委蛇는 욕심이 전혀 없는 모습. 陸德明은 '지극히 順한 모습[至順之貌]'으로 풀이했다. ≪詩經≫ <召南 羔羊>에 '委蛇委蛇'라는 표현이 나오는데 '의젓하여 아무런 욕심이 없는 모습'을 뜻한다. 朱熹는 ≪詩經集傳≫에서 '스스로 만족스러워하는 모습[自得之貌]'이라고 풀이했다. 따라서 委蛇는 욕심이 전혀 없이 스스로 만족스러워하는 모습을 의미한다.

5) 因以爲弟靡 : 따라서 무엇이 무너져 내린다고 생각함. 弟靡의 경우 靡를 무너지다, 쓰러지다의 뜻으로 보는 데에는 대부분의 주석가들이 동의하지만, 弟에 대해서는 異說이 분분하다. 徐邈은 弟의 音을 頹(퇴)로 붙이고 丈回의 反切로 표기하여 무너진다는 뜻으로 풀이했고, 聞一多가 이 견해를 지지했지만, 方勇·陸永品의 지적처럼 어디에 근거했는지 알 수 없다. 또 ≪列子≫ <黃帝>편에는 茅靡로 표기되어 있기 때문에 이를 옳다고 보는 견해(高亨, 方勇·陸永品, 安東林)도 있지만, 두 글자가 모양이 비슷하기 때문에 弟를 잘못 쓴 것이라는

馬敍倫의 반박이 오히려 설득력이 있기 때문에 따르지 않는다. 馬敍倫은 披의 가차로 보았고 池田知久는 ≪說文解字≫의 段玉裁注에서 柀靡를 흩어져서 떨어지는 모양[分散下垂之貌]으로 풀이한 것에 근거하여 柀靡로 보았는데 뜻풀이는 적절하지만 역시 근거가 완전하지 않다. 한편 奚侗과 朱桂曜는 夷의 잘못이라고 보고 무너지다[夷]는 뜻으로 풀이했는데 현재로서는 이 견해가 가장 따를 만하지만, 夷의 잘못으로 보기보다는 荑(제)의 잘못으로 보는 것이 보다 정확하다. 荑字에는 '제'와 '이' 두 音이 있고 각각 풀 이름과 베어낸다는 뜻으로 쓰인다. ≪孟子≫ <告子 上>의 '不如荑稗', ≪詩經≫ <邶風 靜女>의 '自牧歸荑', ≪周易≫ 大過卦의 '枯楊生荑'의 경우는 모두 '제'로 읽으며 풀 이름 또는 어린 싹을 뜻한다. 그런데 ≪周易≫의 '枯楊生荑'는 '枯楊生稊'로 된 판본도 있기 때문에 荑와 稊가 통용되었음을 알 수 있다. 또 ≪周禮≫ <地官 稻人>의 '夏以水殄草而芟荑之'의 경우에는 荑를 '이'로 읽으며 베어낸다는 뜻으로 쓰였다. 그런데 같은 말인 芟荑가 ≪春秋左氏傳≫ 隱公 6年條의 '芟夷薀崇之'에는 芟夷로 표기되어 있기 때문에 荑와 夷가 통용됨을 알 수 있다. 또 甲骨文과 金文의 弟字는 篆文의 夷字로 혼동할 정도로 字形이 一致한다. 이처럼 荑는 두 가지 音과 두 가지 유사한 字形 때문에 弟 또는 夷와 통용되었고 夷에 무너지다[陵夷]는 뜻이 있기 때문에 音과 訓이 혼용된 것으로 추정된다. 따라서 弟靡는 곧 荑靡라고 보는 것이 타당하며, 무너지고 쓰러진다는 뜻으로 보는 것이 옳다.

6) 因以爲波流 : 따라서 무엇인가 노도처럼 물결쳐 온다고 생각함. 波流는 물결치는 모습. 崔譔本에는 波隨로 되어 있다.

然後에야 列子自以爲未始學[1]이라하야 而歸하야 三年을 不出하야 爲其妻爨[2]하며 食豕如食人[3]하며 於事에 無與親[4]이오 雕琢復朴[5]하야 塊然[6]獨以其形으로 立[7]하니 紛而封哉(戎)[8]하야 一以是로 終[9]하니라

그런 일이 있은 뒤에 列子는 스스로 아직 배우지 못했다고 생각하여 집으로 돌아가 삼 년 동안 집 밖에 나오지 않고, 자기 아내를 위해 밥을 지었으며, 돼지를 먹이되 사람에게 먹이듯 하였으며, 매사에 더불어 親疏를 따짐이 없었고, 人爲를 깎아 버리고 쪼아 없애서 소박한 데로 돌아가, 아무런 감정없이 외로이 홀로 서서 어지러이 만물과 뒤섞였는데, 한결같이 이런 태도를 지키면서 일생을 마쳤다.

【역주】

1) 自以爲未始學 : 스스로 아직 배우지 못했다고 생각함. 未始는 未曾과 같다.

2) 爲其妻爨(찬) : 자기 아내를 위해 밥을 지음. 爨은 불을 때서 밥을 짓는다는 뜻.

3) 食(사)豕如食(사)人 : 돼지 먹이기를 사람 먹이듯 함. 사람과 짐승의 구별을 잊어버렸다는 뜻. 食는 먹인다는 뜻의 사역동사로 '사'로 읽는다. 豕는 돼지.

4) 於事無與親 : 매사에 더불어 親疏를 따짐이 없음. 누구를 사사로이 친애하여 대상을 차별적으로 대하지 않았다는 뜻. 成玄英은 "親疏를 구분하지 않았다[無親疏也]."고 풀이했다. 無與親은 <齊物論>편의 '吾誰與爲親', <天運>편과 <庚桑楚>편의 '至仁無親', ≪老子≫ 제5장의 '天地不仁', 제79장의 '天道無親' 등과 유사한 맥락이다.

5) 雕琢復(복)朴 : 雕琢하여 朴으로 돌아감. 곧 인위를 깎아 버리고 쪼아 없애서 소박한 데로 돌아간다는 뜻. ≪古逸叢書≫본에는 彫琢으로 되어 있고(池田知久), ≪列子≫ <黃帝>편에는 雕瑑(전)으로 되어 있다. 雕琢은 새기고 쪼아대는 인위적인 행위를 의미하지만 여기서는 정반대로 그런 행위를 버린다는 뜻으로 이해해야 한다. 따라서 雕琢復朴은 "인위를 깎아 버리고 쪼아 없애서 본래의 소박한 상태로 돌아간다."는 뜻이다. 復은 돌아간다는 의미의 동사. 朴은 樸과 같다(馬敍倫). 이 구절과 유사한 표현이 <山木>편에 '旣雕旣琢 復歸於朴'으로 나온다.

6) 塊然 : 아무런 감정없이 외로이 있는 모양. 成玄英은 "塊然은 감정이 없는 모양이다. 밖으로는 꾸밈을 없애고 안으로는 心智를 버려서 마른 나무의 모습처럼 외로이 짝이 없다[塊然無情之貌也 外除彫飾 內遺心智 槁木之形 塊然無偶也]."고 풀이했고, 朱桂曜는 '홀로 있는 모양[獨處貌]'이라고 풀이했다. 池田知久는 朱桂曜와 福永光司, 赤塚忠 등의 견해를 따르면서, 成玄英이 無情之貌로 풀이한 것은 부적당하다고 했지만, 成玄英 또한 '塊然無偶'라는 풀이를 덧붙이고 있으므로 大意에 차이가 없다. 따라서 두 견해를 절충하여 번역하는 것이 적절하다.

7) 獨以其形立 : 홀로 섬. 일체의 편견과 차별을 넘어서 자유로운 道의 경지에 자신을 세웠음을 비유. ≪老子≫ 제25장에서 道를 '獨立不改 周行而不殆'로 표현한 것과 유사한 맥락이다.

8) 紛而封哉(戎) : 어지러이 만물과 뒤섞임. 곧 萬物과 일체가 되었다는 뜻으로 物과 我, 是와 非 등 일체의 대립을 모조리 싸 안는 혼돈의 세계에서 노니는 모습을 나타낸 것이다. 紛而는 어지러운 모양(崔譔). 張君房본에는 紛然而로 되어 있고(陳景元), ≪列子≫ <黃帝>편에는 份然而로 되어 있다. 吳汝綸, 張之純, 馬敍倫 등은 而를 如, 또는 然으로 보았는데 그대로

두고 번역해도 무리가 없기 때문에 따르지 않는다. 封戎은 어지럽게 뒤섞여 있는 모습. ≪莊子集釋≫본에는 '封哉'로 되어있지만, 陸德明은 崔選本에는 封戎으로 되어 있고 散亂의 뜻으로 풀이하였다고 했으며, ≪列子≫ <黃帝>편에도 封戎으로 되어 있다. 郭象이 紛而封哉를 그대로 두고 "비록 움직여도 本眞은 흩어지지 않는다[雖動而眞不散也]."고 풀이한 이래, 세상일이 어지럽게 밀려들어도 경계[封]를 두어 거기에 흔들리거나 얽매이지 않는다는 의미로 보는 견해(成玄英, 安東林)가 있으나, 李楨, 宣穎, 章炳麟, 武延緖, 朱桂曜, 馬敍倫 등은 모두 封戎이 옳다고 주장했다. 이 중 李楨이 바로 뒤에 나오는 以是爲終의 終과 紛而封戎의 戎이 叶韻이므로 戎이 옳다고 고증한 내용이 정밀하다. 따라서 李楨의 고증을 따라 封戎으로 고쳐서 어지럽게 뒤섞인 모습[散亂, 雜亂]으로 풀이하는 것이 적절하다.

9) 一以是終 : 한결같이 이런 태도를 지키면서 일생을 마침. 林希逸은 "죽을 때까지 늘 이와 같았음을 말한 것이다[言其終身常如此也]."라고 풀이했다.

## 第6章

無爲名尸[1])하며 無爲謀府[2])하며 無爲事任하며 無爲知主요 體盡無窮하야 而遊無朕[3])하며 盡其所受乎天[4])호대 而無見得[5])하리니 亦虛而已[6])니라 至人之用心은 若鏡이라 不將不迎[7])하며 應而不藏[8])하나니 故로 能勝物而不傷[9])하나니라

名譽의 주인이 되지 말며, 모략의 창고가 되지 말며, 일의 책임자가 되지 말며, 지혜의 주인이 되지 말라. 다함이 없는 道를 완전히 체득해서 흔적이 없는 無爲自然의 세계에 노닐도록 하라. 하늘에서 받은 것을 극진히 하되 이익을 보지 말아야 할 것이니 오직 마음을 비울 따름이다.

至人의 마음 씀씀이는 마치 거울과 같아서, <사물을> 보내지도 아니하고 <사물을> 맞이하지도 아니하며, 비추어 주기만 하고 모습을 간직하지는 않는다. 그 때문에 만물의 위에 君臨하면서도 다치지 않을 수 있는 것이다.

【역주】

1) 無爲名尸 : 명예의 주인이 되지 마라. 無는 毋와 같은 禁止辭로 쓰였다. 尸는 主人의 뜻(成玄英). 이하의 내용은 <養生主>편의 '爲善無近名 爲惡無近刑'과 유사한 맥락이다.

2) 謀府 : 모략의 창고. 꾀주머니. 謀는 謀略, 꾀. 府는 곳집 또는 창고. <德充符>편의 '聖人不謀惡用知'와 <大宗師>편의 '古之眞人……不謨士'와 유사한 맥락이다.

3) 體盡無窮 而遊無朕 : 다함이 없는 道를 완전히 체득하여 흔적이 없는 무위자연의 세계에 노닒. 無窮은 끝없는 道. 體盡은 완전히 체득함. 無朕은 자취나 흔적이 없는 세계, 곧 無爲自然의 세계를 뜻한다.

4) 盡其所受乎天 : 하늘에서 받은 것을 극진히 함. 곧 자연으로부터 받은 것을 인위로 손상시키지 않고 다 누린다는 뜻. 所受乎天은 하늘(자연)로부터 받은 것, 곧 인간의 육체와 정신을 가리킨다. 이 구절은 <大宗師>편에서 "心知로 道를 손상시키지 아니하고, 인위적인 행위로 무리하게 자연의 운행을 조장하지 않는다[不以心損道 不以人助天]."고 한 내용과 유사한 맥락이다.

5) 無見得 : 이익을 보지 말아야 함. 곧 이익을 염두에 두지 말아야 한다는 뜻. 見得은 見利와 같다. 得과 利가 같은 뜻으로 쓰이는 것은 ≪論語≫ <憲問>편의 '見利思義'가 <季氏>편과 <子張>편에는 '見得思義'로 되어 있는 데서 알 수 있다. 宣穎은 "얻는 데에 뜻을 두지 않는다[無意於有得]."고 풀이했고, 呂惠卿은 "이른바 항상 자연을 따라서 삶을 인위적으로 연장시키지 않는다[所謂常因自然而不益生也]."고 풀이했다.

6) 亦虛而已 : 오직 마음을 비울 따름임. 亦은 오직. 宣穎은 "虛 한 글자를 가지고 <앞의 내용을> 총괄한 것이다[以虛之一字總括之]."라고 풀이하였다.

7) 不將不迎 : 보내지도 아니하고 맞이하지도 아니함. 곧 사물이 오면 그 모습을 그대로 비추고 가면 가는 대로 내버려 둔다는 뜻. 將은 보낸다는 뜻(成玄英).

8) 應而不藏 : 비추어 주기만 하고 모습을 간직하지는 않음. 거울이 被寫體를 비추듯 일체만물에 호응하여 그 모습을 비추기만 하고 내부에 만물의 흔적을 남기지 않는다는 뜻. 성현영은 "사물이 오면 곧바로 비추어서 결코 숨기지 않는다[來者卽照 必不隱藏]."고 풀이하여 藏을 감춘다는 뜻으로 풀이했지만 바로 앞의 不將과 不迎이 상반된 의미를 지니고 있으므로 적절치 않다. 여기서는 곽상이 "오면 호응하고 가면 그만둔다[來卽應 去卽止]."고 풀이한 것을 따라 藏을 간직하다는 뜻으로 보고 번역했다.

9) 能勝物而不傷 : 만물의 위에 군림하면서도 다치지 않을 수 있음. 勝物은 만물을 이긴다는 뜻, 곧 만물 위에 군림한다는 의미이다. 林希逸은 여기의 勝은 ≪老子≫ 제73장의 '天之道不爭而善勝'의 勝과 같은 의미라고 풀이하고, "若鏡의 몇 구절은 위에 나온 虛 한 글자를 해설한 것이 분명하다[若鏡數句 分明是解上面一虛字]."고 했다. 陸樹芝, 宣穎도 같은 견해.

## 第7章

南海之帝爲儵이오 北海之帝爲忽이오 中央之帝爲渾沌[1]이니 儵與忽時相與遇於渾沌之地[2]어늘 渾沌待之甚善한대 儵與忽이 謀報渾沌之德[3]曰 人皆有七竅[4]하야 以視聽食息커늘 此獨無有란대 嘗試鑿之[5]호리라하고 日鑿一竅한대 七日而渾沌死[6]하니라

남해의 帝는 儵이고 북해의 제는 忽이고 중앙의 제는 渾沌이다. 숙과 홀이 때때로 혼돈의 땅에서 함께 만났는데, 혼돈이 그들을 매우 잘 대접하였더니, 숙과 홀이 혼돈의 은덕에 보답하려고 함께 상의하여 이렇게 말했다.

"사람들은 모두 일곱 개의 구멍이 있어 보고 듣고 먹고 숨쉬는데, 이 혼돈만은 없으니, 시험삼아 구멍을 뚫어줍시다."

하고는 하루에 한 구멍씩 뚫었더니 칠일 만에 혼돈이 죽어버렸다.

【역주】

1) 南海之帝爲儵(숙) 北海之帝爲忽 中央之帝爲渾沌 : 남해의 제는 숙이고 북해의 제는 홀이고 중앙의 제는 혼돈임. 儵, 忽, 渾沌은 모두 인명이지만 실제 사람이 아니라 寓意를 담아 擬人化한 표현이다. 儵과 忽은 모두 빠르다는 뜻으로 시간적으로 유한한 인간의 作爲性을 비유한 것이다(李勉). 簡文帝는 "儵과 忽은 神速함을 따서 이름으로 삼았고 混沌은 合和를 모습으로 삼은 것이니, 神速은 有爲를 비유한 것이고 合和는 無爲를 비유한 것이다[儵忽 取神速爲名 渾沌以合和爲貌 神速譬有爲 合和譬無爲]."라고 풀이했다. 渾沌은 일체의 차별적 지식이 아직 발생하지 않은 無爲自然의 상태, 곧 道를 의인화한 것이다. 李頤는 "맑고 흐린 것이 아직 나뉘어지지 않은 것이니 自然을 비유한 것이다[淸濁未分也 此喩自然]."라고 풀이했고 池田知久는 "인간의 理智나 욕망 근원에 있는 무질서 · 미분화 상태를 의인화한 것이다."라고 풀이했다. 한편 王敔는 方以智가 渾沌은 混沌이나 倱伅으로 쓰기도 한다는 말을 인용하고, 이어서 崑崙은 渾淪과 같고 渾淪은 바로 混沌과 같다고 지적하면서, 十二支의 子에 해당하는 困敦이나 ≪淮南子≫의 坤屯 등은 모두 渾沌과 같은 발음에서 비롯된 것이라고 주장했는데, 이에 따르면 渾沌은 사물의 시초를 의미한다.

2) 時相與遇於渾沌之地 : 때때로 혼돈의 땅에서 함께 만남. 時는 時時, 常時와 같다.

3) 謀報渾沌之德 : 혼돈의 은덕에 보답하려고 함께 상의함. 德은 恩德, 곧 恩惠를 뜻한다.

4) 七竅(규) : 일곱 개의 구멍. 竅는 구멍. 七竅는 두 눈, 두 귀, 두 개의 콧구멍, 한 개의 입을 가리키는데 인간의 七情을 의미한다.

5) 嘗試鑿之 : 시험삼아 구멍을 뚫어줌. 嘗과 試는 모두 시험해본다는 뜻.

6) 七日而渾沌死 : 칠일 만에 혼돈이 죽어 버림. 인간의 감정이 생기자 혼돈이 죽었다는 뜻. 陸樹芝는 "혼돈은 아직 흩어지지 않은 天眞을 비유한 것이고, 일곱 구멍은 인간의 일곱 가지 감정을 비유한 것이다. 일곱 가지 감정이 열리자 천진이 상실된 것이다[渾沌喩未漓之天眞 七竅喩七情 七情開 天眞喪矣]."라고 풀이했다(池田知久).

## 譯者 略歷

### 安炳周

서울 출생(본적 忠南 唐津)
성균관대학교 대학원 졸업(철학박사)
성균관대학교 유학대학장, 대동문화연구원장 역임
日本 東京大學 외국인 교수 역임(2년간)
성균관대학교 명예교수(現)
국제퇴계학회 명예회장(現)
국제유학연합회(북경 소재) 고문(現)
傳統文化硏究會 顧問(現)

#### 論著 및 譯書

儒教의 民本思想(著書)
儒學槪論(共著)
한국의 사상가 12人(共著)
民本儒教의 철학적 지향과 그 현실적 한계
栗谷의 개혁주의와 民本思想 등 다수

### 田好根

경북 영일 출생
성균관대학교 대학원 졸업(문학박사)
성균관 한림원에서 한문 수학
성균관대, 가톨릭대 강사
한국철학사상연구회 전임연구원(現)
민족의학연구원 편찬실장(現)
傳統文化硏究會 이사(現)

#### 論著 및 譯書

공자 지하철을 타다(공저, 푸른디딤돌)
先秦儒家의 天思想 變遷에 關한 硏究
16세기 朝鮮 性理學의 특징에 관한 硏究
논쟁으로 본 한국철학(공저, 예문서원)
教授用 指導書 童蒙先習(전통문화연구회) 등 다수

東洋古典譯註叢書 8

譯註 莊 子 1　　　　정가 31,000원

2001년 12월 31일 초판 발행
2025년 01월 20일 초판 16쇄

譯　註　安炳周 田好根
編　輯　東洋古典飜譯編輯委員會

發行人　金　炫

發行處　社團法人 傳統文化硏究會

등록 : 1989. 7. 3.　제1-936호
서울 종로구 삼봉로 81 두산위브파빌리온 1332호
전화 : (02)762-8401　전송 : (02)747-0083
전자우편 : juntong@juntong.or.kr
홈페이지 : juntong.or.kr
사이버書堂 : cyberseodang.or.kr
온라인서점 : book.cyberseodang.or.kr
총판 : 한국출판협동조합(070-7119-1750)

ISBN 978-89-85395-77-9 94150
978-89-85395-71-7(세트)

# 전통문화연구회 도서목록

범례 : ① 毛詩正義 1~8〔全15〕- 전체 15책 계획, 현재 1~8책만 간행된 경우. 별도 표시 없는 경우는 완간.
② 저자명 우측에 별도 표시 없는 경우는 '역주'를 의미함.(예시 - 원주용 편역, 함현찬 등)

## 신편 기초한문교재

신편 사자소학·추구 고전교육연구실 편역 11,000원
신편 계몽편·동몽선습 고전교육연구실 편역 11,000원
신편 명심보감 이지곤·원주용 15,000원
신편 격몽요결 함현찬 12,000원
신편 주해천자문 이충구 12,000원
신편 원문으로 읽는 故事成語 원주용 편역 15,000원
신편 당음주해선 권경상 22,000원

## 한문독해첩경시리즈

(개정판) 漢文독해기본패턴 이지곤 外 저 20,000원
한문독해첩경 - 문학편 박상수·이화춘 外 저 17,000원
한문독해첩경 - 사학편 박상수·이화춘 外 저 17,000원
한문독해첩경 - 철학편 박상수·이화춘 外 저 17,000원
논어독해 첫걸음 이지곤 外 저 17,000원
맹자독해 첫걸음 이지곤 外 저 17,000원

## 오서오경독본

논어집주 上·下 정태현 合 49,000원
맹자집주 上·下 전병수·김동주 合 60,000원
대학·중용집주 이광호·전병수 15,000원
소학집주 上·下 이충구 外 合 50,000원
시경집전 上·中·下 박소동 合 90,000원
서경집전 上·中·下 김동주 合 90,000원
주역전의 元·亨·利·貞 최영진 外 合 120,000원
상설 고문진보대전후집 上·下 이상하 外 合 64,000원
춘추좌씨전 上·中·下 허호구 外 合 109,000원
예기 上·中·下 성백효 外 合 90,000원

## 동양고전국역총서

대학·중용집주 - 개정증보판 성백효 12,000원
논어집주 - 개정증보판 성백효 30,000원
맹자집주 - 개정증보판 성백효 30,000원
시경집전 上·下 성백효 合 70,000원
서경집전 上·下 성백효 合 66,000원
주역전의 上·下 성백효 合 80,000원
소학집주 성백효 32,000원
고문진보 후집 성백효 32,000원

## 동양고전역주총서

〈經部〉

〔십삼경주소〕

주역정의 1~4 성백효 外 合 147,000원
상서정의 1~7 김동주 合 241,000원
모시정의 1~8〔全15〕 박소동 外 合 288,000원
예기정의 1~3, 中庸·大學〔全20〕 이광호 外 合 117,000원
논어주소 1~3 정태현 外 合 117,000원
맹자주소 1~5 최채기 外 合 157,000원
효경주소 정태현 外 35,000원
주례주소 1~4〔全15〕 김용천 外 合 132,000원
춘추좌전정의 1~2〔全18〕 허호구 外 合 59,000원
춘추공양전주소 1〔全7〕 송기채 外 合 37,000원

춘추좌씨전 1~8 정태현 合 262,000원
예기집설대전 1~6〔全10〕 신승운 外 合 211,000원
동래박의 1~5 정태현 外 合 172,000원
한시외전 1~2 허경진 外 合 65,000원
설문해자주 1~6〔全20〕 이충구 外 合 207,000원

〈史部〉

사정전훈의 자치통감강목 1~23〔全39〕 신승운 外 合 719,000원
통감절요 1~9 성백효 合 316,000원
당육선공주의 1~2 심경호 外 合 88,000원
정관정요집론 1~4 이충구 外 合 109,000원
열녀전보주 1~2 최병준 外 合 68,000원
역대군감 1~4 홍기은 外 合 140,000원

〈子部〉

공자가어 1~2 허경진 外 合 79,000원
관자 1~4〔全5〕 이석명 外 合 130,000원
근사록집해 1~3 성백효 合 122,000원
노자도덕경주 김시천 45,000원
대학연의 1~5〔全7〕 신승운 外 合 151,000원
묵자간고 1~7 이상하 外 合 282,000원
설원 1~2 허호구 合 50,000원
세설신어보 1~5 김진옥 外 合 181,000원
순자집해 1~7 송기채 合 247,000원
심경부주 성백효 46,000원
안씨가훈 1~2 정재서 外 合 59,000원
양자법언 1~2 박승주 52,000원
열자권재구의 최병준·공근식·권헌준 40,000원
이정전서 1~7〔全8〕 최석기 외 合 253,000원
장자 1~4 안병주·전호근 合 143,000원
정경·목민심감 홍기은·전백찬 27,000원
한비자집해 1~5 허호구 外 合 202,000원

〔무경칠서직해〕

손무자직해·오자직해 성백효 外 45,000원
육도직해·삼략직해 성백효 外 26,000원
울료자직해·이위공문대직해 성백효 外 26,000원
사마법직해 성백효 外 26,000원

〈集部〉

| | | |
|---|---|---|
| 고문진보 전집 | 성백효 | 30,000원 |
| 당시삼백수 1~3 | 송재소 外 | 合 127,000원 |

〔당송팔대가문초〕

| | | |
|---|---|---|
| 한유 1~3 | 정태현 | 合 78,000원 |
| 유종원 1~2 | 송기채 | 合 44,000원 |
| 구양수 1~7 | 이상하 外 | 合 220,000원 |
| 왕안석 1~2 | 신용호·허호구 | 合 45,000원 |
| 증공 | 송기채 | 25,000원 |
| 소순 | 이장우·노장시·장세후 | 25,000원 |
| 소식 1~5 | 성백효 | 合 110,000원 |
| 소철 1~3 | 김동주 | 合 64,000원 |

〔명청팔대가문초〕

| | | |
|---|---|---|
| 1 귀유광·방포 | 이상하 外 | 35,000원 |
| 2 유대괴·요내 | 이상하 外 | 35,000원 |
| 3 매증량·증국번 | 이상하 外 | 38,000원 |
| 4 장유소·오여륜 | 이상하 外 | 50,000원 |

## 동양고전신역

| | | |
|---|---|---|
| 당시선 | 송재소·최경렬·김영죽 편역 | 24,000원 |
| 손자병법 | 성백효 | 14,000원 |
| 장자 | 안병주·전호근·김형석 | 15,000원 |
| 고문진보 후집 | 신용호 | 28,000원 |
| 노자도덕경 | 김시천 | 17,000원 |
| 고문진보 전집 上·下 | 신용호 | 合 44,000원 |
| 신식 비문척독 | 박상수 | 25,000원 |
| 쉽게 배우는 안씨가훈 | 김창진 편역 | 23,000원 |

## 문화문고

| | | | |
|---|---|---|---|
| 경전으로 본 세계종교 | 그리스도교 | 이정배 편저 | 10,000원 |
| 〃 | 도교 | 이강수 편역 | 13,000원 |
| 〃 | 천도교 | 윤석산 외 편저 | 10,000원 |
| 〃 | 힌두교 | 길희성 편역 | 10,000원 |
| 〃 | 유교 | 이기동 편저 | 10,000원 |
| 〃 | 불교 | 김용표 편저 | 22,000원 |
| 〃 | 이슬람 | 김영경 편역 | 13,000원 |
| 논어·대학·중용 | | 조수익·박승주 | 13,000원 |
| 맹자 | | 조수익·박승주 | 10,000원 |
| 소학 | | 박승주·조수익 | 10,000원 |
| 십구사략 1~2 | | 정광호 저 | 合 24,000원 |
| 무경칠서 | 손자병법·오자병법 | 성백효 | 13,000원 |
| 〃 | 육도·삼략 | 성백효 | 10,000원 |
| 〃 | 사마법·울료자·이위공문대 | 성백효 | 10,000원 |
| 당시선 | | 송재소·최경렬·김영죽 편역 | 10,000원 |
| 한문문법 | | 이상진 저 | 20,000원 |
| 한자한문전통교재 | | 조수익·이성민 | 18,000원 |
| 士小節 선비 집안의 작은 예절 | | 이동희 편역 | 13,000원 |
| 儒學이란 무엇인가 | | 이동희 저 | 18,000원 |
| 동아시아의 유교와 전통문화 | | 이동희 저 | 13,000원 |
| 현대인, 동양고전에서 길을 찾다 | | 이동희 저 | 10,000원 |
| 100자에 담긴 한자문화 이야기 | | 김경수 저 | 12,000원 |
| 우리 설화 1~2 | | 김동주 편역 | 合 20,000원 |
| 대한민국 국무총리 | | 이재원 저 | 10,000원 |
| 백운거사 이규보의 문학인생 | | 신용호 저 | 14,000원 |

## 한자한문교육총서

| | | |
|---|---|---|
| 수진본 기초한문교재 | 편집부 | 15,000원 |
| 수진본 논어·대학·중용 | 편집부 | 15,000원 |
| 수진본 맹자 | 편집부 | 15,000원 |
| 수진본 시경 | 편집부 | 15,000원 |
| 수진본 서경 | 편집부 | 15,000원 |
| 수진본 주역 | 편집부 | 15,000원 |
| 원문 논어집주 | 편집부 | 27,000원 |
| 원문 맹자집주 | 편집부 | 29,000원 |
| 원문 대학·중용장구 | 편집부 | 11,000원 |
| 임용전공어휘완전정복 -고전산문편 | 원주용 外 저 | 25,000원 |
| 한문正讀 -교과서 속의 단문 산문 한문 | 원주용 外 저 | 25,000원 |
| 알쏭달쏭한자 | 박상수 편저 | 25,000원 |

※도서구입문의 : 02-762-8401

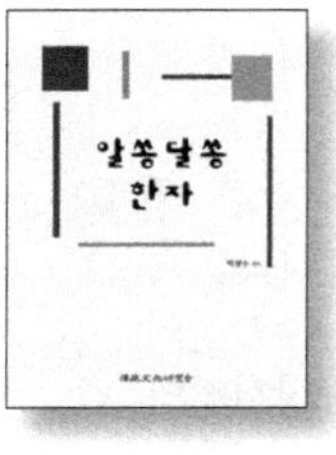